간신전

奸臣傳

— 개정증보판 —

간신전
奸臣傳
개정증보판

한국사마천학회 김영수 편저

창해

奸臣

• 이 책은 간신이란 큰 제목 아래 모두 3부로 이루어져 있다.

• 제1부 〈간신론〉은 간신의 개념 정의부터 부류, 특성, 역사, 해악과 방비책, 역대 기록 등을 살핀 '이론편'이다.

• 제2부 〈간신전〉은 역대 가장 악랄했던 간신 18명의 행적을 상세히 다룬 '인물편'이다.

• 제3부 〈간신학〉은 간신의 수법만을 따로 모은 '수법편'이다. 이와 함께 역대 간신 약 100명의 엽기 변태적인 간행을 모아 보았다.

• 3부 모두를 관통하고 있는 핵심은 간신의 간악한 행적을 통해 이들이 인류와 역사에 얼마나 큰 해악을 끼쳤는지 정확하게 인식하고, 지금 우리 사회에 횡행하고 있는 현대판 간신들과 간신현상에 대한 경각심을 높이는 것은 물론 나아가 이를 뿌리 뽑을 수 있는 방법을 마련하자는 데 있다.

• 이 책은 중국 역사상 간신에 관한 기록과 그들의 행적 및 수법을 소개하고 분석했지만 가리키고자 하는 대상은 지금 우리 사회를 좀먹고 있는 다양한 부류의 간신들임을 밝혀둔다.

• 이 책은 지난 20년 넘게 간신과 관련한 기록과 학문적 성과를 꾸준히 공부해온 마지막 결과물이다. 그사이 몇 권의 관련 대중서를 출간한 바 있고, 이번에 이 모든 자료들을 다시 검토하고 다듬어 이 세 권의 책으로 만들었다.

• 역사의 법정에는 공소시효가 없다. 간신들이 남긴 추악한 행적과 그 해악은 지금도 우리의 발목을 강하게 잡고 있다. 이 간신현상을 철저하게 청산하지 않는 한 미래가 저당 잡힌다. 최악의 간신 유형인 매국노이자 민족반역자인 이른바 '친일파'를 제대로 청산하지 못한 대가가 얼마나 큰가를 보면 이를 실감할 수 있다.

• 역사는 그 자체로 뒤끝이다. 역사와 역사의 평가를 두려워해야 하는 까닭이다. 간신에게 역사의 평가와 심판이 얼마나 무서운 것인가를 이 책을 통해 경고하고자 한다.

개정증보판
편저자의 말

2023년 말에서 2024년 초까지 약 석 달에 걸쳐 필자는 간신 3부작 《간신론》, 《간신전》, 《간신학》을 서둘러 출간했다. 저자는 박근혜 탄핵 이후 2017년 《역사의 경고》를 내고 다시는 간신과 관련한 글이나 책을 쓰지 않겠다고 큰소리(?)를 쳤다. 설마 박근혜보다 못한 자를 국가 최고 권력자로 뽑을 일이 있을까 하는 순진한 판단 때문이었다. 이는 달리 말해 '간신현상'이라는 역사현상의 심각성을 절실하고 절절하게 인식하지 못한 저자의 어리석음 때문이었다.

뼈아픈 자성과 함께 지금까지 쓰고 출간한 간신 관련 모든 글을 모으고 정리하고 분류하여 간신 3부작을 집필했다. 이 3부작을 관통하는 핵심은 간신현상의 심각성과 간신현상의 대물림이다. 간신은 단 한 번도 근절되지 못한 역사현상이자 사회현상이다. 특히 우리 역사에서의 간신현상은 다른 어떤 나라의 간신현상보다 더 심각하다. 청산하지 못한 과거사가 현재의 발목을 꽉 움켜쥐고 놓지 않은 결과 매국노 짓을 했던 자들, 즉 간신들이 버젓이 사회 각계각층의 기득권 세력이 되고, 나아가 저들끼리 카르텔을 만들어 이 기득권을 대물림하고 있기 때문이다. 필자는 이를 간신현상의 대물림이라고 표현했다.

지금 우리 사회의 간신현상은 그 마수가 미치지 않은 곳이 없다. 필자는 이를 직업별로 나누어 17종류의 간신 부류를 추출했다.(《간신론》 pp.71~84) 이 부류들이 의식적이든 무의식적이든 네트워크를 형성하고 카르텔을 만들어, 부와 권력을 독점하고 이를 대물림하고 있는 것이다. 필자는 이 현상의 본질을 역사적으로 통찰하여 이 문제의 심각성을 전달하는 데 중점을 두었다. 요컨대 간신현상은 현재 진행형이며, 지금 정권에서 그 현상이 가장 극심하고 악랄하게 진행되고 있다. 따라서 이를 청산하지 못하면 이 나라는 멸망의 길을 걸을 수밖에 없다. 모두가 우리 안의 간신현상이 갖는 문제점과 심각성을 분명히 인식하고 이의 청산을 위해 나서길 바란다.

간신 3부작을 출간한 지 1년이 다 되어 간다. 뜻있는 독자들의 관심을 받았지만 판매는 여의치 않았다. 그러던 중 올여름 들어 간신에 대한 관심이 높아지기 시작했고, 김종대 전 의원이 유튜브 곳곳에서 이 정권에 빌붙어 있는 온갖 간신들을 이야기하면서 필자

의 간신 3부작을 언급한 덕분에 이렇게 《간신전》과 《간신학》 개정
증보판을 내게 되었다. 《간신론》도 하루빨리 개정증보판을 낼 수
있길 희망해본다. 간신 3부작을 꼼꼼히 읽고 간신현상의 심각성과
필자의 인식을 널리 알려주고 계시는 김종대 전 의원께 깊은 감사
의 말씀을 전한다.

　이번 개정증보판은 서둘러 내다보니 적지 않게 나온 오탈자를 바
로잡는 것은 물론 간신 관련 몇 가지 자료를 보완했다. 《간신전》에
는 미처 소개하지 못한 간신들의 '요지경 천태만상' 몇 꼭지를 보탰
다. 《간신학》에는 17종 간신 부류 중 '언간'으로 분류된 타락한 기레
기 언론들의 간행 수법을 총정리해서 부록으로 넣었다. '언간'들의
짓거리는 이 정권 들어 더욱 극성을 부리고 있다. 정권과 함께 청
산되어야 할 것이다.

　끝으로 역사적 관점에서 간신현상 청산을 위한 몇 가지 방안을
제시하면서 개정증보판 서문을 마무리한다.

＊제안1 이 정권 집권기에 저질러진 비리, 부정, 불법, 매국행위 전반에 대한 조사와 처벌을 위한 특별법 제정과 특별법정 구성을 제안한다.

＊제안2 대통령을 포함한 국회의원, 고위공직자의 신체와 정신(심리)상태에 대한 정밀검진을 위한 특별 병원 설립을 제안한다. 병원은 세계적 권위의 전문가들로 구성한다.

＊제안3 '민족수난사박물관' 설립을 제안한다. 이 박물관은 '일제 36년 강제침탈 전시관' 중심이 된다.

＊제안4 기레기 언론, 즉 '언간'들을 청산하기 위한 법 제정이 시급하다. 지금 우리 언론은 대안이 없다. 대체가 답이다. 특별 기구를 만들어 법 제정에 만전을 기하길 제안한다.

2024년 10월 1일
간신현상의 청산을 갈망하면서

머
리
말

    《간신전》은 '간신 3부작'의 하나로 인물편이다. 역대 거물급 간신들 중 18명을 추려 그들의 행적을 상세히 추적했다. 특히 간행, 즉 간사한 언행을 실현하는 수법에 중점을 두고 살펴보았다.

    수천 년 중국사를 통해 숱하게 많은 간신들이 출몰했다. 나라를 망치고, 나라를 망하게 만들고, 심지어 나라를 팔아먹은 매국노급 간신도 적지 않았다. 이런 간신 18명을 시대 순서로 골라 그 행적을 소개한다. 이 책에 소개된 18명의 간신의 신상명세를 간략하게 소개하면 아래와 같다.

1. 조고(趙高, ?~기원전 207)_진(秦, 기원전 221~기원전 206) / 피살

    최초의 통일 왕조 진나라를 불과 15년 만에 망하게 만든 원흉의 하나이며, 간신의 수법을 대표하는 '지록위마(指鹿爲馬)'라는 유명한 고사를 남겼다. 교묘한 말재주를 특기로 한다.

2. 양기(梁冀, ?~159)_동한(東漢, 25~220) / 피살

    제갈량도 치를 떨었던 외척 간신을 대표하는 인물로 부인 손수

(孫壽)와 서로 사치와 향락을 다투며 탐욕의 극을 달렸다. 어린 황
제 질제(質帝)가 자신을 조롱했다고 서슴없이 독살하고 대권을 장악
하여 나라를 뒤흔들었다.

3. 동탁(董卓, ?~192)_동한 / 피살

동한 말기의 군벌로서 무력으로 환관과 대신들을 살육하여 대권
을 장악했다. 자기 권력 행사에 방해되는 사람은 누구를 막론하고
해쳤다. 끝간 데를 모르는 권력욕의 화신으로 무소불위(無所不爲)의
권력을 휘둘렀으나 양아들 여포(呂布)에게 살해되었다.

4. 우문호(宇文護, 515~572)_북주(北周, 557~581) / 피살

시기와 질투의 화신으로 19년 동안 권력을 멋대로 휘두르며 자기
보다 나은 사람들을 수없이 해친 간신이다.

5. 양소(楊素, ?~606)_수(隋, 581~618) / 우울증으로 사망

역사상 희대의 혼군 수 양제(煬帝)와 결탁하여 궁정의 거의 모든

음모에 앞장서 양제의 형인 태자 양용(楊勇)과 아버지 문제(文帝)를
죽였다. 갖가지 속임수로 자립한 인물이다.

6. 이의부(李義府, 614~666)_당(唐, 618~907)

'웃음 속에 칼을 감추다'는 '소리장도(笑裏藏刀)'라는 별명의 소유자
로, 음험하고 교활한 성품에 시기와 질투에 사로잡혀 자신의 마음과
맞지 않는 사람들을 가리지 않고 잔인하게 해친 인간 삵괭이였다.

7. 이임보(李林甫, ?~752)_당

'입으로 달콤한 말을 술술 내뱉지만 속에는 칼을 품고 있는' '구밀
복검(口蜜腹劍)'이란 별칭으로 불리는 거간이다. 남다른 눈치와 따를
수 없는 아첨으로 황제의 비위를 맞추어 장장 19년 동안 재상 자리
를 지키면서 정직하고 유능한 대신들을 해쳤다. 이임보를 기점으
로 대당 제국은 쇠퇴의 길로 접어들었다.

8. 양국충(楊國忠, ?~756)_당 / 피살

이임보의 뒤를 이은 재상으로 사사로운 은원관계로 사람을 쓰고
일을 처리하는 데 능숙했다. 정적 안록산(安祿山)을 제거하기 위해
그를 압박한 결과 안록산은 반란을 일으켰고, 이후 당 제국은 암흑
으로 빠졌다.

9. 노기(盧杞, ?~약 785)_당

간사한 짓을 저지르고도 그것을 모르게 만들었던 간신 중의 간신이다. 자신을 무시하는 재상 양염(楊炎)을 갖은 수단으로 모함하여 끝내 죽였다. 위대한 서예가 안진경(顏眞卿)도 그의 독수에 걸려 죽임을 당했다.

10. 채경(蔡京, 1047~1126)_북송(北宋, 960~1127) / 유배사

'세월이 얼마나 남았다고 사서 고생입니까'라는 말로 휘종을 꼬드겨 엄청난 토목공사를 일으키게 하고, 호화사치와 쾌락에만 몸을 맡기게 만들어 결국 북송 왕조를 끝장나게 만든 간신이었다. 땅이 1억 평에 생일잔치에 메추리탕 한 그릇을 위해 메추리 수백 마리를 희생시켜 백성을 허탈하게 만들었다.

11. 황잠선(黃潛善, ?~1129)_북송 / 유배사

나라가 위기에 처한 상황에서도 일신의 편안함만 추구하여 외적이 나라를 유린하도록 방치하고, 재상으로 권력을 멋대로 휘둘러 숱한 충신과 인재를 죽였다.

12. 진회(秦檜, 1090~1155)_남송(南宋, 1127~1279)

자신의 사리사욕을 위해 이민족에게 나라와 백성을 팔고, '막수유(莫須有, 혹 있을 지도 모르는)'라는 있지도 않은 죄목으로 명장 악비(岳飛)를 비롯한 수많은 충신을 모함하여 죽음으로 몬 간신 중의 간신이다. 철상으로 만들어져 악비의 무덤 앞에 무릎을 꿇은 채 영원히 역사에 사죄하고 있다.

13. 가사도(賈似道, 1213~1275)_남송 / 유배 도중 피살

뇌물수수, 소인배 기용, 재물욕, 정적 모함, 음탕함, 적과 내통 등등 간신의 온갖 나쁜 특징을 한 몸에 지닌 간신의 전형으로 꼽힌다.

14. 유근(劉瑾, ?~1510)_명(明, 1368~1644) / 백성에게 맞아 죽음

자질이 그런대로 괜찮았던 황제 무종(武宗)을 향락으로 이끌어 나랏일을 장난쯤으로 여기게 만들었다. 동창과 서창을 설립하여 정적을 무자비하게 해쳤다. '서 있는 유씨 황제'라는 별명으로 불릴 정도로 권력을 좌지우지했다.

15. 엄숭(嚴嵩, 1480~1569)_명

인공 호수에 진귀한 짐승을 풀고, 화려하기 그지없는 별장을 여러 채 소유했던 간신이다. 이를 유지하기 위해 뇌물을 닥치는 대로 삼킨 간신의 대명사였다. 많이 배운 지식인 간신으로 60이 넘은 나이에 내각에 참여하여 권력을 휘둘렀다.

아들 엄세번(嚴世蕃, ?~1565)_명 / 피살

간신 엄숭의 아들로 아비와 함께 국정을 독단한 부자 간신이라는 이색적인 기록을 남겼다. 첩을 무려 27명이나 거느리는 등 사치와 방탕의 극을 달렸던 인간이다. 처형 뒤 집을 뒤지니 황금 약 3만 냥, 백금 약 200만 냥, 진귀한 보물들이 수없이 나왔다고 한다.

16. 위충현(魏忠賢, ?~1627)_명 / 자살

어린 천계 황제의 기호와 취향을 이용하여 조정의 모든 권한을 독단했으며, 결국은 황제를 약물중독에 빠뜨려 스물셋 젊은 나이에 죽게 만들었다. 많은 새끼 간신들을 자기 측근으로 길러 권력 기반을 다지는 수법을 보여주었다.

17. 온체인(溫體仁, ?~1638)_명

또 다른 간신 주연유 등과 짝을 지어 나쁜 짓이란 모조리 저지르다 끝내는 서로를 해쳤다. 간신에게 의리란 있을 수 없다는 간신의 특징을 잘 보여주었다.

18. 화신(和珅, 1750~1799)_청(淸, 1616~1911) / 사사

집 2천여 채, 논밭 1억 6천만 평, 개인금고 열 군데, 전당포 열 군데, 20년 동안 청나라 10년 세금 수입에 해당하는 80억 냥을 갈취

한 탐욕의 대명사다. '화신이 죽자 가경제가 배부르게 먹고 살았다'
는 말이 있을 정도로 재물을 닥치는 대로 긁어모은 탐욕형 간신의
대명사이다.

보다시피 진·한 이전의 하·상·주 시대와 춘추전국 시기의 간신
들은 빠져 있다. 기록의 부족과 지면 관계 때문이다. 다만, 일부는
제1부《간신론 – 이론편》에 소개되었고, 또 몇몇은 필자의 유튜브
채널 '좀 알자, 중국'에 소개되어 있으니 참고할 수 있겠다.[유튜브에
영상으로 소개한 간신으로는 춘추시대 제나라 환공 때의 '삼귀(역아, 수조, 개방)'
를 비롯하여 비무극, 백비 등이다. 이 밖에 간신현상에 대한 역사적 성찰을 다룬
영상도 들어 있다.]

이상 18명의 간신들 행적에서 확인되는 공통점은 우리가 끊임없
이 지적해온 탐욕과 사리사욕이다. 자신의 부귀영화를 위해 온갖 수
단과 방법을 총동원하여 선량한 관리를 해치고 백성들을 갈취했다.
나라를 팔아넘기는 일까지 서슴지 않았다. 이런 문제는 제1부《간신
론 – 이론편》을 비롯하여 이 책 곳곳에서 지적하고 강조했기 때문에
더 이상의 언급은 피하고 바로 18대 간신의 행적을 살펴본다.

간신들의 행적은 그 신상명세를 비롯하여 그들의 간행을 가능하
게 했던 시대적 배경, 기생충과 같은 간신의 숙주인 최고 권력자를
비롯한 관련 인물들을 중심으로 정리했다. 이들이 간신들에게 어떻

게 희롱당했는지, 왜 넘어갔는지에 초점을 두고 읽기를 권한다. 또 간신들의 수법에도 주목하고, 이를 다시 3부 《간신학 – 수법편》과 연계시켜 경각심을 돋운 다음, 1부 《간신론 – 이론편》의 간신현상과 연결하여 간신과 간신현상의 심각함을 강화하면 좋겠다.

《간신전 – 인물편》에 소개된 18명은 모두 중국 역사를 더럽혔던 거물급 간신이긴 하지만, 그 행적은 지금 우리 사회를 횡행하며 나라를 망치고 있는 다양한 유형의 간신들과 판박이다. 다만 자료의 한계, 연구의 부족, 현실적 어려움 등으로 과거 우리 역사의 간신들과 비교할 수 없었다는 점이 아쉬울 따름이다. 독자들께서는 《간신론 – 이론편》에서 분류한 바 있는 우리 사회의 다양한 간신 유형들의 특징과 지금 우리 눈앞에서 벌어지고 있는 이 간신들의 간행에 주목하면 그것이 얼마나 심각한 현상인가를 충분히 확인할 수 있을 것이다.

2023년 7월 17일 처음 쓰고 수시로 고치다.

외척外戚 간신의 시대를 연
양기梁冀

'무간武奸'의 시대를 연 무부武夫,
동탁董卓

'웃음 속에 비수를 감춘' '인간 삵괭이'
이의부 李義府 ─────────────

'입에 꿀을 바르고' 다닌 간신
이임보 李林甫 ─────────────

치맛자락을 붙들고 온 간신
양국충 楊國忠 ─────────

권력자를 완벽하게 기만한 귀신 얼굴의 간신
노기 盧杞 ─────────

민족까지 욕 먹인 희대의 간신
진회 秦檜 ─────────

'간신 종합 세트'
가사도 賈似道 ─────────

역대 최고의 탐관오리 간신
화신和珅 ──────────

'지록위마指鹿爲馬'의 간신
조고趙高

기원전 207년, 중국사 최초의 통일 제국 진(秦)이 낳은 기형아 간신 조고가 죽었다. 무너져가던 제국의 멸망 속도는 조고의 죽음과 함께 가속 페달을 밟고는 절벽 아래로 곤두박질했다.

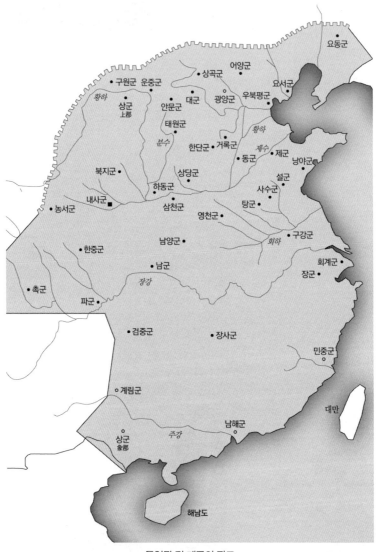

통일된 진 제국의 판도

조고는 중국 역사상 빠지지 않고 언급되는 거물급 간신이다. 선조는 조(趙)나라 사람이고 후에 진나라로 이주했다. 아버지가 죄를 얻어 궁형을 당하고, 어미는 관청의 노비가 되었다. 궁에서 태어난 조고는 성장 후 궁형을 자청하여 궁중에서 일하며 지냈다.

최초의 통일 제국을 불과 15년 만에 멸망으로 이끈 희대의 간신 조고.

조고는 성품이 교활하고 속임수에 능했으며, 사람의 속마음을 잘 파고드는 재주가 있었다. 환관의 신분에서 한 단계 한 단계 승진을 거듭하여 끝내는 제국의 방향을 좌우하는 재상의 자리에까지 올랐다. 그는 평생을 잔꾀와 속임수로 나쁜 짓을 일삼았던 전형적인 거물급 음모가이자 간신이었다. 나아가 최초의 통일 제국을 불과 15년 만에 망하게 만든 원흉으로 기록된 망국의 간신이기도 했다.

갖가지 방법으로
시황제(始皇帝)의 마음을 파고들다

조고는 비천한 출신이었지만 신체가 건장하고 힘이 남달랐을 뿐만 아니라 총명한 두뇌를 갖고 태어났다. 궁중에서 자라면서 이것저것 많이 보고 들었고, 그러면서 보다 높은 곳으로 기어오르기 위한 재주를 배워나갔다. 교활한 조고는 일의 상황이 어떻게 돌아갈지를 파악하는 데 눈치가 빠삭했고, 지위 고하를 막론하고 궁중을 출입하는 사람들을 기쁘게 하는 데 남다른 능력을 보였다. 많은 사람이 그의 총명함과 수완, 그리고 겸손함을 칭찬했으며, 진시황의 귀에까지 이 사실이 전해져 그를 곁에 두기에 이르렀다.

조고는 진시황이 법가(法家)의 논리를 중시한다는 사실을 알고는 그의 비위를 맞추기 위해 법률, 특히 형법을 열심히 공부했다. 수많은 판례를 검토하면서 이를 일일이 기록하는 열의를 보였고, 진시황은 이런 조고를 두고 "힘이 세고 법률에 정통하다"며 그를 자신의 마차와 옥새를 관리하는 중요한 자리에 임명했다. 그뿐만 아니라 작은아들 호해(胡亥)를 책임지고 가르치게 하는 중책까지 맡겼다.

호해의 사부가 된 조고는 늘 내궁을 출입할 수 있게 되었고, 자연스럽게 진시황과 더 가까워졌다. 그는 자신의 자리가 어디에서 오는 것인지 잘 알고 있었으며, 어떻게 하면 계속 더 높은 곳으로 오를 수 있는지는 더 잘 알고 있었다. 그는 자신에게 주어지는 모든 기회를 이용하여 진

중국사 최초의 통일 제국을 건설한 진시황은 조고라는 간신을 곁에 두는 실수를 저질렀다. 물론 얼마든지 통제할 수 있으리라 자신했을 것이고, 충분히 그럴 수 있었다. 그러나 역사의 방향은 한 사람의 의지만으로 통제할 수 없다.

시황에게 계책을 올렸는데, 그 내용은 법치 강화와 엄격한 법 적용 같은 진시황의 구미에 똑 들어맞는 것들뿐이었다.

이와 함께 그는 진시황의 작은아들 호해의 마음을 파고들기 위해 갖은 수단을 다 동원했다. 왜냐하면 최고 권력자 진시황이 어찌된 일인지 능력과 명망을 갖춘 큰아들 부소(扶蘇)보다 우유부단하고 나약한 작은아들을 더 좋아하는 것 같았기 때문이다. 조고는 타고난 동물적 감각으로 호해의 환심을 사는 것이 진시황의 더 큰 신임을 얻는 길이라는 사실을 알아챘다. 또 진시황이 세상을 뜬 뒤라도 기댈 언덕이 필요하지 않은가? 그러니 호해와 가까이 지낼 수 있는 이 기회를 어찌 그냥 버릴 수 있으랴! 꿍꿍이속이 남다르고 야심까지 갖춘 조고는 이때 이미 앞으로 벌어질 일과 그에 따른 손익계산서를 나름 뽑아 둔 상태였다.

떨어진 천하 통일의 별

기원전 210년 겨울, 진시황은 백성들의 들끓는 원성을 뒤로 한 채 다섯 번째 전국 순시에 올랐다. 천하를 통일한 이후 진시황은 자신의 업적을 자랑하고 전국 각지에 대한 통제를 강화하기 위해 1, 2년 간격으로 직접 전국을 도는 순시를 빼놓지 않고 강행하고 있었다(이를 순수巡狩 또는 순행巡幸이라 부른다). 순시에는 대규모 수행원과 엄청난 물자가 소모되었다. 황제의 마차를 책임진 조고도 당연히 수행 대열에 포함되었고, 이번에도 예외는 아니었다(서한을 건국하는 데 큰 공을 세운 '서한삼걸'의 한 사람인 장량張良은 진시황의 이런 순시를 틈타 진시황을 암살하려다 실패한 바 있다).

이번 순수 노선은 대체로 풍경이 아름다운 강남의 오·초·월이었기 때문에 작은아들 호해도 아버지 진시황에게 동행하고 싶다는 청을 넣었다. 진시황은 허락하지 않았지만 조고의 거듭되는 권유에 못 이겨 호해를 데려가기로 했다. 우승상 이사(李斯)와 장군 몽의(蒙毅) 등도 함께 수행하게 되었다.

강남 순수 길에 오른 진시황은 흥이 나서 운몽택(雲夢澤, 지금의 호북성 강한江漢 평원의 호수)을 유람한 다음 다시 남쪽 전당강(錢塘江) 쪽으로 내려가서 항주(杭州)를 유람했다. 다시 회계산(會稽山, 지금의 절강성 소흥시紹興市 동남)에서 대우(大禹)에게 제사를 드리고, 북상하여 낭야(瑯琊, 지금의 산동성 교남현膠南縣)에서 불로장생약을 구하려 했다.

그러나 누가 알았으랴? 이 순수가 진시황의 마지막 순수가 될 줄. 그리고 하늘의 뜻인지 우연인지는 몰라도 이때가 진시황이 막 나이 50을 넘긴 시점이기도 했다. 진시황이 귀로에 올랐을 때는 날이 더워지기 시작하는 여름으로 접어들고 있었다. 일행은 사구(沙丘, 지금의 하북성 광종현廣宗縣)에 이르렀고, 그때까지 별 이상이 없던 진시황이 갑자기 쓰러졌다. 수행원 누구나 진시황이 금세 자리를 털고 일어날 것으로 생각했다. 하지만 진시황은 자신의 상태를 잘 알고 있었다. 그는 자신의 죽음을 직감했다.

역사가 방향을 트는 순간

죽음의 그림자가 눈앞에 어른거리는 상황에서 진시황은 후계자 문제를 생각했다. 태자 부소가 자신과는 잘 맞지 않는다고 해도 부소는 큰아들이자 황제감이었다. 진시황은 길게 생각하지 않고 조고를 불러 유서를 받아쓰게 했다. 즉시 부소를 불러들여 함양(咸陽, 지금의 섬서성 함양시)에서 장례식을 치르고 황제 자리를 이어받도록 하라는 요지였다. 유서가 완성되었다. 그런데 운명의 장난인지 유서를 전달할 사신을 부르기 직전에 진시황은 숨을 거두었다.

유서를 기록한 죽간을 잘 갈무리한 다음 부소에게 보낼 사자를 불러야 할 조고는 진시황의 마지막 숨이 넘어가는 순간 눈이 번쩍 뜨였다. 그의 약은 머리와 영악한 꾀가 바람개비 돌 듯이 돌기 시작했다. 조고는 유서의 내용을 다시 쓰기로 마음먹었다. 옥새가 자신의 수중에 있는 이상, 또 유서를 자신이 직접 받아 쓴 이상 유서

통일 제국의 버팀목이었던 진시황이 마지막으로 숨을 거둔 황량한 사구.

조작은 별로 어려울 것이 없었다.

유서의 내용대로 부소가 수도 함양으로 돌아와 상을 치르고 2세 황제로 즉위하는 날에는 자신의 앞날을 예측하기 힘들었다. 강직한 부소의 성품으로 보아 자신을 가만두지 않을 것이 뻔했다. 호해가 바람막이가 되어준다 해도 한계가 분명했다. 게다가 부소의 측근으로 병권을 쥐고 있는 몽염(蒙恬)과 몽의 형제가 있었다. 부소가 일단 황제가 되고 나면 조고로서는 별다른 수가 없었다. 유서의 원본이 전달되어서는 안 된다. 그렇다면 유서를 조작하는 길밖에 없는데 내용을 어떻게 바꾼단 말인가? 이때 조고의 뇌리를 스친 것은 다름 아닌 작은아들 호해였다. 그렇다! 좀 모자라는 호해를 이용하는 수밖에 없다.

간신의 현란한 언변

한 시대의 상징이라 할 수 있는 거물 진시황이 사구에서 돌연 쓰러졌다. 유서는 환관 조고의 손에 들어갔다. 이때부터 환관 조고의 현란한 농간 공작이 펼쳐지기 시작한다. 역사에서는 이를 '사구의 정변'이라 부른다. 군대가 동원되지 않았지만 틀림없는 쿠데타였다. 조고는 지체 없이 호해를 찾았다.

"황제께서 여러 아들을 왕으로 봉하지 못한 채 돌아가셨습니다. 큰아들 태자께만 유언을 남기셨습니다. 이제 태자께서 함양에 도착하면 곧 황제로 즉위하실 것입니다. 그렇게 되면 왕자께서는 단한 뼘의 땅도 못 가지실 테니 어쩌면 좋겠습니까?"

조고는 호해의 의중을 슬그머니 떠보려는 것이다. 호해의 반응은 뜻밖에 무덤덤했다.

"그야 당연하지 않은가? 내가 듣기로 현명한 군주는 신하를 알아보고, 현명한 아버지는 자식을 알아본다고, 아버지가 돌아가시면서 아들들을 왕으로 봉하지 않으셨는데 무슨 할 말이 있겠는가?"

조고의 의도를 간파하지 못한 호해가 할 수 있는 모범적인 대답에 지나지 않았다. 조고는 정색을 하고 호해의 말을 가로막는다.

"그게 그렇지 않습니다. 바로 지금 천하의 권력을 잡느냐 잃어버

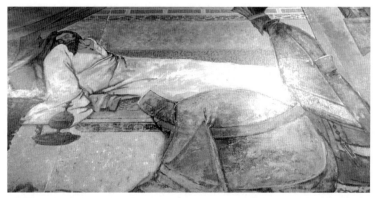

진시황의 유언과 이를 받들고 있는 조고(무릎을 꿇고 있는 인물)를 그린 그림(진2세 호해묘 앞에 조성되어 있는 박물관).

리느냐는 왕자님과 승상 이사, 그리고 이 조고에게 달려 있습니다. 왕자께서는 이 일을 신중하게 생각하시길 바랍니다. 무릇 남의 신하가 되는 것과 남을 신하로 삼는 것, 남을 통제하는 것과 남의 통제를 받는 것을 어찌 같은 선상에 놓고 말할 수 있겠습니까?"

조고의 의도를 정확히 간파하지 못한 호해, 제법 완강하게 버틴다.

"형을 폐하고 동생이 황제 자리에 오르는 것은 의리가 아니다. 아버지의 유언을 받들지 않고 죽음을 두려워하는 것은 불효다. 자기 능력이 약하고 자질이 보잘것없다는 것을 알면서 무리하게 남의 공로에 힘입으려는 것은 무능한 짓이다. 이상 세 가지는 덕을 거스르는 행동이므로 천하가 따르지 않을 것이다. 몸이 위태로워질 것이며, 사직이 제사를 받지 못할 것이다."

조고의 불경스럽고 불순한 암시에 맞서 호해는 비교적 냉정하게 논리적으로 대응하고 있지만, 마음 한쪽에서는 이미 파문이 일고 있었다. 이를 놓칠 조고가 아니었다. 한바탕 호해의 마음을 뒤흔든 다음 조고는 다음과 같은 말로 호해가 빠져나갈 명분을 마련해준다.

"다만 승상과 더불어 상의를 해보아야겠지만 말입니다……."

호해는 마지못해 그게 좋겠다는 듯 조고의 말에 동의했다. 이미 흔들린 마음이다. 조고는 바로 승상 이사를 찾았다.

지렛대 이사를 끌어들이다

"황제께서 돌아가실 때 맏아들에게 유서를 남겨 함양에서 영구를 맞이하게 하고 후계자로 삼는다고 하셨습니다. 유서가 미처 발송되기 전에 황상께서 세상을 떠나셨기 때문에 이 사실을 아는 사람은 없습니다. 맏아들에게 내린 유서와 옥새는 호해 왕자에게 있습니다. 이제, 태자를 결정하는 문제는 승상과 이 조고의 입에 달렸습니다. 이 일을 어떻게 하시렵니까?"

조고의 이 말에 이사는 깜짝 놀라며 화를 냈다.

"내 어찌 이런 망국적인 소리를 듣게 되었단 말인가? 신하된 자로서 그런 논의를 하다니 말이나 되는가!"

이사는 단호했다. 사태가 여의치 않다고 판단한 조고는 재빨리 장군 몽염을 끌어들였다. 몽염은 장성을 쌓고 북방의 강적 흉노를 막은 명장으로 백성들의 신임이 아주 두터운 인물이었고, 이사 역시 그를 존경하고 있던 터였다. 태자 부소의 든든한 버팀목이기도 했다.

"승상께서는 스스로 생각하시기에 몽염 장군과 비교할 때 누가 더 낫다고 생각하십니까? 또 세운 공은 누가 더 높다고 생각하십니까? 원대한 일을 실수 없이 꾀하는 데는 또 누가 더 낫다고 보십니까? 태자 부소의 오랜 친구로서 신임하는 정도는 몽염 장군과 비교해서 누가 더 크다고 생각하십니까?"

참으로 대담하고 어처구니없는 조고의 압박성 질문에 이사는 어이가 없다는 듯 혀를 차며 점잖게 나무랐다.

"당신 자리로 돌아가시오. 이 이사는 황제의 유언을 받들고 하늘의 명에 따를 것이오. 우리가 결정할 일이 어디 있단 말이오?"

조고는 물러서지 않았다. 아니 이제는 물러설 수 없다. 여기서 물러서 버리면 반역으로 몰려 목숨을 부지하기 힘들다. 호해에게서 가능성을 확인했고, 이사의 마음도 철석이 아닌 이상 설득하기 나름이라는 판단이 섰다. 조고는 먹이를 발견한 맹수처럼 달려들기

천하통일과 각종 통일정책의 입안자였던 승상 이사는 출세 지상주의자였다. 조고는 이런 이사의 약점을 정확하게 파고들었다. 사진은 사마천의 고향인 섬서성 한성시(韓城市) 사마천광장에 조성되어 있는 조형물 속의 이사 모습이다.

시작한다. 이사의 마음이 조금씩 허물어진다.

"보기에 따라서는 안정을 위기로 만들 수 있고, 또 거꾸로 위기를 안정으로 만들 수 있습니다. 안정과 위기가 정해지지도 않았는데, 황제의 뜻을 무작정 귀중하다고만 할 수 있습니까?"

조고의 회유는 노골적이었다. 괜한 소리를 한다고 생각했던 이사는 상황이 심상치 않다는 것을 깨달았다. 하지만 교활한 조고의 말놀음에 자신도 모르는 사이 점점 빠져들고 있었다. 이사의 말이 많아지기 시작했다.

"이 이사는 촌구석 상채(上蔡) 지방의 보잘것없는 처지에 있던 사람이었소. 다행히 황제께서 나를 발탁하시어 승상까지 되었고, 또 제후로 봉해져 자손들이 모두 높은 자리와 넉넉한 녹봉을 받게 되었소. 이런 대접은 곧 황제께서 진나라의 존망과 안위를 신에게 부탁한다는 뜻이오. 내가 어찌 그 뜻을 저버린단 말이오? 신하된 자는 각자 자신의 직분을 지킬 뿐이니, 다시는 그런 말 마시오! 이 몸을 죄인으로 만들려 하시오?"

그렇다고 물러설 조고가 아니었다. 먹이의 목덜미를 정확하게 물었는데 놓을 리가 있겠는가? 조고는 한술 더 떴다.

"제가 듣기에 성인은 사물에 얽매이지 않고 변화에 따르고 시의를 쫓으며, 끝을 보고 근본을 알며 나아가는 바를 보고 돌아갈 곳을 안다고 했습니다. 사물의 본질이 이런 것 아닙니까? 어찌 고정불변의 법칙이 있을 수 있단 말입니까?"

기가 막힌 논리다. 어디 하나 흠잡을 데 없는 완벽한 논리다. 어디 한구석 틀린 말이 없었다. 이사는 근엄하게 반대의 뜻을 밝혔지만, 그 말투는 처음과는 많이 달라져 있었다. 승상 이사가 망설이고, 아니 흔들리고 있다. 조고가 다시 한 번 세게 몰아붙인다.

"위아래가 힘을 합치면 오래갈 수 있고, 안과 밖이 하나가 되면 일을 하는데 겉과 속이 다를 수 없습니다. 승상께서 이 몸의 계책에 따르시면, 길이길이 제후의 지위를 누리고 대대로 존엄한 명예를 한 몸에 얻으실 것이며, 신선의 수명을 얻고 공자나 묵자 같은 지혜도 얻으실 것입니다. 지금 이 기회를 버리신다면 화가 자손에까지 미칠 것이니, 이 어찌 한심한 일이 아니겠습니까? 처세를 잘하는 사람은 화를 복으로 만든다고 했습니다. 승상, 어느 쪽을 택하시렵니까?"

이상의 대화는 위대한 역사가 사마천(司馬遷)이 남긴 《사기》〈이사열전〉에 보이는데, 야금야금 조여드는 조고의 절묘한 논리와 그때마다 한 걸음 한 걸음 물러서는 이사의 감정변화가 말할 수 없이 생동적이다. 그 긴장감이란 흡사 거미가 그물을 쳐서 포획한 먹잇감을 향해 다가서는 것 같다. 간신 조고의 언변술이 얼마나 대단한

지 실감하게 된다.

이사는 조고의 유혹을 물리치지 못하고 끝내 "하늘을 우러러 탄식하고 눈물을 흘리며 길게 한숨을 내쉬면서" 조고의 음모에 발을 담그고 말았다.

정적을 제거하고 권력을 독단하다

역사에 가정이란 없지만, 당시 이사가 어리석게 조고의 음모에 빠지지 않았더라면 중국의 역사는 물론 세계사의 상당 부분을 다시 써야 했을 것이다.
역사는 인간의 의지와
희망만으로는 움직이
지 않는 모양이다. 간
신이 기를 펴지 못하
도록 싹을 잘라야 하
는 것도 역사의 방향
이 간신 때문에 여러
차례 그릇된 방향으로
흘렀기 때문이다.

손익계산서가 일치
한 조고와 이사, 그리
고 호해 이 세 사람이

태자 부소와 장군 몽염의 무덤이다. 당시 두 사람은 흉노를 방어하기 위해 북쪽 변방에 있었기 때문에 이들의 무덤은 지금의 섬서성 수덕현(綏德縣)에 남아 있다.

같이 모였다. 이들은 시황제의 유서를 조작하여 호해를 태자로 삼고 부소와 몽염에게는 죽음을 내리기로 했다. 시황제의 가짜 유서가 맏아들 부소와 대장군 몽염에게 전달되었다. 유서를 본 부소는 눈물을 흘리며 스스로 목숨을 끊었고, 몽염은 자결을 거부하고 항변하다가 옥에 갇힌 다음 어쩔 수 없이 목숨을 끊었다.

호해의 황제 즉위에 방해가 되는 핵심들이 다 제거되었다. 썩어서 냄새가 진동하는 진시황의 시체를 싣고 함양으로 돌아온 조고는 즉시 장례를 치름과 동시에 호해의 등극을 선포했다. 조고는 당연히 호해 등극의 공을 인정받아 일약 낭중령(郎中令)으로 승진하여 궁중 경비를 장악함과 동시에 호해 곁에서 중요한 정책을 결정하는 핵심 인물이 되었다.

호해가 황제로 즉위하자 권력에 대한 조고의 욕망과 야심도 덩달아 부풀어 올랐다. 구사하는 음모와 수단은 더욱 악랄해졌다. 조고는 먼저 호해를 부추겨 사치와 향락, 그리고 주색에 빠져들게 했다. 물론 정치에서 멀어지게 하여 자신이 권력을 휘두르겠다는 속셈이었다. 조고는 황제 호해의 명의를 빌려 자신에게 반대하는 충직하고 선량한 대신들을 해치기 시작했다.

대도살

조고는 자신의 권력 가도에 우선 걸림돌이 되는 몽염과 몽씨 형제를 제거하는 데 성공했다. 몽의에게는 근거도 없는 모반의 누명

을 씌워 자살하게 만들
고, 가짜 유서에 따라
투옥된 몽염도 윽박질
러 독약을 마시고 죽게
했다. 가장 큰 위협 세
력이었던 몽씨 형제를
제거한 것은 조고가 권
력을 찬탈하기 위한 대
도살의 첫 단계에 지나
지 않았다.

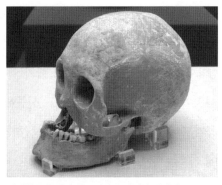

진시황릉 주변에서는 딸린 구덩이인 배장갱(陪葬坑)들
이 많이 발견 발굴되고 있다. 그중 하나에서는 이삼십
대의 젊은 남녀 시신 7구가 확인되었다. 모두 사지가
절단되거나 목이 잘린 모습이라 조고에 의해 죽임을
당한 궁중 사람들로 추정한다. 사진은 그중 하나의 해
골로 귀밑에 화살촉이 박힌 채로 발굴되었다.

조고의 두 번째 행보는 조정 대신과 진시황의 여러 아들들에게
칼을 겨누는 것이었다. 먼저 장군 풍겁(馮劫)과 우승상 풍거질(馮去
疾)이 조고의 박해를 견디지 못하고 자살했으며, 다른 대신들도 피
살되거나 쫓겨났다. 순식간에 진시황의 중신들이 거의 남김없이
피살되거나 제거되었다.

조고는 대신들을 박해하는 동시에 자신의 졸개들을 구석구석 심
어두는 일을 잊지 않았다. 형제인 조성(趙成)에게 원래 자신의 자리
였던 중거부령(中車府令) 자리를 넘겼고, 사위 염락(閻樂)에게는 수
도 함양의 현령을 맡겼다. 기타 요직인 어사와 시중 등도 모두 조
고의 패거리들로 채워졌다.

조정 대신들에 대한 숙청이 끝나자 조고는 진시황의 자식들이 신
경에 거슬렸다. 자신의 권력 찬탈에 방해가 될 뿐 아니라 향후 후환
이 될 가능성이 있었기 때문이다. 이들도 제거 대상이 되었다. 이

들에 대한 조고의 수단은 대단히 악랄했다. 함양에서 호해의 형제 12명을 한꺼번에 도살했고, 얼마 뒤에는 또 두현(杜縣, 지금의 섬서성 함양시 동쪽)에서 호해의 여섯 형제와 열 자매를 맷돌에 갈아 죽였다. 심지어는 평소 행동이 착실하고 신중하기로 이름난 장(將) 등 3명의 공자도 사람을 보내 핍박하여 자살하게 만들었다. 이렇게 수십 명에 이르는 진시황의 자식들이 조고에 의해 처참하게 살해당했다.

마지막 걸림돌 이사를 겨누다

조고가 발동한 대도살의 3단계는 일시적 동맹자였던 이사를 제거하는 일이었다. 이사야말로 조고가 결코 마음 놓을 수 없는 최대의 정적이었다. 다만 이런저런 이유 때문에 먼저 손을 쓰지 않았을 뿐이다. 조고가 이사를 제거해야만 했던 이유는 적어도 세 가지 이상이었다.

첫째, 이사는 여전히 재상으로 조정 대권을 장악하고 있다.
둘째, '사구 정변'과 관련된 음모의 진상을 가장 많이 아는 사람은 조고 자신을 제외하면 누가 뭐라 해도 이사였다. 이 사실이 밝혀지는 날에는 조고도 무사할 수 없다.
셋째, 이사는 진의 천하 통일에 가장 큰 공을 세웠기 때문에 조야에 명망이 대단히 높다. 이는 조고로서는 도저히 따를 수 없는 최대 약점이었다.

이사를 제거하지 않고는 결코 안심할 수 없다. 그렇다면 무슨 수로 이사를 제거한단 말인가? 조고는 이사가 자기도 모르게 제 발로 함정에 걸어 들어오게 만드는 절묘하면서도 독한 수를 구사했다. 어느 날, 조고는 완전 풀이 죽은 얼굴로 이사를 찾아와서는 다음과 같은 볼멘소리를 했다.

"승상, 함곡관(函谷關) 동쪽에서 도적 떼가 연신 일어나고 있는데 폐하께서는 인력을 동원하여 아방궁(阿房宮)을 짓고 개나 말 따위와 같은 쓸데없는 것들을 모으고 계십니다. 제가 충고의 말씀을 올리려 해도 자리가 미천합니다. 이런 일은 승상께서 해야 하거늘 어찌 팔짱만 끼고 계십니까?"

이사는 조고의 꼼수를 간파하지 못하고 조고의 말에 연신 머리를 끄덕이며 찬동을 표시했다. 이사가 미끼를 물었음을 확인한 조고는 "그렇다면 좋습니다. 승상께서 그리하시겠다면 제가 폐하께서 한가하신 틈을 알려드리겠습니다"라며 알랑거렸다.

교활한 조고는 궁녀들에 휩싸여 향락에 빠져 있는 호해를 방해했다가는 누구든 무사하지 못하리라는 것을 너무 잘 알고 있었다. 조고는 호해를 가장 성나게 할 수 있는 때, 즉 호해가 한창 주색이나 놀이에 빠져 있는 틈을 타서 이사에게 지금이 황제가 한가한 시간이니 얼른 가서 바른말을 하라고 일러주었다.

한창 놀이에 빠져 있는 호해에게 이사의 충고는 잔소리나 다름없었다. 호해는 화가 머리끝까지 뻗쳤으나 선왕이 아끼던 중신이자 승상인 이사를 어쩌지 못하고 그냥 눌러 참았다. 조고는 또 한 번 호해가 궁녀들과 한창 놀고 있을 때 이사를 불러 싫은 소리를 하게 했다. 호해는 더 이상 참지 못했다. 이사가 장황하게 충고를 늘어놓고 나가자 바로 버럭 고함을 지르며 "이사, 이 늙은이가 분위기도 모르고 매번 내가 한창 놀고 있을 때만 골라서 싫은 소리를 하는구나! 보아하니 내가 젊다고 나를 황제로 여기지 않는 모양이구나!"라며 마구 욕을 퍼부었다.

이사는 황급히 자리에서 물러났고, 이때를 놓칠 새라 조고가 얼른 달려 나와 호해의 말을 가로막았다. 그러면서 정말 얄밉게도 이렇게 호해의 약을 올렸다.

"그런 말씀을 하시면 큰일 납니다. 사구에서의 일은 승상도 거들었지 않습니까. 그런데 상도 받지 못했으니 불만이 없을 수 없지요. 아마 왕 정도는 바라고 있을 걸요."

여기까지 말을 마친 조고는 갑자기 말을 돌려 이사에게 치명적인 독수를 날렸다. 조고는 호해 곁으로 바짝 다가앉더니 귓속말로 이렇게 속삭였다.

"중대한 일이 하나 있습니다. 폐하께서 오늘 이사 이야기를 꺼내시지 않았더라면 저도 감히 말씀드리지 못하고 넘어갈 뻔했습니다. 승상의 아들 이유(李由)가 삼천(三川) 군수를 맡고 있지 않습니까. 그런데 진섭(陳涉) 등 반역의 무리가 삼천을 지날 때 이유는 이

한 시대를 풍미했던 이사는 자신의 능력보다 한참 떨어지는 호해의 독수에 어이없이 당했다. 간신은 얕잡아 보아서는 결코 안 된다. 사진은 이사의 고향인 하남성 상채에 남아 있는 그의 무덤이다.

들을 토벌하기는커녕 그냥 보고만 있었다는 겁니다. 이유인즉 진섭이 승상과 같은 고향 출신이기 때문이랍니다. 듣자 하니 이유와 진섭이 편지까지 주고받았다는데, 지금까지 증거를 확보하지 못해 폐하께 말씀드리지 못하고 있었던 겁니다."

이 말에 호해는 길길이 뛰면서 그 자리에서 이사를 잡아다 문초하게 하고 삼천으로 사람을 보내 적과 내통한 이유를 감시할 것을 결정했다. 그러나 선왕의 중신인 이사를 다짜고짜 잡아들일 수는 없어 상황을 좀 더 지켜보기로 하고 감시만 붙였다. 갑자기 자신과 아들에 대한 감시가 붙자 이사는 그제야 자신이 조고에게 당했다는 사실을 알게 되었다. 바로 호해에게 조고야말로 탐욕이 끝이 없는 위험천만한 천하에 둘도 없는 간신이라며 억울함을 호소했지만, 이미 조고의 손아귀에서 놀아나는 꼭두각시가 된 호해에게 씨가 먹힐 리 없었다. 호해는 이사의 호소에 이렇게 반박했다.

"조고는 충성과 믿음으로 나를 보좌하는 사람이다. 짐은 그를 정말 현명한 사람이라 생각한다!"

그리고는 이사가 올린 상소문까지 조고에게 보여주며 조심하라고 당부까지 했다. 조고는 마지막 결정타를 날릴 기회임을 직감하고는 회심의 미소를 흘리며 다음과 같이 이사 부자를 모함했다.

"승상 부자가 모반을 꾀한 지는 이미 오래되었습니다. 걱정스러운 것은 저 한 사람입니다. 만에 하나 제가 죽게 되면 이사는 전상(田常, 제나라 간공簡公을 죽이고, 평공平公을 옹립한 다음 자신이 재상이 된 전성자田成子를 가리킨다)처럼 폐하를 죽이고 황제 자리를 탈취할 것입니다."

이쯤 되니 호해로서도 더 이상 견딜 수가 없었다. 즉각 조서를 내려 이사 부자를 잡아들여 문초하게 하는 한편, 그 책임자로 조고를 임명했다. 조고는 이사의 가족을 모조리 잡아들여 감옥에 넣고 문초를 시작했다. 조고는 이사에게 '반란'과 '모반'의 죄를 뒤집어씌우기 위해 가혹한 고문을 가하는 한편, 자신의 측근들에게 돌아가며 이사를 심문하게 하여 결국은 이사의 허위 자백을 받아냈다.
　총명하기로 따지자면 천하에 둘도 없는 인재이자 천하 통일의 주역이었던 이사는 개인의 명예욕과 부귀영화를 위해 자신의 영혼을 헐값에 팔았고, 그 결과 간신 조고의 덫에 걸려 아들과 함께 저잣거리에서 허리가 잘리는 처참한 최후를 맞이했다. 세상에 이렇듯 가련한 지식인의 말로가 또 어디 있을까!

지록위마(指鹿爲馬)

이사가 제거된 이상 조고에 맞설 사람은 아무도 없었다. 다음 수순은 조고 자신이 승상 자리에 오르는 일이었다. 조정 안팎을 완전 장악한 조고는 사실상 황제 호해의 머리 위에 앉은 태상황이나 마찬가지였다.

문제는 만족을 모르는 조고의 야심이었다. 조고는 황제 자리에 입맛을 다시기 시작했다. 이를 위해 조고는 더 큰 음모와 술수를 부리기 시작했다. '지록위마'는 황제 자리를 찬탈하기 위해 조고가 벌인 비열하고 교활한 술수를 상징적으로 보여주는 유명한 짓이었다.

간신 조고의 야심을 상징적으로 보여주는 '지록위마'는 지난 2천 년 넘게 숱하게 오르내리는 사자성어가 되었다. 사진은 호해의 무덤 주변에 조성되어 있는 '지록위마' 조형물이다.

어느 날, 문무백관이 다 모인 조정 회의에서 조고는 사슴 한 마리를 황제 호해에게 바치며 "폐하께서 좋아하시는 말을 한 마리 올립니다. 아주 잘생긴 작은 말입니다"라고 말했다. 아무리 멍청해도 그렇지 사슴과 말 정도는 구별할 줄 아는 호해인지라 "승상께서 지금 농담하시는 거요? 그게 사슴이지 어째서 말이요?"라며 크게 웃었다. 조고는 정색을 하며 "아닙니다! 이건 말입니다"라며 자신의 주장을 굽히지 않았다. 이쯤 되면 호해도 황제 체면이 있지 그냥 넘어갈 수 없었다. 호해는 짐짓 근엄한 표정으로 신하들을 둘러보면서 "이게 말인지 사슴인지 말해보시오!"라고 명령했다.

조정 대신들은 서로의 얼굴만 쳐다보면서 누가 하나 나서 대답하려 하지 않았다. 그렇지 않아도 조고의 위세에 잔뜩 주눅이 들어 있는 대신들인지라 조고의 호로병에 무슨 약이 들었는지 모르는 상황에서 함부로 입을 놀렸다간 무슨 낭패를 당할 지…. 호해도 그냥 물러서지 않았다. 재차 대신들의 답변을 추궁했고, 양심이 조금이라도 남은 대신들은 사슴이라고 대답한 반면, 조고의 측근들과 조고의 비위를 맞추려는 자들은 말이라고 대답했다. 양다리를 걸친 자들은 뭐라 대답을 하지 못한 채 우물쭈물거렸다. 이 어처구니없는 일을 당한 호해는 자기가 사물을 분별하지 못할 정도로 심각한 병이 난 것이 아닌가 의심이 들어 후궁으로 돌아온 즉시 무당을 불러 자신의 운명을 점치게 했다. 무당의 점괘는 더 황당했다.

"폐하께서 제사를 올리면서 목욕재계하시지 않았기 때문에 말을 사슴으로 착각하신 겁니다."

무당이란 놈도 진즉 조고에게 매수당해 있었다. 무당의 말을 사실로 받아들인 호해는 더더욱 조고의 말을 들을 수밖에 없었고, 그의 안배에 따라 조정의 일을 모두 조고에게 맡긴 채 자신은 목욕재계를 위해 상림원(上林苑)으로 몸을 숨겼다. 참으로 기도 안찰 노릇이었다. 이렇게 해서 형식적으로나 실질적으로나 모든 권력은 확실하게 조고의 수중으로 들어왔다.

욕망의 말로

목욕재계를 위해 호해가 상림원으로 간 뒤, 아니 호해를 상림원으로 내쫓은 뒤 조고는 마침내 조정의 대권을 혼자 독차지하기에 이르렀다. 조야의 모든 사람들이 조고의 눈치를 보지 않을 수 없게 되었다. 이제 조고에게는 그렇게도 갈망하던 '무소불위'의 권력을 마음껏 휘두를 수 있는 자리까지 마지막 한 걸음이 남아 있었다. 그 자리는 다름 아닌 황제 자리였고, 사실상 수순만 남겨 놓은 상태였다.

조고는 먼저 호해를 수도 함양에서 한참 떨어진 망이궁(望夷宮)으로 내보냄으로써 대신과 조정으로부터 호해를 완전히 떼어놓았다. 이어 조고는 서둘러 동생 조성과 사위 염락을 찾아 황제 자리를 찬탈하기 위한 행동 부대를 만드는 등 최후의 음모를 획책하기 시작했다. 주위의 눈과 귀를 가리기 위해 조고는 염락에게 봉기군으로 위장한 자들을 보내 노모를 붙잡아 자신이 있는 곳으로 몰래 보내게 하고는 동시에 조성을 호해가 있는 망이궁으로 보내 산동에서 반란이 크게 일어나 민심 흉흉하다는 유언비어를 퍼뜨리게 했다. 호해는 불안에 떨며 어쩔 줄 몰랐고, 이 틈에 염락은 도적이 쳐들어온다며 군대를 이끌고 망이궁으로 난입했다.

상황이 이런 데도 호해는 여전히 똥오줌을 못 가린 채 진승의 봉기군이 진짜 쳐들어온 줄만 알았다. 호해는 창칼을 들고 사나운 기세로 자기 앞에 서 있는 이자가 자신이 가장 신뢰해마지 않는 조고의 사위 염락일 줄은 꿈에도 생각하지 못했다! 염락은 호해를 향해 "이 폭군아! 전국의 백성들이 너에게 반항하고 있다. 자, 봐라! 이제 어쩔 것이냐?"라며 윽박질렀다.

사태가 다급할수록 호해의 머릿속에는 승상 조고밖에는 생각나지 않았다. 그는 염락에게 조고를 만나게 해달라고 했다. 염락은 일언지하에 거절했다. 호해는 "그렇다면 내가 천하를 버릴 테니 군

호해의 무덤은 오랫동안 방치되다시피 했으나 최근 새로 정리가 되었고, 그 앞으로 박물관까지 들어서 진나라 망국의 역사를 재현하고 있다(섬서성 서안시 안탑구雁塔區).

왕 자리라도 줄 수 있는가?"라며 애원조로 부탁했다. 염락은 호해의 말이 끝나기도 전에 코웃음을 쳤다. 호해는 염락의 옷자락에 매달리면서 평민이 되어 살아도 좋으니 목숨만이라도 살려달라고 애걸복걸했다. 이 못 말리는 멍청한 황제는 죽어가면서까지 자신의 몸에 더러운 오물을 처발랐다. 호해는 자살을 강요받았다.

호해가 자살했다는 보고를 받은 조고는 좋아 미칠 것만 같았다. 현장으로 달려가 호해가 차고 있던 옥새를 떼어 자기 몸에 달고 돌아와서는 황제의 보좌로 성큼 걸어가 등극할 준비를 했다. 그런데 뜻밖에 좌우 백관들이 조고를 따르지 않았고, 조야의 신하들도 침묵으로 반항하고 나섰다. 눈치 빠른 조고는 상황이 여의치 않음을 직감하고는 "하늘이 주시지 않고 군신들이 허락하지 않는구나!"라며 통탄해 마지 않았다. 조고는 황제에 대한 욕심은 잠시 보류해두고 응급조치로 진시황의 손자로 훗날 유방(劉邦)에게 항복하는 자영(子嬰)을 불러들여 황제 자리에 앉혔다.

자영은 조고라는 인간을 잘 알고 있었다. 자영은 자신에게도 틀림없이 화가 미칠 것이라 판단했다. 자영은 조고에게 고분고분 자세를 낮추어 화를 피하면서 두 아들과 측근인 환관 한담(韓談)과 상의하여 조고를 제거할 계획을 짜기 시작했다. 그는 병을 핑계로 조정에 나가지 않았다. 조고가 문병하러 왔고, 이 틈에 한담이 조고를 찔러 죽였다. 내친김에 자영은 조고의 삼족을 모두 제거했다. 음모로 남을 해치는 데 귀신같은 재주를 가진 조고가 다른 사람의 음모에 말려 죽었으니 이 또한 역사의 아이러니가 아니겠는가?

형법 전문가에서 망국의 원흉으로

조고는 죽었지만 허물어지기 시작한 제국의 형세는 돌이킬 수 없었다. 기원전 206년, 자영은 함양에 입성한 유방에게 무릎을 꿇고 항복함으로써 망국 군주가 되었다. 자영은 투항함으로써 일단 목숨을 부지했지만, 뒤이어 함양성에 입성한 항우(項羽)에게 처참하게 살해당했다.

조고의 일생을 보자. 죄인의 자식으로 환관이 되어 궁중에서 자란 조고는 생존을 위해 주위 눈치를 살피지 않을 수 없었고, 총명했던 그는 남의 눈치를 파악하고 기분을 맞추는 기술을 터득해갔다. 말솜씨까지 타고났다. 사구에서 호해와 이사를 설득하던 조고의 현란한 언변을 보라!

법가 사상에 기초하여 천하를 통일하고 엄격한 법치로 통치 질서를 유지하고 있던 진 왕국에서 법이 대접받는다는 사실을 안 조고는 주저 없이 법을 공부했다. 특히 진시황의 관심이 깊은 형법에 관한 조예가 남달랐다. 상대의 기분을 파악하는 기술에 법까지 정통한 조고가 진시황의 눈에 드는 것은 시간문제였다. 진시황의 측근에서 법에 대한 자문을 하던 조고는 결국 진시황의 수레와 옥새를 관리하는

진시황릉 앞에 조성되어 있던 통일 제국 진나라의 주요 인물 조형물들 중 조고의 모습이다.

중책을 맡게 되었고, 거기에 왕자 호해의 교육까지 담당하는 기회를 갖기에 이르렀다.

이 단계에 이르러 조고는 점점 더 큰 야욕을 품기 시작했고, 진시황의 갑작스러운 죽음이 결정적인 역할을 했다. 사실 호해와 이사는 조고의 야욕을 막고 사태를 수습할 수 있었다. 그러나 어리석은 호해와 개인의 출세와 부귀에만 집착한 이사는 조고의 엄청난 야욕에 동참하고 말았고, 그 결과는 대제국의 멸망이었다.

한순간 방심이 얼마나 엄청난 결과를 초래하는지 조고의 행적을 통해 깊이 고민할 일이다. 그는 보잘것없는 신분에 천한 환관에 지나지 않는 인물이었다. 그런 그가 한 단계 한 단계 권력의 정점으로 접근하는 수완은 놀랍기 그지없다. 진시황도 호해도 그가 나라 전체를 훔치리라고는 생각하지 못했을 것이다. 이사 역시 마찬가지였던 것 같다. 이사가 조고의 야욕을 확인했을 때는 이미 늦었다. 늦어도 한참을 늦었다.

간신이라고 판단되면 아예 가까이하지 말 것이며, 기회가 오면 가차 없이 제거해야 한다. 이를 위해 늘 경계의 눈을 거두지 말고 주도면밀하게 이들의 짓을 살피다가 절호의 기회가 오면 두 번도 필요 없는 결정타를 날려야 한다. 간신은 작게는 조직을 크게는 나라를 망치는 존재이며, 그들은 늘 우리의 방심을 먹고 성장하는 존재라는 사실을 명심해야 한다. 최초의 통일 제국을 단 15년 만에 절단낸 조고의 행적은 이 점을 똑똑히 보여주고 있다.

　간신 조고가 권력을 오로지하기까지 써먹었던 주요한 수법으로
는 위에 소개된 '지록위마'를 비롯하여 다음과 같은 것들이 있다.
자세한 내용은 3부 《간신학 – 수법편》을 참고하고, 여기서는 간략
하게 그 뜻과 핵심만을 소개해둔다.

부하망상(附下罔上)

　'(권세 있는) 신하에 달라붙어 군주를 속인다'는 뜻을 가진 간사모략
의 하나이다. 힘 있는 자에게 달라붙어 권력자를 기만하고 야금야금
권력을 좀먹어 들어가는 수법이다. 조고는 먼저 둘째 아들 호해에게
달라붙어 권세를 얻었고, 진시황이 갑자기 죽자 승상 이사에 달라붙
어 쿠데타를 획책하여 권력을 움켜쥐고는 꼭두각시 호해를 마음껏
기만했다. 간신이 가장 많이 쓰는 수단이자 방법의 하나이다.

투합구용(偸合苟容)

　'몰래 영합하여 구차하게 받아들여지다.' '투합구용'은 간사하고
은밀하게 권력자의 뜻에 맞추어 구차하게 권력자에 의해 기용되는
것을 말한다.
　'투합구용'은 간신들이 상투적으로 써먹는 간사모략이다. 간신은
벼슬과 녹봉을 탐하고 구차하게 목숨을 부지하기 위해 지조를 헌
신짝처럼 버리고 다른 사람, 특히 권력자의 뜻과 마음에 맞춘다.
이렇게 자기 한 몸 출세하면 그만이다. 이런 자들은 대부분 도덕이

나 의리를 거들떠보지 않을뿐더러 서슴없이 신의를 배신한다. 조고의 일생이 정확하게 이와 일치했다. 순자는 이런 자를 나라의 도적 '국적(國賊)'이라 불러 경각심을 높였다.

기상압하(欺上壓下)

간신은 권력을 오로지하거나 자신의 목적을 달성하기 위해 달콤한 말로 권력자를 홀리고 속인다. 이렇게 해서 권력을 손아귀에 넣으면 자신과 생각이 다르거나 자신을 반대하는 사람들을 공격한다. 이때 동원하는 수법이 '기상압하'다. '위를 속이고 아래를 억누른다'는 뜻이다. 이 '기상압하'의 모략을 잘 써먹었던 자가 조고이다. 그는 '사구정변'에서 호해와 이사를 회유와 협박으로 동참시켜 호해를 꼭두각시 2세 황제에 앉혔다. 이후 조고는 '지록위마'로 호해를 농락한 다음 결국 그를 해쳤다. 실권을 쥐면 간신은 예외 없이 '기상압하'한다. 애당초 간신의 속임에 넘어가지 않아야 한다.

시거수위(尸居守位)

'시거수위'의 뜻은 죽은 시체인 강시(僵尸)로 하여금 이름만 있는 자리를 지키게 한다는 뜻이다. 실제로는 꼭두각시를 세워 중요한 자리를 차지하게 한 다음 막후에서 통제하는 모략이다. 대권과 보좌가 비면 군웅들이 각축을 벌인다. 시기가 무르익지는 않았지만 사람들의 마음을 어느 정도 얻었다면 옹립자의 신분으로 꼭두각시를 내세우고 자신이 실제로 국면을 통제하는 것이 낫다. 조고가 호해를 앞세운 '시거수위'의 모략으로 대권을 좌우한 것이 대표적인 사례라 할 것이다.

간신은 토목사업을 부추긴다, 백비(白嚭)

기원전 522년 초(楚)나라의 오자서(伍子胥)가 아버지와 형님을 잃고 오(吳)나라로 망명한 해부터 기원전 473년 오나라의 멸망으로 막을 내린 약 반세기에 걸친 이른바 '오월쟁패(吳越爭霸)'는 원한과 복수, 은혜와 원수로 점철된 한 편의 대하드라마 그 자체였다. 이 과정에서 오나라 왕 합려(闔閭)와 그 아들 부차(夫差)는 오자서와 손무(孫武, 손자) 등과 같은 출중한 인재의 도움을 받아 숙적 월나라를 거의 멸망 직전까지 몰았다. 월나라 구천(句踐)은 대부 문종(文種)과 범려(范蠡)의 충고대로 아내를 데리고 직접 오나라로 와서 부차의 시중을 들기까지 했다. 구천은 병든 부차의 똥까지 맛을 보는 등 더할 수 없는 치욕을 견디는 한편, 부차의 측근이자 오자서와 갈등하고 있던 태재 백비에게 막대한 뇌물을 써서 3년 만에 조국으로 돌아올 수 있었다.

월나라는 위아래가 합심하여 '와신상담(臥薪嘗膽)' 복수의 칼날을 갈았다. 구천은 무려 7년 동안 고기를 먹지 않고 비단옷을 입지 않으면서 백성들과 함께 국력을 키웠다. 한편, 문종과 범려는 끊임없이 간신 백비를 부추겨 오왕 부차를 방탕한 생활로 이끌게 했다. 좋은 목재와 목수를 보내 고소대(姑蘇臺)에 궁궐을 다시 짓게 했는데. 무희를 비롯하여 6천 명을 넘게 수용할 수 있는 엄청난 규모의 대 토목공사였다고 한다.

오나라의 충신 오자서는 국력이 소모되어 나라가 큰 피해를 입을 것이라고 충고했지만 승리에 도취한 부차는 듣지 않았다. 간신 백비는 연일 이 정도 규모의 궁궐이라야 위신이 선다며 부차를 부추겼다. 백비는 입안의 혀처럼 부차의 심기를 사로잡았다. 그리하여 마침내 천 길 누각이 태호(太湖)를 향해 뻗은 궁궐이 완공되었고, 풍악 소리가 24시간 울려 퍼졌다.

고소대가 완성될 즈음 월나라 구천은 범려와 상의하여 절세미인들을 뽑아 몇 년에 걸쳐 철저하게 교육시킨 다음 오나라 부차에게 보냈다. 화려한 궁궐에 어울리는 여자들과 각종 놀잇거리를 딸려보낸 것이다. 물론 부차를 사치와 방탕으로 몰기 위한 전략의 일환이었다. 교양과 미모를 동시에 갖춘 월나라 미인을 본 부차는 정신이 혼미해져 어쩔 줄 몰랐다. 특히 서시(西施)를 총애하여 밥을 먹을 때도 무릎 위에 앉혀 놓고 먹을 정도였다고 한다. 부차는 허구한 날 술과 고기와 여자에 빠져 세월 가는 줄 몰랐으나 백성들은 굶주림에 허덕였다.

게다가 오왕 부차는 계속 바른말로 직언하는 충신 오자서를 자살하게 만드는 등 악정을 거듭했다. 물론 간신 백비의 치밀하고 악독한 모함이 주효했기 때문이다. 오나라는 한없이 국력을 소모했고, 반면 월나라는 차근차근 원기를 회복하여 마침내 오나라를 궁지로 몰아넣은 끝에 멸망시켰다.

오나라의 멸망에는 월나라 왕 구천의 처절한 반성과 심기일전(心機一轉), 그리고 뼈를 깎는 노력이 있었지만, 오나라의 간신 백비를 부추겨 오나라 군신을 이간질한 것이 결정적으로 작용했다. 간신 백비는 같은 나라 출신인 오자서의 추천 덕에 망명객 신세를 벗어나 부귀영화를 누렸다. 그러나 사사로운 욕망과 탐욕 때문에 오자서를 모함해서 해쳤고, 적국인 월나라로부터 엄청난 뇌물을 받고는 부차의 방탕을 끊임없이 부추기는 이적 행위를 서슴지 않았다. 특히, 대대적인 토목공사를 권유하여 국력을 크게 소모시켰다.

간신 백비는 어떻게 되었을까? 월나라 왕 구천으로부터 큰 상을 기대하고 있던 백비에게 떨어진 것은 뜻밖에도 죽음이었다. 꿈에도 그리던 숙적을 제거한 마당에 이런 간신을 곁에 둘 이유가 어디 있겠는가? 오왕 부차를 따라가라며 가차 없이 죽음을 선사했다. 적국에 충성을 다한 간신의 역설적인 말로였다.

우리나라 삼국시대 장수왕은 백제의 내부를 어지럽힐 특수 임무를 띤 첩자를 선발하여 개로왕에게 보냈다. 이 임무를 맡은 도림은 승려라는 신분과 바둑이란 잡기로 개로왕에게 접근하여 환심을 산 다음, 대대적인 토목공사를 부추겨 국력을 탕진시키고 몰래 고구려로 돌아와 상황을 보고했다. 장수왕은 수륙 두 방면으로 백제를 기습하여 개로왕을 잡아 죽이고 백제를 거의 멸망으로 몰았다. 백제는 도성 한성을 버리고 공주로 천도할 수밖에 없었다.

어느 나라를 막론하고 간신들의 공통된 행태 가운데 하나는 권력자의 과대망상과 욕망을 대변하는 토목공사를 대대적으로 부추겼다는 사실이다. 그리고 그 결과는 대부분 망국 아니면 망국 일보 직전까지 갔다. 우리도 불과 얼마 전 4대강 사업이라는 전대미문의 토목공사로 국토가 크게 망가진 경험을 했다. 지금 이 정권도 규모만 다를 뿐 온갖 공사를 벌이고 있다. 청와대 이전부터 소소하게는 관저 리모델링까지 수상한 뒷거래가 곳곳에서 악취를 풍기고 있다. 모두 진상조사와 함께 처벌 대상이다. 가장 중요한 일은 이 일을 부추기고 처리한 간신들에 대한 처단이다.

간신 이야기 관련 어록

사회 혼란은 간신 소인배들의 등장을 부추긴다. 또 간신 소인배들은 극렬한 사회 혼란을 만들어내기도 한다. 사회 발전사를 들추어보면 사회 혼란은 예외 없이 간신들에 의해 조성되었거나 가중되었음을 알 수 있다. 또 간신 소인들의 권력 쟁탈과 상호 알력은 사회를 혼란으로 몰아넣는 중요한 원인이 되었을 뿐만 아니라 잔혹한 통치는 늘 민중들의 반발과 저항을 유발시켰다.

간신 이야기 관련 어록

• 간신배들은 윗사람에게는 눈웃음을 치고 꼬리를 흔들며 아첨을 하지만 아랫사람들은 잔혹하게 다룬다. 온갖 뇌물을 받고 사욕 추구에만 몰두하는 사회의 기생충이며 백성의 공적(公敵)이 아닐 수 없다.

• 탐욕스럽지 않은 간신, 사치스럽지 않은 간신은 없다. 간신배들과 어리석은 군주, 그리고 포악한 관리가 합작해서 백성들에게 저지르는 천하의 대죄는 잔혹한 통치에서 더욱 집중적으로 드러난다.

• 간신들은 서로 권력을 다투면서 자신들의 야심을 실현시키기 위해 백성을 혼란이라는 깊은 연못으로 서슴없이 떠밀었다.

원시사회	약 60만 년 전~기원전 약 21세기	삼황오제(三皇五帝) 포함
하(夏)	기원전 약 21세기~기원전 약 16세기	노예제 사회. 상은 후기 은(殷)으로 천도, 상은이라 부름.
상(商)	기원전 약 16세기~기원전 약 11세기	
서주(西周)	기원전 약 11세기~기원전 771년	
춘추(春秋)	기원전 770년~기원전 476년	
전국(戰國)	기원전 475년~기원전 221년	봉건사회 개시
진(秦)	**기원전 221년~기원전 206년**	**시황 – 호해 – 자영 3대.**
서한(西漢)	기원전 206년~8년	서한과 동한 사이에 왕망(王莽)의 신(新) 9년~23년. 유현(劉玄) 23~25년.
동한(東漢)	25년~220년	
삼국(三國)	220년~280년	위 · 촉 · 오
위(魏)	220년~265년	조조 – 조비 – 조예
촉(蜀)	221년~263년	유비 – 유선
오(吳)	222년~280년	손권
서진(西晉)	265년~316년	무제 사마염(司馬炎)
동진(東晉)	317년~420년	원제 사마예(司馬睿)
오호(五胡) 십육국	304년~439년	흉노, 선비, 갈, 저, 강
남북조 (南北朝)	420년~589년	
남조(南朝)	420년~589년	
송(宋)	420년~479년	무제 유유(劉裕)
제(齊)	479년~502년	고제 소도성(蕭道成)
양(梁)	502년~557년	무제 소연(蕭衍)
진(陳)	557년~589년	무제 진패선(陳覇先)
북조(北朝)	386년~581년	
북위(北魏)	386년~534년	도무제 탁발규(拓跋珪)
동위(東魏)	534년~550년	효정제 원선견(元善見)

서위(西魏)	535년~557년	문제 원보거(元寶炬)
북제(北齊)	550년~577년	문선제 고양(高洋)
북주(北周)	557년~581년	효민제 우문각(宇文覺)
수(隋)	581년~618년	문제 양견(楊堅)
당(唐)	618년~907년	고조 이연(李淵)
오대십국 (五代十國)	907년~979년	5대 : 후량, 후당, 후진, 후한, 후주/10국 : 오, 남당, 민, 초, 오월, 전촉, 후촉, 남한, 형남, 북한
북송(北宋)	960년~1127년	태조 조광윤(趙光胤)
남송(南宋)	1127년~1279년	고종 조구(趙構)
요(遼)	907년~1125년	태조 야율아보기
서하(西夏)	1032년~1227년	경제(景帝) 원호(元昊)
금(金)	1115년~1234년	태조 완안민(完顔旻) 아골타
몽(蒙), 원 (元)	1206년~1368년	태조 징기스칸. 1271년 원(元)으로 국호 개명. 북원(1370~1388).
명(明)	1368년~1644년	태조 주원장(朱元璋)
청(淸)	1616년~1911년	태조 애신각라(愛新覺羅). 1616년 누루하치 후금 건국. 1636년 황태극 청으로 개명.

외척外戚 간신의 시대를 연
양기梁冀

양기(?~159년)는 동한시대 최대의 간신으로 안정(安定) 오지(烏氏, 지금의 감숙성 평량현平凉縣 서북) 출신이다. 그 아비 양상(梁商)은 순제(順帝) 연간(125~144년)에 대장군으로 군권을 쥐고 있었다. 양기의 고모와 여동생은 그 미모로 각각 순제의 황후와 귀인이 되어 궁중 권력의 중심부에 진입했다. 양기는 막강한 귀족 집안에서 태어났지만 외모가 추하고 흉악했을 뿐만 아니라 재주도 덕도 부족하여 사람 됨됨이가 형편없었다. 꿍꿍이가 많고 교활했으며, 남 속이기를 밥 먹듯 하고 나쁜 짓이란 나쁜 짓은 다 저지르고 다녔다.

양기는 권문세가의 방탕한 망나니였지만 집안의 권세를 등에 업고 승승장구하여 애비의 뒤를 이어 대장군 자리까지 올랐다. 이후 그는 조정의 전권을 움켜쥐고 미친 듯 살상을 저질렀다. 충직한 대

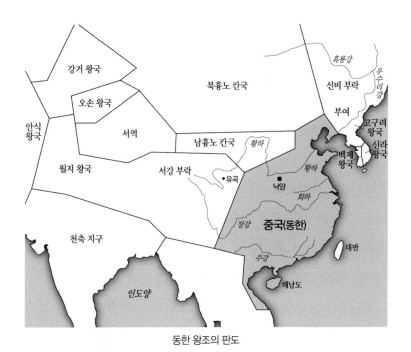

동한 왕조의 판도

신들을 밥 먹듯 해쳤고, 자기를 따르지 않는 사람은 가리지 않고 공격했다. 급기야 황제마저 멋대로 죽이고 자기 입맛에 맞는 인물만 골라 요직에 앉히는 등 황제를 능가하는 권력을 휘둘렀다.

양기의 독재로 조정은 물론 사회 전체의 기반이 흔들렸고, 백성의 원성이 하늘을 찔렀다. 간신 양기를 기점으로 동한 왕조는 회복할 수 없는 쇠락의 벼랑으로 추락하여 결국은 멸망했다.

끊임없이 닦아야 할 역사의 거울

중국 역사상 최고의 정치가이자 충절과 청렴의 상징인 제갈량(諸葛亮, 181~234)은 〈출사표(出師表)〉에서 후회스러운 과거사를 다음과 같이 침통하게 지적한 바 있다.

"선제(유비)께서는 신과 이 문제를 의논하실 때마다 환제(桓帝)와 영제(靈帝)시대를 탄식하고 가슴 아파하지 않으신 적이 없습니다!"

제갈량은 촉한이 국력을 떨치지 못하고 있는 원인을 과거 역사에서 찾는 한편, 환제를 전후로 동한 정권이 내리막길을 걸었음을 지적했다. 그리고 이 과정에 간신 양기가 깊숙이 개입되어 있었고, 그 한 사람이 초래한 해악은 우리의 상상을 초월한다.

동한 왕조는 중기를 넘어서면서 유별나게 어린 황제가 많이 즉위했는데, 자연스러운 현상이 아닌 인위적인 경우가 대부분이었다.

서한 말기 선제(宣帝)와 원제(元帝) 때의 환관으로 권력을 농단했던 석현(石顯, ?~기원전 32)을 기점으로 정치 집단으로 성장한 환관 세력과 이들을 견제하기 위해 황제가 끌어들인 외척 집단이 모두 어린 군주의 즉위를 선호했다. 어린 황제라야 자신들이 마음 놓고 조종할 수 있기 때문이다. 어린 황제의 죽음 역시 이 두 집단의 정치 투쟁의 산물이었다. 정치 투쟁에서 승리한 쪽이 자기들 입맛에 맞는 먹잇감(어린 황제)을 고를 수 있었다.

황제는 유명무실해졌다. 황제가 성인으로 채 자라기도 전에 두 집단은 다시 격렬한 투쟁을 벌였다. 성인으로 성장한 황제가 실질적인 권력을 휘두르기 전에 제거해야 했기 때문이다. 승리한 쪽이 다시 자기들 입맛에 맞는 꼭두각시를 고를 수 있었다. 이런 악순환이 반복되다 보니 정치는 물론, 민생과 사회 전체가 도탄에 빠져 허덕였고, 결국은 왕조의 멸망으로 귀착되었다. 환관과 외척 집단의 권력 투쟁의 악순환은 대체로 다음과 같은 과정을 밟았다.

황제가 젊은 나이로 죽고 어린 황제가 즉위함 → 외척이 전권을 휘두르며 어린 군주의 불만을 삼 → 어린 군주가 성장하여 환관 세력을 이용하여 외척을 제거함 → 환관 집단이 전권을 휘두르며 황제의 불만을 삼 → 황제가 황후를 간택하면서 새로운 외척이 생겨남 → 황제가 외척을 이용하여 환관 세력을 소탕함 → 황제가 죽고 다시 어린 군주가 계승함.

환관과 외척이 정권을 좌우하는 중국 황제 제도의 고질적 폐단은

諸葛亮
王佐奇才儘者気象
伊呂之間學樂之工

환관 출신의 간신인 석현과 외척 출신의 간신인 양기를 기점으로 이렇게 정착되었다. 이는 훗날 중국사에 엄청난 악영향을 미친 역사현상이자 사회현상으로 자리 잡았는데, 제갈량은 과거사를 거울삼아 같은 실수와 폐단을 반복하지 않길 간절히 바라는 마음에서 이같이 경고한 것이다.

제갈량은 과거사가 현재에 미치는 영향을 깊게 인식했다. 동한은 환관과 외척의 투쟁 때문에 몰락했고, 제갈량은 이 점을 통탄했다.

역사는 과거사를 분명하게 비쳐 줄 수 있는 경고와 교훈의 거울이지만, 현재 시점에서 끊임없이 먼지를 닦아내고 자신을 비추지 않으면 교훈은커녕 도리어 우리의 발목을 잡고 진보를 향한 걸음을 후퇴시킨다.

양기의 악행

권세가 집안의 자식답게 양기는 놀이란 놀이, 잡기란 잡기 죄다 미친 듯 몰두했다. 주색은 기본이고 도박, 축구, 닭싸움, 경마, 개싸움 등등……. 양기는 이 놀이를 핑계로 양민을 숱하게 괴롭혔다. 백성들의 원성이 자자했지만 그 집안의 위세에 눌려 대놓고 불만을 터뜨리지 못했다. 이런 현상은 양기뿐만 아니라 다른 외척 집안들의 행패 역시 거의 예외 없이 대동소이했다.

외척 집안의 횡포가 어느 정도였는지 한 가지 사례만 소개하겠다. 당시 외척 집안으로는 등(鄧)씨와 양(梁)씨가 위세를 떨쳤는데, 등씨는 장장 30년 동안 권력을 좌지우지했다. 등 태후를 등에 업고 등씨 집안사람들이 온갖 나쁜 짓은 다 저지르고 다니고 있었는데, 두근(杜根)이란 사대부가 등씨에게 당한 경우가 정말 기가 막혔다. 그는 등 태후에게 권력을 황제에게 돌려주라고 요구하다가 보자기로 보쌈을 당해 궁전 금란전(金鑾殿) 위에서 바닥으로 내팽개쳐지는 어처구니없는 꼴을 당했다. 그리고는 들판에 버려졌다. 들판에 버려진 두근은 정말이지 천운으로 죽지 않고 깨어났다. 그는 죽은 것처럼 가장하여 그곳에서 사흘 동안 눈에 벌레가 생길 정도로 시체처럼 누워 있다가 깊은 산속으로 도망쳤다. 그리고는 근처에다 술집을 내서 생계를 꾸렸다. 두근은 15년 뒤 등씨가 실각하자 세상으로 나왔다.

자, 이제 양기로 돌아가서 136년 하남윤(河南尹)으로 부임한 뒤 양기가 어떤 악행을 저질렀는지 간략하게 살펴보자.

먼저 당시 낙양 현령으로 양기의 아버지 양상의 문객이었던 여방(呂放, ?~136)을 해친 사건이다. 여방은 양기의 비행 때문에 양씨 가문이 곤경에 처하지 않을까 걱정이 되어 양상에게 양기의 비행을 알렸다. 양기는 아버지 양상에게 한바탕 혼이 났다. 여방에게 앙심을 품은 양기는 자객을 시켜 여방을 살해했다. 영악한 양기는 이 사건의 진상을 감추려고 여방의 원수가 저지른 짓이라고 소문을 내는 한편, 여방의 동생 여우(呂禹)를 낙양 현령으로 추천하는 등 여씨 집안 식구들을 다독거려 시선을 돌렸다. 그리고는 여방을

양기는 수틀리면 지위 고하를 막론하고, 수단과 방법을 가리지 않고 해쳤다. 두교는 양기에게 당한 충직한 대신들 중 하나였다. 두교의 초상화다.

살해한 자객마저 죽여 입을 막았는데, 자신이 직접 손을 쓰지 않고 여방의 동생 여우로 하여금 자객을 잡아 죽이게 했다. 이런 일이 있은 뒤로는 누구 하나 감히 양기에 대해 이러쿵저러쿵하지 못했다.

광록대부 두교(杜喬, ?~147)는 강직한 인물로 연주(兗州) 지방을 감찰하면서 양기의 패거리들이 저지른 죄상을 밝혀 상당수를 파직시켰다. 민심은 그에게 박수를 보냈다. 이런 두교에 앙심을 품은 양기는 대장군의 신분으로 두교를 곤경으로 몰기 위해 일부러 뇌물죄를 저지른 사궁(汜宮)이란 자를 추천해달라고 청탁했다. 두교는 물론 거절했고, 양기는 끝내 그를 해쳤다.

완현(宛縣)의 현령으로 발령이 나서 인사를 하러 온 오수(吳樹, 생몰 미상)에게는 완현에서 못된 짓을 일삼고 있던 자신의 패거리를 잘 부탁한다는 청탁을 넣었다. 오수는 법대로 처리할 뿐이라며 난색을 나타냈고, 앙심을 품은 양기는 오수가 형주자사로 승진하여 부임하면서 다시 인사를 하러 오자 축하주에 독을 탔다. 독주를 마신 오수는 수레를 타고 부임지로 가던 중 독이 발작하여 수레 안에서 급사했다.

농담 한마디에 독살당한 황제

양기의 만행 대상은 누구든 예외가 없었다. 황제도 마음에 들지 않으면 서슴없이 제거했다.

114년 순제가 죽자 양기는 겨우 두 살 난 유병(劉炳)을 황제 자리에 앉혔다. 이가 충제(沖帝, 143~145)다. 조정의 대권은 거의 양기 수중에 들어갔다. 충제가 불행인지 다행인지 이듬해 갑자기 명을 달리했다. 황제 보위에 앉은 지 다섯 달 만이었다. 후계자를 놓고 양기와 태위(太尉) 이고(李固, 94~147)가 격렬하게 투쟁했다. 이고는 외척의 정치 간여를 막기 위해 나이가 들고 품행이 양호하며 시시비비를 가릴 줄 아는 청하왕(淸河王) 유산(劉蒜)을 적극 옹립했고, 양기는 그 반대의 이유로 여덟 살 난 어린 유찬(劉纘)을 후계자로 밀어 결국 황제 자리에 앉혔다. 이가 질제(質帝, 138~146)다.

그런데 어린 질제는 양기의 행패가 마음에 들지 않았던지 어느 날 문무백관이 다 모인 자리에서 양기를 가리키며 "저자가 발호장군(跋扈將軍)인가?"라며 양기를 비웃었다. '발호장군'이란 '제멋대로 설치고 다니는 장군'이란 뜻으로, 어린 질제로서는 자신이 할 수 있는 최대의 저항을 한 셈이다.

농담조로 던진 야유이자 조롱이었다. 양기는 절대 그냥 넘어가

'발호장군' 한마디 때문에 질제는 독살당했다.

지 않았다. 양기는 질제가 먹을 떡에다 독을 타서 갖다 주게 했다. 독이 든 떡을 먹은 질제는 창자가 끊어질 것 같은 극심한 고통 속에서 계속 물을 찾았지만 양기는 "물을 마시면 안 됩니다. 물을 마시면 토하게 된다!"라며 물을 갖다 주려는 시종들을 윽박지르며 물도 못 주게 했다. 그러는 동안 질제는 때를 놓쳤고, 그대로 숨이 넘어가고 말았다.

황제까지 독살해버릴 정도로 간이 크고 막강한 권력을 가진 양기에게 감히 대들 수 있는 사람은 없었다. 반대로 양기에게 꼬리치는 새끼 간신들은 넘쳐났고, 관리를 뽑는 정상적인 통로는 완전히 무너졌다. 썩은 고기에 파리가 몰리고 이어 구더기가 들끓는 전형적인 부패상이 조정 전체를 뒤덮었다. 뇌물은 다반사였고, 횡령은 지극히 정상적인 행위로 치부되었다. 당시 상황이 어떠했는지는 장안을 떠돌던 이런 유행가 가사가 잘 보여주고 있다.

수재라고 뽑혀 온 자들, 글을 모르고
효성과 청렴으로 추천된 자들, 부모와 따로 살고 있네.
모든 것이 진흙탕에 뒤엉켜 흐려졌고
문무 고관들 닭 새끼처럼 목을 움츠리는구나.

축재와 부동산 투기의 원조

외척 대간신 양기의 간행에서 가장 눈길을 끄는 부분은 어마어마한 축재와 상상을 초월하는 사치스러운 생활이었다. 이런 탐욕스러운 생활에는 양기의 마누라인 손수(孫壽, ?~159)라는 여자도 한 몫을 차지하고 있다. 중국의 원로 역사학자인 사식(史式) 선생이 쓴 《청관탐관각행기도(淸官貪官各行其道)》를 참고로 양기의 축재 상황을 살펴본다.

먼저 양기의 부동산 보유 현황이다. 대장군이란 직함으로 받은 식읍은 3만 호나 되었다(3만 호가 내는 세금에 대한 권리는 물론 이들에 대한 생사여탈권까지 쥐고 있었다). 대장군 밑에서 일하는 자들은 그 수가 재상 그룹에 소속된 관리보다 두 배나 됐다. 동생과 아들도 작위에 1만 호를 식읍으로 받았다. 아내 손수까지도 양책(陽翟)이란 지방에서 바치는 세금을 차지하게 했는데, 1년에 5천만 전 이상을 거두어들였다. 이 여자가 입고 다니는 복장은 황제의 고모인 장공주를 능가할 정도였다.

다음으로 축재 현황이다. 양기는 지방 부호들에게 돈을 빌리는 수법으로 그들의 재산을 갈취했는데, 돈을 빌려주지 않거나 양이 적으면 없는 죄목을 씌워 옥에 가둔 다음 지독한 고문으로 재산을 내놓게 만들었다. 섬서성 부풍(扶風) 사람인 사손비(士孫備)는 5천만 전을 빌려달라는 양기에게 3천만 전만 빌려주었는데, 화가 난 양기는 사손비의 어머니가 절도죄를 저질렀다고 하여 사손비 형제를 잡아다 고문하여 죽게 하고는 재산 1억 7천만 전을 몰수했다.

아내 손수는 한술 더 떠 요란한 몸치장으로 장안의 유행을 주도했는데, 정말이지 목불인견이었다. 그 시기와 질투심은 하늘을 찔렀는데, 심지어 남편의 축재와 투기, 그리고 건축에도 질투를 느껴 미친 듯 경쟁을 할 정도였다. 양기가 저택을 크게 짓자 손수도 거리를 사이에 두고 남편 집과 마주 보고 집을 지었는데, 장안의 건축자재를 모조리 사들이는 등 서로 경쟁했다.

이들의 집은 수십 채에 이르는 누각들이 모두 회랑으로 연결되어 있었고, 기둥과 벽은 조각 장식으로 수를 놓았다. 무지개 모양의 돌다리가 수로를 따라 이어지고, 금고에는 금은보화는 물론 온갖 진기한 물건들로 넘쳐났다. 정원은 비유하자면 디즈니랜드를 방불케 했다.

손수는 집에서도 짙은 화장에 최고 호화스러운 차림으로 집 안을 돌아다녔다. 여기에 잘 차려입은 무용수와 악단을 대동하고 이들이 연주하는 음악과 춤을 보면서 다녔다. 이때 손수가 타는 수레는 울긋불긋 양산이 달리고 금은으로 장식된 초호화판 수레였다. 손수는 여기에 느긋하게 몸을 맡긴 채 자기 집을 구경하며 다녔는데, 밤새 먹고 마시고 놀면서 광란의 밤을 지새웠다. 양기 부부의 호화사치 경쟁과 장안의 유행을 주도했던 손수의 행각에 대해서는 부록을 마련하여 따로 살펴보았다.

무한도전에 나선 부부 간신의 최후

이 정신 나간 간신 부부는 정말이지 미친 사람처럼 부를 탐했고, 또 자신들의 부를 온 천하에 떠벌리고 다녔다. 양기가 집권한 약 25년 동안 이들에게 해를 입고 파멸한 집안은 수를 헤아릴 수 없을 정도였지만, 이들 부부는 남의 이목이나 불만에는 눈썹 하나 까딱하지 않았다. 사람들은 이들 부부의 행동을 눈을 부릅뜨고 노려보고 있었고, 마음에 씻을 수 없는 원한을 품은 채 이들이 그 미친 무대 위에서 내려올 날을 손꼽아 기다리고 있었다.

20년 넘게 조정의 인사권을 장악하면서 양기 집안은 세 명의 황후와 6인의 귀인을 배출했다. 또 이들의 치맛자락을 붙들고 막강한 권력을 쥔 두 명의 대장군, 7명의 봉후, 3인의 부마 등 헤아릴 수 없을 정도로 많은 고관대작들을 배출해냈다. 동한시대를 통틀어 여러 집안의 외척들이 권력을 휘둘렀지만 양기를 능가한 집안은 없었다.

달도 차면 기울고, 붉은 꽃도 열흘이라고 했다. 권력이 균형을 이루지 못하면 착시 현상을 일으키고, 결국은 인간의 정상적인 판단력마저 왜곡시키는 것이 권력의 본질이다. 거의 모든 권력자들이 그렇듯 양기 역시 자신의 권력은 영원할 것이라 확신했다. 권력의 '자기 확신'이다. 자신이 세운 꼭두각시 황제 환제(桓帝, 132~168) 또한 영원히 자신의 말을 고분고분 잘 들을 것이라 철석같이 믿고 있었다. 150년, 양 태후가 죽고 환제가 친정을 시작했다. 환제의 나이 이미 19세였다. 그럼에도 양기는 환제를 전혀 존중할 줄 몰랐다.

당시 눈 밝은 사람이라면 황제의 나이가 들어갈수록 양기의 위기도 깊어간다는 사실을 일찌감치 알아차리고 있었다. 황제가 언제까지나 꼭두각시 역할에 만족하리라 믿는 사람은 거의 없었다. 양기는 전혀 개의치 않고 여전히 황제를 깔보고 무시하고 윽박질렀다.

159년, 환제의 나이가 28세가 되었다. 황제 자리에 앉은 지 13년,

친정을 시작한 지도 9년째 접어들었다. 환제의 머릿속에는 어떻게 하면 양기를 제거할 수 있을까 하는 생각뿐이었다. 말로는 '지고무상(至高無上)'한 권력을 가진 황제라면서 무엇 하나 제 손으로 자기 생각대로 할 수 없는 현실에 환제는 짜증이 났고, 급기야는 절망감에 시달렸다. 하늘이 무너져도 솟아날 구멍은 있다고 했던가? 환제의 의중을 간파한 환관들이 하나둘 환제 곁으로 모여들어 세력을 형성하기 시작했다.

그러던 중 태사령 진수가 양기 부하에게 고문을 당해 사망하는 사건이 발생했다. 여기에 이 사건의 진상을 조사하던 환제의 주변 인물을 양기가 자객을 시켜 해치려다 미수에 그친 사건까지 겹쳤다. 환제는 더 이상 참지 못하고 용상을 박차고 일어났다. 측근 환관들과 대책을 논의한 끝에 공개적으로 상서들을 소집하여 궁중을 호위하게 하는 한편 군대 동원을 위한 부절을 회수케 하여 군권을 장악했다. 양기의 대장군 직인도 회수하게 했다. 이상의 조치는 전광석화처럼 이루어졌다. 모든 것이 환제의 직접 지시에 따라 일사불란하게 진행되었고, 이 때문에 기밀이 새어나가지 않았다.

양기와 손수 부부는 미처 도망도 못하고 함께 자결했다. 두 집안의 친인척들도 모두 목이 잘렸다. 이 대숙청에 연루되어 죽은 고위 관료가 수십 명에 이르렀고, 파면된 관리는 300명이 넘었다. 하루 아침에 조정이 텅 비게 되었다. 양기가 죽었다는 소식에 백성들은 모두 뛰쳐나와 만세를 부르며 서로 축하했다. 조정에서는 양기 부부의 재산을 조사하여 모두 공적 자금으로 압수했는데, 그 액수가 무려 30억 전이 넘었다. 1년 국가 예산의 절반에 해당할 정도였다.

권력자, 특히 절대 권력이나 정당치 못한 수단으로 차지한 권력을 휘두른 독재자의 말로 치고 평범하거나 해피엔딩으로 끝난 경우는 없었다. 그다음에는 어김없이 준엄한 역사의 심판이 따랐고, 심판에 따라 영원히 역사의 죄인으로 남았다. 양기는 여기에 한 가지 더, 영원한 웃음거리라는 치욕과 '나라의 간적' 또는 '국가급 간적'이라는 뜻의 '국간적(國奸賊)'이라는 평가까지 추가되었다.

환제가 간신 양기를 제거하긴 했지만 그것은 또 다른 간신 집단 환관의 힘을 빌린 것에 지나지 않았다. 추운 겨울날 언 발에 오줌 눈 꼴이었다. 그림은 양기의 초상화.

간신이란 기생충이 자라는 토양과 무서운 역사의 데자뷔

지금 우리에게 벌어지고 있는 권력자의 처와 그 가족, 즉 외척의 발호를 보노라면 역사가 정말 무섭다는 사실을 절감한다. 모든 권력이 1인에게 집중된 제왕 체제에서나 볼 수 있었던 외척의 준동을 우리가 직접 겪고 있으니 말이다.

간신이란 기생충이 자라나는 또 하나의 중요한 토양은 가정이다. 우리 사회에서 벌어졌던 숱한 권력형 비리 사건에서 비리 장본인의 가족이 어떤 반응을 보였는지 되돌아보자. 어떤 부모가 나서서 못된 짓을 저지른 자식을 나무랐던가? 어떤 아내가 자기 남편의 짓거리를 부끄러워했으며, 어떤 남편이 자기 아내의 부정과 비리에 고개를 숙였던가? 가정에서 부모와 부부가 그리고 자식이 서로의 잘못을 눈감아 주고 심지어는 같이 손잡고 부정과 비리를 부추기고 저지르는데 어떻게 간신이 태어나지 않을 수 있겠는가? 그 집안이 부와 권력을 쥔 집안이라면 간신의 출현은 100%다. 양기 부부의 천인공노할 간행은 우리 사회 지도층이 벌이고 있는 온갖 추태의 오리지널 버전이자 적나라한 예고편이나 마찬가지다.

간신에게도 허점과 약점은 있기 마련이지만, 그 약점을 빨리 간파하여 통제하거나 제거하지 않으면 그 해악이 너무 크다는 것이 문제이며, 간행을 다 저지른 다음 허점을 찾아 제거하려 할 때는 제거한다 해도 그동안 쌓인 폐해는 돌이킬 수 없다는 사실을 명심해야 한다. 젊은 날 양기의 악행을 저지하지 못한 결과가 어떠했는지 잘 보지 않았는가?

간신들이 설칠 때마다 거의 예외 없이 올바른 뜻을 가진 인물이 나타나 간신의 근절 대책을 정확하게 제기했다는 사실에도 주목해야 한다. 다만 이들과 그 충고를 받아들이지 않은 것은 물론 박해를 가해 배척함으로써 정의의 목소리가 계속해서 나오지 못하게 만들고, 결국 더 큰 문제를 초래했다는 것이 문제다.

양기가 발호할 때도 두교나 이고와 같은 강직한 인물들이 나서 저항했지만, 나머지 사람들은 이들을 도와 함께 양기를 규탄하고 제거할 힘을 보태주지 않았다. 거꾸로 양기에게 달라붙어 한 몸의 부귀영화를 추구한 지식인들이 더 많았다. 이들이 결탁하여 조정과 사회를 혼란으로 몰아넣었고, 동한 왕조는 걷잡을 수 없는 멸망의 구렁텅이로 급전직하했다. 나라의 멸망도 문제지만 멸망에 이르기까지 나라가 만신창이가 된다는 것이 더 큰 문제다. 간신과 그에 기생하는 세력들이 준동할 때는 말이다.

모두의 자각이 절박한 시점이다. 지금 우리 사회에도 온갖 종류의 간신들이 넘쳐나고 있기 때문이다. 정치판의 간신들인 정간(政奸)은 기본이고, 이들에 빌붙어 알랑거리는 언론계의 언간(言奸), 배운 것을 왜곡하여 학문적 양심은 물론 자신의 영혼마저 저당 잡히길 서슴지 않는 학간(學奸), 권력마저 돈으로 살 수 있다며 열심히 권력자의 비위를 맞추는 상간(商奸), 심지어 무인이 갖추어야 할 최소한의 기본마저 망각한 채 더러운 권력의 쓰레기더미를 향해 코를 킁킁거리며 달려가는 군간(軍奸)과 경간(警奸), 종교라는 권위에 빌붙어 세상을 밝게 하기는커녕 정말 역겨운 악취만 풍기고 다니는 가증스러운 교간(教奸)……. 여기에 대중들을 기쁘게 하고 즐겁게 하던 딴따라가 하루아침에 권력자의 꽁무니를 졸졸 따라다니며 아양을 떠는 뭐라 이름 붙이기조차 민망한 간신들까지. 이 구역질 나는 온갖 간

양기는 외척 환관의 폐해가 어디까지 갈 수 있는지 그 극단을 보여주었고, 2천 년 뒤의 지금 우리는 권력자와 한 몸이 된 외척의 발호에 치를 떨고 있다. 양기를 제거한 환제의 초상화다.

신들이 한데 엉겨 붙어 서로를 간통하는 것도 모자라 자신까지 강간하며 나라 전체를 온통 악취에 시달리게 만들고 있다.

무엇보다 중요한 것은 간신은 싹트기 전에 잘라야 한다는 사실이다. 그러기 위해서는 우리 모두가 인간의 본질을 정확하게 간파할 수 있는 냉정한 이성적 판단과 과학적 사고 및 투철한 역사관으로 무장하는 수밖에 없다.

그리고 또 하나, 우리 모두의 가정교육을 혁명적으로 바꾸지 않으면 안 된다. 기득권을 장악한 간신배들이 조작해 놓은, 결과가 뻔한 게임에 제 발로 걸어 들어가 자식을 망치고 가정을 망치고 나라를 망치는 미친 짓거리에서 과감하게 발을 빼고 인간으로서 갖추어야 할 최소한의 존엄성을 회복하는 길로 나서야 할 것이다. 간신이 자라는 1차 토양은 가정이고, 간신을 키우는 2차 토양은 사회이며, 간신에게 우리의 심장을 도려낼 수 있는 권력을 쥐어 주는 마지막 토양이자 가장 기름진 토양은 다름 아닌 우리들 자신의 비겁함과 연약함이기 때문이다.

[부록 1] 남편과 사치 경쟁을 벌이고, 장안의 유행을 주도한 간신의 아내 손수

동한시대 최대의 간신 양기는 그 마누라와 환상의 짝이 되어 온 나라를 발칵 뒤집어 놓은 부부 간신으로 기록에 올라 있다. 이들 부부의 기상천외한 이중주와 기네스북에 오르고도 남을 호화사치 경쟁 쇼를 한번 감상(?)해보자.

우선 양기는 재산 축적을 위해 말 그대로 수단과 방법을 가리지 않았는데, 자신의 봉지에서 나오는 수입을 편히 앉아서 챙긴 것은 기본이었고, 나라 금고에 손을 대서 막대한 자금을 빼돌렸다. 나아가 관작(官爵)을 팔아 돈을 챙기고, 뇌물을 받아 배를 불리고, 부호들에게 돈을 빌린 다음 갚지 않고 떼먹는 방식으로 금고를 채우는 등 상상을 뛰어넘는 모든 방법을 동원했다. 양기의 재산이 어느 정도였는지는 그가 중국 역사상 10대 거부의 하나로 이름을 올린 것만 보아도 알 수 있다.

그 마누라 손수라는 여자는 사채놀이 따위로 돈을 불리는 것은 기본이고, 사치의 여왕에다 장안의 유행을 주도하는 사교계의 큰손이었다. 《후한서》〈양기전〉에는 손수의 몸치장에 대해 다음과 같이 기록하고 있다.

"손수는 얼굴이 잘난 데다가 요염한 자태를 잘 부렸는데, 수미(愁眉), 제장(啼粧), 타마계(墮馬髻), 절요보(折腰步), 우치소(齲齒笑)와 같은 자태로 아양을 떨었다."

이런 요염한 자태가 대체 어떤 것일까? 《풍속통(風俗通)》이란 책에 보면 이에 대한 비교적 자세한 해석이 있다. 먼저 '수미'란 눈썹을 가늘면서 구부러지게 그려서 우수가 깃든 얼굴로 만드는 것이다. 분위기를 강조하는 화장법인 셈이다. '제장'은 눈 아래 화장인데 한바탕 울고 난 모습으로 꾸미는 것을 말한다. 엽기적이다. '타마계'란 머리카락을 싹 빗어 한쪽으로 상투처럼 틀어 올리는 것인데, 말에서 떨어진 것처럼 흩어진 모습으로 꾸미는 것이다. 이것도 좀 그렇다. '절요보'는 글자 그대로 걸을 때 허리를 비비 꼬면서 마치 체중을 이기지 못해 비틀거리는 것처럼 걷는 걸음걸이를 말한다. '우치소'는 웃을 때 이가 아픈 것처럼 찡그리면서 살짝 웃되 소리 내지 않는 것을 말한다. 하나 같이 변태적이고 엽기적이다.

《풍속통》에서는 이런 "요염한 자태가 양기 집에서 시작되자 서울 사람들이 모두 따라했다"고 기록하고 있다. 보아하니 손수는 화장과 패션을 주도하는 톱스타였던 모양이다. 그녀의 일거일동이 모두 장안 여성들의 모방 대상이 되었으니 말이다. 정말이지 남의 이목을 한 몸에 끌고 뻐기며 다녔다는 말이다. 어디로 보나 비정상인데 간신들은 이런 짓거리를 자랑스럽게 하고 다닌다.

그런데 징그럽게 긁어모은 재산을 가지고 두 부부는 누가 더 큰 집을 짓고 누가 더 화려하게 꾸며놓고 사는 지 서로 경쟁까지 했다고 하니 세상에 이런 부창부수(夫唱婦隨)가 또 어디 있을까? 말 그대로 호화사치 무한도전이었다. 집 안에는 개인 무용단과 악단이 있었고, 동물원과 식물원을 방불케 하는 정원에 무지개다리가 수로를 따라 온 집 안으로 이어져 있었다.

더 통탄할 일은 양기가 권세를 얻자 온 집안 식구를 위시하여 사돈에 팔촌까지 덩달아 부귀영화를 누리며 온갖 간행을 다 저질렀다는 사실이다. 역사는 때로 참 비정하다. 어느 집안에서 간신 하나가 나오면 그 집안은 물론 사돈에 팔촌까지 모조리 간행에 동참하여 수많은 사람들을 죽이고 파멸시킨다. 집안 누구 하나 나서 이런 간행을 말리거나 꾸짖는 경우는 없었다.

양기의 처 손수의 호화사치 행각은 역사가 어쩌면 이렇게 잔인할까. 이런 생각을 절로 들게 한다. 지금 우리도 현대판 손수의 엽기적인 사치 행각에 놀란 입을 다물지 못하고 있으니 말이다.

우리 사회의 지도층이나 상류층에서 벌어지는 각종 간신행각도 대동소이하다. 집안 식구들이 나서 더러운 뇌물 따위를 받아 서로서로를 밀어주는 것은 보통이다. 정치와 경제가 거미줄처럼 엮여서 갖은 이권에 개입하고, 권력과 부를 위해서 비리를 아무렇지 않게 저지른다. 자식이 범죄를 저질러도 자식 잘못 가르쳐 부끄럽다는 부모 없으며, 남편이 아무리 나쁜 짓을 해도 이를 꾸짖는 아내 하나 없다. 다 한통속이다.

이렇게 보면 간신은 아무리 생각해도 중독성이 막강한 바이러스 성분을 가진 것 같다. 그렇지 않고서야 집안 식구들로 어떻게 단 한 사람도 나서 나무라고 고발하기는커녕 그저 서로서로 손을 잡고 부정과 비리를 일삼으니 말이다. 양기 부부를 보면서 간신의 근본적인 온상이 가정과 가정교육이 아닌가 하는 생각이 든다.

권세의 위력

권세란 것이 참 무섭다. 관련하여 《사기》에 나오는 일화를 먼저 보자.

적공(翟公)이란 사람이 이런 말을 했다. 처음 적공이 정위(廷尉) 벼슬에 오르자 축하객들로 대문이 미어질 정도였는데, 자리에서 물러날 즈음에는 '문밖에 참새 그물을 칠 정도(문가라작門可羅雀)' 였다. 적공이 다시 정위가 되자 빈객들은 전처럼 북적댔다. 그래서 적공은 문에다 큼지막하게 이렇게 써 붙였다고 한다.

"한 번 태어나고 죽음으로써 서로의 정을 알게 되고, 한 번 가난해졌다가 부귀해짐으로써 사람 사귀는 태도를 알게 되며, 한 번 귀했다가 천해짐으로써 사람 사귀는 정이 환히 드러나는구나!"

'정승집 개가 죽으면 조문객이 문전성시를 이루지만, 정작 정승이 죽으면 상갓집이 썰렁해진다'는 우리 속담은 권세의 무상함을 참으로 절묘하게 대변하고 있다. 간신들은 권력을 잡으면 행여나 권력이 없어질새라 한껏 권세를 휘두른다. 더욱이 간신들은 그것을 정치수단과 결부시키고 나아가서는 권모술수로까지 발전시켜 한껏 누린다. 그것으로 다른 사람을 질리게 하고 놀라게 함으로써 억지 존경을 끌어내고 공포감을 조성하기도 한다. 이것은 다른 사람을 자기 쪽으로 끌어들이는 수단이 된다. 권세란 것이 참 무섭지만, 더 무서운 것은 그 권세를 정말 다양하게 변주하는 간신들이 아닐 수 없다.

동한 시대의 대환관 장양(張讓)의 권세가 천지를 쩌렁쩌렁 울리고 있을 때의 일이다. 맹타라는 갑부가 한자리 얻어 보려고 백방으로 장량에게 줄을 댔다. 특히 장량의 집에서 일하는 노비들을 관리하는 감노(監奴)에게 아낌없이 거액을 쏟아부었다. 이런 맹타의 정성이 통했던지 감노는 맹타에게 원하는 것이 무엇인지 물었다. 그런데 맹타의 대답이 참으로 걸작이었다.

"나한테 딱 한 번만 절을 해주시오."

당시 장량을 만나기 위해 모여드는 사람들로 매일 매일 집 앞이 시장통 같았는데, 이 감노가 여러 사람이 보는 앞에서 공손하게 맹타를 안내하더니 아주 공손하게 큰절을 올렸다. 이 희한한 광경을 구경하던 사람들은 맹타가 장량과 아주 친한 사이라고 착각했고, 그래서 장량에게 직접 줄을 대지 못한 사람들은 너나 할 것 없이 맹타를 찾아와 돈을 찔러주며 꼬리를 쳤다.

이렇게 해서 맹타는 자리는 얻지 못했지만 감노에게 투자한 돈 몇십 배를 더 긁어모아 끝내는 양주자사라는 벼슬까지 얻기에 이르렀다. 이것이 이른바 '호가호위(狐假虎威)'의 전형적인 사례인데, 간신들이 자신의 입지를 굳히기 위해 일쑤 이 방법을 동원한다. 입만 열었다 하면 리더의 명령이 모두 내 손을 거친다거나, 리더가 누군가를 승진시키거나 좌천시키면 다 내가 사전에 손을 쓴 것이라고 허풍을 떠는 따위가 그런 것들이다.

문제는 이런 허튼수작이 통한다는 사실이다. 진상을 잘 모르거나 헛된 허영심에 빠진 자들이 아주 쉽게 이런 수작에 놀아나기 때문이다. 그러나 이런 수법의 이면을 들여다보면 간신의 불안한 심리와 허점도 함께 드러난다. 대개가 타인이 자신에게 복종하지 않으면 어쩌나 하는 불안감에서 자신의 위치와 통치자에게 받는 은총을 과장하기 때문이다. 간신도 인간이며, 옳지 못한 방법으로 처세하고 비열한 수단으로 출세하기 때문에 그만큼 허점도 있다. 껍질을 걷어내고 나면 벌거벗은 추한 몰골 외에 남는 것이 없는 존재가 간신이다. 이런 간신이 덮고 있거나 쓰고 있는 껍데기를 가차 없이 걷어내는 것이 중요하다.

동한시대 황제, 외척, 환관, 사대부의 관계와 투쟁 상황표

연대	황제 대수	황제 이름	즉위 나이	외척	환관	사대부
20 년대	1	광무제(光武帝) 유수(劉秀)	30			
50 년대	2	명제(明帝) 유장(劉莊)	30			
70 년대	3	장제(章帝) 유달(劉炟)	18			
80 년대	4	화제(和帝) 유조(劉肇)	10	두헌(竇憲, 적모嫡 母 두태후의 오빠)	정중(鄭衆, 두헌을 핍박 자살케 함.)	질수(郅壽) 낙회(樂恢)
100 년대	5	상제(殤帝) 유융(劉隆)	석달	등척(적모 등태후 의 오빠)		
	6	안제(安帝) 유호(劉祜) ▲	13	등척(큰어머니 등 태후의 오빠)	이윤(李閏), 강경 (江京, 등척을 핍박 자살케 함.)	두근(杜根) 양진(楊震)
120 년대	7	소제(少帝) 유의(劉懿)** ▲	미상 (8개월?)	염현(閻顯, 사촌형 수 염태후의 오빠)	손정(孫程), 왕강 (王康), 왕국(王國, 염현을 죽이고 유보 를 옹립함.)	
	8	순제(順帝) 유보(劉保) ▲	11	양상(梁商, 장인, 아내 양황후의 부친)		장강(張綱) 주목(朱穆) 황보규
140 년대	9	충제(沖帝) 유병(劉炳)	2	양기(梁冀, 외삼촌, 적모 양태후의 오 빠, 양상의 아들)		
	10	질제(質帝) 유찬(劉纘) ▲	8	양기(사촌형 유병 의 외삼촌)		
	11	환제(桓帝) 유지(劉志) ▲	15	양기(조카 유병의 외삼촌)	당형(唐衡), 단초 (單超), 좌관(左悺), 서황(徐璜), 구애 (具愛, 양기를 죽임)	이응(李膺)

160년대	12	영제(靈帝) 유굉(劉宏) ▲	13	두무(竇武, 큰어머니 두태후의 부친)	조절(曹節), 왕보(王甫, 두무를 죽임)	진번(陳蕃)
180년대	13	소제(少帝) 유변(劉辯)	14	하진(何進, 외삼촌, 생모 하태후의 오빠)	장양(張讓), 단규(段珪, 하진을 죽임)	원소(袁紹), 조조(曹操, 환관 대부분을 죽임)
	14	헌제(獻帝) 유협(劉協) ▲	9	복완(伏完, 장인, 아내 복황후의 부친)		조조

＊굵은 글씨는 양기에 해당하는 부분임.

＊＊일반적으로 소제 유의는 황제로 인정치 않는다. 유의는 125년 3월 염태후의 추천으로 보좌에 올랐으나 10월에 죽었다. 당시 그는 북향후(北鄕侯)의 신분으로 황제 자리에 7개월 앉아 있었다. 백양(柏楊) 선생은 유의도 황제로 인정하여 제7대 황제로 꼽았다.

거물급 간신들 중에는 환관들이 많았다. 성기를 자진하여 거세하거나, 죄를 지어 또는 부모에 의해 강제로 거세당하여 궁에서 대부분 허드렛일을 하거나 어쩌다 운이 좋아 제왕을 비롯한 권력자를 모신 남성을 환관 또는 내시라 부른다. 이들 중 아주 운 좋게, 또는 치열한 자기 노력으로 권력의 핵심에 다가가 권력의 마술 지팡이를 쥐고 있는 절대 권력자로부터 신임을 받아 그 자신 또한 권력을 휘두른 환관도 적지 않았다. 권력을 쥔 환관들 중 간신이 많았는데, 백양 선생은 환관을 중국 문화체계에서 가장 부끄러운 산물의 하나로 꼽으면서 환관이 나타나게 된 역사적 배경과 그 특징 및 권력형 환관의 출현 등에 대해 다음과 같이 분석한 바 있다.

"환관은 농업사회의 다처제에서 발생했다. 기원전 12세기 농업과 다처제의 주(周) 부락이 서방 위수 유역에서 동쪽으로 세력을 뻗쳐 상(商) 왕조를 멸망시킴으로써 이 잔혹한 제도가 중국으로 들어와 중국 전통문화의 일부가 되었다. 이 제도는 3천 년을 버티다가 20세기에 들어와 제왕제도의 소멸과 함께 소멸되었다."

"한 남자가 여러 명의 아내를 거느린 다음 그녀들이 다른 남자들을 향해 눈길을 주지 않게 하는 가장 좋은 방법은 그들을 죄수처럼 경계도 삼엄한 정원(황궁)에다 가두어 세상과 격리시키는 것이다. 문제는 황궁의 일을 모두 여자들이 맡아서 할 수 없다는 데 있다.

마치 시장에서 물건을 사려 할 때 부딪치는 어려움 같다고나 할까. 여자들이 맡아서 한다면 남자들과 접촉할 수밖에 없고, 남자들이 맡아서 한다면 황궁 깊은 곳까지 들어갈 수밖에 없는 상황이었다. 남편 입장에서 보자면 안심할 수 없기는 이래저래 마찬가지였다. 그리하여 주 부락의 희(姫)성을 가진 우두머리들은 잔인한 방법 하나를 생각해냈다. 생식기를 제거한 남자를 제공하는 것이었다. 이들을 일컬어 환관(宦官, 환인宦人 또는 사인寺人이라고도 함)이라 했다. 이들은 다처제에서 여인과 남자 사이를 연결해주는 가장 이상적인 매개가 되어 거의 모든 귀족 가정으로 배치되었고, 그중에서도 당연히 황궁의 수요가 가장 많았다. 황궁의 희첩이 4만이 넘는 때도 있었는데, 평균 한 사람이 10인을 시중 든다고 계산해도 최소한 4천 명의 환관이 확보되어야 했다. 이후 환관은 대단히 보편화되어 돈 있는 집이면 누구나 매매할 수 있었다. 10세기에 이르러 송 왕조 정부가 민간에서 환관으로 팔 이른바 생식기를 제거한 노비인 '엄노(閹奴)'들을 못 키우도록 금지령을 내림으로써 환관은 황제의 전유물이 되었다."

"남자가 스스로 그것도 기꺼이 자신의 생식기를 제거하는 나라는 세계적으로 아주 드물었다. 따라서 환관의 공급원은 두 종류뿐이다. 하나는 금전의 유혹이고, 다른 하나는 강제였다. 설사 금전적 유혹이라 하더라도 궁정에서 성년 환관을 받아들이지 않는다면 아이들이 어떻게 돈맛을 알아 자기 몸을 버리겠는가? 그러니 아이의 부모에게서 사들일 수밖에 없는데, 아이로 보자면 그것은 곧 강제이자 강요였다. 그러나 아무리 가난한 부모라도 아이의 생식기를 제거하는 것을 어찌 보고 있을 수 있는가? 그러니 말이 돈을 주고 사는 것이지 사실은 표면적인 위장에 지나지 않았다. 결과적으로 공급원은 하나, 그저 돈 없고 무고한 가난한 집이 될 수밖에. 중국인이 가장 오랫동안 겪어온 비참한 운명이었다."

당나라 때 시인 고황(顧況)은 일찍이 〈아이〉라는 시에서 환관의 탄생을 다음과 같이 묘사한 바 있다.

"아이야, 가난한 집에 태어난 아이야
관원이 잡아다 너를 잔인하게 해치는구나.
황제에게 바치기 위해, 금과 은을 제집에 가득 채우기 위해
이리와 같은 마음으로 아이에게 돼지나 양처럼 형틀을 씌우는구나.
하늘이시여, 자비는 어디로 가고 아이를 이 독수에 걸리게 했는가?
신명이시여, 공정은 어디로 가고 관원들을 복 누리고 상 받게 하는가?
아비는 아들을 보내며
아들아, 너를 낳은 것을 후회한다.
사람들은 네가 태어났을 때
나더러 기르지 말라고 했지.
나는 차마 그러지 못했는데
참말로 너를 이런 고통스러운 처지가 되게 했으니…
아이는 아비와 이별하며

심장은 벌써 다 무너졌고, 피눈물 두 줄기 흐릅니다.
아버지, 이로부터 하늘만큼 땅만큼 멀리 떨어져
황천에서 죽을 때까지
더 이상 어머니 아버지를 볼 수 없겠소….”

고황은 8세기 시인이다. 어린아이들이 우리 곁에서 팔짝팔짝 뛰어놀다가 우리가 단지 가난하단 이유만으로 정부 관리가 아이들을 잡아다 생식기를 제거한다고 생각하면 통곡하다 못해 실성하지 않을 수 없을 것이다.

“생식기를 제거당한 아이는 곧장 궁정으로 보내져 고향과 부모와는 영원히 떨어져야 한다. 궁녀의 운명과 마찬가지로 이리 떼 속으로 내몰린 양들과 같이 의지가지없이 시도 때도 없이 죽임을 당하거나 학대당했다. 환관은 궁녀보다 더 비참했다. 궁녀는 20년 또는 30년 뒤에는 궁에서 석방되어 궁을 나갈 희망이나 있지만 환관은 그것이 영원히 불가능했다. 종신토록 노예로 사는 수밖에 없었다.”

“중국 궁정은 세계에서도 가장 어두운 궁정이었다. 거기에는 그 나름의 행위 준칙과 운행 법칙이 있었다. 아이들은 수치와 굴욕을 참지 않으면 안 되었고, 아부와 눈치 그리고 없어서는 안 될 운에 의지한 채 자신을 지켜야만 했다. 가장 운 좋은 경우라면 입궁한 다음 거물급 환관의 양자로 들어가는 것이다. 양아버지가 돌보는 가운데 점차 황제에게 가까이 다가갈 수 있다. 황제는 권력이라는 마술 지팡이를 쥔 존재다. 그 지팡이에 손을 대기만 하면 남다른 존재가 될 수 있는 기회를 잡는 것이다. 가장 좋기로는 이 마술 지팡이를 장악하는 것이지만. 하지만 대부분 아이들이 마굴에서 비참하게 죽어갔다. 무기수가 옥중에서 비참하게 죽어가는 것과 마찬가지로."

"여기서 우리는 몇 가지로 결론을 내려야겠다. 첫째, 환관은 자기비하적인 존재들이었다. 왜냐하면 그들에게는 생식 능력이 없기 때문이다. 둘째, 환관은 깊은 지식이 없는 존재들이었다. 왜냐하면 그들에게는 고등 교육을 받을 기회가 없었기 때문이다. 셋째, 환관은 어느 정도 보통 사람에 대해 원한과 복수심을 품고 있는 존재였다. 왜냐하면 그들은 일찍이 가난 때문에 생식기를 제거했기 때문이다. 넷째, 환관은 식견과 포부가 결여된 존재다. 왜냐하면 궁정 생활이란 것이 극도로 좁은 현실이었기 때문이다. 다섯째, 환관은 지조가 결여된 존재다. 왜냐하면 궁정이란 공간 자체가 지조를 경시하여 지조 있는 사람이 궁정에서 생존할 수 없었기 때문이다."(이상《중국인사강》중에서)

백양 선생의 이러한 분석을 보노라면 문득 지금 우리 권력체제의 대통령 비서관, 고위 공직자, 사법부의 검찰과 판사, 그리고 이 권력에 기생하는 각계각층의 신종 간신 부류들이 떠오른다. 권력의 지팡이에 기대어 실세를 위해 온갖 더러운 짓을 저지르고도 부끄러운 줄 모르는 이런 자들과 역사 속 환관 간신들의 행적이 뭐가 다른 지 알 수가 없다. 환관에게는 없는 그것 하나 더 있다는 차이 밖에는 없어 보이는데, 그걸 달고도 환관 간신들과 다름없는, 아니 그보다 더한 간행을 저질렀으니 그것이 있다는 사실이 더 부끄럽겠다. 또 한 가지가 더 있다. 이자들 대부분 많이 배운 자들이란 점이다. 이 차이는 더 기가 막히다. 남들보다 훨씬 많이 배우고, 심지어 일류대에 외국 유학까지 하고 대학에서 교수질을 하던 자들이니 말이다. 거세하지 않은 환관들이 넘쳐난다.

원시사회	약 60만 년 전~기원전 약 21세기	삼황오제(三皇五帝) 포함
하(夏)	기원전 약 21세기~기원전 약 16세기	노예제 사회. 상은 후기 은(殷)으로 천도, 상은이라 부름.
상(商)	기원전 약 16세기~기원전 약 11세기	
서주(西周)	기원전 약 11세기~기원전 771년	
춘추(春秋)	기원전 770년~기원전 476년	
전국(戰國)	기원전 475년~기원전 221년	봉건사회 개시
진(秦)	기원전 221년~기원전 206년	시황 - 호해 - 자영 3대.
서한(西漢)	기원전 206년~8년	서한과 동한 사이에 왕망(王莽)의 신(新) 9년~23년. 유현(劉玄) 23~25년.
동한(東漢)	**25년~220년**	
삼국(三國)	220년~280년	위 · 촉 · 오
위(魏)	220년~265년	조조 - 조비 - 조예
촉(蜀)	221년~263년	유비 - 유선
오(吳)	222년~280년	손권
서진(西晉)	265년~316년	무제 사마염(司馬炎)
동진(東晉)	317년~420년	원제 사마예(司馬睿)
오호(五胡) 십육국	304년~439년	흉노, 선비, 갈, 저, 강
남북조 (南北朝)	420년~589년	
남조(南朝)	420년~589년	
송(宋)	420년~479년	무제 유유(劉裕)
제(齊)	479년~502년	고제 소도성(蕭道成)
양(梁)	502년~557년	무제 소연(蕭衍)
진(陳)	557년~589년	무제 진패선(陳霸先)
북조(北朝)	386년~581년	
북위(北魏)	386년~534년	도무제 탁발규(拓跋珪)
동위(東魏)	534년~550년	효정제 원선견(元善見)

서위(西魏)	535년~557년	문제 원보거(元寶炬)
북제(北齊)	550년~577년	문선제 고양(高洋)
북주(北周)	557년~581년	효민제 우문각(宇文覺)
수(隋)	581년~618년	문제 양견(楊堅)
당(唐)	618년~907년	고조 이연(李淵)
오대십국 (五代十國)	907년~979년	5대 : 후량, 후당, 후진, 후한, 후주/10국 : 오, 남당, 민, 초, 오월, 전촉, 후촉, 남한, 형남, 북한
북송(北宋)	960년~1127년	태조 조광윤(趙匡胤)
남송(南宋)	1127년~1279년	고종 조구(趙構)
요(遼)	907년~1125년	태조 야율아보기
서하(西夏)	1032년~1227년	경제(景帝) 원호(元昊)
금(金)	1115년~1234년	태조 완안민(完顔旻) 아골타
몽(蒙), 원(元)	1206년~1368년	태조 징기스칸. 1271년 원(元)으로 국호 개명. 북원(1370~1388).
명(明)	1368년~1644년	태조 주원장(朱元璋)
청(淸)	1616년~1911년	태조 애신각라(愛新覺羅). 1616년 누루하치 후금 건국. 1636년 황태극 청으로 개명.

'무간武奸'의 시대를 연 무부武夫, 동탁董卓

동탁하면 누구나 《삼국지연의》를 떠올릴 것이다. 여기에 나타난 동탁의 이미지는 잔인하고 흉악한 난세의 간신으로 인간 이하의 평가를 받고 있다. 소설이라 사실과 다른 부분도 있고, 다소 과장된 부분도 없지 않으나 동탁이 군대로 조정을 유린하고 사회 혼란을 가중시킨 '무간'의 시대를 연 인물이라는 점에서는 달리 할 말은 없을 것이다('무간'은 우리가 《간신론》에서 분류한 '군간軍奸'과 '경간警奸'을 아우르는 부류로 보면 되겠다).

동탁은 동한 말기 롱서군(隴西郡) 임조(臨洮, 지금의 감숙성 민현岷縣) 출신으로 자를 중영(仲穎)이라 했다. 태어난 해는 알 수 없고, 헌제(獻帝) 초평(初平) 3년인 192년에 피살되었다. 동탁은 일찍부터 변방의 강족(羌族)과 친분이 두터워 이른바 강족통으로 명성을 날렸고,

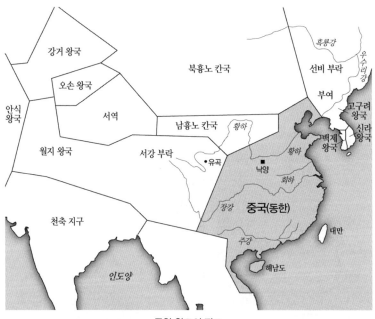

동한 왕조의 판도

이를 기반으로 권력 중심으로 진입하기 시작했다. 환관과 외척, 그리고 사대부 사이의 피 튀기는 정치 투쟁을 관망하면서 서서히 자기 세력을 확대한 다음, 일거에 수도 낙양을 점거하여 소제를 폐위시키고 헌제를 옹립함으로써 조정 대권을 장악했다.

조조(曹操)와 원소(袁紹) 등이 동탁의 전횡을 성토한다는 명분으로 그를 공격하자 헌제(獻帝)를 끼고 장안으로 천도했다. 이 과정에서 낙양에 불을 지르고 역대 제왕들의 무덤을 파헤치는 등 낙양을 완전히 초토화시켰다. 장안을 근거지로 스스로 태사가 되어 무제한의 권력을 행사하고 백성을 해치다가 왕윤(王允)과 여포(呂布)에 의해 피살되었다.

동탁 등장의 시대·사회적 배경

동탁(?~192)은 중국사에 있어서 가장 많은 사람들의 관심을 끈 '삼국시대'를 열게 한 장본인이다. 군사력으로 정치를 장악한 전형적인 군벌로, 그의 출현에는 동한의 부패하고 혼란한 정치라는 심각한 시대적 배경이 자리 잡고 있었다.

몇 차례 언급했다시피 동한은 환관과 외척이 번갈아 가며 정권을 독단함으로써 조정과 황제는 유명무실해졌다. 정치는 극단적 부패상을 노출했으며 사회와 민생은 도탄에 빠졌다. 이 투쟁에는 환관과 외척뿐만 아니라 사대부(환관과 외척이 아닌 조정의 문무관)까지 합세함으로써 극도의 혼란상을 보였다. 사대부는 때로는 외척과 손을

황건 농민기의는 동한 왕조의 한계를 적나라하게 드러낸 사건이었다. 그리고 이 사건을 틈타 '무간' 동탁이 비집고 들어와 동한 정권을 벼랑 끝으로 몰았다. 그림은 인천 차이나타운에 조성되어 있는 《삼국지》 거리의 '황건기의' 벽화이다.

잡고 환관을 공격했다. 환관에 대한 이들의 공격은 그 잔인함에서 환관이나 외척의 그것을 능가할 정도였다(아래 부록 3 '동한시대 황제, 외척, 환관, 사대부의 관계와 투쟁 상황표' 참고).

변태적 정치투쟁의 악순환 때문에 정치와 사회는 갈수록 침체를 면치 못했다. 특히, 166년 발생한 지식인에 대한 환관의 박해와 18년에 걸친 당고(黨錮, 공권 박탈과 고향을 떠나지 못하게 하는 조치)를 초래하여 동한 전체 국면을 극도로 부패하게 만들었다.

이에 앞서 184년에 터진 역사적인 황건(黃巾) 농민봉기는 백성들에게 한 줄기 희망을 안겨주는 듯했으나 겨우 11개월을 버티고는 각개격파 당해 실패로 끝났다. 문제는 이 과정에서 동한 정부가 과거 강족(羌族)을 토벌하면서 막강한 군벌로 성장한 동탁에게 농민봉기의 진압을 맡겼다는 사실이다. 동탁은 무자비한 살육과 약탈, 그리고 방화로 봉기군을 진압했다. 동탁이 이끄는 양주(凉州) 군단은 말 그대로 피비린내를 맡으면서 성장했다.

이리를 불러들임

189년 사대부 지도자의 한 사람인 금위군관 원소와 외척의 대표인 대장군 하진(何進)이 연합하여 환관을 제거하기로 모의했다. 하진의 동생 하 태후가 이에 동의하지 않는 바람에 계획은 어리석고 엉뚱한 방향으로 수정되었다. 원소는 당시 하동(河東, 산서성 하현夏縣)에 주둔하고 있던 대장 동탁에게 밀명을 내려 낙양으로 들어와 황제 측근의 환관들을 토벌케 함으로써 하 태후를 압박하라고 했다. 또 다른 금위군관 조조(曹操)는 "환관은 법관이 상대하면 그만이다. 그런데 방향을 그런 쪽으로 돌리면 정변을 유도할 수 있고, 사태는 수습할 수 없을 정도로 대란에 빠질 것이다"라며 반대했지만 묵살되었다.

그런데 이 음모를 사전에 알아낸 환관들이 하진을 황궁으로 유인하여 목을 베어버렸다. 상황이 여의치 않자 원소는 금위군을 이

환관 제거에 반대한 조조는 당시 상황을 상대적으로 정확하게 파악하고 있었고, 이는 훗날 그의 집권으로 입증되었다.

끌고 황궁으로 진입하여 환관들의 씨를 말리겠다는 기세로 살육을 마구 자행했다. 이 과정에서 수염이 없는 수많은 낙양(洛陽) 시민들이 환관으로 찍혀 목이 잘리는 어처구니없는 사태까지 발생했다.

원소가 황궁으로 난입하자 환관 장양(張讓)은 막 즉위한 황제 소제(少帝) 유변(劉辯)을 끼고 포위망을 뚫고 북쪽으로 도주했으나 결국은 추격병을 따돌리지 못해 황하에 몸을 던져 자결했다. 중국사 최초의 환관시대는 이렇게 막을 내리고 환관 세력은 철저하게 실패했다. 그러나 승리한 사대부는 더 비참한 운명을 맞이하지 않으면 안 되었다. 동탁의 시퍼런 칼날이 그들의 목덜미를 겨누고 있었기 때문이다.

정치군인으로서의 행보

환관과 외척, 그리고 사대부들의 격렬한 정치 투쟁에서 동탁은 일단 중립을 취했다. 원소의 요청에도 불구하고 그는 군대를 동원하지 않았다. 수도 낙양 근처에 주둔하면서 사태의 변화를 주의 깊게 살피고 있었다. 그는 지금까지의 경험으로 병권을 가지고 있어야만 자기 몸을 지키는 것은 물론 기회가 오면 대권을 장악할 수도 있다는 사실을 몸으로 느끼고 있었다. 그래서 강족을 토벌하는 과정에서 끊임없이 자신의 몸집을 불려왔던 것이다. 이는 매우 단순하고 무식한 생각임과 동시에 대단히 위험한 생각이었다. 훗날 동탁이 벌인 무자비한 살육은 바로 이런 생각에서 초래된 최악의 결과였다.

병권에 목숨을 걸고 있었던 동탁이었기 때문에 고위 관직을 주어 병권을 내놓게 하려는 조정의 명령도 듣지 않았다. 하기야 이 무렵 동한은 조정이나 황제의 명령이 제대로 집행되지 않을 정도로 무기력해져 있었다. 또 조정 내부의 권력투쟁도 극에 이르렀다. 동탁은 이런 형세에 속으로 쾌재를 부르고 있었다. 난세에 영웅이 나고, 혼란 속에서 득을 취하기 쉽고, 변란 통에 권력을 빼앗을 수 있음을 신봉하고 있던 동탁은 촉각을 바짝 곤두세운 채 사태의 변화를 살폈다.

이미 말한 대로 189년 원소가 환관을 학살하고, 환관 장양은 황제 소제를 끼고 도망하다 황하에 투신자살했다. 이때 황하 남쪽 기슭 소평진에서 소제를 구하러 달려간 군대가 바로 동탁의 군대였다. 드디어 동탁이 기지개를 켰다. 소제는 동탁의 양주 군단의 호

동탁의 낙양 입성을 그린 차이나타운 벽화.

위를 받으며 낙양으로 입성했다. 동탁의 군대가 마침내 동한의 심장부에 진입하는 순간이자, 군인 동탁의 정치적 행보가 본격적으로 시작되는 기점이기도 했다.

그런데, 환관과 외척이 서로 격렬하게 투쟁한 과정을 가만히 들여다보면 동탁의 교묘한 정치적 술수가 작동하고 있음을 발견할 수 있다. 동탁은 단순 무식한 무인이 아니었다.

권력 장악의 수순

당초 환관 집단을 일망타진하라는 원소의 밀지를 받은 동탁은 즉시 때가 왔음을 직감했다. 그는 내심 기쁘기 이를 데 없었다. 하지만 바로 군대를 움직이지 않고 계속 사태를 관망하면서 자신의 계산기를 두드렸다. 동탁은 우선 환관과 하진으로 대표되는 외척 및 사대부 집단의 투쟁을 더 격하게 도발하여 두 세력 모두에게 치명적 상처를 입히는 수단을 취했다.

동탁은 진군하는 도중에 지금 천하가 혼란에 빠진 것은 모두 황문상시 장양이 패역무도하게 나라의 기강을 어지럽히고 있기 때문이며, 따라서 자신은 장양 등을 제거하여 황제의 주변을 정리하겠다는 요지의 글을 황제에게 올렸다. 여기에는 동탁의 두 가지 꿍꿍이속이 숨어 있었다. 하나는 자신의 출병은 다 이유가 있음을 들어 진짜 의도를 감추었다. 또 하나는 자신의 입성은 누군가 제공한 정보에 따른 것이라는 점을 암시함으로써 장양과 하진의 싸움을 도

발한 다음, 이후 사태는 자신의 손
으로 수습하겠다는 것이었다.

　그의 속셈은 적중했다. 장양 등 환
관 집단이 먼저 선수를 쳐서 하진을
살해했고, 이 소식을 들은 하진의
부하 원소 등이 궁정으로 난입하여
인정사정없는 대도살을 자행하여
환관 세력을 말살했다. 이때 살해된
환관의 숫자는 2천을 넘었다. 기회
를 잡은 동탁은 장양을 추격하여 자
살하게 만들고, 소제를 찾아서 의기
양양 기세등등 낙양으로 개선했다.

당시 최대 군벌세력이었던 원소는
동탁을 얕본 결과 주도권을 잃었고,
결국 조조에게 패했다.

　낙양에 입성한 동탁의 양주 군단
은 즉각 낙양을 통제했다. 원소와 조조의 금위군은 동탁의 양주 군
단을 상대하기에는 역부족이었고, 차례차례 낙양을 빠져나갔다.
동탁은 수도를 통제하는 것은 황제를 통제하는 것이나 같고, 황제
를 통제하면 전국을 통제하는 것과 같다는 사실을 발견했다. 잠재
되어 있던 야심이 걷잡을 수 없이 팽창했고, 지나치게 빠른 상황
변화와 무장으로서의 단순한 판단력이 결합되면서 동탁은 정치를
단순화하기 시작했다. 동탁은 권력이 곧 정치라는 단순 논리를 맹
신했고, 이내 권력의 함정에 빠져들었다.

권력의 함정에 빠지다

권력의 함정에 빠지는 첫 수순은 어김없이 자신의 힘을 과시하는 것이다. 힘의 과시는 다른 사람을 겁주기 위함이다. 낙양에 진입한 동탁은 자신의 세력을 과시하기 위해 자신이 끌고 온 3천 명의 병사들을 낮에 성으로 들어왔다. 밤에 다시 성 밖으로 나가게 한 다음 이튿날 아침 성문이 열리면 다시 들어오게 하는 방식으로 병력의 수를 부풀렸다. 물론 밤에 나갈 때는 몰래 나가게 했고, 들어올 때는 군악을 울리고 깃발을 날리면서 요란스럽게 입성하게 하여 자신의 대군이 성을 압도한다는 인상을 심어 문무백관과 백성을 겁나게 만들었다. 아니나 다를까, 많은 사람들이 동탁의 무력에 겁을 먹고는 그에게 투항해왔다.

다음으로 동탁은 부대를 병합하기 시작했다. 병권이 권력의 원천이라고 철석같이 믿고 있는 동탁으로서는 당연한 수순이었다. 강경과 온건책을 병행하면서 하진의 부대를 어렵지 않게 손에 넣었고, 이어 수도의 치안을 맡고 있는 정원(丁原)의 부대를 무력화시키려 했다. 동탁의 심보를 아는 정원이 순순히 말을 듣지 않자 간교한 수단으로 정원을 제거했다. 정원의 부장으로 있던 여포가 변덕스러운 인간임을 안 동탁은 여포를 돈으로 매수하여 정원을 살해하게 한 것이다. 여포를 확실히 자기편으로 만들기 위해 동탁은 그를 양아들로 삼는 치밀함(?)도 보여주었다. 그러나 이 관계가 훗날 동탁에게 치명적으로 작용할 줄은 예상치 못했을 것이다. 권력 확장에만 눈이 어두운 동탁에게 권력의 함정은 함정이 아니라 꿀물

과도 같은 것이었기 때문이다.

　세력을 한껏 확장한 동탁은 이어서 반대파들을 내치는 수순을 밟았다. 동탁은 자기에게 고분고분하지 않는 사람들에 대해서는 무슨 수를 써서라도 제거하거나 내쳤다. 반면 원소나 조조처럼 병권을 갖고 있거나 영향력이 있는 사람에 대해서는 자신의 패거리나 우군으로 만들기 위해 있는 힘을 다해 이들을 자기편으로 끌어들이려고 애를 썼다. 그러나 나름대로 야심을 품고 있던 이들이 동탁의 울타리 밑으로 들어갈 리 있겠는가? 몇 차례 회유가 소용이 없자 동탁은 조정에 검을 차고 들어가 원소를 협박했고, 놀란 원소는 자신의 군대를 이끌고 발해군으로 도망가 자립했다. 조조에게는 효기교위를 주면서 합작을 권했으나 조조는 이를 거절했다. 동탁이 자신을 해치려는 낌새를 눈치 챈 조조는 인사도 없이 낙양을 빠져나갔다.

　원소와 조조의 이탈은 있었지만 동탁을 견제할 수 있는 세력은 일단 제거된 셈이었다. 동탁의 권력은 절정에 이르렀다. 동탁의 다음 수순은 최고 권력자인 황제를 폐위시키고 다른 황제를 세우는 것이었다. 이 수순은 봉건시대 모든 야심가와 음모가들이 권력을 찬탈하기 위한 관례와 같았다. 동탁은 아무리 꼭두각시와 같고 무능하더라도 다른 사람이 세운 황제는 믿을 수 없었다. 자신의 손으로 세운 자라야만 마음껏 가지고 놀 수 있다고 본 것이다.

　동탁은 대담하게도 문무백관이 다 모인 자리에서 당당하게 "지금 황제는 못나고 약해빠져 종묘사직을 받들 수 없다. 따라서 이제 이윤(伊尹)과 곽광(霍光)의 고사처럼 진류왕(陳留王)을 황제로 세우려

하는데 여러 사람들의 생각은 어떤가?"라며 큰소리를 쳤다. 이런 상황에서 누가 감히 반대하고 나서겠는가? 동탁은 바로 다음 날 소제를 폐위시키고, 진류왕을 보좌에 앉혔다. 이가 헌제(獻帝) 유협(劉協)이다. 동탁은 숨 돌릴 틈도 없이 폐위시킨 소제를 살해하고 내친 김에 하 태후까지 독살함으로써 하씨 외척 세력을 완전히 멸종시켰다.

동탁에게는 민심을 파악하는 그 나름의 풍향계가 있었다. 그는 당시 천하 사람들이 환관의 권력 남용을 얼마나 증오하는지 잘 알고 있었다. 그래서 자신이 재상이 되어 권력을 독점한 뒤로는 지금

까지와는 달리 살육 본성과 감정을 숨긴 채 명망 높은 지식인들을 요직에 기용했다. 이렇게 해서 조정에 들어온 명사로는 큰 유학자로 이름난 채옹(蔡邕, 132~192)을 들 수 있다. 동탁은 또 정쟁에서 희생당한 진번(陳蕃) 등 여러 사람을 복권시키는 등 민심을 매수하여 자신의 통치를 유지하려는 약삭빠른 정치 술수도 보여주었다.

간신은 자기가 주도하지 않으면 마음을 놓지 못한다. 동탁이 소제를 폐위시키고 헌제를 옹립한 것도 간신의 보편적 특성을 잘 보여준다. 그림은 동탁이 진류왕을 옹립하는 모습이다.

최후를 향해 달려가는
무소불위의 권력

동탁은 정말이지 철두철미 권력욕에 사로잡힌 '무간'이었다. 모든 것이 권력에서 나오며, 그 권력은 무력에서 나온다고 확신했다. 권력을 완전히 장악하자 그는 이리와 같은 본성을 유감없이 발휘하여 자신이 그토록 맹신하는 권력을 향해 무한 질주를 시작했다. 조정 대권을 혼자 독차지하기 위해 그는 끊임없이 자신의 작위를 늘리고 높였다. 태위(太尉)에서 상국으로 다시 태사까지 보탰는데, 부끄러운 줄도 모르고 그 옛날 주나라를 건국한 무왕(武王)이 건국에 절대적인 공을 세운 강태공 강상(姜尙)을 '상보(尙父)'로 높여 부른 것에 착안하여 황제인 헌제에게 자기를 '상보'로 부르게 했다.

그는 천자를 끼고 천하의 제후를 호령하며 갖은 특권을 누렸다. 조정에 들어와서는 잰걸음으로 걷지 않아도 되었으며, 검을 차고 조정에 들어올 수도 있었다. 마음에 들지 않으면 내키는 대로 대신들을 잡아 죽였다. 병사들을 풀어 부녀자들을 강간하게 하고, 민간의 재물을 닥치는 대로 약탈하게 했다. 이런 동탁의 천인공노할 만행을 가장 잘 보여준 것이 낙양에 대한 대겁탈이었다.

동탁은 자신을 토벌하려는 세력들이 벌떼 같이 일어나자 잘 모르는 낙양을 버리기로 결정한다. 낙양에 진입한 지 불과 여섯 달 만이었다. 동탁은 낙양을 빠져나가면서 이른바 살아 있는 것은 모조리 죽이고 태우는 '삼광(三光)'을 실행했는데, 낙양에 불을 지르고 민간을 닥치는 대로 약탈하고 죽임으로써 화려한 번영을 누렸던 고도 낙양이 잿더미로 변했다. 수십 리 안에 밥 짓는 연기를 볼 수 없을 정도였다.

창졸지간에 수도를 옮기게 되면서 계획도 준비도 없는 상황에서 백성들은 마치 죄인처럼 길 양옆에서 동탁의 양주 군단이 휘두르는 채찍을 맞아가며 이동했다. 말발굽, 굶주림, 질병으로 인한 시체가 낙양~장안 간 500km에 이르는 도로에 널브러졌다.

나름대로 정치적 두뇌를 발휘한다고는 했지만 동탁은 어디까지나 살육이란 수단에 의존하는 무부(武夫)였다. 그의 권력 기반은 군대가 전부였다. 이는 마치 독사의 이빨 위에 앉아 있는 것과 같았다. 그럼에도 불구하고 그가 3년 반이나 권력을 행사할 수 있었던 것은 동한 정권의 한계와 이 상황을 수습할 뚜렷한 대권 주자가 부각되지 않았던 정세 덕분이었다.

192년, 정국이 어느 정도 교착 상태에 빠지고 장안으로 옮겨온 동탁이 사치와 방탕한 생활에 빠져 경계심을 늦추는 틈을 타서 사도 왕윤(王允, 137~192)은 동탁의 양아들이자 가장 신임하는 부장 여포(?~198)를 부추겨 동탁이 입궁한 틈을 타서 그를 살해할 계획을 세웠다(《삼국지연의》에는 왕윤이 미녀 초선을 이용한 미인계로 동탁과 여포의 사이를 갈라 놓은 다음 동탁을 죽이는 것으로 나온다). 사소한 일로 동탁에 대해 섭섭한 마음을 갖고 있던 여포는 기꺼이 왕윤의 밀모에 가담했다.

이들은 병으로 고생하던 헌제가 자리에서 일어난 것을 축하하기 위한 미앙궁의 대집회를 이용하여 자신들의 측근 병사 10여 명을 궁궐 수비군으로 위장시켜 궁문을 지키게 했다. 동탁이 궁문을 들어서자 사전에 명령을 단단히 받은 병사들이 동탁이 탄 수레 위로 뛰어올라 동탁을 찔렀다. 부상을 당한 동탁은 수레에서 떨어져 큰 소리로 "여포야, 빨리 와서 나를 구해라!"라며 고함을 질렀다. 여포는 "도적놈 동탁을 죽이라는 황제의 명령이 계셨다!"라며 자기가 들고 있던 긴 창으로 동탁을 찔러 죽였다. 동탁은 꿈에도 생각하지 못했던 양아들 여포의 배신으로 최후를 맞이했다(동탁의 죽음에 대해서는 아래 부록을 통해 좀 더 살펴보았다).

동탁이 죽었다는 소식은 삽시간에 장안성 전체로 퍼져나갔고, 백성들은 모두 뛰쳐나와 쓰고 있던 모자나 옷가지를 벗어 던지고 덩실덩실 춤을 추며 만세를 불렀다. 동탁의 죽음을 축하하기 위해 나온 백성들로 거리는 발 디딜 틈이 없었고, 술집의 술과 안주는 동이 났다. 더기가 막힌 것은 누군가 동탁의 시체를 발견하고는 돼지처럼 살찐 동탁의 배에다 심지를 꽂고 불을 붙였더니 이틀을 탔다는 이야기다(한 달을 탔다는 과장된 이야기도 전한다). 이를 두고 훗날 북송의 시인 소동파(蘇東坡)는 동탁의 뱃살에 불을 붙이니 등이 없어도 될 만큼 밝았다며 비꼬았다. 이 살찐 도적놈에 대한 백성의 원한

동탁의 죽음은 다소 싱거웠다. 이는 달리 말해 동탁이 자신의 힘과 세력을 과신했고, 이 때문에 방탕한 생활에 빠져 틈을 보였다는 뜻이기도 하다. 아무리 지독한 간신이라도 빈틈은 있기 마련이다. 이 틈을 잘 간파해서 파고들어야 간신을 제압할 수 있다. 동탁의 초상화이다.

이 얼마나 깊었는 지를 잘 보여주는 이야기다.

간신과 권력의 속성

간신을 외면하거나 무시하는 일은 절대 금물이다. 동탁과 같은 무간도 마찬가지다. 무인은 단순하고 무식하다는 선입견을 가지고 무시하는 경향이 없지 않은 데 결코 그렇지 않다. 정치적 두뇌와 자질이라는 면에서 무인이 기성 정치가에 비해 상대적으로 떨어지지만 권력을 향한 집착과 욕망은 어떤 야심가 못지않다. 더욱이 권력을 잡고 난 다음 벌이는 무자비한 탄압과 살육은 다른 정간들은 엄두를 못 내는 영역이다. 이로 인한 사회적 혼란과 민생 파탄은 수습이 불가능하다. 권력에 눈독을 들이는 무인들이 감지되면 가차 없이 제거해야 한다.

권력을 향한 동탁의 행보는 많은 것을 생각하게 한다. 무엇보다 명사들을 기용하여 민심을 매수한 것이나 환관에 대한 민심의 적대감을 한껏 이용한 것 등은 단선적 민심이 갖고 있는 한계를 이용하여 흑백 논리로 적을 만들고 들끓는 여론으로 정적을 제거하려는 술수로, 단순하지만 상당한 호소력과 파괴력을 가지고 있기에 만만하게 보아 넘길 수 없는 대목이다.

동시에 동탁은 독재자의 전형적인 모습을 잘 보여준 무간이었다. 이는 권력의 속성과 관련하여 심각한 메시지를 던지고 있다. 동탁이 권력의 표면적 징표라 할 수 있는 자리(직위나 작위 등)를 끊임없이 높임으로써 주위를 압도하려 한 것은 전형적인 권력 도취형 독재자의 심리를 반영한다. 그가 죽는 순간까지 자신을 해치려는 자가 다름 아닌 자신이 철석같이 믿었던 양아들 여포라는 사실을 몰랐던 것도 그가 권력에 철저하게 도취되어 있었던 결과였다. 우리 현대사를 암울하게 수놓았던 군사 독재 정권의 최후와 동탁의 최후가 겹쳐 나타나는 것도 이 때문이다. 독재 권력이 가는 마지막 여정이자 속성이란 공통점을 발견할 수 있다.

또 동탁의 죽음을 통해서 역사의 법칙 한 가지를 통찰할 수 있다. 즉, 독재자의 공포 정치는 자신의 측근들에게도 공포를 심어준다는 사실이다. 독재자들이 흔히 측근에게 살해당하는 까닭이 여기에 있다. 폭력으로 인한 극도의 공포감은 폭력으로 해결하거나 해소하는 것이 가장 빠르고 정확한 방법이기 때문이다. 그 후유증을 불문하고.

동탁은 죽었지만 동한 정권은 사태를 수습할 능력이 없었다. 무력을 무력으로 진압하고, 폭력으로 폭력에 대항하고, 피로 피를 씻는 악순환이 되풀이되었다. 황제와 남은 문무대신들이 낙양으로 다시 돌아왔지만 어전회의를 폐허 위에서 거행해야 할 정도로 모든 것이 엉망이었다. 전국은 크고 작은 군벌들의 차지가 되어 혼전에 혼전을 거듭했고, 결국에 가서는 '삼국정립'이란 일시적이고 구차한 형태의 안정 국면으로 마무리되었다. 그것은 또 다른 혼란이었다. 간신 때문에 나라가 망하는 것도 문제지만, 더 큰 문제는 그 과정에서 나라가 철저하게 망가진다는 사실이다.

　동탁의 죽음은 다소 밋밋하긴 하지만 그 안을 좀 더 들여다보면 꽤 흥미로운 점들을 읽어낼 수 있다. 간신이란 주제와 조금 떨어져 있긴 하지만 '삼국시대'의 전주곡으로서 2천 년 동안 많은 사람들의 관심을 끌어왔기에 한번 살펴보고자 한다. 동탁의 죽음 이후 왕윤과 여포의 행적 및 그 최후에 초점을 두고 이야기를 끌어간다. 망가질 대로 망가진 정권의 하수인들이 얼마나 어리석은가를 잘 볼 수 있을 것이다. 거간 하나를 제거했다고 정치가 제자리를 찾는 것이 결코 아니라는 교훈을 읽어낼 수 있다.

　동한 헌제 초평 3년인 192년 4월, 거국적으로 축하할 큰일이 발생했다. 동탁이 죽었기 때문이다. 동탁은 모두가 알다시피 왕윤의 계략에 걸려 죽임을 당했다. 이것이 민간에서 모르는 사람이 없는 '여포가 초선(貂蟬)을 희롱하다'는 고사의 유래이다.

　동탁은 동한 말기 천하를 큰 혼란에 빠트린 군벌의 하나였다. 그는 환관의 난을 틈타 낙양에 진입하여 소제 유변을 폐위시키고 진류왕 유협을 황제 자리에 올렸다. 이가 헌제이다. 또 군대를 대거 동원하여 낙양을 약탈하고, 헌제와 문무백관 및 수백만 백성을 겁박하여 장안으로 천도를 강행했다. 가는 길에 많은 사람을 죽여 무덤을 파야 했고, 불을 지르고 약탈을 자행했다. 장안에 도착한 다음에는 거대한 성채인 오벽(塢壁)을 쌓아 '만세오(萬歲塢)'라 부르며 양식과 진기한 보물을 저장하고는 천년만년 살 것처럼 큰소리를 쳤다. 순간 천하의 영웅들은 동탁의 이런 짓거리에 아무런 대처를 하지 못하고 입을 다물었다.

동탁을 쓰러뜨리려면 내부에서 손을 쓰는 수밖에 없었고, 이 일을 왕윤이 맡았다. 왕윤은 태원군(太原郡) 기(祁) 출신으로 자사를 지내면서 황건군(黃巾軍)을 진압하기도 했다. 동탁이 헌제를 끼고 장안으로 천도하자 그는 상황을 살펴 동탁을 받드는 척하며 사도(司徒)로 승진하여 주·군의 민정을 관장하는 한편 국가 정사에 참여하기 시작했다.

사도 왕윤이 동탁을 죽이는 사건은 《삼국연의》에 장황하게 기록되어 있다. 왕윤은 연환계(連環計)를 활용하여 의붓딸인 초선을 미인계의 제물로 삼아 동탁과 여포 사이를 이간질했다. 그러나 정사기록에는 초선이란 이름은 없고, 그저 여포가 동탁의 시녀와 사통했다고 나온다. 초선이 의붓딸이던 시녀이든 어쨌거나 여포는 양아버지로 모시던 동탁을 도발하면서 정치투쟁에 뛰어들었다. 동탁은 참지 못하고 여포를 향해 창을 던졌다. 여포는 이를 피하고 일단 그 자리에서 도망쳤다. 이 일이 있은 뒤 여포는 동탁에게 사죄하긴 했지만 두 사람 사이에는 이미 큰 틈이 생겼다.

왕윤은 이 틈을 움켜쥐고 갖은 방법으로 두 사람을 이간하고 끝내 여포에게 동탁을 죽이도록 사주했다. 여포가 동탁에게 아버지로 모시겠다고 맹서했다고 하자 왕윤은 이렇게 도발했다.

"장군의 성은 여씨고 태사의 성은 동씨입니다. 더구나 창을 던졌는데 그에게 무슨 부자의 정이 있었겠소?"

여포는 왕윤의 제안을 받아들였고 마침 황제의 병이 조금 나아 동탁이 축하 인사를 드리러 왔을 때 여포는 자기 손으로 양아버지 동탁을 찔러 죽였다.

동탁이 죽자 그가 쌓아 올린 성채가 안에서 무너지기 시작했다. 왕윤과 여포는 일약 정계의 총아로 떠올랐다. 만약 두 사람이 있는 힘을 다해 정치를 쇄신했더라면 두 사람 중 누구라도 군주가 되어 천하를 통일할 수도 있었을 것이다. 두 사람 모두 그렇게 하지 못했다. 그 까닭은 대체 무엇일까?

먼저 왕윤을 보자. 통탁이 죽었을 때 헌제의 나이는 12세였고, 조정의 대권은 왕윤의 손에 들어왔다. 그는 스스로 이렇게 말한 적이 있다.

"지금 조정의 황제는 어리고 무지하여 모든 것을 내게 의지하고 있다."

그러나 조정의 대권을 장악한 왕윤이 맨 먼저 한 일조차 민심을 얻지 못하는 패착이었다. 다름 아닌 중랑장 채옹(蔡邕)을 죽인 일이었다. 채옹은 세상이 알아주는 명사로 동탁조차 그를 우대했다. 채옹은 동탁이 죽었다는 소식을 듣고는 탄식을 했고, 이를 안 왕윤은 크게 노하여 채옹을 동탁과 같은 패거리라며 잡아다 옥에 가두었다.

채옹은 집필 중이던 《한사(漢史)》를 마무리할 때까지 만이라도 기다려 줄 것을 왕윤에게 청했고, 많은 관리들이 나서 채옹의 편을 들었다. 왕윤은 받아들이지 않고 그를 감옥에서 죽게 만들었다. 왕

윤은 자신의 권위를 과시하기 위해 '닭을 죽여 원숭이를 놀라게' 만
드는 '살계해후(殺鷄駭猴)'의 효과를 노렸는지는 모르겠지만 어설픈
수로 되려 반발을 불러왔다.

왕윤은 위인이 꼬장꼬장하고 악을 증오했다. 당초 그는 동탁이
두려워 겉으로 동탁에게 고분고분했지만 동탁을 죽인 다음 더는
이런 재난이 생기지 않을 것이라 판단한 탓인지 교만해지기 시작
했다. 이 때문에 신하들이 그를 따르려 하지 않았고, 채옹을 죽인
일로 인심은 더욱더 싸늘해지자 너나 할 것 없이 서둘러 퇴로를 찾
기 시작했다. 또 여포에 대해서는 한낱 검객으로 간주했기 때문에
두 사람의 관계도 점점 멀어졌다.

동탁의 부하들은 대부분 양주 출신이었다. 당시 항간에는 왕윤이
동탁에게 의지했던 채옹 같은 명사조차 죽였으니 장차 동탁의 부하
를 전부 죽일 것이라는 소문이 자자했다. 동탁이 죽자 그 부하들은

왕윤은 초선을 이용한 미인계로 동탁을 제거했다. 그러나 그는 동탁만 없으면 모든 일이 다
해결될 수 있다는 큰 착각을 저질렀다. 그림은 왕윤의 미인계를 나타낸 것으로 왼쪽 두 번째
부터 왕윤, 동탁, 여포, 초선이다(그림에는 왕윤이 왕운王云으로 되어 있다).

이각(李傕) 등과 같은 부장들에게로 편입되었다. 이각은 왕윤에게 동탁의 부하들을 사면해 달라고 청했다. 왕윤은 이를 받아들이지 않았다. 왕윤은 계책이라는 것을 모르는 사람이었다. 그는 이런 자신의 강경책이 반발을 불러올 수도 있다는 점을 고려하지 않았다. 이각 등은 반란을 일으켰다. 왕윤이 일시적으로 동탁의 부하들을 사면했더라면 이제 소개할 이런 사건들은 발생하지 않았을 것이다.

이각은 자신의 요청이 받아들여지지 않자 어찌할 바를 몰라 병사들을 버리고 도망갈 준비를 했다. 이때 토노교위(討虜校尉) 가후(賈詡)가 이각 등에게 이렇게 말했다.

"당신들이 군대를 버리고 도망간다면 일개 정장도 당신들을 잡을 수 있다. 군대를 데리고 서쪽으로 가서 장안을 공격하느니만 못하다. 만약 성공한다면 조정의 대권을 쥘 수 있고, 실패한다 해도 그때 가서 도망가도 늦지 않다."

가후의 의견을 들은 이각 등은 군대를 거느리고 서쪽을 향해 진격했다. 왕윤은 이 반란군에 대해 그다지 경각심을 갖지 않은 채 호문재(胡文才)와 양정수(楊整修) 등 관리들을 향해 이렇게 큰소리를 쳤다.

"관동의 쥐새끼들이 무슨 큰일을 할 수 있겠소? 당신들이 가서 그들을 불러오시오!"

여기서 왕윤은 또 한 번 잘못을 저질렀다. 호문재와 양정수 이 두 사람은 모두 다른 곳도 아닌 양주의 명망 있는 호족 출신인데, 왕윤이 이들을 보내 이각 등의 반란군을 평정하게 했으니 말이다. 이 조치는 사실상 두 사람에게 달아날 기회를 준 것이나 마찬가지였고, 역시 두 사람은 이각 등에게 몸을 맡긴 다음 장안을 협공했다. 이들은 장안으로 진격하면서 동탁의 흩어진 병사들을 수습하여 순식간에 10만 대군으로 불어났다. 동탁의 또 다른 부장들인 번조(樊稠)와 이몽(李蒙) 등도 합류하여 왕윤에 맞섰다.

당시 여포는 성을 수비하고 있었는데 이 군대 중 촉의 병사들이 창을 거꾸로 돌려 이각에 내응했다. 이렇게 해서 장안성은 무너졌다. 왕윤이 명사 채옹을 무리하게 죽인 일이 얼마나 민심을 흉흉하게 만들었는지 잘 보여준 결과였다. 중과부적을 실감한 여포는 도망갈 준비를 한 다음 왕윤에게 함께 도망칠 것을 권했다. 왕윤은 이 절체절명의 순간에도 임기응변을 제대로 하지 못했다. 여포와 함께 황제를 끼고 도망친다면 여포가 황제를 이용하여 재기할 수도 있다는 어설픈 판단에 여포의 제안을 거절했다. 여포는 남은 자기 병사들만 데리고 성을 빠져나갔다.

이각의 군대가 성 안으로 진입했다. 왕윤은 헌제를 모시고 장안 동쪽 성문인 선평문(宣平門)에 올랐다. 이각의 군대가 성문 아래에 이르러 포위한 채 헌제에게 인사를 올렸다. 그러면서 반란이 아니라 충신 동탁의 복수를 원할 뿐이라면서 황제의 명으로 왕윤을 성 아래로 보내달라고 했다. 왕윤은 하는 수 없이 선평문 아래로 내려갔고 이각 등은 그를 잡아 감옥에 넣었다.

헌제가 이각 등의 수중에 들어갔다. 헌제는 그들의 요구에 따라 장군과 중랑장 등의 벼슬을 내렸다. 이각 등은 바로 왕윤을 죽이지 않았다. 여전히 걸리는 부분이 있었기 때문이다. 당시 왕윤은 아직 세력이 남아 있었다. 장안 부근의 두 군수인 송익(宋翼)과 왕굉(王宏)이 왕윤과 같은 고향 출신이자 그의 측근이었다. 왕윤은 이 두 사람을 밖에서 자신을 호위하는 후원으로 삼았다. 왕윤을 죽이려면 먼저 이 두 사람을 제거해야 한다. 이각 등은 조정의 명의로 송익과 왕굉을 장안으로 불러들였다. 두 사람은 이각 등의 의중을 알아채기는 했지만 조정의 명령을 차마 거부할 수 없어 장안으로 돌아왔고, 결국 왕윤과 함께 살해되었다.

왕윤은 천자를 끼고 여포를 회유하여 인심을 다독거리고 군권을 회수하면 천하의 왕 노릇을 할 수 있다는 큰 뜻을 갖고 있었다. 하지만 그는 큰 그림에 따라 계책을 달리하는 '권변(權變)'을 몰랐다. 애당초 군주가 될 소질이라는 객관적 조건 자체가 없었다.

다음으로 여포를 보자. 여포는 왕윤만도 못한 인물이었다. 그는 군주는커녕 신하 노릇도 제대로 할 수 없는 존재였다. 결국 백문루(白門樓)에서 최후를 마친 역사의 비극적 인물로서 훗날 책 읽어 주는 사람의 안줏거리에 지나지 않았다.

동한 말기의 군벌 중에서 여포는 가장 먼저 두각을 나타냈다. 그는 일찌감치 온후(溫侯)라는 작위와 분위장군(奮威將軍)이란 벼슬을 받았다. 왕윤의 사주로 동탁을 죽인 다음 왕윤과 함께 조정을 이끌었지만 왕윤에게 이용만 당했을 뿐이다. 만약 그에게 정치적 재능과 사람을 다루는 솜씨가 있었다면 큰일을 해냈을 것이다. 적어도 천자를 끼고 제후를 호령했던 훗날의 조조보다 더 좋은 조건을 가졌기 때문이다. 그는 만세에 길이 남을 이 기가 막힌 조건을 그냥 낭비하고 말았다.

동탁이 죽자 원래 동탁의 부장이었던 이각은 투항하려 했다. 그런데 여포는 왕윤보다 더 멍청했다. 여포는 병권을 장악한 대장군으로서 양주 출신들에 대해 깊은 원한을 표출했다. 그는 왕윤과 반대로만 했어도 민심을 얻을 수 있었고, 또 이각 등을 매수하여 수십 만 군대를 자기 손에 넣을 수도 있었다. 이 기회도 놓쳤다. 이각 등이 장안을 함락시키자 그는 원술, 원소, 장요 등과 같은 군벌들에게 몸을 맡기는, 말하자면 시작도 끝도 없는 유랑자 생활을 전전했다.

헌제 건안 3년인 198년 조조는 천하의 안정을 위해 여포를 먼저 없애겠다며 여포의 근거지인 하비(下邳)를 공격했다. 이때 힘만 있고 모략은 없고, 공격과 수비에 대책이 없는 여포의 약점이 만천하에 드러났다. 대군이 압박해오는 순간에도 장수들을 제대로 다루지 못해 장병의 마음이 흩어졌다. 조조는 편지를 보내 여포에게 투항을 권했다. 여포의 막료 진궁(陳宮)이 저항을 권하면서 다음과 같은 대책을 냈다.

"조조는 먼 길을 와서 공격에 나서고 있다. 군량의 수송도 어려워 지구전을 택하지 않을 것이다. 장군이 병사를 거느리고 성 밖에 주둔한 다음 조조의 양식 수송로를 끊고, 나는 남은 장병들과 성을 지키면 주도권을 쥘 수 있다. 조조가 장군을 공격하면 나는 조조의 후방을 공격하고, 조조가 성을 공격하면 장군이 성 밖에서 구원하면 한 달 안에 조조는 식량이 떨어질 것이고, 그때 승세를 몰아 공격하면 대승할 수 있다."

진궁의 이런 대책은 일리가 있을 뿐만 아니라 충분히 실행 가능한 것이었다. 여포도 처음에는 이 의견을 받아들여 부하 장수인 고순(高順)과 진궁에게 성을 지키게 한 다음 자신은 병사들을 이끌고 조조의 군량 수송로를 끊으러 나가려 했다.

여포의 얇은 귀가 탈을 냈다. 여포의 아내가 이 이야기를 듣고는 교묘한 말로 진궁의 이 대책을 수포로 만들었다. 그녀는 이렇게 말했다(《삼국지연의》의 관련 대목을 인용해둔다).

"장군께서 나가시면 진궁과 고순이 무슨 수로 성을 지켜 내겠습니까? 만일 실수한다면 후회막급입니다. 첩이 이전에 장안에 있을 때도 장군께 한 번 버림을 받았다가 요행히 방서가 첩을 숨겨 주어서 다시 장군을 만났던 것인데, 이제 또 장군께서 첩을 버리고 가실 줄 어찌 알았겠습니까? 그러나 장군은 앞길이 만 리 같으니 부디 첩 같은 것은 생각 마십시오!"

그리고는 목 놓아 울었다. 아녀자의 이 애원에 여포는 혼이 나갔고, 결국 성 밖으로 나가지 않기로 결정했다. 이로써 여포는 완전히 수동적인 위치에 놓였다.

일이 꼬이려는지 이때 여포를 구원하러 오던 하내(河內) 태수 장양(張楊)이 부하에게 피살당하는 일이 터졌다. 또 원술도 여포를 지원하겠다고 했지만 정작 행동으로 옮기지 않고 말만 요란스럽게 늘어놓았다.

여포는 고립되었고, 조조는 사수(泗水)와 기수(沂水)의 물을 끌어다 하비를 물에 잠기게 했다. 형세는 여포에게 더욱더 불리하게 돌아갔다. 그런데도 여포는 형벌을 남발하는 등 내부를 제대로 다독거리지 못해 결국 내란이 터졌다.

하비 수비군 마지막 붕괴의 직접적인 원인은 여포의 부하 후성(侯成)의 반란 때문이었다. 후성은 여포 수하의 대장이었는데, 한번은 이런 일이 있었다. 후성이 사람을 시켜 좋은 말 15필을 방목하게 했는데, 그자가 말을 몰아 유비에게로 달아났다. 후성이 직접 기병을 이끌고 추격하여 말을 고스란히 되찾아왔다. 장수들이 예물 따위를 준비하여 후성에게 축하를 올리자 후성은 많은 술과 돼지 10여 마리를 잡아 축하하러 온 장수들과 술잔치를 벌였다. 여포는 일찍이 스스로 금주를 선언하는 한편 술을 담그지 못하게 했다. 후성이 이를 몰랐던지 술자리를 열고 이에 앞서 직접 돼

왕윤과 여포의 실패는 그 자신의 무능 때문이기도 했지만, 막료들을 전혀 활용하지 못한 탓도 컸다. 초상화는 여포인데 당대 최고의 미남자로 알려져 있다.

지와 술을 여포에게 가져왔다. 여포는 "내가 금주를 명령했거늘 네가 술을 담그고 여러 장수들과 형 동생하다니 다 함께 나를 죽일 셈이냐!"며 벼락같이 화를 냈다.

후성은 잔뜩 겁을 먹고는 술을 내다 버리고 예물은 돌려주었다. 그러나 상황은 여의치 않았고, 두려움에 떨던 후성은 198년 12월 장군 송헌(宋憲), 위속(魏續)과 함께 여포의 막료 진궁 등을 사로잡은 다음 부장들을 데리고 조조에게 투항했다.

이렇게 중요한 시기에 여포는 자신의 경솔한 언행 때문에 장군들의 배반을 불러들였다. 대세는 기울었고 여포는 고립무원의 처지가 되어 조조에게 맞설 전투력을 상실했다. 그 신변의 장수들은 여포의 목을 잘라 조조에게 바치려 했고, 민심도 들끓었다. 여포는 하는 수 없이 백문루로 나가 투항했다.

조조는 여포를 향해 장수들의 말은 듣지 않고 아녀자에게 휘둘린 자라고 비아냥거렸다. 여포는 이를 인정하지 않으며 "나 여포는 지금껏 장수들을 후하게 대했거늘 중대한 순간에 나를 배반했다"고 항변했다.

조조는 "자기 마누라 말만 믿고 장군들의 아내 말은 듣지 않았거늘 이것이 부하들을 우대한 것인가?"라며 조롱했다. 여포는 말문이 막혔다. 조조의 말대로라면 여포는 부하 장수들의 처첩과 관련된 일까지 간섭했다는 것인데, 이 정도면 장수들이 어찌 충성을 바칠 수 있겠는가?

여포는 조조에게 죽임을 당했다. 이 죽음 역시 당연한 결과였다. 이런 자가 패업을 성취했더라면 역사의 웃음거리가 되었을 것이다.

　동한의 간악한 재상이자 거간 동탁은 성격이 잔인하고 폭력적이었으며 행동 또한 야만적이었다. 동한 말기 조정의 권력을 독차지하기 위해 그는 군대를 끌고 낙양에 입성하여 소제를 쫓아내고 헌제를 세워 조정을 독단했다. 조조가 원소 등과 함께 그를 치러 나서자 동탁은 헌제를 끼고 장안으로 와서 스스로 태사(太師)가 되었다.

　동탁은 부하들을 이끌고 가는 곳마다 약탈과 살육을 일삼았다. 이 때문에 당시 도성이었던 낙양과 옛 도성 장안은 그들에 의해 완전히 폐허가 되었다. 당시 백성들은 동탁의 이런 만행에 이를 갈았고 그 한이 뼈에 사무쳤다. 《후한서》〈오행지〉에 보면 헌제 초기 동도 낙양에는 이런 동시가 떠돌았다고 한다.

　천리초(千里草), 하청청(何青青).
　천리초가 얼마나 푸를까?

　십일복(十日卜), 부득생(不得生).
　열흘 점을 쳐도 살기 힘들겠네.

　전하기로는 이 동요를 동탁도 듣긴 했는데, 그 안에 담긴 뜻을 몰랐다고 한다. 이 동요는 바로 민심의 반영이다. 《후한서》의 편찬자 범엽(范曄)은 이에 대해 "千里草는 '董', 十日卜은 '卓' 자를 가리킨다"고 해석했다. 이는 글자를 떼고 붙이는 수법을 운영하여 동탁의 이름을 그 안에 넣은 것이다. '얼마나 푸를까'의 '하청청'는 동탁의 난폭하고 독단적인 세력을 가리킨다. 동탁이 당시 한 시대를 풍미하며 설치고 있지만 '의롭지 못한 짓을 많이 하면 절로 죽을 수밖에 없다'는 옛말처럼 그는 '살기 힘들' 수밖에 없다.

이 동요는 수수께끼 형식으로 동탁의 폭정에 대한 백성들의 증오, 즉 '동탁은 죽어 마땅하다'는 민심을 반영한다. 동한 말기 혼란한 정세에서 신비로운 색채를 띤 이런 수수께끼가 성행했다. 사람들은 흔히 이런 형식으로 누군가의 이름을 암시하는 예언을 만들어내어 사회현상에 대한 백성들의 불만의 목소리를 반영했다.

전설에 따르면 동탁이 하루는 조정에 들어가는 길에 자신의 행차를 막아서는 도사 한 사람을 만났다. 도사는 대나무 지팡이를 들고 있었는데 그 위에 흰 천이 걸려 있었고, 천 양쪽 끝에 각각 입 '口'자가 쓰여 있었다. 동탁은 무슨 영문인지 몰라 도사가 일부러 미친 척한다며 도사를 내치게 했다. 사실 도사가 들고 있는 흰 천의 두 글자는 합쳐서 '呂'를, 흰 천은 '布'를 가리키는 것으로 동탁에게 여포를 조심하라는 암시였

《삼국연의》는 동탁의 죽음을 극적으로 만들기 위해 초선이란 미녀를 끌어들였다. 사진은 적벽전투 유적지에 조성되어 있는 여포와 초선의 형상이다. 그 뒤쪽에는 이들의 밀회 장면을 보고 깜짝 놀라는 동탁의 형상도 있다.

다. 무식한 동탁으로서는 도사의 이런 뜻을 죽어도 알 길이 없었을 것이다.

얼마 뒤 대사도 왕윤은 '미인계'를 이용하여 초선에게 여포와 동탁을 이간질하게 했고, 두 사람은 한 여자를 놓고 싸우다 결국 여포가 동탁을 죽였다(이상 王軍雲 編著, 《歷代名人姓名解讀與取名技巧》, 中國華僑出版社, 2007. 112쪽).

동한시대 황제, 외척, 환관, 사대부의 관계와 투쟁 상황표

연대	황제 대수	황제 이름	즉위 나이	외척	환관	사대부
20 년대	1	광무제(光武帝) 유수(劉秀)	30			
50 년대	2	명제(明帝) 유장(劉莊)	30			
70 년대	3	장제(章帝) 유달(劉炟)	18			
80 년대	4	화제(和帝) 유조(劉肇)	10	두헌(竇憲, 적모嫡 母 두태후의 오빠)	정중(鄭衆, 두헌을 팝박 자살케 함.)	질수(郅壽) 낙회(樂恢)
100 년대	5	상제(殤帝) 유융(劉隆)	석달	등척(적모 등태후 의 오빠)		
	6	안제(安帝) 유호(劉祜) ▲	13	등척(큰어머니 등 태후의 오빠)	이윤(李閏), 강경 (江京, 등척을 핍박 자살케 함.)	두근(杜根) 양진(楊震)
120 년대	7	소제(少帝) 유의(劉懿)** ▲	미상 (8개월?)	염현(閻顯, 사촌형 수 염태후의 오빠)	손정(孫程), 왕강 (王康), 왕국(王國, 염현을 죽이고 유보 를 옹립함.)	
	8	순제(順帝) 유보(劉保) ▲	11	양상(梁商, 장인, 아 내 양황후의 부친)		장강(張綱) 주목(朱穆) 황보규
140 년대	9	충제(冲帝) 유병(劉炳)	2	양기(梁冀, 외삼촌, 적모 양태후의 오빠, 양상의 아들)		
	10	질제(質帝) 유찬(劉纘) ▲	8	양기(사촌형 유병의 외삼촌)		
	11	환제(桓帝) 유지(劉志) ▲	15	양기(조카 유병의 외삼촌)	당형(唐衡), 단초 (單超), 좌관(左悺), 서황(徐璜), 구애 (具愛, 양기를 죽임)	이응(李膺)

160년대	12	영제(靈帝) 유굉(劉宏) ▲	13	두무(竇武, 큰어머니 두태후의 부친)	조절(曹節), 왕보 (王甫, 두무를 죽임)	진번(陳蕃)
180년대	13	소제(少帝) 유변(劉辯)	14	하진(何進, 외삼촌, 생모 하태후의 오빠)	장양(張讓), 단규 (段珪, 하진을 죽임)	원소(袁紹), 조조(曹操, 환관 대부분 을 죽임)
	14	헌제(獻帝) 유협(劉協) ▲	9	복완(伏完, 장인, 아내 복황후의 부친)		조조

*굵은 글씨는 동탁에 해당하는 부분임.

**일반적으로 소제 유의는 황제로 인정치 않는다. 유의는 125년 3월 염태후의 추천으로 보좌에 올랐으나 10월에 죽었다. 당시 그는 북향후(北鄉侯)의 신분으로 황제 자리에 7개월 앉아 있었다. 백양 선생은 유의도 황제로 인정하여 제7대 황제로 꼽았다.

원시사회	약 60만 년 전~기원전 약 21세기	삼황오제(三皇五帝) 포함
하(夏)	기원전 약 21세기~기원전 약 16세기	노예제 사회. 상은 후기 은(殷)으로 천도, 상은이라 부름.
상(商)	기원전 약 16세기~기원전 약 11세기	
서주(西周)	기원전 약 11세기~기원전 771년	
춘추(春秋)	기원전 770년~기원전 476년	
전국(戰國)	기원전 475년~기원전 221년	봉건사회 개시
진(秦)	기원전 221년~기원전 206년	시황 - 호해 - 자영 3대.
서한(西漢)	기원전 206년~8년	서한과 동한 사이에 왕망(王莽)의 신(新) 9년~23년. 유현(劉玄) 23~25년.
동한(東漢)	**25년~220년**	
삼국(三國)	220년~280년	위 · 촉 · 오
위(魏)	220년~265년	조조 - 조비 - 조예
촉(蜀)	221년~263년	유비 - 유선
오(吳)	222년~280년	손권
서진(西晉)	265년~316년	무제 사마염(司馬炎)
동진(東晉)	317년~420년	원제 사마예(司馬睿)
오호(五胡) 십육국	304년~439년	흉노, 선비, 갈, 저, 강
남북조 (南北朝)	420년~589년	
남조(南朝)	420년~589년	
송(宋)	420년~479년	무제 유유(劉裕)
제(齊)	479년~502년	고제 소도성(蕭道成)
양(梁)	502년~557년	무제 소연(蕭衍)
진(陳)	557년~589년	무제 진패선(陳覇先)
북조(北朝)	386년~581년	
북위(北魏)	386년~534년	도무제 탁발규(拓跋珪)
동위(東魏)	534년~550년	효정제 원선견(元善見)

서위(西魏)	535년~557년	문제 원보거(元寶炬)
북제(北齊)	550년~577년	문선제 고양(高洋)
북주(北周)	557년~581년	효민제 우문각(宇文覺)
수(隋)	581년~618년	문제 양견(楊堅)
당(唐)	618년~907년	고조 이연(李淵)
오대십국 (五代十國)	907년~979년	5대 : 후량, 후당, 후진, 후한, 후주/10국 : 오, 남당, 민, 초, 오월, 전촉, 후촉, 남한, 형남, 북한
북송(北宋)	960년~1127년	태조 조광윤(趙光胤)
남송(南宋)	1127년~1279년	고종 조구(趙構)
요(遼)	907년~1125년	태조 야율아보기
서하(西夏)	1032년~1227년	경제(景帝) 원호(元昊)
금(金)	1115년~1234년	태조 완안민(完顔旻) 아골타
몽(蒙), 원(元)	1206년~1368년	태조 징기스칸. 1271년 원(元)으로 국호 개명. 북원(1370~1388).
명(明)	1368년~1644년	태조 주원장(朱元璋)
청(淸)	1616년~1911년	태조 애신각라(愛新覺羅). 1616년 누루하치 후금 건국. 1636년 황태극 청으로 개명.

남북조시대가 낳은 변종 간신
우문호 宇文護

우문호(513~572년)는 남북조시대가 막바지로 접어들 무렵 북주(北周)의 실권자였다. 다른 간신들이 그렇듯 그 역시 시대가 낳은 간신들 중 하나였지만 그 인생유전이 남다른 변종에 속하는 인물이었다. 그는 북주 우문씨 정권이 건립될 때 실질적인 정책 결정자 역할을 했고, 그 뒤 점점 조정 전체의 권력을 독점하기에 이르렀다. 이 과정에서 그는 간신 소인배들을 가까이 두면서 자신의 권력 기반을 다졌고, 그것을 이용해서 공공연히 정적을 제거하고 심지어는 황제들까지 시해하는 권력 독단의 극한적 상황에까지 치달았다. 그러다 그에게 독살당한 현명한 명제(明帝)의 사후 조치 덕분에 즉위한 무제(武帝) 우문옹(宇文邕)에게 주살되었다.

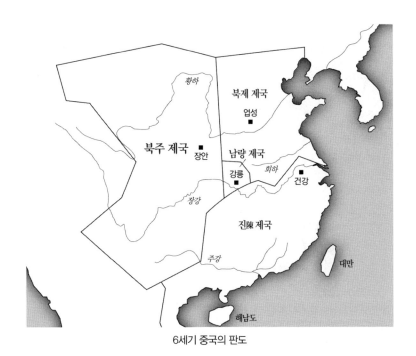

6세기 중국의 판도

변태적 시대 상황

3세기 초 동한이 멸망하고 중국은 셋으로 쪼개졌다. 어린아이도 안다는 삼국시대가 시작되었다. 3국은 통일을 향해 달려가는 것 같았으나 어느 쪽도 상대방들을 압도하지 못한 채 약 60년을 끌다가 280년 무렵 서진(西晉)에 의해 깜짝 통일을 이루었지만 4세기가 접어들기 무섭게 장장 300년 가까이 지속된 대분열 시대로 접어들고 말았다(정확하게는 304년부터 589년까지 286년이다).

이 대분열 시대는 5호16국(실제로는 19국)시대로 불리는 전기와 남북조시대로 불리는 후기로 나뉘는데, 589년 수(隋)에 의한 통일이 이루어지기 직전인 6세기 중후반은 말 그대로 비정상은 물론 변태적 정치적 상황이 곳곳에서 벌어졌다. 북조의 북제(北齊)는 미치광이 집단이 세운 나라라 해도 과언이 아니었다. 일례를 들어 북제를 개국한 고양(高洋, 526~559)이란 자의 행각을 보면 구역질이 날 정도다. 재상으로 있던 이지(李遲)가 죽자 조문을 가서는 이지의 아내를 희롱하면서 "남편이 생각나는가?"라고 묻자 그 아내는 "부부의 인연을 맺었는데 어찌 생각이 안 날 수 있겠습니까"라고 대답했다. 그러자 고양은

5호16국시대 각국의 상황은 말 그대로 광란의 도가니였다. 고양은 그중 하나의 보기에 지나지 않았다.

"그렇게 생각이 난다면 왜 따라가지 않느냐?"라면서 칼로 그녀의 목을 잘라 담장 밖으로 던졌다.

간신 우문호의 북주도 상황은 크게 다르지 않았다. 북제가 건국된 지 6년 뒤인 556년 서위(西魏)의 재상 우문태(宇文泰)는 세상을 떠나기에 앞서 16세 먹은 아들 우문각(宇文覺)에게 재상 자리를 물려주면서 35세의 조카 우문호에게 아들을 맡겼다. 557년 우문호는 서위의 마지막 황제 탁발곽(拓跋廓)을 윽박질러 우문각에게 선양하게 함으로써 서위는 망하고 북주가 건국되었다. 간신 우문호의 간행은 이런 배경 하에서 그 음울한 걸음을 내디디기 시작했다.

우문호의 간행을 입체적으로 이해하기 위해 북주 왕조의 세계도를 아래에 참고로 제시해둔다.

북주 왕조 세계도(557~581) - 굵은 글씨가 우문호

우문굉 ─ 우문호 ─ **우문호**
      └ 우문태 ┬ ① 우문각(민제, 557)
             ├ ② 우문육(명제, 558~560)
             └ ③ 우문옹(무제, 561~578) ── 우문윤(선제, 578~579)
                                          │
                                     우문천(정제, 579~581)

우문호의 인생유전과 대권 장악 과정

위 북주의 세계도에서 보다시피 우문호는 우문태의 형 우문호(宇

文顯)의 셋째 아들로 북위(北魏) 선무제(宣武帝) 때인 513년에 태어났다(아버지 우문호와 한자는 다르지만 이름이 같다). 이후 북주 정권에서 진국공(晉國公)에 봉해졌고, 주살 당했음에도 죽은 뒤 탕(蕩)이라는 시호를 받았다.

우문호는 어릴 때부터 사람의 마음을 잘 홀리는 재주가 있어 할아버지 우문굉(宇文肱)의 사랑을 한 몸에 받았다. 우문호의 어린 시절은 6진의 군인들과 전국의 인민들이 봉기를 일으키는 혼란기였고, 이 와중에 할아버지, 아버지, 둘째 삼촌, 셋째 삼촌이 모두 전사했다. 524년 그 아버지가 전사할 당시 우문호의 나이는 겨우 11세였다.

이후 우문호는 숙부들을 따라 군대에서 생활하게 되었고, 18세 때인 531년부터는 넷째 삼촌인 우문태(宇文泰, 507~556)를 따라다니며 본격적인 군인의 삶을 시작했다. 군인 집안에서 태어난 우문호는 어린 시절과 청년 시절을 모두 전란 속에서 보냈다. 이 통에 고향 마을은 파괴되고 집안은 풍비박산이 났다. 친척들은 포로나 노비로 잡혀가 흩어지거나 전장에서 전사했다. 이런 험난한 상황은 우문호의 심리에 큰 자극을 주었을 뿐만 아니라, 사상과 성격 형성에도 적지 않은 작용을 하여 훗날 그의 행동을 어느 정도 규정했다.

우문호는 조야 안팎으로 명망이 높았던 숙부 우문태를 늘 공손하게 대했고, 자식들이 아직 어린 우문태는 성인이 된 우문호에게 집안일을 다 맡기다시피 했다. 우문호는 일솜씨가 여간 아니어서 집안을 아주 엄격하면서 조리 있게 잘 다스려 우문태의 환심을 듬뿍 샀다. 이 때문에 우문호는 약관의 나이에 하발악(賀拔岳) 밑에서 정

식으로 관직 생활을 시작할 수
있었다.

이후 우문호는 숙부 우문태
의 후광과 자신의 능력을 충분
히 이용하여 해마다 전쟁에 참
가하여 공을 세움으로써 초고속
승진을 거듭했다. 우문태는 임
종을 앞두고 어린 아들 우문각
(宇文覺)에게 자신의 자리를 잇
게 하는 한편 뒷일을 모두 우문

우문호의 숙부 우문태는 뛰어난 정치가
였다. 그럼에도 그는 우문호의 진면목을
제대로 보지 못했다. 간신의 정체를 파
악하기란 대단히 힘들다. 우문태의 초상
화이다.

호에게 맡겼다. 안팎으로 정세가 어지러운 상황에서 문무대신들도
우문호에게 의지할 수밖에 없었다. 우문호는 자신의 위세로 서위
황제를 윽박질러 우문각에게 자리를 양보하도록 하고, 관작으로
사대부와 대신들을 농락했다.

우문태의 장례가 끝나기 무섭게 우문호는 자신의 생각을 행동으
로 옮겼다. 사실 서위의 황제는 우문태 때부터 이미 손바닥 안의
장난감이자 정치적 장식품이자 대문 앞의 설치물에 지나지 않았
다. 우문호는 때가 무르익었다고 판단했고, 별로 힘들이지 않고 우
문각을 황제로 등극시켰다. 이어 대대적인 공신 책봉과 논공행상
을 통해 우문씨에 의한 북주 왕조의 통치를 확립했다. 그때 우문호
의 나이 42세였고, 자신은 진국공에 대총재가 되어 무관(無冠)의 황
제 노릇을 15년 넘게 하게 된다.

'효'를 과장하다 대사를 그르치다

권력을 장악한 우문호는 자신의 정체를 감추고 신임을 얻기 위해 위아래로 '효(孝)'라는 봉건 윤리관을 한껏 이용하기로 했다. 전쟁 통에 아버지가 전사하고 큰 형인 우문계비(宇文計肥)는 고환(高歡)에게 피살되었으며, 둘째 형 우문도(宇文導)도 일찍 죽었다. 어미와 친척들도 죄다 북제로 잡혀가 노비가 되었는데, 두 나라 사이가 좋지 않았던 탓에 생사조차 확인할 길이 없었다.

재상이 된 다음 우문호는 사람을 보내 어미와 친척의 생사를 확인하게 함으로써 자신의 효성을 과시했다. 어미와 친인척의 생사는 확인하지 못 했지만, 자신이 인자하고 효성스럽다는 인상을 조정 안팎에 널리 심을 수 있었다.

563년 북주는 돌궐과 연합하여 북제를 공격했다. 장성이 무너졌고, 북제의 중요한 근거지인 병주 지역을 무너뜨리고 대대적인 공격을 준비했다. 북제의 무성제(武成帝) 고담(高湛, 537~569)은 우문호의 어미 민씨와 북주 무제의 넷째 고모를 이용하여 정치적 거래를 시도했다. 우문호의 어미를 돌려보내는 조건으로 화친을 제안한 것이다. 우문호는 이를 받아들였고, 그 어미는 마침내 북주로 돌아왔다.

그런데 어미를 봉양하는 우문호의 행동은 누가 봐도 지나쳤다. 사치스럽고 화려한 생활환경은 말할 것도 없고, 원하는 것은 무엇이든 다 들어주었다. 오죽했으면 역사책에 "그 부귀영화와 귀함은 지금까지 듣도 보도 못 한 정도였다"라고 기록되어 있을까? 효성도 이 지경에 이르면 변태라고 할 밖에 달리 다른 표현이 없다. 이 방면에서의 위선은 정말이지 동한 말기 온 세상을 다 속이고 동한을 멸망으로 이끌었던 희대의 위선자 간신 왕망(王莽)에 버금간다고 할 것이다.

봉건사회에서는 늘 충효를 앞세웠다. 우문호는 이것이 지나쳐 자기 어미를 돌려보낸 북제를 향해 그 은혜와 덕에 말할 수 없는 감사를 표한다는 둥 비굴한 자세로 일관하다가 결국 북제에 대한 정벌 시기를 그르침으로써 나라의 큰 틀을 흔들어 놓고 말았다. 564년 10월 북주의 20만 대군이 북제 정벌에 나섰다. 총사령관을 맡은 우문호는 자신의 어미를 돌려보낸 북제에 대한 공격을 꺼렸고, 그 파급으로 작전과 전투에서 시기를 놓치는 등 결정적인 실책으로 크게 패했다.

권력 독단을 위한 행보

대권을 장악한 우문호의 행보는 통치의 큰 틀을 고려하기는커녕 철저하게 자기 자신을 드러내는 일에만 신경을 썼다. 늘 자기 공을 앞장세워 조정을 독단하고 그 위세로 자기 멋대로 정책을 결정했다. 은근히 황제 자리에 대한 야욕마저 드러냈다. 이 때문에 우문호는 자신에게 반대하거나 따르지 않는 사람은 누가 되었건 온갖 수단을 동원하여 제거하거나 심하면 죽이는 일도 서슴지 않았다. 우문호는 늘 사소한 일을 가지고 공경 대신들을 괴롭히는 것은 물론, 심하면 의심만 가지고 사람을 못살게 굴었다.

우문호는 특히 황제와 가까이 지내는 자들에 대해서는 눈엣가시처럼 여겨 수단과 방법을 가리지 않고 해쳤는데 대표적인 사례들을 소개한다.

효민제(孝閔帝)가 즉위한 지 얼마 되지 않아 우문호는 공신 조귀(趙貴, ?~557)를 모반죄로 몰아서 살해했다. 동시에 만사기통, 질노흥, 왕용인, 장손승연 등도 조귀와 공모했다고 무고하여 모두 목을 베었다. 그로부터 한 달 뒤에는 공신 독고신(獨孤信, 503~557)을 자살하게 만들었다. 우문호는 자신에게 불만이 많고 전국적으로 명망이 높은 이들을 제거하지 않으면 자신의 권력 독단에 방해가 된다고 판단해서 이들에게 모반이란 죄명을 조작하여 제거한 것이다.

또 다른 원로 대신 후막진숭(侯莫陳崇, 514~563)도 우문호에게 불만을 표시했다가 피살되었다. 563년 후막진숭은 무제를 수행하여 원주(지금의 영하회족자치구 고원현)로 출정했는데, 무제가 밤중에 갑자기 수도로 돌아가겠다고 했다. 모두들 그 까닭을 모른 채 의아해했다. 평소 우문호의 발호가 탐탁지 않았고, 무제도 그의 꼭두각시 노릇을 싫어한다고 생각하고 있던 후막진숭은 자신의 측근인 상승에게 무제가 우문호를 죽이려고 야밤에 서둘러 돌아가려는 것 같다고 말했다. 그런데 이 대화의 내용이 우문호의 귀에 들어갔고, 우문호는 이를 이용하여 무제로 하여금 후막진숭을 처벌하도록 했다.

우문호를 제거하기 위한 조건이 성숙하지 않았다고 본 무제는 일단 자신이 처한 곤경에서 벗어나기 위해 대덕전(大德殿)에 공경 대신들을 모두 모아놓고 공개적으로 후막진숭을 꾸짖었다. 음흉한 우문호는 이 정도로 그를 포기하지 않았다. 무제를 지지하는 자들을 제거하기로 한 이상, 그리고 이 기회에 그에게 동조하는 자들에게 경고하기 위해 그날 밤으로 군대를 보내 후막진숭의 집을 겹겹이 포위한 채 그에게 자살을 강요했다. 후막진숭을 제거한 우문호는 아주 차분하게 공작의 예로 장례를 치러주었다. 물론 이는 우문호의 위장술이었다.

북주의 맹장 하약돈(賀若敦, 517~565)은 그 용맹한 명성 때문에 죽음을 당한 대표적인 경우였다. 우문호는 그가 자신의 명성을 가리는 것을 용납하지 못했고, 결국 시기와 질투에 사로잡혀 하약돈을 해쳤다. 단지 원망의 말을 몇 마디 내뱉었다는 이유로. 48세의 한창 나이의 명장은 이렇게 한을 품은 채 구천을 떠돌았다.

우문호는 전후 효민제, 명제, 무제까지 세 명의 황제를 옹립하여 그들을 통제했는데, 황제와 가까운 사람은 반드시 제거했다. 570년 두치(竇熾)는 우문호에게 대권을 27세의 무제에게 넘기라고 충고했다. 오래전 토끼 사냥에서 두치는 우문호를 앞지른 적이 있었는데, 이 일로 체면을 구긴 우문호는 무려 십 년 넘게 두치에 대해 깊은 원한을 품었다. 그런데 권력을 무제에게 넘기라고 했으니 그냥 넘어갈 리 있겠는가? 우문호는 즉각 두치를 강등시켜 의주자사로 내쫓아 버렸다.

무제의 신임을 받던 우익(于翼)도, 나라와 무제에 충성을 다하던 후식(侯植)도 모두 우문호에게 구박을 당해 밀려나거나 죽었다. 설단(薛端)은 우문호가 소집한 군신 회의에서 민제의 폐위 문제를 상의하다 약간 다른 의견을 제출했다고 해서 강등 당했고, 재능이 남달랐던 행정 관리 배한(裴漢)은 다른 소인배들처럼 우문호에게 아부하지 않는 바람에 8년 동안 승진길이 막혔다.

당시 조야에 명성을 떨치던 명사 영호정(令狐整, 513~573)과 유경(柳慶, 516~566)은 우문호의 권좌가 오래 가지 못할 것임을 예견하고 갖은 회유와 위협에도 불구하고 우문호에게 협력하지 않았다. 그 결과 영호정은 관직을 박탈당했고, 유경은 조카가 아버지 원수를 갚기 위해 사람을 죽였는데 우문호는 이를 구실로 유경의 전 가족과 조카를 모두 잡아들였다.

공신과 정적들을 제거함과 동시에 우문호는 자신의 패거리들을 대거 요직에 기용하여 권력 구석구석을 장악했다. 크던 작던 조정의 모든 일은 우문호의 결재 없이는 집행되지 않았고, 황제를 비롯한 요인들의 일거수일투족이 모두 그에게 보고되었다. 그런 다음 우문호는 마침내 공공연하게 자신이 옹립한 민제를 폐위한 다음 시해하고, 역시 자신의 손으로 앉힌 명제까지 독살함으로써 권력 독단의 극한 상황까지 치달았다.

쓰레기에 꼬이는 파리와 구더기들

나쁜 권력자 주변에는 늘 파리 떼와 구더기가 꼬이기 마련이다. 이런 벌레들을 가까이하느냐 물리치느냐에 따라 권력자의 자질과 품질이 결정된다. 여기서 '충'과 '간'이 갈라지고, 이에 따라 궁극적으로는 나라의 안위와 흥망이 좌우된다.

북주의 대권을 장악한 우문호의 주위로 파리와 구더기가 꼬이는 것은 당연했다. 기록에도 우문호가 권력을 장악하자 지식인들이 한자리를 차지하기 위해 온갖 아부와 아첨을 떨며 달라붙었다고 되어 있다. 사실이 증명하듯 우문호가 중용한 자들은 하나같이 쓸모없는 무뢰한들이었다.

위왕에 봉해진 우문직(宇文直, ?~574)은 경박하고 간사하고 탐욕스러운 무뢰배로 우문호가 집권하자 자신의 친형인 무제를 배반하고 우문호에게 투항했다. 우문호는 그를 가까이 두고 중용했으나 그는 훗날 다시 우문호를 배신하고 우문호를 죽이는 일에 가담했다. 한 번 소신을 버린 자가 두 번 세 번 소신과 신의를 버리는 일은 결코 어렵지 않다는 사실을 우문직은 잘 보여준다.

설선(薛善, 504~570)이란 자는 밀고를 통해 우문호의 사랑을 받았다. 제궤(齊軌)란 인물이 군권은 천자에게 귀속되어야 하거늘 어찌 권문(우문호)의 손에 있냐며 열을 올리는 말을 듣고는 바로 우문호에게 밀고했고, 제궤는 이 때문에 해를 입었다. 설선은 밀고를 통해 부귀영화를 누렸지만 역사에 더러운 오명을 남겼다. 우문호를 제거한 무제는 설선에게 '무공(繆公)'이란 멸시의 시호를 내려 그의 황당한 행위를 조롱했다.

우문호의 사촌 형제인 하란상(賀蘭祥, 515~562)은 어릴 때부터 우문호와 함께 자라면서 관계를 돈독히 했는데, 우문호가 집권하자 그를 도와 명사 조귀, 독고신, 후막진숭을 해치고 민제를 폐위하고 시해하는 데 중요한 역할을 했다.

가장 볼만한 것은 질나협(叱羅協, 499~574)이란 자였다. 이자는 자신을 굽혀 주인을 기가 막히게 잘 섬기는 인물로 우문호는 물론 갈영(葛榮), 이주조(爾朱兆), 두태(竇泰) 등을 섬겨 예외 없이 환심을 샀다. 또 주변 상황이 어떻게 변하는지에 대한 낌새를 잘 알아채는 재주를 갖고 있었다. 질나협은 우문호를 죽기 살기로 모셨고, 우문호 또한 그를 곁에 두고 깊게 신임했다. 질나협은 천하가 다 아는 경박하고 천박한 인물이었다. 이런 사실은 명제조차 알 정도고, 명제는 여러 차례 질나협의 면전에서 "네 놈이 그걸 어떻게 아냐?"며 면박을 주었다. 하지만 우문호가 감싸고 있으니 어쩔 수가 없었다. 왜소하고 비루한 질나협은 당시 모든 사람이 조롱거리였으나 우문호는 꿈쩍 않고 그를 요직에 앉혔다.

이런 기생충 같은 소인배들 외에 우문호는 자기 자식들에게도 관작을 수여했다. 우문훈, 우문회, 우문지, 우문정, 우문건, 우문건기, 우문건광, 우문건울, 우문건조, 우문건위 등등이 모조리 높은 자리와 작위를 받았다. 문제는 이 자식들이 죄다 백성의 등이나 치는 망나니들이었다는 사실이다. 역사책에는 이 자식들과 우문호의 패거리들이 우문호의 위세만 믿고 정치를 망치는 것은 물론 백성들의 생활에 막대한 피해를 주었다고 기록되어 있다. 역사상 간신의 친인척, 즉 족간(族奸)들은 거의 예외 없이 그 간신에 빌붙어 부귀영화를 누릴 뿐만 아니라 백성들을 괴롭혔다. 이는 지금도 여전하다. 간신현상이 심각한 까닭이 바로 여기에 있다.

자멸의 길
– 눈물로 죽일 수밖에 없었다

우문호는 정말 창피한 줄 모르고 자기 수하들을 이용하여 황제에게 글을 올려 자신을 칭송하게 했다. 자신을 주공(周公)에 비유하면서 그에 걸맞는 예우를 요구했다. 즉위한 지 얼마 되지 않은 무제는 일단 우문호의 비위를 거스르지 않으려고 이들 소인배의 건의를 받아들여 우문호의 할아비인 우문굉의 사당을 별도로 만들어 계절마다 제사를 드리도록 허용했다.

등급을 중시하는 봉건사회에서 규정을 넘어선다는 것은 예의 질서를 어기는 심각한 행위였다. 사당을 별도로 세우는 입묘(立廟)는 죽은 황제나 누릴 수 있는 대례로 의식은 황제가 직접 주관한다. 그러니 우문호에게 허용한 입묘는 국가의 대례와 황제를 무시하는 조치가 아닐 수 없었다. 우문호의 참람됨이 이와 같았다.

자기 패거리들만 챙기고 황제조차 안중에 두지 않는 우문호에게는 술과 오락에 푹 빠져 사는 사생활의 심각한 문제가 있었다. 이런 것들이 복합적으로 작용한 결과 우문호는 한 걸음 더 나아가 황제를 내쫓아 죽이고, 자신이 황제가 되려는 망상을 품게 되었다. 그것은 동시에 그의 몰락을 예고하는 전조이기도 했다.

민제는 즉위 당시 16세에 불과했지만 과감하고 결단력 있는 성격에 식견이 대단했다. 그는 안하무인 권력을 독단하는 우문호가 못마땅해서 그를 제거하기로 결심했다. 민제는 우문호가 황제 자리까지 넘보고 있다는 낌새를 채고는 우문호의 발호를 증오하는 이식(李植), 손항(孫恒)의 지지를 업고 을불봉, 하발제, 장광락, 원진 등과 함께 우문호를 제거하기로 밀약했다.

그런데 장광락이란 자가 이 계획을 우문호에게 고자질해버렸다. 우문호는 자신의 직권으로 이식과 손항을 좌천시켰다. 민제는 장광락이 고자질한 사실을 몰랐고, 우문호 제거 계획은 계속 추진되었다. 그러니 계획마다 우문호에게 탐지될 수밖에 없었다. 우문호는 선수를 쳐서 민제를 도운 대신들을 가택에 연금하고, 공경대신들을 전부 소집하여 민제가 소인배들만 가까이하고 황음무도한 짓거리만 일삼는 무능한 황제라는 구실을 붙여 폐위시켜야 한다고 목청을 돋우었다. 우문호의 위세에 눌린 공경대신들은 누구도 반대하지 못하고 그저 "이건 공의 집안일이니 누가 감히 명을 따르지 않을까?"라고 혀를 찼는데, 어쩔 수 없이 굴복한다는 미묘한 느낌을 주는 말이 아닐 수 없다.

우문호는 화근을 제거하기 위해 이식과 손항을 불러들여 살해했다. 북주의 공신이자 이식의 아버지인 이원과 이식의 동생들까지 모조리 살해한 다음, 하란상을 보내 민제마저 시해했다. 민제는 무제가 즉위하여 우문호를 주살할 때까지 장례도 제대로 치르지 못했다.

민제를 제거했지만 우문호는 주위의 이목이 두려워 감히 자신이 황제 자리에 앉지는 못하고 우문태의 맏아들 우문육(宇文毓)을 옹립하니 이가 명제다. 이제 우문호의 위세는 아무도 못 말릴 것 같았다. 그러나 스물넷 한창나이의 명제는 인품도 넉넉하고 아는 것도 많은, 결코 만만한 상대가 아니었다. 시간이 흐를수록 위기를 느낀 우문호는 명제도 제거하지 않으면 안 되겠다는 생각이 들어 궁중의 음식을 책임지고 있던 수하 이안이란 자를 시켜 명제의 음식에 독을 넣어 독살했다. 이 해가 560년이었고, 명제의 나이는 스물일곱이었다.

젊은 나이의 명제였지만 재위 불과 3년 동안 근검절약과 부지런함으로 솔선수범을 보이고, 원로대신들을 단합시키는 등 많은 업적을 남겼다. 그러나 권력욕에 사로잡힌 우문호가 집권 15년 사이에 두 명의 황제를 죽이고 수많은 적정을 해치는 등 정치적으로 중대한 사변들을 저지른 탓에 건국된 지 얼마 되지 않은 북주 정권은 안정을 얻지 못한 채 크게 흔들렸다.

명제는 자신의 죽음을 예견이라도 한 듯 사전에 우문태의 넷째 아들이자 자신의 동생인 우문옹에게 자리를 잇게 하라는 조서를 남기는 기가 막힌 조치를 취해 놓았다. 이 한 장의 조서이자 유서 때문에 자신이 황제 자리에 오르려던 우문호의 야욕이 좌절되었다. 명제의 후계자 선정은 대단한 안목이었다. 제위를 이어받은 무제 우문옹은 명제의 기대를 저버리지 않고 마침내 15년 동안 전권을 휘두르던 우문호를 제거하고 북방을 통일하는 데 성공했기 때문이다.

무제는 우문호의 폭정을 눈으로 보고 피부로 느낀 인물이었다. 18세에 즉위한 이후로 늘 자신의 속마음을 감춘 채 우문호와의 충돌을 피했다. 사람들은 무제의 속을 헤아릴 수 없었다. 무제는 이렇게 10년을 보냈으니 정말이지 그 인내력은 대단했다. 이쯤 되자 우문호도 무제에 대한 경계를 늦추지 않을 수 없었다. 그러는 동안

무제는 왕궤, 우문신거, 우문효백 등과 늘 우문호를 제거할 방책을 논의했고, 나중에는 우문직까지 가담했다. 이렇게 해서 무제는 자신을 도울 원군을 확보했다. 이는 우문호를 제거한 다음까지 대비하자는 의도에서 나온 대단히 현명한 절차였다.

572년 3월 18일, 우문호가 동주에서 수도로 돌아오자 무제는 그를 접견한 다음 황태후가 좋은 술을 준비했다면서 황태후에게도 인사를 올리게 했다. 무

난세는 간신이 설치는 좋은 토양이 된다. 남북조의 대분열 시기는 우문호로 하여금 간신의 길을 걷게 하는 시대적 배경이 되었다. 사진은 사극 〈고독천하(孤獨天下)〉 속의 우문호.

제는 우문호에게 황태후를 위해 직접 술과 관련한 글을 읽도록 했다. 별다른 경계심 없이 우문호는 글을 읽었고, 그 틈을 타서 무제는 단단한 옥 덩어리로 우문호의 뒤통수를 내리쳐 기절시켰다. 바로 환관 하천에게 우문호의 목을 베게 했다. 하천이 망설이며 우문호의 목을 베지 못하자 미리 숨어 있던 우문직이 나와 우문호의 목을 베었다. 바로 그날로 우문호의 일당을 모두 일망타진했다.

무제의 우문호 제거에서 더욱 돋보이는 대목은 우문호의 목을 벤 다음이었다. 무제는 우문호 일당을 제거한 다음 지체 없이 우문호의 죄상을 공식적으로 발표했는데, 이 조서에서 무제는 신하로서의 도리를 다하지 못한 우문호를 나라와 백성을 위해 '눈물로 제거

할 수밖에 없었다'고 했다. 제거의 변도 참으로 적절했다. 만 가지 죄상을 늘어놓아도 시원찮을 우문호였지만 무제는 간결한 해명으로 명분과 실리를 다 챙길 수 있었다.

시대 속에서 간신을 꿰뚫고 간신을 통해 시대를 통찰하라

간신 우문호가 설쳤던 그 시대는 마치 망나니 유전자를 가진 자들만 태어난 듯, 그야말로 발광하는 시대였다. 이런 어지러운 시대적 상황을 우문호는 한껏 이용하여 권력을 움켜쥐고 위세를 떨쳤다.

착취제도 아래에서 권력과 권세는 정치적 특권은 물론 사회적 지위, 경제적 특혜, 물질적 풍요, 심리적 만족 등등 모든 것을 가져다줄 수 있는 마술 지팡이처럼 여겨진다. 이는 권력의 속성 자체가 갖는 치명적 결함이자 한계다. 착취자는 늘 미친 듯 권세를 추구하며 그 권세 속에서 광란한다. 이 길은 돌아올 수 없는 길이다. 이어 권력자의 주위로 파리와 구더기들이 꼬이고, 이들이 합세하여 나라와 사회의 기강을 어지럽히고 무너뜨리며 급기야는 나라를 파멸로 이끄는 것이다.

간신은 파리 떼와 구더기의 숙주와 같다. 간신은 구더기와 파리가 없으면 존재하지 못한다. 세상 사람들이 모두 경박하고 천박하다고 조롱하고 비웃는 질나협을 조금도 거리낌 없이 요직에 기용한 우문호의 배짱을 보라! 썩은 생선과 파리, 그리고 구더기의 관계가 아니고서야 어찌 이럴 수 있단 말인가? 세상이 손가락질하는 저질의 인간들을 국가의 요직에 기용하는 사례가 지금도 버젓이 벌어지고 있는 현상을 보노라면 간신이란 존재에 치가 떨리는 것은 물론 온몸을 엄습하는 두려움에 어쩔 바를 모를 정도다.

시대와 제도의 취약한 빈틈에서 간신이 자라나고, 그 취약한 부분을 파고들어 시대와 제도를 파괴한다. 시대와 제도는 인간 활동의 시간이자 공간이다. 이 시간과 공간을 통찰하여 그 한계와 약점을 끝없이 보완하는 일이야말로 간신의 성장과 발호를 막는 효과적인 저지선이 된다.

인간 유형이 그렇듯 간신의 유형도 참으로 다양하게 나타난다. 그러나 유형을 불문하고 인간이라면 가질 수밖에 없는 보편적 인성의 약점에 '악'이란 필수 성분과 보통 사람이라면 꺼리는 불량한 요소 내지 기타 유해 성분이 첨가되어 있는 존재가 간신이다. 이런 인간 유형이 외부를 향해 작동할 때 사회기풍과 국가기강에 악영향을 미칠 수밖에 없다.

또 간신이 보여주는 행위는 전염성이 강해 마음이 굳세지 못한 연약한 많은 사람들을 방탕, 음란, 사치 등과 같은 불량의 늪으로 끌고 들어간다. 인간으로서 갖추어야 할 보다 높은 차원의 인격보다는 한순간의 안락과 부귀영화를 갈망하는 저급한 욕망만을 사납게 부추긴다. 간신 주위로 기생충 같은 소인배들이 꼬이는 것도 이 때문이다. 자기수양이 덜 된 지식인이 자기만 못한 간신에게 아부하고 꼬리를 치는 것도 사사로운 욕망으로만 포장된 사악한 지식에 고귀한 영혼을 담보 잡힌 결과다. 이래서 간신과 그것에 기생하는 무리들의 간행을 통해 한 시대를 통찰할 수 있다고 하는 것이다.

간신 우문호의 사례에서 주목할 것은 우문호를 제거한 무제의 행동이다. 우문호를 제거한 무제는 정말 간신 제거의 귀중한 사례를 남겼다. 대사를 남에게 맡기지 않고 자신이 직접 손을 쓰는 현명한 판단과 과감성, 그리고 결단력은 정말 돋보인다. 우문호를 제거하면서 남긴 '눈물로 너를 죽일 수밖에 없었다'는 변도 참으로 적절했다. 명분과 실리를 모두 챙기는 영리함을 보여주었기 때문이다. 또 우문호에게 독살당하면서 사후 문제를 현명하게 예방해둔 명제의 안목에도 눈길을 줄 필요가 있다.

간신은 단순한 방법이나 엉성한 계획으로 제거할 수 있는 존재가 절대 아니다. 무작정 힘으로만 없앨 수 없다. 주도면밀한 준비와 치밀한 계획, 그리고 후환을 남기지 않는 완벽한 시나리오에 따라 제거해야 한다. 물론, 간신이 자라지 못하게 사전에 방지하는 것이 최선이긴 하지만.

원시사회	약 60만 년 전~기원전 약 21세기	삼황오제(三皇五帝) 포함
하(夏)	기원전 약 21세기~기원전 약 16세기	노예제 사회. 상은 후기 은(殷)으로 천도, 상은이라 부름.
상(商)	기원전 약 16세기~기원전 약 11세기	
서주(西周)	기원전 약 11세기~기원전 771년	
춘추(春秋)	기원전 770년~기원전 476년	
전국(戰國)	기원전 475년~기원전 221년	봉건사회 개시
진(秦)	기원전 221년~기원전 206년	시황-호해-자영 3대.
서한(西漢)	기원전 206년~8년	서한과 동한 사이에 왕망(王莽)의 신(新) 9년~23년. 유현(劉玄) 23~25년.
동한(東漢)	25년~220년	
삼국(三國)	220년~280년	위·촉·오
위(魏)	220년~265년	조조-조비-조예
촉(蜀)	221년~263년	유비-유선
오(吳)	222년~280년	손권
서진(西晉)	265년~316년	무제 사마염(司馬炎)
동진(東晉)	317년~420년	원제 사마예(司馬睿)
오호(五胡) 십육국	304년~439년	흉노, 선비, 갈, 저, 강
남북조 (南北朝)	420년~589년	
남조(南朝)	420년~589년	
송(宋)	420년~479년	무제 유유(劉裕)
제(齊)	479년~502년	고제 소도성(蕭道成)
양(梁)	502년~557년	무제 소연(蕭衍)
진(陳)	557년~589년	무제 진패선(陳覇先)
북조(北朝)	386년~581년	
북위(北魏)	386년~534년	도무제 탁발규(拓跋珪)
동위(東魏)	**534년~550년**	**효정제 원선견(元善見)**

서위(西魏)	535년~557년	문제 원보거(元寶炬)
북제(北齊)	550년~577년	문선제 고양(高洋)
북주(北周)	557년~581년	효민제 우문각(宇文覺)
수(隋)	581년~618년	문제 양견(楊堅)
당(唐)	618년~907년	고조 이연(李淵)
오대십국 (五代十國)	907년~979년	5대 : 후량, 후당, 후진, 후한, 후주/10국 : 오, 남당, 민, 초, 오월, 전촉, 후촉, 남한, 형남, 북한
북송(北宋)	960년~1127년	태조 조광윤(趙光胤)
남송(南宋)	1127년~1279년	고종 조구(趙構)
요(遼)	907년~1125년	태조 야율아보기
서하(西夏)	1032년~1227년	경제(景帝) 원호(元昊)
금(金)	1115년~1234년	태조 완안민(完顏旻) 아골타
몽(蒙), 원(元)	1206년~1368년	태조 징기스칸. 1271년 원(元)으로 국호 개명. 북원(1370~1388).
명(明)	1368년~1644년	태조 주원장(朱元璋)
청(淸)	1616년~1911년	태조 애신각라(愛新覺羅). 1616년 누루하치 후금 건국. 1636년 황태극 청으로 개명.

명장·권신·간신의 이미지가
합쳐진 다중인격의 간신
양소 楊素

양소(?~606년)는 수 왕조가 수백 년에 걸친 남북조시대의 대혼란을 수습하고 천하를 재통일하는 과정에서 군공으로 명성을 크게 떨친 명장이다. 수 왕조 개국 후에는 권력을 독점한 권신으로 조야를 떨게 했으며, 그리고 이 모든 과정을 통해 간신으로서의 면모를 유감없이 발휘했다. 명장·권신·간신을 한 몸에 갖춘 다중 인격체로서 정말이지 시대의 기형아라 불릴 만하다.

양소는 간신의 가장 특징이자 공통점인 변태와 엽기의 한 단면을 보여준다. 또 양소가 천하를 울린 명장에서 천하의 손가락질을 받는 간신으로 변질되어 가는 과정은 우리에게 또 한 번 간신을 한 개인의 차원이 아닌 역사적 차원에서 깊게 검토할 필요성을 제기한다.

양소가 활동했던 6세기 수 왕조의 형세도.

막강한 가문, 야심의 배경

양소는 복잡하고 복합적인 간신의 전형을 보여준다. 무엇보다 막강한 집안에서 태어나 갖은 특권을 다 누리며 권력을 잡으면서 거물급 간신으로 변모해가는 모습은 지금 우리 주변의 이른바 '엘리트 카르텔'을 통해 배출되고 있는 여러 유형의 엘리트(?) 간신들을 떠올리게 한다.

양소의 집안은 당시 '홍농(弘農, 하남성 영보현) 양씨'라는 대명사로 불릴 만큼 명문가였다. 6대조 양파는 북위의 명신이었고, 5대조(태조) 양휘는 낙주(하남성 낙양) 자사를 지냈으며, 고조 양은은 하간(하북성 하간) 태수를 지냈다. 증조부 양균은 박학다식으로 이름을 날리며 여러 요직을 역임했고, 죽은 다음에는 임정현백으로 추증되었다. 조부 양훤은 보국장군 간의대부를 지냈고, 528년에는 위 광양왕 심을 따라 6진 봉기군을 진압하다 갈영과의 전투에서 전사하여 전중상서 화주자사에 추증되었다.

아버지 양부(楊敷)는 증조부 양균의 작위를 물려받고 정위소경에 임명되었고, 566년에 분주자사로 승진했다가 571년 북제의 단소(段韶)가 분주를 포위 공격할 때 포로로 잡혀 업(鄴)에 수감되었다가 죽었다. 이렇듯 북위에서 북주에 이르는 동안 '홍농 양씨' 일족은 조정의 중신으로 각종 작위를 받으며 당대 최고 가문으로 행세했다.

이런 가문에서 태어난 양소는 어려서부터 좋은 교육을 받아 남다른 지식을 습득했고 문장력도 뛰어났다. 그러나 양소는 글보다는 벼슬자리에 더 관심이 많았고, 잘난 조상 덕에 순조롭게 관리 생활을 시작할 수 있었다. 양소는 남다른 야심과 담력을 갖추고 있었고, 이는 그가 성공하게 되는 중요한 요인으로 작용했다. 그의 야심과 담력을 잘 보여주는 사례가 있다.

북주 무제가 간신 우문호를 제거하는 과정에서 우문호의 측근이었던 양소는 자연히 무제로부터 냉대를 받게 되었다. 양소는 이에 불복하여 자기 아비가 군대에서 공을 세웠음에도 불구하고 작위를 받지 못했다며 여러 차례 글을 올려 따지고 들었다. 화가 난 무제는 양소를 죽이려 했다. 양소는 두려워하기는커녕 당당하게 "무도한 천자를 섬기느니 차라리 죽겠다!"며 대들었다.

양소의 대담함에 무제는 마음을 바꾸어 그를 칭찬하면서 죄를 사면하는 한편, 그 아버지에게 대장군을 추증하고 충장이란 시호를 내렸다. 양소는 거기대장군으로 발탁했다. 무제는 양소에게 글재주가 있다는 것을 알고는 조서의 초안을 맡겼다. 양소의 글은 문장이 화려하여 무제의 마음을 사로잡았고, 무제는 "일을 잘하는 것을 보니 부귀는 걱정 안 해도 되겠다"라며 칭찬을 아끼지 않았는데, 뜻밖에도 양소는 "부귀가 저를 억누를까 걱정이지, 부귀를 도모할 마음은 없습니다"라며 태연해했다. 양소는 무제의 신임을 더욱 받게 되었다.

여기서 주목할 대목은 양소는 애비가 죽은 뒤 아홉 달 동안이나 침묵하고 있다가 자신이 의지했던 우문호가 피살된 다음에야 글을 올려 애비의 군공을 들먹였다는 사실이다. 이는 양소가 애비의 추봉을 얻어내는 과정을 통해 자기 집안의 기반을 다지는 것은 물론, 새로운 의지처를 물색하기 위한 정치적 계산에서 나온 고의적인 도발이었음을 말해준다. 즉, 과거 자신이 우문호의 사람이었던 사실을 가지고 고의로 무제의 분노를 자극한 것이다.

이 일은 상대의 마음을 잘 파악하고 상황을 반전시키는 모략가로서의 양소의 모습을 잘 보여준다. 즉, 고의로 큰소리를 쳐서 상대의 심리를 자극하고, 이를 통해 상대의 마음과 신임을 얻는 권술을 잘 구사했는데, 양소는 이를 통해 높은 관직과 많은 녹봉을 차지할 수 있었다. 이렇듯 간신으로서 양소의 자질은 충분했다.

정치적 타격과 재기

양소는 군사적 재능이 상당히 뛰어났다. 특히 엄격한 군법으로 군대를 잘 다스린 것으로 이름이 나 있었다. 《수서》〈양소전〉은 그의 엄격하다 못해 잔인했던 군대 지휘 방식을 이렇게 기록하고 있다.

"590년 무렵, 수나라의 대장 양소는 군을 통솔함에 있어서 군법을 엄정히 시행하여 군령을 범하는 자가 있으면 바로 그 자리에서 목을 베지 절대로 용서하는 경우가 없었다. 양소는 적과 대전할 때마다 과오를 범한 자를 가려내어 즉각 목을 베었는데, 처형당하는 자가 많을 때는 1백여 명에 이르렀고 아무리 적은 경우라도 10명 이하가 되는 적은 없었다. 이 때문에 처형된 자의 피가 장막 앞에 질펀했으나 양소는 아무 일도 아니란 듯이 태연할 뿐이었다.

그러다가 적과 결전을 하게 되면 먼저 3백 명의 군사를 출동시켜 이들이 나가서 용감하게 싸워 적진을 함락하면 그만이었고, 만일 함락하지 못하고 패주하여 돌아오는 자가 있으면 그 패잔병의 수가 많고 적음을 가리지 않고 모조리 목을 베었다. 그런 다음 다시 3백 명의 군사를 출전시켜 적진을 함락하지 못하고 살아 돌아오는 자는 전과 같이 전부 도살했다. 장병들은 모두 군법을 두려워하여 누구나 필사적으로 싸울 마음을 갖게 되었으며, 이 때문에 양소의 부대는 출전할 때마다 승리를 거두었다."

양소는 병사들을 잔인하게 다루고 생명을 가볍게 취급하긴 했다. 그런데 실제 작전에서는 누구보다 용맹했고 상벌이 분명하여 병사들이 기꺼이 그의 지휘에 따랐다. 그는 무제를 따라 여러 차례 전투에 나서 공을 세웠고, 양견(楊堅, 541~604)이 황제를 칭하고 수 왕조를 세우는 데도 공을 세웠다.

양소는 이런 군사적 재능과 군공에 힘입어 관운이 형통하여 초고속 승진을 거듭했고, 양견의 두터운 신임을 받아 주국공(柱國公)으로 봉해졌다. 같은 홍농 양씨 출신이었던 양견은 양소에 대해 '그 재능이 둘도 없다'며 칭찬을 아끼지 않았다.

이상과 같은 상황은 양소의 자만심을 부추기기에 충분했고, 그에 따라 야심도 팽창하기 시작했

수 문제 양견은 양소가 간신의 길로 들어서는 길목에서 중요한 역할을 한 권력자였다.

다. 양소의 야심을 잘 보여주는 흥미로운 일화가 전한다.

언젠가 양소는 아내 정(鄭)씨와 한바탕 부부 싸움을 벌였는데, 아내의 강짜를 참다못한 양소는 미친 듯이 "내가 천자가 되면 너를 절대 황후로 삼지 않겠다!"며 씩씩거렸다. 이 말은 부부 싸움 끝에 나온 그냥 해본 말로 치부할 수 있지만, 한편으로는 양소의 야심이 자기도 모르게 표출된 돌발 행동으로 볼 수도 있다. 그런데 부인 정씨가 이 일을 황제 양견에게 일러바치는 변수가 발생했다.

격노한 문제 양견은 바로 양소를 파직시켰다. 이 일로 양소는 처음으로 심각한 정치적 타격을 받았다. 이 해가 대체로 584년 무렵이었고, 양소는 40줄에 접어든 한창 시절이었다. 양소는 이 일로 큰 교훈을 얻었고, 향후 그의 간교한 행적이 더욱 정교해지고 은밀해지는 계기가 되었다.

그렇다고 양소가 이 일로 좌절한 것은 결코 아니었다. 그의 야심이 좌절을 용납할 수 없었을 것이다. 이듬해인 585년 양소는 바로 재기를 위한 적극적인 활동에 나섰고, 문제 양견에게 진(陳)을 정벌하기 위한 계책을 올려 신주총관에 임명되었다. 상주국의 작위도 함께 회복함으로써 말 그대로 재기에 성공했다.

587년, 문제가 자신에 대한 모욕의 언사가 담긴 진의 무뢰한 국서를 신하들에게 보여주자 양소는 군주가 욕을 당하면 신하는 죽음으로 맞서는 것이라며 재차 죄를 청하고 하약필(賀若弼), 최중방(崔仲方) 등과 함께 진을 평정하는 대책을 올렸다. 양소는 영안(사천성 봉절현)으로 돌아와 배를 만들고, 수군을 훈련시켜 진에 대한 공격 준비에 들어갔다.

양소는 진을 정벌하는 전투에서 여러 차례 큰 공을 세웠고, 후에는 서쪽의 돌궐 정벌에도 공을 세워 문제의 마음을 흡족하게 만들었다. 양소는 월국공에 봉해지고 그 자제들도 대부분 작위를 받아 조정에 들어오게 되었다. 그야말로 화려한 재기였다.

재기 과정에서 양소가 보여준 행적은 그가 거의 완전히 간신의 길로 들어섰음을 잘 보여준다. 한순간 실언 때문에 큰 낭패를 본 양소는 그 일을 거울삼아 매사에 언행을 조심했고, 특히 상대(권력자)의 심기를 헤아리는 요령을 터득해갔다. 문제 양견이 자신을 모욕하는 국서를 신하들에게 공개했을 때 '군주가 치욕을 당하면 신하는 죽음으로 맞서는' 것이라며 양견의 비위를 맞춘 것은 양소가 어엿한 간신의 대열로 접어들었음을 잘 보여주는 사례라 하겠다. 이 일로 양견은 양소에 대한 의심을 어느 정도 거두어들였고, 이어지는 양소의 군공으로 완전히 과거를 잊고 양소를 더욱 신임하기에 이르렀다.

권력자의 총애를 위해
백성을 힘들게 하고 세금을 낭비하다

간신 양소의 간행을 가장 잘 보여주는 사건은 뭐니 뭐니 해도 문제 양견의 비위를 맞추고 총애를 독차지하기 위해 무리한 토목건축 공사를 벌인 일이다.

군대에서 세운 큰 공을 믿고 양소는 수시로 자신을 떠벌였다. 그러나 정치에서는 그다지 볼 만한 것이 없었다. 황제의 신임은 두터웠지만 중요한 정책이나 국가 대사에서 역할을 해내지 못했다. 당시 좌우 승상을 맡고 있던 고경(高熲)이나 소위(蘇威)에 비하면 한참 뒤떨어졌다. 이는 사서에도 분명히 기록되어 있을 정도다.

과시하길 좋아했던 양소로서는 이런 현실이 만족스러울 리 없었다. 모든 간신에게서 나타나는 가장 중요하면서 공통된 특징이 바로 시기와 질투 아니던가? 양소에게도 선량한 충신이나 보통 관리들에게는 없거나 있어도 감히 드러내지 못하는 시기와 질투심이 있었다. 그것도 아주 많이 강렬하게. 시기와 질투는 간신의 힘이자 존재 이유다.

양소는 그간의 군공을 인정받은 데다 만년에 접어든 늙은 문제 양견의 흐려진 판단력과 잘못된 정책 등에 힘입어 52세 때 마침내 소위를 대신해서 우상에 올랐다. 재상 반열에 든 것이다. 황제를 제외한 최고 자리의 턱밑까지 온 셈이었다. 황제 양견은 모든 사람의 반대에도 불구하고 기어이 그를 우상에 임명하는 무리수를 범했다. 통치자의 그릇된 판단력은 언젠가는 일을 크게 망치는 원흉으로 작용한다. 아무튼 양소의 정치적 실적은 볼 것이 없었고, 이 때문에 양소는 늘 행여 황제의 총애를 잃지나 않을까 전전긍긍했다. 그런데 기회가 엉뚱한 곳에서 찾아왔다. 593년의 일이었다.

이 해에 양견은 기주(섬서성 봉상현)에다 이궁을 지으라는 명령을 내렸다. 양소는 이야말로 자신이 확실하게 공을 세워 황제의 총애를 독차지하고 자신의 정치적 기반을 단단히 다질 수 있는 절호의 기회라고 생각했다. 양소는 나이와 우상이라는 지위도 아랑곳하지 않고 직접 기주로 내려가 인수궁(仁壽宮) 건조를 총지휘했다.

그는 백성들의 고통과 국가재정은 완전히 무시한 채 산을 옮기고 계곡을 메우는 대역사를 밀어붙였다. 수십만 명의 일꾼이 강제로 동원되어 밤낮없이 고된 일에 시달렸다. 양소는 오로지 황제를 기쁘게 하겠다는 일념으로 불도저처럼 공사를 재촉했고, 마침내 2년 1개월 만에 인수궁은 완공되었다. 그사이 이 위험한 공사판에서 죽어간 백성은 수만에 이르렀다.

장엄하고 화려한 인수궁이 백성들의 원망 속에서 준공되었다. 굽이굽이 돌아가며 이어지는 정자와 누각들이 보는 사람의 눈을 의심케 했다. 말 그대로 세상에 둘도 없는 궁궐이었다. 이 욕망으로 가득 찬 호화판 이궁은 정직한 신료들과 선량한 백성들의 비난을 피할 수 없었다. 좌상 고경의 비판이 거셌다. 황제 양견조차 지나치다고 생각했던지 "양소가 백성들의 힘을 소모하여 이궁을 짓는 바람에 내가 천하의 원망을 듣게 되었구나!"며 양소를 원망하기에 이르렀다.

간사하고 교활한 양소는 조정 대신들의 비난과 공격은 조금도 두렵지 않았다. 그러나 권력이라는 마술 지팡이를 쥐고 있는 황제 양견의 노여움은 겁이 날 수밖에 없었다. 양소는 당초 양견이 이렇게 화를 내고 원망하리라고는 예상치 못했다. 그 나름대로 천신만고 끝에 이루어낸 일이 자칫 수포로 돌아갈 수도 있는 상황이었다. 양소의 욕망이 이를 용납할 수 없었다.

황제의 뜻하지 않은 반응에 당황한 양소는 같은 패거리 봉덕이(封德彝)와 대책을 상의했다. 그 결과 양소는 뒷문을 통해 독고(獨孤)

황후와의 접견을 추진했다. 치맛바람을 이용할 속셈이었다. 독고 황후를 만난 양소는 인수궁 축조 문제를 이렇게 해명했다.

"제왕의 법도에 이궁과 별관이 있습니다. 지금 천하가 태평해졌으니 궁전 하나 짓는 것이 무슨 문제이겠습니까?"

그 정도 이궁은 충분히 가질 자격이 있고, 그 정도 호화로움 정도는 누릴 만하다는 뜻이었다. 독고 황후는 양소의 말에 홀딱 넘어갔다. 나이도 있고 정치적 판단과는 거리가 있는 여자인지라 양소의 해명이 충분히 씨가 먹혔다. 독고 황후는 정치적 판단력이나 정세를 읽는 능력은 없었지만, 남다른 시기와 질투로 황제 남편에 대한 통제권은 확실히 쥐고 있었기 때문에 양소가 목표물을 제대로 고른 셈이었다. 독고 황후는 황제 양견 앞에서 양소를 위해 대신 변명했다.

이 무렵 문제 양견은 나이가 들어 판단력이 크게 흐려진 상태였다. 속은 자꾸 좁아지고 작은 일에도 의심을 품기 일쑤였고, 충신과 간신을 분간하지 못해 우왕좌왕하던 차였다. 황후의 설득에 넘어간 양견은 바로 양소를 불러들여 "그대가 늙은 우리 부부에게 오락거리가 없을까 마음이 쓰여 이렇듯 궁전을 성대하게 장식했다니 정말 충성스럽구나!"라며 백만 전과 비단 3천 필을 상으로 내렸다.

이 일로 양소는 문제 양견의 총애를 더 많이 받게 되었다. 여기서 우리는 권력자의 명철한 판단력 여부는 간신을 막느냐 키우느냐를 결정하는 리트머스시험지와 같다는 원칙을 새삼 확인하게 된다.

희대의 드라마,
황위 찬탈을 연출하다

양소의 간신 행적에서 하이라이트는 역시 중국사 최대의 간군으로 꼽히는 수 양제(煬帝) 양광(楊廣, 569~618)을 도와 황제 자리를 찬탈한 대목이다. 문제 양견은 황후 독고씨와의 사이에 다섯 아들을 두었다. 얼핏 보기에는 부부의 금슬이 좋아 조강지처에게서 아들을 다섯이나 둔 것 같다. 사실 양견은 독고씨의 질투가 심한 탓에 후궁을 두지 못했을 뿐이다. 그런데도 양견은 "지난날 제왕들은 첩들이 많아 자식들의 어미가 죄다 다른 탓에 분란이 끊이질 않았다. 우리 자식 다섯은 모두 한 어미 뱃속에서 나왔기 때문에 정말 손발처럼 사이가 좋다"며 너스레를 떤 적이 있다.

아무튼 이 다섯 아들 중에서 관심의 대상은 진즉에 태자로 책봉된 맏아들 양용(楊勇)과 둘째 아들 양광이었다. 양견의 자랑대로 한 어미의 뱃속에서 나온 자식들이 사이좋게 잘 지냈더라면 별 탈이 없었을 것이고, 수 왕조는 모르긴 해도 당 왕조 못지않은 전성기를 누렸을지 모른다. 하지만 인성과 인륜을 파괴할 수 있는 것이 있었으니 바로 권력과 돈이었다. 작은아들 양광이 권력 때문에 친형인 양용에게 독수를 뻗치기 시작했다.

맏아들 태자 양용은 사람이 통이 크고 호인이었다. 첩도 많이 거느려 조강지처를 화병으로 죽게까지 했다. 이런저런 점들이 가뜩이나 첩질하는 남자를 증오하던 어머니 독고 황후를 자극했고, 또 음주 가무를 즐겼던 양용의 취미는 아버지 양견의 심기를 불편하게 만들었다. 양견은 술 좋아하는 신하들을 가장 싫어했다. 사실 이런 것들은 작은 틈에 불과했다. 그런데 양광이 이 작은 틈 사이로 쐐기를 박고, 권신 양소가 그 일을 거들기 시작함으로써 일은 갈수록 커졌다.

양광은 완벽하게 자신을 위장해가며 황제와 황후를 속이는 한편 형 양용을 야금야금 모함해 들어갔다. 양광은 자신의 처소에다 일부러 먼지가 잔뜩 앉은 거문고를 갖다 놓았고, 노복들도 모두 늙고 못생긴 사람들로 배치해서 황제와 황후를 흐뭇하게 만들었다. 또 황제 주변의 인물들을 매수하여 황제 부부의 동정을 면밀하게 살피게 하여 정보를 바로바로 입수했다. 한 아들이 미워지니까 다른 아들이 더 예뻐 보인다고나 할까? 양견 부부의 마음은 갈수록 태자 양용에게서 멀어졌다. 상대적으로 양광에 대한 호감은 더욱 커져만 갔다.

이런 상황을 예의 주시하던 양소가 마침내 양광과 손을 잡고 본격적으로 '적자의 자리를 빼앗는' 이른바 '탈적(奪嫡)' 투쟁에 뛰어들었다. 황제 부부의 심기를 파악한 그는 황제 앞에서 태자 양용의 흠을 지적했고, 서서히 태자 폐위 문제가 불거지기 시작했다. 중신 고경은 태자 폐위는 있을 수 없는 일이라며 극구 반대했다. 양소는 양용의 폐위를 더 적극적으로 고려하고 있는 독고 황후를 자극했다. 이렇게 고경과 황후 사이를 이간질하고, 황후는 다시 황제와 고경의 사이를 이간질하여 결국은 고경을 모반으로 몰아 조정에서 내쫓았다. 양소는 어느 쪽도 편 들지 않는 것처럼 모호한 태도를 취하는 교활함을 보여주었다.

양소는 고경의 추천을 받아 조정에 들어왔다. 그런 그가 고경을 모반으로 몰아 제거한 것이다. 600년, 태자 양용도 모반이란 죄명을 뒤집어쓰고 평민으로 강등된 채 궁궐 깊은 곳에 연금당했다. 양광의 탈적이 마침내 성공을 거두는 순간이었다. 602년 독고 황후가 세상을 떠났다(독고 황후는 이후 벌어진 정말 기도 안 차는 비극적 상황은 목격하지 않은 채 죽었으니 팔자 편한 사람이었다 해도 할 말 없을 것이다).

604년, 양견은 인수궁으로 피서를 갔다가 병으로 드러누웠다. 병세가 심각해지자 양견은 양광을 불러 병간호를 하게 했다. 이제 황제 자리는 떼어 놓은 당상이나 마찬가지인 상황에서 양광은 서서히 본색을 드러내기 시작했다. 먼저 아버지가 총애하는 진(陳) 부인을 다른 곳도 아닌 변소간에서 희롱했다. 놀란 진 부인이 양견에게 달려와 이 사실을 알리자 양견은 화가 머리끝까지 뻗쳐 "독고(죽은 황후)가 나를 망치는구나!"라고 씩씩거리더니 장안으로 사람을 보내 양광을 소환했다.

놀란 양광은 양소에게 이 사실을 알리고 도움을 요청했다. 양소는 일단 황제가 보낸 관리를 잡아두게 한 다음 계엄령을 내려 인수궁을 포위함으로써 외부와의 연락을 완전 차단했다. 이어 양광의 부하 장형(훗날 양광에게 살해 당한다)이란 자가 양견의 침실로 뛰어들어 늙은 양견을 질질 끌고 나온 다음 가슴팍을 사정없이 공격했다. 황제 양견은 피를 토하며 즉사했다.

아비를 죽인 양광은 먼저 자신이 희롱했던 아름다운 서모(庶母) 진 부인을 찾아 잠자리를 같이하고, 이어 장안으로 사람을 보내 형 양용을 죽였다. 양광은 황제 자리를 빼앗기 위해 무려 14년 동안

간신 뒤에는 예외 없이 간군이 있다. 양소의 뒤에는 양광(훗날 양제)이라는 희대의 간군이 둥지를 틀고 있었다. 양광의 초상화이다.

자신을 위장한 채 추악한 음모를 진행시켰고, 마침내 그 결실을 거두었다.

이 과정에서 양소는 사태를 관망하며 권력의 저울추가 어느 쪽으로 기우는 가를 예의 주시하다가 양광에게 붙어 태자 양용을 폐위시키는 데 결정적인 역할을 했다. 그는 태자의 일거수일투족을 감시하면서 태자의 약점과 사소한 잘못을 찾아내 황제 부부에게 보고하는 등 비열하고 저급한 사찰 역할을 담당했다. 양용이 폐위된 뒤로도 마음을 놓지 못하고 황제 양견에게 "독사에게 손이 물리지 않도록 조심할 것이며, 절대 화근을 남겨서는 안 됩니다"라고 건의하여 양용의 측근들을 모조리 제거했다.

양견 부부의 독선과 오만, 그리고 만년의 흐려진 판단력이란 틈을 양소는 기가 막히게 비집고 들어갔다. 여기에 권력욕의 화신인 양광이 등장함으로써 양소의 간행은 날개를 달았다. 양소가 파고든 틈은 좁았으나 파고든 다음 헤집어 놓은 넓이와 깊이는 상상을 초월한다. 권력욕으로 말하자면 한 치의 양보도 없는 희대의 두 인간이 손을 잡았으니 천하무적이었다. 그런 만큼 나라를 거덜 내는 것도 시간문제였다.

권력의 정점 = 몰락의 출발점

599년 고경이 파면되면서 양소는 재상권을 독점하기에 이르렀고, 이후 606년까지 8년 동안 양소의 권세는 끝 간 데를 모를 정도로 팽창한다. 나라와 백성을 위해 땀 한 방울 흘리지 않은 일가친척들이 줄줄이 관작을 받았다. 양광의 찬탈을 도운 공으로 그는 황제를 능가할 정도의 권력을 원 없이 휘둘렀다.

몇몇 대신들을 제외한 거의 모든 문무대신이 그에게 능욕을 당했다. 그에게 아부를 일삼는 파리 떼같은 온갖 천박한 부류의 인간들이 그의 항문을 핥았다. 양소는 이런 자들에게는 예외 없이 자리를 주었다. 조금이라도 자기 마음에 들지 않거나 자기 뜻을 거스르는 사람은 내쫓는 것은 물론 가차 없이 죽였다. 조정은 공포로 떨었다.

간신들의 최대 특징인 시기와 질투는 양소도 예외가 아니었다. 명장 사만세(史萬歲, 549~600)를 비롯하여 역시 명장이자 자신의 사촌인 하약필, 명장 한금호, 아부하지 않았던 문신 유욱, 역시 직언을 서슴지 않았던 이강 등이 모두 양소의 비열한 모함과 무고로 살해 당하거나 쫓겨났다.

사만세는 잔인하고 가혹했던 양소와는 전혀 다른 장수로 병사들 사이에서 존경을 한 몸에 받았던 명장이다. 전투에서도 사만세에게 뒤졌던 양소는 엄청난 질투와 시기에 시달렸다. 양소는 문제 양견의 신임을 바탕으로 사만세가 항복하려고 하는 돌궐을 자기 공만 생각해서 성급하게 공격하는 바람에 사태를 더 키웠다고 모함했고, 양견은 이 일로 사만세를 의심하기 시작했다. 사만세에 대한 신뢰가 무너지고 있음을 확인한 양소는 사만세가 폐위 논란을 불러일으키고 있는 태자 양용과 가까운 사이라고 무고하여 양견의 마음을 더욱 흔들어 놓았다.

이런 상황에서 어느 날 사만세가 입궁하고도 황제를 찾지 않고 태자 양용을 먼저 찾아갔다고 양소가 거짓말을 하자 화가 난 양견은 사만세를 불러 심하게 꾸짖었다. 사만세 역시 부당한 질책을 참지 못하고 공을 세운 장수를 조정이 압박한다며 불만을 토로했고, 더욱 격노한 양견은 그 자리에서 사람을 불러 사만세를 죽여버렸다. 그리고는 과거의 자질구레한 일과 양소가 모함한 내용까지 전부 죄상이라며 발표했다. 사만세가 죽던 날 그를 아는 사람이건 모르는 사람이건 세상 모든 사람이 그의 억울한 죽음에 분통을 터뜨렸다.

절대 권력은 절대 부패한다. 권력의 정점은 쓰레기가 썩는 냄새로 진동하고 있었다. 백성들에게는 더욱 가혹한 부역과 세금이 부과되었다. 일찍이 인수궁 건조 때 한 번 맛을 본 이상 끊을 수가 없었다. 자리와 권력을 이용한 치부는 철두철미 사리사욕을 위한 것이다. 지금 우리 간신 부류들이 천편일률로 벌이고 있는 땅 투기, 부동산 투기, 약탈, 탈세 등등과 마찬가지로 할 수 있는 모든 수단을 총동원하여 탈법과 불법을 일삼았다.

양소는 수도와 지방을 가리지 않고 무차별적으로 땅을 긁어 들였고, 저택도 수를 헤아릴 수 없을 만큼 축조했다. 돈은 더 좋아하여 산더미처럼 쌓아 놓고 살았는데, 자기가 얼마나 가지고 있는지조차 몰랐다. 사치와 방탕도 말로 할 수 없을 정도였다. 자신을 시중

드는 가동이 천 명을 헤아렸고, 처첩과 노비 및 기생도 천 명에 이르렀다. 집의 벽은 모조리 핏빛의 붉은색을 칠해 호화의 극을 달렸다. 이 모두가 무고한 백성들의 피와 땀을 쥐어짠 결과물이었다. 사람들은 이런 양소를 천박한 인간이라며 비웃었으나 이 소리가 양소의 귀에 들릴 리 없었다.

양소는 여러 개의 얼굴을 가진 간신의 전형이었다. 그가 간신의 길을 걷는 과정을 잘 살피면 간신이 어떻게 탄생하고 변신하고 변질되는가를 알 수 있다. 양소의 초상화이다.

간신의 인간관계는 이해관계에 기반을 둔다. 여기에는 예외가 없다. 간신과 그를 총애하는 군주의 관계도 그렇고, 간신끼리의 관계도 마찬가지며, 간신과 그 조무래기들의 관계도 대동소이하다. 이런 이해관계로만 맺어진 야합은 어느 한쪽의 신뢰가 무너지면 관계 자체가 무너질 수밖에 없는데, 특히 '이해' '득실'의 저울추가 한쪽으로 쏠릴 때 이 현상은 가속화될 수밖에 없다.

605년 양소는 양제에 의해 상서령 태자태사에 임명되더니 이듬해 사도로 승진하여 수 왕조의 유일무이한 재상이 됨으로써 신하로서 오를 수 있는 최고의 자리에 올랐다. 그러나 권력의 정점은 권력의 추락점이기도 했다. 양제 양광과 양소 역시 철두철미 이해관계에 기반을 둔 사이였다. 뼈다귀를 놓고 개가 개를 무는 모순과 갈등은 언제든지 발생할 수 있었다.

관계의 변화 조짐은 양제 양광에게서 먼저 시작되었다. 1인자 황제의 권위와 권력을 능가하는 2인자란 존재는 용납될 수 없다. 이는 파워 게임의 철칙이기도 하다. 양광은 서서히 양소를 멀리하기 시작했고, 자기 형제와 아비마저 죽인 황제 양광이 자기를 버리는 것은 시간문제임을 직감한 양소는 자신의 운명을 받아들이는 수밖에 없었다.

바야흐로 사냥개 노릇이 끝난 것이다. 양소는 우울증에 시달리다 병이 들어 자리에 누웠다. 양광은 의원을 보내 양소를 병세를 살피게 하면서 의원에게는 은밀히 양소의 수명이 얼마나 남았는지 알아 오게 했다. 양소는 얼마 뒤 쓸쓸히 죽었다. 대략 66세 무렵으로 추정한다(양소의 죽음과 관련하여 다른 속설도 있다. 이에 따르면 원덕 태자가 술자리에서 양광이 내린 독주를 잘못 마시고 죽자 그 뒤 양소도 독살되었다는 것이다. 어느 쪽이든 마음 편히 죽은 것은 아니다).

시대의 기형아가 던지는 메시지

간신 양소의 행적에서 우리는 심상치 않은 교훈과 통찰을 얻을 수 있다. 먼저, 정책상 통치자의 잘못된 판단이나 오만한 행보 뒤에는 틀림없이 교활한 간신이 웅크리고 있다는 점이다. 이는 역사적 사실이 한 치의 오차도 없이 명명백백하게 입증하고 있다. 양소를 간신으로 길러준 것은 수 문제 양견이었다. 어느 정도 안목을 갖춘 사람이라면 누구나 알 수 있을 정도로 양소의 정치적 능력은 보잘것없었다. 이는 역사서에도 빠지지 않고 언급한 점이다.

양견 부부의 만년의 그릇된 판단력과 자식들에 대한 오만한 자부심까지 겹쳐 사태는 걷잡을 수 없을 정도로 악화되었고, 결국은 희대의 간군(奸君) 양광을 탄생시켰다. 간신은 언제나 권력자의 방심을 노린다. 백성들의 허술한 의식도 공략 대상이다. 간신이 비집고 들어온 틈은 비록 작아 보이지만 비집고 들어온 다음이 문제다. 조직은 물론 나아가서는 나라 전체를 헤집어 놓기 때문이다. 가까스로 천하를 재통일한 수 왕조가 불과 2대를 넘기지 못하고 멸망한 것도 결국은 양소라는 간신이 파고들 틈을 통치자가 보였기 때문이다.

하나마나 한 가정이지만 양견이 적어도 양소 하나만이라도 제대로 통제했더라면 희대의 간군 양광도 출현하지 않았을 것이고, 수왕조도 그렇게 단명하지는 않았을 것이다. 간신이 설칠 수 있다는 것은 그 뒤에 어리석은 군주 내지 간군이 도사리고 있을 가능성이 그만큼 크다는 반증이다. 양소와 양광은 이런 점에서 이란성쌍둥이와 같다고 할 것이다.

거물급 간신일수록 어마어마한 규모의 사업을 통해 자신의 존재감을 과시하려는 변태적 심리 상태를 갖고 있다. 양소가 인수궁 축조를 부추긴 것이 대표적인 사례다. 집권에 성공한 뒤에는 이런 무분별한 토목 건축사업이 그 정도를 더했는데, 황제 양광도 양소를 본받아 전국 각지에 이궁과 별궁을 지어 사치와 향락에 탐닉했다. 간신들이 재력으로 자신의 존재감을 만천하에 과시하는 것도 같은 맥락이다. 양소가 각지에 수도 없이 집을 지은 것이나, 자신도 모를 정도의 돈을 쌓아 둔 것이나, 곳곳에 땅을 차지한 것 등이 이를

약 300년에 이르는 분열을 마감하고 중국을 재통일한 수 왕조는 양소와 양광 이 두 사람에 의해 박살이 났다. 간신과 간군이 만나면 나라를 거덜내는 것은 시간문제임을 잘 보여준다. 사진은 황제의 무덤으로는 너무나 초라한 양제 양광의 무덤이다(강소성 양주시楊州市).

잘 말해준다. 이 모든 짓은 철저히 사리사욕을 위한 것임은 두 말할 것도 없다.

간신들의 공통된 특징으로 기회주의와 이기주의를 빼놓을 수 없다. 기회주의자와 이기주의자는 진실과 진리를 최대한 이용하지만 진실과 진리를 견지하지 않는다. 이들에게 진실과 진리는 필요할 때마다 튀어나와 사람을 물어뜯는 주구(走狗)나 마찬가지다. 양소를 비롯한 모든 간신들의 일생을 대충 훑어만 봐도 이들이 자신의 이익을 위해 한시도 기회를 놓치려 하지 않았다는 사실을 발견할 수 있다. 간신들은 심지어 자신들에게 불리한 상황조차 유리하게 바꾸는 절묘한 술수를 구사한다. 간신을 위험한 존재라고 하는 까닭이 여기에 있다. 나라를 발전시키고 강하게 만드는 데는 충직한 일꾼 열로도 모자라지만, 나라를 망치는 데는 간신 하나면 충분하기 때문이다.

　　간신은 단 하나의 예외 없이 권력자의 방탕을 부추긴다. 양소는 인성의 약점, 특히 절대 권력을 쥔 자의 자만심과 과대망상 등을 이용하여 호화롭고 사치스러운 생활로 유혹했다. 문제 양견도 그랬고, 양제 양광은 훨씬 더 했다. 양광의 상상을 초월하는 짓거리를 표를 통해 소개하고, 특히 그가 도성 장안을 떠나 수시로 갔던 강도 행차가 어느 정도였는지 알아보았다(이 부분은 백양柏楊 선생의 《중국인사강中國人史綱》을 참고하여 만들었다).

수 양제 양광의 주요 행적표(604~614)

연도	사건	주
604	아비를 죽이고 황제 자리에 오름. 낙양 교외에 긴 참호를 파고 초소를 설치했는데, 그 범위가 태항산과 황하를 포괄했다.	
605	①낙양을 확장하다.(후에 동도로 이름을 바꿈) ②낙양 서쪽 교외에 서원이란 정원을 만듦. ③배 수만 척을 만듦. ④제거(濟渠, 하남성 형양에서 강소성 회안에 이르는 운하)와 한구(邗溝, 회안에서 강소성 양주에 이르는 운하)를 개통함. ⑤낙양 남쪽 교외에 현인궁(顯仁宮)을 지음. ⑥낙양에서 용선(龍船)을 타고 강도(江都, 강소성 양주)로 놀러감.(1차 강도 유람)	
606	강도에서 낙양으로 돌아옴.	
607	①태항산의 험준한 산을 뚫어 낭자관(娘子關)을 설치하고, 태원(산서성 태원)에서 화북에 이르는 어도(御道, 황제가 다니는 길)를 개통함. ②어양군(漁陽郡, 천진 계현)에서 유림(榆林, 내몽고 탁극탁)에 이르는 어도를 개통함. ③낙양에서 탁군(북경)으로 놀러갔다가 다시 유림을 지나 동돌궐의 계민가한의 왕정에 이르렀다가 태원을 거쳐 낙양으로 돌아옴. ④400만 명을 징발하여 유림에서 자하(紫河, 내몽고 화림격이)에 이르는 장성을 쌓음. ⑤태원에 진양궁(晉陽宮)을 세움.	
608	①영제거(永濟渠, 하남성 수무에서 북경에 이르는 운하)를 개통함. ②관잠산(管涔山, 산서성 영무) 북쪽 경계에 분양궁(汾陽宮)을 세움. ③낙양을 나와 오원(五原, 내몽고 오원)에 놀러가 장성을 순시함.	

609	낙양을 나와 장안으로 갔다가 호미천(浩亶川, 청해성 문원), 장액(張掖, 감숙성 장액)으로 놀러감.	
610	①낙양에서 용주를 타고 강도로 놀러감(2차 강도 유람) ②강남하(江南河, 강소성 진강에서 절강성 항주에 이르는 운하)를 개통함.	
611	①용주를 타고 강도에서 운하를 따라 북상하여 탁군에 놀러감. 다시 탁군에서 용주로 낙양으로 돌아옴. ②고구려 왕국의 죄를 묻는다고 선포하고는 전국의 군사를 탁군에 집합시키고 전국의 양식을 요서군(요녕성 의현)에 집중시키게 함.	민란이 일어나기 시작함.
612	몸소 113만 3천 8백명을 거느리고 탁군을 출발하여 고구려 왕국을 공격함. 요동성(요녕성 요양)을 포위했으나 대패하고 돌아옴.(1차 동정)	
613	다시 전국의 병사들을 탁군에 집결하여 몸소 대군을 이끌고 고구려 왕국의 정벌에 나섬. 요동성을 포위했으나 역시 이기지 못함. 대장 양현감(楊玄感)이 여양(黎陽, 하남성 준현)을 거점으로 쿠데타를 일으키자 포위를 풀고 회군하여 양현감의 반란을 진압함.(2차 동정)	
614	다시 용선을 타고 탁군으로 가서 전국의 군대를 징집하여 고구려 왕국의 공격에 나섬. 이 무렵 전국적으로 민란이 일어나는 바람에 징집된 군사들이 많이 집결하지 못함. 고구려 역시 기력을 많이 소모하여 화친을 청함.(3차 동정) 양광은 용선을 타고 낙양으로 돌아옴. 돌아와 고구려 국왕 고원(高元, 영양왕)의 입조를 요구했으나 고원은 거절함. 다시 전국에 징집령을 내려 4차 동정을 준비함.	
615	태원으로 놀러나가 분양궁에서 피서한 다음 다시 장성을 나가 북쪽을 순시함. 돌궐의 시필가한이 군사를 동원하여 안문(雁門, 산서성 대현)에서 양광을 포위함. 의성공주의 힘으로 간신히 도망쳐 돌아옴.	
616	낙양에서 용선을 타고 강도로 놀러감.(3차 강도 유람)	
617	강도에서 밤낮으로 연회를 열어 마시고 놀았음.	
618	쿠데타가 일어나 목 졸려 죽음.	

양광은 아비 양견을 죽인 뒤 바로 장안에서 낙양으로 돌아왔다. 그리고는 200만 명의 인력을 징발하여 낙양성과 낙양궁을 확장하는 사업에 착수했다. 다시 100만이 넘는 인력을 더 동원하여 제거(濟渠, 하남성 형양滎陽에서 강소성 회안淮安에 이르는 운하)를 개통했다. 한구(邗溝, 회안에서 강소성 양주楊州에 이르는 운하로, 춘추시대 오나라 부차와

그림은 강남으로 행차하는 양제 양광의 행차도이다.

진시황 때에 뚫은 바 있다)는 10만이 넘는 인력을 들여 개통했다.

양광이 운하를 개통한 목적은 인민을 위해 수리 공사를 일으키자는 것이 아니라 개인적으로 옛날에 머물렀던 적이 있는 전국에서 가장 번화한 대도시 강도(江都, 양주)를 편하게 배 타고 가려는 데 있었다. 운하를 따라 황궁을 40여 군데나 짓고 '이궁(離宮)'이라 불렀다. 강남에다 용선을 만들라고 명령을 내려놓고 심심한 것을 못 견뎌 먼저 낙양에서 서원(西苑)을 조성했는데, 그 면적이 300㎢에 이르렀다(참고로 서울의 면적이 약 600㎢). 그 안에는 인공으로 만든 호수와 산들이 이어져 있고, 산 위에 궁전이 숲처럼 굽이굽이 휘돌았다. 여기에 역시 인공으로 작은 운하를 파서 인공 호수를 거쳐 낙수로 통하게 했다. 작은 운하를 따라서는 황궁이 16군데 들어섰는데 '16원'이라 불렀다. 각 원마다 미녀들이 200~300명씩 배치되어 마치 천당을 방불케 했다.

양광이 달구경을 나갈 때면 말을 타고 따르는 궁녀가 수천 명을 넘었다. 그러나 여색의 향연은 오래 가지 못해 싫증을 일으켰다. 용선이 완성되어 낙양으로 운반되자 양광은 즉시 강도로 유람을 떠났다. 제왕의 행차 자체가 평범할 수 없는데, 양광의 행차는 한결 요란뻑적지근했다. 황가가 타는 용선만도 수천 척에, 노를 쓰지 않고 섬부(纖夫)라 하여 밧줄로 배를 묶어 양쪽에서 끄는 인부만도 8만이 넘었으니 정말 가관이었다. 효과(驍果)라는 금위군이 타는 군함도 수천 척이었는데, 이 배는 섬부를 사용하지 않고 병사들이 직접 줄로 배를 끌었다.[1]

1만 척이 넘는 배가 꼬리에 꼬리를 물고 100km 넘게 운하를 떠가는 모습을 상상해보라. 여기에 기병들이 탄 수만 마리의 말들이 먼지를 일으키며 운하 양쪽을 지키고 깃발을 휘날리는 모습이란 참으로 장관이 아닐 수 없었다. 행차에 드는 음식들은 250km 이내의 지방정부가 조달했다. 앞을 다투어 좋은 음식을 구해 바쳤는데, 고급관리들은 먹다 남은 음식들을 떠나기 전 모두 내다버렸다. 양광은 자신이 강도를 좋아한다고 큰소리는 쳤지만, 사실 강도의 깊은 궁궐 안에만 틀어박혀 강남의 그림 같은 대자연을 접촉하지는 못했다. 그가 강도를 좋아한 까닭은 길을 따라 사람들을 혼비백산하게 만드는 그런 장면들이 좋았기 때문이다.

1] 수 양제 양광이 용선에 노를 사용하지 않고 운하 양쪽 기슭에서 밧줄로 배를 끌게 한 것은 혹시 있을 지도 모르는 암살을 근본적으로 방지하기 위한 것이었다는 설이 있고, 용선의 구조 자체를 놀이에 가장 적합하도록 만들었기 때문이라는 설도 있다.

원시사회	약 60만 년 전~기원전 약 21세기	삼황오제(三皇五帝) 포함
하(夏)	기원전 약 21세기~기원전 약 16세기	노예제 사회. 상은 후기 은(殷)으로 천도, 상은이라 부름.
상(商)	기원전 약 16세기~기원전 약 11세기	
서주(西周)	기원전 약 11세기~기원전 771년	
춘추(春秋)	기원전 770년~기원전 476년	
전국(戰國)	기원전 475년~기원전 221년	봉건사회 개시
진(秦)	기원전 221년~기원전 206년	시황-호해-자영 3대.
서한(西漢)	기원전 206년~8년	서한과 동한 사이에 왕망(王莽)의 신(新) 9년~23년. 유현(劉玄) 23~25년.
동한(東漢)	25년~220년	
삼국(三國)	220년~280년	위·촉·오
위(魏)	220년~265년	조조-조비-조예
촉(蜀)	221년~263년	유비-유선
오(吳)	222년~280년	손권
서진(西晉)	265년~316년	무제 사마염(司馬炎)
동진(東晉)	317년~420년	원제 사마예(司馬睿)
오호(五胡) 십육국	304년~439년	흉노, 선비, 갈, 저, 강
남북조 (南北朝)	420년~589년	
남조(南朝)	420년~589년	
송(宋)	420년~479년	무제 유유(劉裕)
제(齊)	479년~502년	고제 소도성(蕭道成)
양(梁)	502년~557년	무제 소연(蕭衍)
진(陳)	557년~589년	무제 진패선(陳覇先)
북조(北朝)	386년~581년	
북위(北魏)	386년~534년	도무제 탁발규(拓跋珪)
동위(東魏)	534년~550년	효정제 원선견(元善見)

간신 —— 간신전 奸臣傳   181

서위(西魏)	535년~557년	문제 원보거(元寶炬)
북제(北齊)	550년~577년	문선제 고양(高洋)
북주(北周)	557년~581년	효민제 우문각(宇文覺)
수(隋)	**581년~618년**	**문제 양견(楊堅)**
당(唐)	618년~907년	고조 이연(李淵)
오대십국 (五代十國)	907년~979년	5대 : 후량, 후당, 후진, 후한, 후주/10국 : 오, 남당, 민, 초, 오월, 전촉, 후촉, 남한, 형남, 북한
북송(北宋)	960년~1127년	태조 조광윤(趙光胤)
남송(南宋)	1127년~1279년	고종 조구(趙構)
요(遼)	907년~1125년	태조 야율아보기
서하(西夏)	1032년~1227년	경제(景帝) 원호(元昊)
금(金)	1115년~1234년	태조 완안민(完顔旻) 아골타
몽(蒙), 원(元)	1206년~1368년	태조 징기스칸. 1271년 원(元)으로 국호 개명. 북원(1370~1388).
명(明)	1368년~1644년	태조 주원장(朱元璋)
청(淸)	1616년~1911년	태조 애신각라(愛新覺羅). 1616년 누루하치 후금 건국. 1636년 황태극 청으로 개명.

'웃음 속에 비수를 감춘'
'인간 삵괭이'
이의부 李義府

이의부(614~666년)는 '웃음 속에 비수를 감추고 있다'는 '소리장도 (笑裏藏刀)'라는 별명으로 불리는 간신이다. 그는 남다른 재능으로 당 태종(太宗)의 눈에 들어 승승장구했다. 고종(高宗) 이치(李治)가 태 자로 있을 때 이의부는 태자에게 행동과 몸을 바르게 하고 아첨하 는 자들을 조심하라는 바른말을 할 정도로 상당히 깨어 있는 지식 인이었다. 그러나 권력의 맛을 보면서 점점 소인배들과 어울리고, 자신의 자리와 권력을 유지하기 위해 최고 권력자의 눈치를 살피 기 시작함으로써 끝내 간신의 길로 빠져들었다. 이의부는 타고난 총명함으로 권력자의 심기를 귀신같이 헤아리고, 이를 기회로 자 신에 반대하는 세력들을 하나하나 제거해 나갔다.

간신 이의부는 권력이라는 편리한 수단에 힘들이지 않고 접근하 여, 타고난 총명함과 눈치로 미래의 권력자에게 끈을 대어 자신의

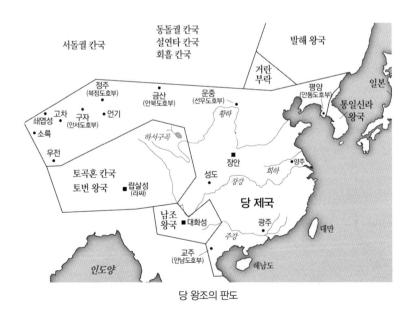

당 왕조의 판도

자리를 보장받음은 물론 최고 관직에까지 올랐다. 그는 상대를 정면에서 비판하거나 해치는 일 없이 정적들을 등 뒤에서 절묘하게 해쳤다. 당시 사람들은 이런 그를 '인간 삵괭이' '인묘(人貓)'라 불렀다.

권력을 쥔 뒤로는 온 집안이 총동원되어 관직을 사고파는 등 온갖 불법과 비리를 저질렀는데, 마치 오늘날 우리 정치판에서 여전한 공천 장사니 돈 선거니 하는 망국적 행태의 원형을 보는 듯하다. 《신당서(新唐書)》, 《구당서(舊唐書)》에 모두 올라 있는 〈이의부전〉과 《지전록(芝田錄)》 등을 자료로 삼아 간신 이의부의 간행을 재구성해 본다.

남다른 재능으로 추천을 받다

이의부는 지금의 하북성 요양현(饒陽縣)에 해당하는 영주(瀛州) 요양 출신이다. 그 할아버지가 사홍현(射洪縣, 사천성 사홍현) 현승으로 발령이 나서 전 가족이 영태(永泰, 사천성 염정현鹽亭縣)로 이주했다. 이의부는 어려서부터 남달리 총명하고 재능과 공부가 출중했다. 검남도 순찰대사 이대량(李大亮)이 순찰을 나왔다가 이의부가 인재임을 알아보고 발탁했던 것도 이 때문이었다. 그 뒤로도 황문시랑 유루(劉洎)와 어사 마주(馬周)의 눈에 들어 당 태종에게 추천되었다.

이의부를 만난 태종은 그 자리에서 새(까마귀)를 소재로 시를 지어 보라고 했고, 이의부는 다음과 같은 시를 지어 태종을 만족시켰다 (이 일화는 아래 부록에 좀 더 소개했다).

하룻밤 사이에 조정으로 날아들어

거문고 소리와 함께 밤새 우는구나.

상림원에 남은 나무 있거든

아까워 말고 한 가지 빌려주려무나.

이 시는 새를 빗대어 자신의 출세욕을 은근히 드러낸 것인데, 그때 이의부의 나이 불과 여덟 살이었다. 이후 이의부는 감찰어사에 임명됨과 동시에 진왕 이치(李治, 훗날 고종)를 모시게 되었다. 이치가 태자로 책봉된 뒤에는 다시 태자사인 겸 숭학관직학사로 승진했다.

그는 태자 이치를 모시면서 "작아도 선행을 가볍게 보지 마십시오. 작은 것이 쌓이면 절로 이름이 납니다. 미미한 행동을 우습게 여기지 마십시오. 미미한 것이 쌓이면 몸이 절로 바르게 됩니다"라는 말로 충고한 적도 있고, "아부하는 무리들도 종류가 있고 사악한 재주도 다양하니 그 싹을 미리 자르지 않으면 그 피해가 커집니다"라는 말도 했다. 이는 적어도 이의부가 타고난 간신이 아니며 간신과 소인배들의 기량과 해악을 잘 알고 있었음을 말해준다.

당 태종은 이의부가 읊은 시에서 그의 욕심을 읽어냈지만 어린아이의 순진한 욕심 정도로만 받아들였던 것 같다. 태종의 초상화이다.

이의부는 이런 언행으로 태종의 칭찬과 상을 받았고, 《진서(晉書)》 편찬에도 참여하게 되었다. 이처럼 비교적 반듯했던 이의부는 시간이 흐르면서 점점 간신의 길을 걷기 시작했는데, 이 과정에서 그는 뛰어난 재능과 연기력을 유감없이 뽐냈다.

미래의 권력자에 끈을 대다

이의부가 어떤 계기로 간신의 길로 접어들었는지 알 수가 없다. 다만 모든 간신이 그렇듯 이의부도 권력이란 당의정에 중독되어 거기에서 벗어나지 못했던 것으로 보인다. 이는 그의 간신 행적을 통해 충분히 짐작할 수 있을 것이다.

태자 이치가 황제 자리를 이어받은 것은 650년이었다. 태자 시절부터 이치를 모셨던 이의부는 중서사인이 되었고, 이후 해마다 거침없이 승진하여 조야의 주목을 한 몸에 받았다. 이 무렵 이의부는 조정의 권세가들과 결탁하여 자신의 정치적 기반과 권력의 기초를 다지는 데 집중하기 시작했다. 이로써 이의부는 조정 안팎에서 벌어지고 있는 온갖 정치 활동과 관련한 최신 정보를 입수할 수 있게 되었다.

이의부가 자신을 추천한 유루, 마주 등과 같은 대신은 물론 허경종(許敬宗) 등과 같은 권력 최고 실세들과 결탁하기 시작하자 조정 중신인 장손무기(長孫無忌)는 앞날이 걱정되어 고종에게 이의부를 외지로 좌천시킬 것을 강력하게 건의했다. 고종도 조정의 대들보와 같은 장손무기의 경고와 건의를 무시할 수 없어 이를 받아들

아주 소수이지만 미래의 간신이 될 낌새를 정확하게 알아채는 선지자가 있기 마련이다. 장손무기가 그랬다. 못난 권력자는 이에 귀를 기울이지 않는다. 장손무기의 초상화이다.

이기로 했다. 그런데 황제의 명령이 하달되기도 전에 이 정보가 이의부에게 전해졌다. 조정 곳곳에 안배되어 있는 측근과 패거리들이 제공하는 정보력이 얼마나 대단한지 실감하는 순간이었다.

놀란 이의부는 중서사인 왕덕검(王德儉)과 대책을 상의했다. 왕덕검은 실세 허경종의 조카로 음침한 외모와 짐작할 수 없는 다양한 잔꾀로 유명한 인물이었다. 그는 또 조정 안팎의 정보통이자 사람의 마음과 뜻을 잘 헤아리는 자이기도 했다. 그는 자신이 장악하고 있는 각종 정보를 종합하여 이의부에게 지금 황제가 총애하고 있는 소의(昭儀) 무조(武曌, 미래의 무측천)를 황후로 추천할 것을 제안했다. 이의부는 이야말로 천재일우의 기회라고 판단하고는 과감하게 도박하기로 결심했다. 무조가 황후가 된다면 전화위복이 아니고 무엇이겠는가? 또 황후가 되지 못하더라도 황제의 심기를 읽고 환심을 살 수 있으니 손해 볼 것 없었다. 황제의 눈에 들어 귀여움을 받을 수 있는 가능성도 없지 않았다.

당시 고종은 무조를 간절히 황후로 삼고 싶었으나 조정 내에서의 논의가 어떤 방향으로 진행될지 확신이 없어 말을 꺼내지 못하고 있던 차였다. 이러던 차에 이의부가 무조를 극찬하며 황후로 추

대해야 마땅하다는 글을 올렸으
니 얼마나 기뻤겠는가? 고종은 즉
시 이의부를 불러들였다. 유배령
이 취소된 것은 말할 것 없고, 상
까지 받았다. 무조 역시 몰래 사람
을 보내 감사의 뜻을 전했다. 얼마
뒤 무조는 황후로 책봉되었고, 이
의부는 허경종, 원공유 등과 함께
무측천의 심복이 되어 출세 가도
를 달렸다.

간신은 철저히 간신끼리 패거리를 짓
는다. 이의부에게는 허경종이 있었다.
허경종은 훗날 〈간신전〉 맨 처음에 이
름을 올린 간신으로 남아 있다. 허경종
의 초상화이다.

웃음 속에 감추어진 비수

위기를 모면하기 위해 부린 술수 하나가 엄청난 결과를 내자 이
의부는 이후 모든 일을 음모와 간계로 처리하기 시작했다. 모든 일
의 초점을 어디에다 맞추어야 하는가도 확실하게 알게 되었다. 권
력이라는 마술 지팡이를 쥔 바로 그 사람, 즉 최고 권력자에게만
모든 것을 집중하면 만사형통이었기 때문이다.

이의부는 자신이 가야 할 방향을 정확하게 설정했고, 그에 따라
권력자의 입맛에 맞는 일만 골라서 했다. 이로써 초고속 승진을 거
듭하여 중서시랑, 동중서문하삼품, 감수국사를 거쳤고 광평현 남
작 작위를 하사받았다. 권력이라는 편리한 수단에 힘들이지 않고

접근하여 권력의 단물을 맛보고 권력이란 마술 지팡이의 위력을 확인한 이상 권력을 절대 놓칠 수 없다. 이의부는 이 권력을 지키고 나아가서는 더 튼튼히 다지기 위해서는 음모와 계략만한 것이 없다고 판단했고, 그러기 위해 최고 권력자인 황제의 총애를 확실하게 얻는 길이 지름길임을 알았기 때문이다.

최고 권력이라는 마술 지팡이에 가장 가까이 접근한 이의부는 자신의 지위를 받쳐줄 패거리들을 끌어모았다. 자신에게 반대하는 세력들을 공격하고 제거하기 위해서는 앞잡이들이 반드시 필요하기 때문이다.

이의부는 늘 온화하고 부드러운 표정을 하고 다녔고, 대화를 나눌 때도 얼굴에서 웃음이 떠나질 않았다. 정말이지 누구라도 감동시킬 정도로 부드럽고 공손한 자세와 상대의 마음을 녹이는 살인 미소의 소유자라고나 할까? 정작 그의 속마음은 음험하고 교활했고, 다른 사람에 대한 시기와 질투로 이글거렸다. 자기 뜻에 따르지 않거나 자신의 이익을 건드리는 사람이 있으면 수단과 방법을 가리지 않고 해쳤다. 당시 조야는 이의부의 무시무시한 보복과 잔인한 행동에 치를 떨면서 그를 '웃음 속에 칼을 감추고 있다'는 뜻의 '소리장도(笑裏藏刀)'라 불렀다. 또 부드러

이의부의 뒷배는 무능한 고종과 고종을 조종하는 무측천이었다. 이의부는 이중으로 이 두 사람에게 보험을 드는 절묘한 처신을 보였다. 사진은 드라마 속의 고종과 무측천의 모습이다.

움으로 사물을 해치는 특징을 갖고 있다고 해서 '인간 삵괭이(인묘人
猫)' '이씨 삵괭이(이묘李猫)'라고도 부를 정도였다.

조야를 뒤흔드는 권세

이의부의 명성(?)은 금세 조야를 뒤흔들 정도가 되었다. 원로대신
들과 중서령 두정륜(杜正倫)은 이런 이의부의 발호에 큰 우려를 표
시하며 중서시랑 이우익과 상의하여 이의부의 비리를 사찰하기 시
작했다. 이런 움직임은 하루도 못 가 이의부에게 탐지되었고, 이의
부는 즉각 이 사실을 고종에게 보고했다. 고종은 이의부와 두정륜
을 불러 심문했고, 두 사람은 황제 앞에서 서로를 격렬하게 공격하
며 논쟁을 멈추지 않았다.

당시 조정의 여론은 두정륜을 지지했으나 무측천은 이의부를 비
호하고 나섰다. 여론이 심상치 않자 고종은 하는 수 없이 두정륜을
횡주(광서성 횡현 남쪽)의 자사로 강등시키고, 이우익은 봉주(월남 하노
이 서북)로 유배 보냈다. 이와 함께 이의부도 보주(사천성 안악현) 자사
로 강등시켰지만, 무측천의 후원을 받고 1년이 채 되지 않아 원래
자리로 복직했다. 현경 4년인 659년 고종은 조서를 내려 이부상서,
동중서문하삼품을 내리고 나머지 관작도 그대로 유지시켜 주었다.
이 사건은 이의부의 권세가 어느 정도인지 확인시켜주는 사례였다.

문제는 고종 황제였다. 우유부단하고 무능한 데다 병까지 겹쳐
국가 대사에 대한 올바른 판단을 기대할 수 없었기 때문이다. 재상

등이 의견을 내야만 간신히 결정을 내리는 정도였다. 한 사람에게 절대 권력이 집중되어 있는 황제 체제에서 이런 상황은 치명적일 수 있고, 이의부는 이 틈을 교묘하게 파고들면서 자신의 권력 기반을 한층 더 단단히 다져나갔다. 이러던 차에 이의부의 권세와 권력 기반을 누구도 무너뜨릴 수 없을 정도로 굳혀 주는 사건이 발생했으니 그것은 다름 아닌 정권이 유약한 고종으로부터 무측천에게로 넘어가 버린 일이었다. 그때가 660년이었다.

남편 대신 권력을 넘겨받은 무측천은 자신의 정권 기반을 안정시키기 위해 모반 사건을 조작하여 원로대신의 우두머리이자 황제의

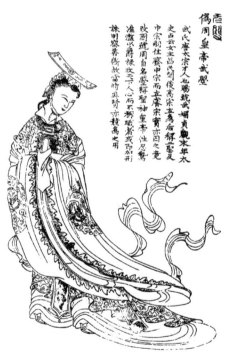

장인인 장손무기를 비롯하여 그 자손과 조정 대신 등 13인을 죽이거나 내쳤다. 이 과정에서 이의부는 철저하게 무측천 편에 서서 음모를 진행시켰다. 내친김에 무측천은 태종 연간에 편찬된 《씨족지(氏族志)》에 무씨가 빠졌다는 사실을 지적하고 이를 수정하고 싶다는 마음을 내비쳤다. 명망 있는 가문들의 내력을 기재한 《씨족지》를 재편

《씨족지》 개정은 실질적인 권력자 무측천의 의중을 정확하게 꿰뚫은 이의부의 말하자면 '신의 한 수'였다. 무측천의 초상화이다.

하여 원로파 세력들에게 타격을 가하겠다는 의도였다.

이의부가 이 기회를 놓칠 리 만무였다. 그는 자신의 가문은 물론 자신의 명망을 한껏 드높일 수 있는 절호의 기회로 판단하여 적극적으로 《씨족지》의 개정을 주장했다. 그러면서 자신은 조군의 이씨 출신으로 여러 이씨들과 멀고 가까운 관계에 있음을 한껏 드러냈다. 이씨 성을 가진 자제들은 이의부의 권세가 두려워 너나 할 것 없이 형님 동생하며 달라붙었다. 당초 급사중으로 있던 이숭덕은 이의부가 보주자사로 강등되자 이의부를 조군 이씨 족보에서 삭제한 일이 있었다. 복직 후 이의부는 죄를 날조하여 이숭덕을 자살하게 만들었다. 또 과거 명망 높은 가문에게 혼인을 여러 차례 요청하다 거절당한 일이 있었는데, 《씨족지》를 재편하면서 7개 명문가들이 서로 혼인하지 못하도록 막았다. 자기 가문을 족보에 넣기 위해 조정에서 5품 이상을 지낸 사람은 모두 사류(士流)로 올려 족보에 기재하도록 했다.

이렇게 해서 이의부는 무씨를 명문가로 편입시키려는 무측천의 욕망을 만족시키면서 실제로는 자신의 가문을 명문 대족으로 만들고자 하는 목적을 달성한 것이다.

자신의 집안을 명망가로 만드는 데 성공한 이의부는 내친김에 자기 할아비의 무덤을 개장하기로 하고, 고종의 윤허를 얻어냈다. 이의부는 이 일을 가문의 일대 영광이라고 판단하여 토목공사를 크게 일으키는 한편 부근 현들로 사람을 보내 이 공사에 참여할 것을 독촉했다. 삼원현의 현령은 이의부에게 잘 보이기 위해 있는 힘 없는 힘 다 쏟았고, 다른 7개 현의 현령들은 사람과 수레 등을 보냈다. 그런데 일이 얼마나 힘이 들었던지 고릉현 현령 고경업이란 자가 공사장에서 과로로 사망하는 일까지 발생했다.

이의부 할아비 무덤의 개장이란 작업이 얼마나 대단했던지 공왕 이하 각급 관리들이 모두 와서 축하를 올렸는데, 그 예물 행렬이 70리 길을 메웠다고 한다. 당 왕조가 개국한 이래 왕공대신의 장례, 그것도 개장이 이렇게 호화롭고 요란스러웠던 적은 없었다. 이의부는 할아비의 개장을 성공적으로 치름으로써 조상과 가문을 빛낸 것은 물론 엄청난 하례품까지 챙기는 영악한 수완을 한껏 뽐냈고, 그의 명성은 조야를 쩌렁쩌렁 울렸다.

자멸의 길

이의부의 권세는 저물 줄 모르는 태양과 같았다. 그는 봉건 제왕 체제에서는 제왕의 총애가 모든 것을 결정한다는 특징을 너무나 잘 간파하고 있었다. 무능한 고종과 자신을 지지하는 무측천의 비위를 철저하게 맞춤으로써 자신의 권력 기반을 다졌다. 뜻있는 인사와 충직한 신하들이 나서보았지만 별다른 방법이 없었다. 이와 관련하여 이의부의 권세가 어느 정도인지 잘 보여주는 사건 하나를 살펴보자.

낙주(낙양)에 순우씨라는 미모의 여자가 죄를 지어 대리시 감옥으로 압송되어 왔다. 이 일을 보고받은 이의부는 대리승 필정의에게 압력을 넣어 무죄로 방면시키게 한 다음 자신의 첩으로 삼았다. 대리경 단옥현이 이 사실을 알고는 고종에게 보고했다. 어이가 없는 사건인지라 고종은 급사중 유인궤, 시어사 장륜에게 사건을 조사하게 했다. 사태가 심상치 않게 돌아가자 이의부는 진상을 은폐하기 위해 필정의를 핍박하여 옥중에서 자살하게 함으로써 입을 막았다. 그러나 시어사 왕의방이 사건의 진상을 확실히 밝혀야 한다면서 고종에게 이의부가 사실을 감추기 위해 필정의를 죽여 입을 막는 등 그 마음 씀씀이가 악랄하다며 큰 소리로 이의부를 내쫓아야 한다고 주장하고 나섰다.

이의부의 반응은 놀랍게도 차분하기 이를 데 없었다. 마치 아무 일도 없다는 듯 태연한 것은 물론 도리어 왕의방을 압박해 들어갔다. 왕의방은 이의부를 탄핵하며 고종의 측근을 깨끗하게 정리할 것을 요구했는데, 이것이 고종의 심기를 건드렸다. 즉, 황제의 측근을 정리하라는 것은 황제의 주변이 깨끗하지 못하다는 뜻이었기 때문이다. 이의부에 빠져 헤어나지 못하고 있는 고종이 이런 말을 듣고 가만히 있을 리 없었고, 이의부는 이 점을 정확하게 읽고 있었기에 그토록 태연자약할 수 있었다. 화가 난 고종은 왕의방이 조정에서 불손한 언행으로 비방을 일삼고 대신에게 모욕을 주었다는 죄목을 걸어 내주(산동성 액현)로 좌천시켜 버렸다. 이의부는 아무런 벌도 받지 않았다.

이의부의 세도는 이 정도에서 그치지 않았다. 고종과 무후의 총애를 업고 그는 이미 죽고 없는 부모와 아들들, 그리고 강보에 싸인 갓난애에까지 관작을 수여했다. 그 자식들과 사위들은 수중의 권력을 이용하여 매관매직을 서슴지 않았다. 〈이의부전〉에 따르면

'소리장도', '인묘', '이묘' 등 여러 별칭으로 불린 거간 이의부의 죽음은 쓸쓸했지만 다른 간신들에 비하면 아주 평온했다. 드라마 속의 이의부 모습이다.

이들의 매관매직이 문전성시를 이루었다고 묘사하고 있다. 누구든 돈만 주면 고관대작을 손에 넣을 수 있었고, 누구든 금은만 가지고 있으면 국법이 되었건 형법이 되었건 거래가 가능했다.

이의부의 이런 교만 방자하고 무도한 불법·탈법 행위에 대해 감히 나서 맞서는 사람이 없었다. 고종이 이런 사실을 알고도 한쪽 눈은 뜨고 한쪽 눈은 질끈 감은 채 나 몰라라 했기 때문이다.

한번은 고종이 이의부에게 아들과 사위들이 너무 설치며 나쁜 짓을 한다고 경고하면서, 내외에 알리지 않고 이미 여러 차례 봐주었으니 더 이상 시끄럽지 않게 조심하라고 주의를 주었다. 놀랍게도 이의부는 고종에게 머리 숙여 사죄하기는커녕 도리어 누가 그런 소리를 하더냐며 발끈했다. 고종도 이의부의 반응에 놀랐던지 자신의 말이 맞으면 그렇게 따르면 될 일이지 누군지 알아서는 뭣하냐며 대충 얼버무리고 넘어가고 말았다.

그러나 이의부는 넘어서는 안 될 선은 넘었다. 권력이란 마술 지팡이를 무시할 정도로 오만방자해졌으니 아무리 못난 고종이라도 심기가 편할 수 없었다. 이 무렵 이의부는 자신의 집에 좋지 않은 기운이 서려 있어 2천만 전을 쌓아 그 기운을 누르지 않으면 안 된다는 말도 안 되는 점쟁이의 말을 믿고 마구잡이로 돈을 긁어모으는 짓거리를 자행하고 있었다. 또 모친상을 빌미로 평민 복장을 하고 무덤 위에 올라가 하늘을 살피는 등 해괴한 행동도 서슴지 않았다. 조정 대신들은 이런 이의부의 행위를 규탄하는 글을 고종에게 올렸고, 황제의 권위마저 무시하는 이의부의 간 큰 행동에 의구심을 품고 있던 고종도 마침내 그를 제거하기로 결심한다.

663년 고종은 이의부의 관작을 박탈하고 휴주(사천성 월서)로 유배를 보냈다. 세 아들과 사위도 무기한 유배에 처해졌다. 666년 대사면령이 내려졌을 때도 이의부는 사면을 받지 못했고, 우울증과 화병에 시달리던 이의부는 그해 53세로 죽었다. 역사는 이의부를 이렇게 기록으로 새겨놓고 있다.

"이의부는 생김새가 부드럽고 공손하여 사람과 얘기할 때는 늘 웃는 얼굴이다. 그러나 음흉스러운 도적 같은 심보가 감추어져 있었다. 자기의 뜻에 어긋나는 자는 모조리 중상모략으로 해를 입혔다. 당시 사람들은 그에게 '웃음 속에 비수를 감추고 있다'는 뜻에서 '소중도(笑中刀)'라는 별명을 붙였다. 또 부드러움으로 사람에게 해를 가한다 해서 '인묘(人猫)'라고도 했다."

타고난 간신이란 없다

당 왕조시대에 휴주는 더위와 전염병이 창궐하는 황무지로 중죄인을 유배 보내는 곳이었다. 이의부는 이곳에서 2년 넘게 유배 생활을 하다가 죽었다. 그가 죽었다는 소식을 들은 장안의 백성들은 너나 할 것 없이 손뼉을 치며 환호성을 질렀다. 조야를 떠들썩하게 했던 당대의 둘도 없는 간신 이의부의 쓸쓸한 최후였다. 간신은 죽고 백성들은 환호했지만 간신이 남긴 후유증은 엄청났다. 당의 정치는 흑백이 뒤섞여 한 치 앞을 내다볼 수 없는 어지러운 상황으로 진입했다. 이의부와 그 패거리들이 남긴 간행의 여파로 당 왕조의 정치 향방은 오리무중이 되었다. 특히, 온 가족이 총동원되어 관직을 사고파는 등 온갖 불법과 비리를 자행한 것은 비리의 종합판이었고, 이로 인한 폐단은 이루 말할 수 없었다.

시대가 영웅을 만들 듯 간신도 시대의 산물이다. 타고나는 간신이란 없다. 이의부도 처음에는 아주 정상적으로 관직 생활을 시작했다. 태자 시절 고종에게 아부하는 자를 멀리하고 올바른 길을 걸으라고 충고할 정도로 밝은 의식의 소유자였다. 이랬던 그가 어떻게 해서 간신의 길로 접어들었는지 알 수 없지만, 한 가지 분명한 사실은 심지가 올곧은 강직한 사람이 아니라면 곤경이나 위기 상황에 처했을 때 쉽게 변절하거나 뜻을 굽히기 일쑤라는 점이다. 이의부도 장손무기라는 조정 원로의 강력한 제동에 직면하자 철저하게 절대 권력자 고종의 비위에 맞추어 사리에 맞지 않게 무조를 황후로 추천함으로써 위기를 모면했고, 이로써 간신의 길로 접어들었다.

간신은 싹이 트기 전에 뿌리째 뽑아야만 한다. 이는 한두 사람의 힘만으로는 불가능하다. 무엇보다 최고 권력자의 명철한 판단력이 중요하다. 이의부가 기세등등 간행을 일삼을 수 있었던 것도 고종이라는 무능한 황제와 황후의 자리를 탐낸 무측천의 욕망이란 배

고종과 무측천은 간신 이의부를 키운 토양이자 숙주였다. 무측천의 통치에 대해서는 긍정적인 평가도 적지 않지만 간신들을 대량 키운 사실은 당연히 비판받아야 한다. 당 왕조 몰락의 씨앗이 뿌려졌기 때문이다. 사진은 고종과 무측천의 합장릉인 건릉(乾陵)의 전경이다.

경이 있었기 때문이다. 간신의 자질을 갖춘 인간과 이를 이용하여 사사로운 욕망을 충족시키려는 권력자가 만나면 간신은 한 단계 진화하고, 그렇게 해서 간신이 권력을 쥐면 또 한 단계 진화한다. 인재가 진화하듯 간신도 주변 여건 변화에 따라 끝없이 진화한다는 사실을 명심해야 할 것이다. 이런 점에서 이의부는 훌륭한 반면교사다.

이의부는 어렸을 때부터 매우 총명하고 말재주가 좋았다. 이의부가 8세가 되던 해에 사람들의 추천으로 '신동(神童)'으로 뽑혀 경성(京城)의 황궁에 갔다. 그는 태종(太宗) 이세민(李世民)이 상림원(上林苑)에서 사냥하는 모습을 보았는데, 한 장사가 까마귀를 잡아 왔다. 이세민은 이의부에게 까마귀에 대한 시를 읊어보라고 했다. 이의부는 그 자리에서 바로 이렇게 읊었다.

일리양조채(日裏颺朝彩),
하룻밤 사이에 태양과 함께 조정으로 날아들어
금중반야제(琴中伴夜啼),
거문고 소리와 함께 밤새 우는구나.
상림다소수(上林多少樹),
상림원에 남은 나무 있거든
불차일지서(不借一枝棲).
아까워 말고 한 가지 빌려주려무나.

이의부는 신화와 현실 속의 까마귀 생활을 묘사했다. 첫 구절에서는 태양 속으로 들어갔다. 중국 고대 신화에서 태양에 살고 있는 삼족오(三足烏, 세 발 달린 까마귀)인 금오(金烏)를 지목했다. 금오가 빛줄기를 타고 사방으로 쏟아져 온 하늘은 아침 햇살로 드날린다. 둘째 구는 깜깜한 밤의 시각에서 묘사했다. 고대 풍속에 까마귀는 귀

200

신과 짝한다는 이야기가 있다. '금(琴)'은 무덤을 가리키기도 한다. 야밤에 까마귀는 무덤 주변에서 끊임없이 울부짖는다. 나머지 구절은 오늘 사냥하여 포획한 까마귀를 동정하여 상림원의 많은 나뭇가지 중에서 안심하고 둥지 틀 곳이 없다는 것을 묘사했다.

이세민은 어린 이의부가 뜻밖에도 신화와 전고(典故)를 이해하고 있어 덩달아 기분이 좋아서 웃으면서 이렇게 말했다.

"네가 지금 의지할 나뭇가지 하나 없다고 하는구나. 그럼 좋다. 짐이 상림원의 나뭇가지를 통째로 너에게 빌려주겠다."

당 태종은 어린 이의부를 한껏 칭찬하며 상림원 나뭇가지를 모두 내어 주겠다고 했다. 그런데 이의부가 읊은 이 시의 마지막 대목 '의지할 나뭇가지'에서 출세에 대한 어린 이의부의 욕망을 읽어낼 수 있다. 당 태종도 이를 눈치챘지만, 어린아이의 순진한 욕심 정도로만 보고 위와 같은 말로 칭찬하고 넘어갔다. 천하의 태종이라도 설마 이의부가 훗날 거간이 되리라고는 예상치 못했을 것이고, 이는 누구라도 그랬을 것이다.

이렇듯 이의부는 어려서부터 매우 뛰어난 재능을 보였다. 글재주 또한 뛰어나 많은 사람의 칭찬을 받았다. 그러나 재주와 인격이 꼭 비례하지 않는다. 벼슬에 나간 뒤로 인품을 닦고 덕을 쌓기는커녕 출세와 권력에 눈이 멀어 오로지 다른 사람을 해치는 데만 골몰했고, 이로써 간신의 길을 걸었다.

간신은 타고나지 않는다. 《간신론 – 이론편》과 《간신학 – 수법편》에서도 지적했듯이 유전적 요소, 가정환경, 교육환경, 인간관계, 사회관계 등 여러 요소가 복합적으로 작용하여 하나의 간신을 만들어낸다. 특히 가정환경이 미치는 영향이 크고, 오늘날은 그가 속한 각종 이익 카르텔을 비롯한 관계망이 중요하게 작용한다. 뒤틀리고 건전하지 못한 사회구조가 간신의 요람이자 온상으로 작동한다.

원시사회	약 60만 년 전~기원전 약 21세기	삼황오제(三皇五帝) 포함
하(夏)	기원전 약 21세기~기원전 약 16세기	노예제 사회. 상은 후기 은(殷)으로 천도, 상은이라 부름.
상(商)	기원전 약 16세기~기원전 약 11세기	
서주(西周)	기원전 약 11세기~기원전 771년	
춘추(春秋)	기원전 770년~기원전 476년	
전국(戰國)	기원전 475년~기원전 221년	봉건사회 개시
진(秦)	기원전 221년~기원전 206년	시황 – 호해 – 자영 3대.
서한(西漢)	기원전 206년~8년	서한과 동한 사이에 왕망(王莽)의 신(新) 9년~23년. 유현(劉玄) 23~25년.
동한(東漢)	25년~220년	
삼국(三國)	220년~280년	위 · 촉 · 오
위(魏)	220년~265년	조조 – 조비 – 조예
촉(蜀)	221년~263년	유비 – 유선
오(吳)	222년~280년	손권
서진(西晉)	265년~316년	무제 사마염(司馬炎)
동진(東晉)	317년~420년	원제 사마예(司馬睿)
오호(五胡) 십육국	304년~439년	흉노, 선비, 갈, 저, 강
남북조 (南北朝)	420년~589년	
남조(南朝)	420년~589년	
송(宋)	420년~479년	무제 유유(劉裕)
제(齊)	479년~502년	고제 소도성(蕭道成)
양(梁)	502년~557년	무제 소연(蕭衍)
진(陳)	557년~589년	무제 진패선(陳覇先)
북조(北朝)	386년~581년	
북위(北魏)	386년~534년	도무제 탁발규(拓跋珪)
동위(東魏)	534년~550년	효정제 원선견(元善見)

서위(西魏)	535년~557년	문제 원보거(元寶炬)
북제(北齊)	550년~577년	문선제 고양(高洋)
북주(北周)	557년~581년	효민제 우문각(宇文覺)
수(隋)	581년~618년	문제 양견(楊堅)
당(唐)	**618년~907년**	**고조 이연(李淵)**
오대십국(五代十國)	907년~979년	5대 : 후량, 후당, 후진, 후한, 후주/10국 : 오, 남당, 민, 초, 오월, 전촉, 후촉, 남한, 형남, 북한
북송(北宋)	960년~1127년	태조 조광윤(趙匡胤)
남송(南宋)	1127년~1279년	고종 조구(趙構)
요(遼)	907년~1125년	태조 야율아보기
서하(西夏)	1032년~1227년	경제(景帝) 원호(元昊)
금(金)	1115년~1234년	태조 완안민(完顏旻) 아골타
몽(蒙), 원(元)	1206년~1368년	태조 징기스칸. 1271년 원(元)으로 국호 개명. 북원(1370~1388).
명(明)	1368년~1644년	태조 주원장(朱元璋)
청(淸)	1616년~1911년	태조 애신각라(愛新覺羅). 1616년 누루하치 후금 건국. 1636년 황태극 청으로 개명.

'입에 꿀을 바르고' 다닌 간신
이임보 李林甫

'소리장도(笑裏藏刀)'라는 별명을 가진 이의부와 쌍벽을 이루는 간신 이임보(?~752년)의 별명은 '구밀복검(口蜜腹劍)'이다. '입은 꿀을 바른 듯 달콤한 말만 쏟아내지만 속에는 검을 감추고 있다'는 뜻이다. 이 말은 '소리장도'와 함께 간신을 대변하는 유명한 성어가 되어 지금까지 간신의 대명사로 많은 사람의 입에 오르내리고 있다.

이임보는 8세기 중반 대당 제국이 전성기에서 쇠퇴기로 넘어가는 과도기를 화려하게(?) 장식한 대간(大奸)이었다. 그는 집요한 로비를 통해 권력의 심장부로 진입하여 황제의 눈과 귀를 가리고 많은 인재를 해쳤다. 자기 수양과 학문적 소양이 천박했던 이임보는 훌륭한 인재들을 유난히 많이 핍박했는데, 겉으로는 공손한 척하지만 돌아서서는 온갖 방법을 동원하여 모함하고 해쳤다. 사람들은 이임보의 뱃속에는 칼이 감추어져 있다고 했다.

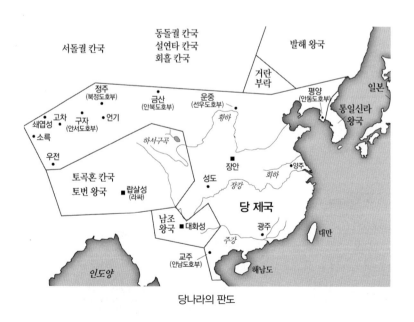

당나라의 판도

이임보는 개인의 영달과 사리사욕을 위해 태자를 모함하는 일까지 서슴지 않았다. 통치 전반기 '개원지치(開元之治)'라는 전성기를 구가하며 명군으로 이름을 떨쳤던 현종(玄宗)은 명철한 판단력을 끝까지 유지하지 못하고 통치 후반으로 가면서 이임보를 비롯한 열악한 근성의 간신들에게 둘러싸여 나라를 그르치고 말았다. 빛바랜 '개원지치' 이면에 '입에 꿀을 바른' 간신이 웅크리고 있었다.

종친 출신의 천박한 이임보, 집요한 로비로 조정에 진입하다

이임보는 당 왕조의 종친이라는 막강한 배경을 가지고 관직 생활을 시작했다. 이후 현종 이융기(李隆基) 집권기 때 약 40년 동안 고위 관료를 지내면서 무려 19년이나 재상 자리를 움켜쥐었던 수완 좋은 인물이었다. 그러나 그의 개인적 자질은 형편없었다고 역사서는 기록하고 있다. 학문적 소양이라고는 붓을 겨우 쥘 정도였고, 천박한 말투는 경멸의 대상이었다. 인간적 자질은 더 나빠서, 늘 부드러운 표정으로 좋은 말만 골라서 하면서 좀처럼 감정을 드러내지 않았지만 실제 속은 아주 음흉하여 자기 마음에 들지 않거나 자신에 반대하는 사람은 무슨 수를 써서라도 중상하고 모략했다.

학문이 얕았던 이임보는 과거로 입사하지 못하고 종친이란 배경을 통해 보잘것없는 태자중윤이란 자리로 관직 생활을 시작했다. 천박한 학문과는 대조적으로 야심은 커서 그 자리에 결코 만족하지 못했다. 이임보는 종친이란 배경과 인척 관계를 동원하여 세력을 넓혀 나갔다. 그 결과 어사중승으로 있던 우문융(宇文融)과 결탁하여 우승상 장열(張說, 667~730)을 탄핵하는 일에 앞장섰다. 당시 장열은 쥐새끼 같은 작자들이 무슨 일을 할 수 있겠냐며 이들을 깔보았지만 결국은 조정에서 쫓겨나는 수모를 당했다. 이 일로 이임보는 조정의 주요 부처인 형부와 이부의 시랑이라는 요직을 얻어낼 수 있었다.

당 조정의 여러 기구들 중 이부는 관리를 선발하는 중요한 기구였다. 이임보는 이부의 중요성을 인식하고 이부의 권력을 장악하기 위한 수순을 밟아나갔다. 이임보는 우선 궁중의 귀하신 분들을 대상으로 집요한 전방위 로비를 펼쳤다. 먼저 그는 매관매직이란 방법으로 왕공 등 종친들의 호감을 샀다. 이 과정에서 이임보는 이들에게 자신의 좋은 이미지를 심기 위해 무던 애를 썼다.

한번은 황제 현종의 형님인 영왕(寧王) 이헌(李憲)이 10명을 관리를 선발하는 권한을 이임보에게 준 일이 있었다. 이임보는 이야말로 자신의 이미지를 확실하게 심을 수 있는 절호의 기회로 판단했다. 이임보는 선발된 10명의 관리들 중 고의로 한 명을 탈락시켰다. 까닭은 그의 품행이 방정하지 못하다는

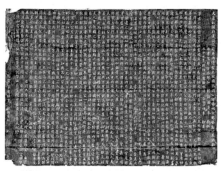

간신이 권력에 접근하는 통로는 대부분 최고 권력자의 측근이다. 이임보는 환관 고력사라는 끈을 잡았다. 사진은 1971년 발견된 '고력사신도비' 비문이다.

것이었다. 그리고는 그가 자신의 품행을 반성하고 개선하자 다시 기용한 다음 이 사실을 대중에게 공개적으로 발표했다. 이렇게 해서 이임보는 영왕의 요구를 만족시킨 것은 물론 자신이 얼마나 공정하게 일을 처리하는 사람인가 하는 이미지를 심었다.

대외적으로 자신의 이미지를 좋은 쪽으로 심은 이임보는 자신의 지위를 이용하여 염치 불구하고 고관대작의 부인들에게 로비의 손을 뻗치기 시작했다. 이리저리 줄을 댄 끝에 시중 배광정(裴光庭)의 부인 무(武)씨와 결탁할 수 있었고, 배광정이 죽은 뒤로는 더 끈끈한 관계로 들어섰다. 배광정의 부인이 무측천의 인척이자 실세인 무삼사(武三思. ?~707)의 딸이었고, 또 환관 세력의 우두머리인 고력사(高力士. 690~762)와의 관계도 보통이 아니었기 때문이다. 재상 자리를 탐내고 있던 이임보로서는 황제 앞에서 자신을 추천할 수 있는 고력사와 같은 존재가 필요했고, 또 그에 앞서 고력사에게 자신에 대해 좋은 말을 할 수 있는 무씨와 같은 유력한 끈이 필요했다. 서로의 이해관계를 놓고 주판알을 두드린 이들이 단단히 손을 잡았음은 물론이다.

얼마 뒤 고력사는 현종이 명성 높은 한휴(韓休. 637~740)를 재상으로 삼으려 한다는 낌새를 채고는 이 사실을 무씨에게 알렸고, 무씨는 다시 이임보에게 알렸다. 교활한 이임보는 자신이 아직 재상감으로 지목될 정도로 황제의 눈에 들지 않았음을 알고는 순간 작전을 바꾸었다. 그는 미래의 재상 한휴에게 잘 보이는 쪽이 낫다고 판단했다. 이임보는 한휴를 직접 찾아가 한휴의 능력과 학문을 침이 마르도록 칭송하는 한편 슬며시 자신이 입수한 귀중한(?) 정보를 한휴에게 알려 주었다. 순진한 한휴는 멋도 모르고 깊이 감동하여 이임보를 자신의 친구로 여겼다. 그로부터 얼마 뒤 재상으로 임명된 한휴는 귀한 정보를 미리 알려준 이임보에게 감사하는 뜻으로 황제에게 이임보를 추천했다.

아부와 떠받들기의 명수였던 이임보는 권세를 가진 사람이라면 누구든 꼬리를 쳐서 관계를 맺었다. 현종이 혜비(惠妃) 무씨를 총애한다는 사실을 알고는 엄청난 재물을 뿌리며 혜비의 환심을 사는 한편, 대담하게도 혜비의 아들 수왕(壽王)이 황제 자리를 물려받기를 바란다는 역심까지 내비쳤다. 이러니 혜비도 넘어가지 않을 수 없었다. 혜비는 베갯머리 송사를 이용하여 현종에게 이임보의 능력이 대단하다며 극구 칭찬했고, 이임보는 승진에 승진을 거듭한 끝에 734년 마침내 예부상서가 되어 세 명의 재상 중 하나가 되었다.

황제의 권력을 빌려 독수(毒手)로 사용하다

대개 실력도 능력도 없으면서 근성이 나쁜 자들은 자기보다 잘나고 강한 사람을 못 견뎌 한다. 동네 양아치나 건달들의 짓이 대개 그런 것과 비슷하다. 옆 동네 누구가 자기보다 주먹이 세다고 하면 당당하게 맞짱 뜨지도 못하면서 여러 사람 앞에서 헐뜯고 뒤로 온갖 나쁜 방법을 동원하여 해치려 한다. 간신들의 속성도 이와 유사한데, 간신들은 동네 건달이나 양아치들보다 머리가 훨씬 좋다는 점에서 차이가 날 뿐이다. 이임보가 이런 부류의 전형이었다.

당나라 조정은 세 명의 재상에 의해 주도되는 시스템이었다. 당시 이임보와 함께 재상을 맡고 있던 인물은 시중 배요경(裴耀卿, 681~743)과 중서령 장구령(張九齡, 673~740)이었다. 이 두 사람은 학문이 넓고 깊은 데다 재능과 식견도 뛰어난 인재였다. 황제의 면전에서도 서슴지 않고 직언을 하는 강직한 성품의 소유자들이었다. 황제의 결정이 옳지 않다고 생각하면 있는 힘을 다해 논쟁을 벌여 황제의 심기를 불편하게 만들기 일쑤였다. 반면에 교활한 음모를 꾸미는 일 외에 학문도 재능도 천박하고 말재주까지 없는 이임보는 황제 앞에서 늘 그저 우물쭈물 더듬더듬 멍청한 모습으로 일관했다.

이런 자가 재상이란 직책에 어울릴 수 없었지만 현종은 이런 이임보의 무능을 좋아했으니 이것이 문제였다. 재위 기간이 길어지고 현종의 나이가 많아지면서 지난날과 같은 명석한 두뇌와 날카로운 판단력이 무뎌지고 그 틈으로 무사안일이 서서히 파고들기 시작했다(당 현종 이융기는 712년 28세로 즉위하여 756년 72세로 죽을 때까지 45년을 재위했다). 이런 시점에 공교롭게 자신의 말이라면 죽는시늉조차 마다 않는 이임보가 등장했으니 참으로 기막힌 우연이라 아니할 수 없다.

어쨌거나 권력 독단을 꿈꾸는 이임보에게 배요경과 장구령은 이임보의 앞길을 가로막는 최대의 장애물이었다. 이임보의 야망은 그를 가로막는 장애물이 높고 튼튼한 만큼 더욱더 부풀어 올랐고, 장애물을 제거하려는 마음 또한 한껏 커져만 갔다. 그러나 정상적인 방법으로 이들을 제거할 수는 없는 상황에서 비열한 인격의 소유자 이임보가 취할 수 있는 길은 뻔했다. 이임보는 우선 장구령과 배요경에게 한껏 꼬리를 낮추었다. 늘 선한 얼굴로 이들의 의견을 따르면서 좌우의 눈치를 살폈다. 앞에서는 웃고 뒤돌아서 독수(毒手)를 쓰겠다는 심산이었다. 그렇다면 뒤에서 은밀히 사용할 독수의 힘은 어디서 얻는단 말인가? 바로 황제의 권력이었다. 황제의 권력만 빌릴 수 있다면 이들을 제거하기란 그리 어렵지 않다.

자, 이제 이임보가 독수의 원천인 황제의 권력을 어떻게 얻어 장구령과 배요경을 제거하는지 보자. 평소 이임보는 장구령, 배요경과 화기애애 사이좋게 지냈다. 그들이 내놓는 의견에 토를 달거나 반대하는 법이 없었다. 여러 사람이 있는 자리에서 입만 열었다 하면 두 사람에 대한 칭찬이었다. 그러나 두 사람이 보이지 않으면 기회를 잡아 황제 현종에게 시비를 걸며 두 사람에 대한 나쁜 말을 늘어놓아 그렇지 않아도 쌓여가던 두 사람에 대한 황제의 불만의 섶에 불을 지폈다.

간신에게 당하는 사람이 정해져 있는 것이 결코 아니다. 강직하고 직언을 서슴지 않았던 배요경과 장구령도 예외는 아니었다. 초상화는 장구령이다.

한번은 이런 일이 있었다. 낙양으로 순수를 나갔던 현종 황제가 조금 일찍 장안으로 가겠다는 생각을 신하들에게 내비쳤다. 장구령과 배요경은 때가 추수철이라 바쁜 백성들에게 피해를 줄 수 있다는 이유를 들어 반대하면서 겨울이 된 다음 장안으로 돌아오는 것이 좋겠다고 건의했다. 두 재상의 반대에 부딪힌 현종은 머뭇거리며 결정을 하지 못했다. 자리에 함께 있던 이임보는 아무런 의견을 내놓지 않았다. 현종이 별 다른 말을 하지 않자 장구령과 배요경은 자리를 물러나왔다. 이임보는 자리를 뜨지 않고 있다가 두 사람이 나간 다음 현종에게 이렇게 부추겼다.

"장안과 낙양은 모두 폐하의 궁전입니다. 폐하의 궁전을 오가는데 무슨 때를 선택해야 한단 말입니까? 백성들이 다소 불편하겠지만 이듬해 세금을 조금 줄여주면 그만입니다."

장구령과 배요경의 반대에 기분이 상해 있던 현종은 이임보의 말에 기분이 금세 좋아져 그 자리에서 장안으로 돌아갈 것을 결정하고는 농사로 바쁜 백성들은 아랑곳하지 않고 그냥 장안으로 돌아왔다. 이 일로 현종은 장구령과 배요경에 대해 상당히 큰 불만을 품게 되었고, 반면에 장안으로 일찍 돌아가고 싶어 하는 자신의 마음을 잘 헤아린 이임보에 대해서는 더 큰 호감을 갖게 되었다.

통치 후반기로 갈수록 현종의 방탕한 생활은 정도를 더해 갔다. 국사를 게을리하는 것은 예사였다. 현종이 총애하는 양귀비(楊貴妃, 719~756)도 크게 한몫 거들었다. 그러다 보니 장구령이나 배요경 같은 충직한 조정 대신들의 충고가 갈수록 귀찮게 들리고 결국은 이들을 증오하기 시작했다. 충성스러운 말은 귀에 거슬린다고 하지 않던가? 그 경계를 극복하고 허심탄회하게 충언을 받아들이는 리더는 성공했지만, 그렇지 못한 리더는 실패했다. 이것이 단 한 푼의 에누리 없는 역사의 철칙이다.

이렇게 현종의 통치 그물에, 당 왕조에 작지만 심각한 결함이 발생했다. 권력자의 자기통제라는 둑이 무너지면 그 둑을 넘어 부패와 비리, 그리고 간신이라는 바이러스가 사정없이 밀고 들어오게 되고, 결국은 나라를 떠받치는 제방 전체가 무너지는 것이다. 무너진 둑을 이임보라는 간신이 성큼 넘어 들어왔다. 현종은 못나고 어리석은 혼군(昏君)의 길로 들어서기로 작정했고, 간신 이임보는 그 길을 재촉했다.

방탕과 음탕의 길로 빠진 현종에게는 이임보와 같은 간신배들이 훨씬 쓸모가 있었다. 간신에게도 마찬가지로 현명한 군주보다는 어리석은 군주가 훨씬 쓸모가 있다. 이임보는 황제의 마음을 사기 위해서라면 수단과 방법을 가리지 않았다. 황제에게 보고하거나 요청할 일이 있으면 반드시 먼저 황제의 심기를 살핀 다음 행했고, 뒤에서는 사소한 일이라도 부풀리고 수작을 부려 장구령과 배요경 등과 같은 정적들을 공격하고 배제했다. 이임보의 끈질긴 도발과 음모에 말려 혼군 현종은 두 사람을 재상에서 파면시키고 변방으로 유배 보냈다.

자신의 기만술과 음모가 기본적으로 먹히기 시작하자 이임보는 더욱 대담하고 노골적으로 충직한 신하들을 배제하기 시작했다. 앞에서는 좋은 말을 하고 뒤에다 덫을 놓아 함정에 빠뜨리는 것은 말할 것도 없고, 제거하고자 하는 대상들 서로 간의 아주 사소한 모순이라도 끝끝내 찾아내서 이를 침소봉대(針小棒大)하여 서로를 이간질시키는 고차원의 술수까지 동원했다. 이렇게 해서 현종이 신임했던 노순, 엄정지, 이적지, 배관 등과 같은 당 왕조의 중신과 충직한 문무 대신들이 하나둘 조정에서 쫓겨나거나 살해되었다.

하늘을 가리고 땅을 속이다

장구령이나 배요경 같은 중신들을 제거한 이임보의 권세는 더욱 커졌다. 기고만장한 이임보는 대권을 독점하기 위해 마침내 권력의 마술 지팡이 황제 현종마저 우롱하기 시작했다. 이임보는 먼저 글도 읽을 줄 모르는 망나니 우선객(牛仙客)과 오로지 부적만 만들어 가진 자에게 아부나 하는 진희열(陳希烈) 같은 작자들을 재상으로 추천함으로써 완전히 자신의 통제에 놓인 내각을 구성했다. 이임보는 마침내 '일인지하(一人之下), 만인지상(萬人之上)'의 자리에 올랐다. 그는 오로지 현종의 총애만 있으면 하늘도 가리고 땅도 속여 자기가 하고 싶은 대로 할 수 있을 것으로 확신했다. 이를 위해 이임보는 놀라운 일들을 벌여나가기 시작했다.

먼저, 이임보는 정말이지 대담하게도 조야의 여론을 전달하고 황제에게 직언하는 일을 임무로 삼고 있는 간관(諫官)들의 입을 봉쇄했다. 노골적인 언론 통제의 야욕을 드러낸 것이다. 한번은 조정에 모든 간관을 소집하여 한바탕 훈화를 했다. 이 자리에서 이임보는 참으로 망령되게 간관들을 조정의 의장대가 사열할 때 모는 구색용 말에 비유하며 아무 소리 않고 있으면 먹을 것을 주겠지만 찍소리라도 냈다간 바로 조정에서 내쫓겠다며 위협을 가했다. 이런 위협에 굴하지 않고 이임보의 월권행위를 비판하는 글을 올린 간관 몇몇은 그 다음 날로 파면당했다.

이임보는 자신의 수하들을 조정 곳곳에 풀어 관리들을 삼엄하게 감시하는 한편, 조금이라도 자기에게 불만을 나타내는 관원이 있으면 그 사람의 사소한 비리라도 끝까지 들추어 내서 탄압했다. 천보 8년인 749년 태수 조봉장이 이임보의 죄상 20여 조항을 열거하며 이임보를 탄핵하는 일이 발생했다. 그런데 조봉장의 상소문이 황제에게 전달되기도 전에 이 정보를 입수한 이임보는 조봉장이 요사스러운 말을 퍼뜨린다고 모함하여 곤장을 쳐 죽였다. 이임보의 이 같은 살벌한 위세에 눌려 조정 인사들은 바른말은커녕 하나같이 몸보신에만 급급했고, 당 왕조의 기운은 날이 갈수록 암울하게 뒤처졌다.

다음으로, 이임보는 인사권을 틀어쥐고 어질고 유능한 인재들을 배제해 나갔다. 사서에는 관리로 입사하는 사람으로 이임보의 집 대문을 나서지 않는 사람은 반드시 무슨 죄든 씌워 제거했다고 기록할 정도였으니 긴말해서 무엇하겠는가? 이임보는 자신의 재상 자리를 영원히 지킬 요량으로 당 왕조가 건국된 이래 변방을 지키는 데 큰 공을 세운 인물을 재상으로 발탁하는 전통적인 제도에 칼을 들이댔다. 자신의 뜻을 관철하기 위해 이임보는 현종에게 문인과 귀족 자제를 변방의 장수로 임용해서는 안 된다는 간계를 올렸다. 이 간계는 일거양득의 효과를 노리려는 수작이었다. 능력 있는 문인과 귀족 자제가 변방의 장수로 임명되어 공을 세우는 기회를 원천 봉쇄하고 자신의 측근을 그 자리에 충당할 수 있었기 때문이다.

또 유능한 변방의 무장이나 중신이 내각 핵심부로 진입하는 것도 막을 수 있었다. 대신 변방의 소수민족 출신의 무식하고 소양 없는 자들을 장수로 앉힘으로써 훗날 당이 외환으로 엄청난 시련을 겪게 되는 화근을 심었다. 이렇게 해서 조정에 충원되는 문무백관은 모조리 이임보의 손에 의해 조종당했고, 그중 대부분이 이임보의 패거리가 되거나 그에게 달라붙어 덩달아 간행을 일삼기에 이르렀다.

셋째, 이임보는 만년에 접어든 황제 현종을 더욱 타락시키기 위해 현종에게 세속을 초월하여 신선처럼 살라고 종용했다. 조정의 일은 다 자기에게 맡기라는 뜻이었다. 일상에서 현종이 필요로 하고 요구하는 것이면 무엇이든 다 들어주며 현종을 사치와 방탕한 생활로 이끌었다. 원래 호색가였던 현종은 총애하던 무 혜비가 죽자 아들 수왕의 비였던 양씨, 즉 양귀비를 끌어들이는 패륜도 서슴지 않았다. 며느리를 자기가 차지한 것이다. 재상의 몸인 이임보는 이를 보고도 모른 척했을 뿐만 아니라 오히려 그런 짓거리를 부추기까지 했다. 이로써 현종과 양귀비는 당 왕조를 통틀어 가장 추한 스캔들의 주인공이란 오명을 남겼다.

그런가 하면 이임보는 도교의 신선술(神仙術)이자 양생술(養生術)이라고 하는 '장생불로(長生不老)'에 심취해 있던 현종을 위해 국고를

간신 뒤에는 예외 없이 혼군이나 간군이 있다. 명군이었던 현종은 만년으로 가면서 혼군의 길을 걸었고, 이임보가 그 길을 더 넓게 닦고 깊게 팠다. 누워서 피리를 부는 현종의 모습이다.

털어 각종 토목공사를 벌이고, 어마어마한 규모의 도관(道館)을 지어 황제의 만수무강을 비는 행사를 벌이는 등 쉴 새 없이 야단법석을 떨었다. 현종은 조정 일은 뒷전으로 내팽개친 채 하루 종일 음탕한 양생술에 심취했다. 나랏일은 모조리 이임보와 그 주구들이 멋대로 주무르기에 이르렀다.

죽은 뒤 더한 치욕을 당하다

현종의 총애를 독차지하여 재상 자리를 굳건히 지킨 이임보의 세력은 날이 갈수록 커졌고 권력의 기반도 갈수록 단단해졌다. 이에 따라 이임보의 간악한 본성도 하나둘 드러나기 시작했다. 권세를 유지하기 위해 이임보는 자신에게 아첨하는 자들을 한껏 긁어모아 사사로이 당파를 지어 자신을 위해 충성을 바치게 했다. 자신에게 복종하지 않는 조정 신하들이 있으면 무슨 일이든 꾸며 공격하고 해쳤는데, 있지 않은 죄를 날조하여 모함하는 것은 기본이었다. 해마다 억울한 사건들이 끊이지 않았고, 그 결과 유능한 인재와 조정 대신들이 죽거나 쫓겨났다.

누군가를 해칠 요량으로 이임보는 자신의 집에다 반달 모양의 '언월당(偃月堂)'이란 거실을 따로 만들었는데, 이곳에 들어간 이임보가 웃고 나오면 틀림없이 누군가가 큰일을 당했다. 이 모든 일을 원활하게 진행시키기 위해 이임보는 또 잔인한 성품의 옥리들을 길러 대신들을 고문하고 죽이는 데 이용했다. 그중에서도 나희석과 길온이 심복이었다. 이들에게 걸려 빠져나온 사람은 없었다고 기록되어 있을 정도였으니 얼마나 지독하고 잔인한 자들이었는지 알 만하다. 당시 사람들은 이 두 인간을 두고 '나희석이 칼을 씌우고, 길온이 그물을 친다'고 했다. 이들은 이임보의 명령이라면 불가능한 일도 가능하게 만들었다.

또 다른 간신배이자 아첨꾼인 양국충(楊國忠, ?~756)이 현종의 사랑을 받기 시작하자 이임보는 그를 어사로 발탁했다. 이임보가 누군가를 해칠 생각을 내비치면 양국충이 먼저 나서 그 사람을 탄핵한 다음 추사원으로 보내 심문하게 하면 나희석이나 길온이 고문했다. 이임보의 치밀하고 간교한 책동으로 인해 현종 통치 후반기는 해마다 억울한 사건이 끊이질 않았다. 그중에서도 '병부 사건', '위견 사건', '양신긍 사건' 등이 가장 악명을 떨쳤다(이 사건에 대해서는 다음에 소개할 간신 양국충 편에서 언급될 것이다).

이임보는 대부분 왕공대신과 충직하고 선량한 관리들을 해쳤는데, 그중에는 황위 계승자인 태자 이영(李瑛)도 포함되어 있었다(이에 대해서도 양국충 편에서 소개한다). 수많은 사람이 사건에 연루되어 죽임을 당하거나 변방으로 추방당했고, 가산을 몰수당하고 식솔들은 노비로 전락했다. 조야의 모든 사람들이 서로들 곁눈질을 하면서 이임보의 권세에 치를 떨었다.

역사상 음모가나 간신이 끼친 폐해는 이루 말할 수 없을 정도로 컸다. 그러나 이들의 최후 역시 좋은 경우는 극히 드물었다. 음모가 드러나고 그 정체가 밝혀지면 모든 사람이 들고일어나 그를 공격한다. 심지어 어제까지만 해도 간이며 쓸개조차 빼줄 정도로 굽

현종의 사치와 방탕을 상징적으로 보여주는 곳이 화청궁 온천이다. 그는 툭하면 양귀비와 많은 일행을 이끌고 이곳에 행차하여 향락에 빠졌다. 사진은 화청궁과 양귀비 석상이다.

실거리던 측근이 하루아침에 그를 버리고 창을 거꾸로 겨눈다. 만년으로 접어든 이임보는 그동안 저지른 숱한 악행 때문에 갈수록 그를 고발하는 사람이 늘어갔고, 이 때문에 점점 현종의 신임을 잃어갔다. 이 틈을 타서 또 다른 거물급 간신 양국충이 일당을 조직하여 이임보의 죄상을 까발렸다. 늙은 이임보는 두려움과 울화병에 시달리다 부끄러운 일생을 마감했다.

이임보는 죽었지만 사태는 그것으로 마무리되지 않았다. 양국충은 죽은 이임보를 놓아주려 하지 않았다. 그는 현종에게 이임보의 죄상을 추가로 적발했다며 이임보가 사사로이 패거리를 지어 권력을 독단했다고 보고했다. 황제는 즉각 명령을 내려 시신이 채 식지도 않은 이임보의 관을 파내 부장품을 모조리 빼앗는 한편, 보통 평민의 수준으로 다시 묻게 하는 치욕스러운 징벌을 가했다. 이임보는 죽은 뒤 더 큰 욕을 당했다. 현종은 이임보를 맹신했던 일을 후회하며 "어질고 유능한 사람을 시기하고 질투함에 있어서 누구도 비교할 사람이 없었다"는 평가를 내렸다. 그러나 이 모든 사태의 원인 제공자가 정작 현종 자신이었음을 알고는 있었는지? 안타까울 따름이다.

이임보의 간행를 분석하라

글자도 제대로 읽을 줄 몰랐던 이임보, 별 재주도 없고 학문도 천박하고 인격도 비열했던 이임보, 그런 그가 무려 19년이나 재상 자리에 있으면서 하늘을 가리고 땅을 속이며 득세할 수 있었던 까닭은 대체 무엇인가? 이임보의 득세와 간행은 결코 우연이 아니라 필연적인 사회현상이었다.

그의 권력 독단과 걷잡을 수 없는 간행이 가능했던 것은 지배 계급 사이의 이해관계가 일치한 결과다. 특히, 탐욕의 길로 빠져든 현종 황제의 사리사욕을 채우는 데 앞잡이가 필요했고, 이 추악한 필요성에 부응하여 이임보가 나타났던 것뿐이다. 이임보가 아니더라도 제2, 제3의 이임보가 얼마든지 출현했을 것이다. 그 시대의 상황과 권력자의 부도덕, 그리고 관료 사회의 부정부패가 손을 잡는 순간 간신은 언제 나타났는지도 모르게 나타나 세상을 어지럽힌다. 비 온 뒤 독버섯이 쑥쑥 자라나듯 말이다. 생각해보라! 21세기 이 순간에도 모든 국민을 기만하고 약속을 손바닥 뒤집듯 뒤집

이임보는 학식도 자질도 다 떨어지는 그야말로 천박한 자였다. 이런 자가 대권을 거머쥘 수 있었던 이유들 중 하나는 학식 있고 당당한 군자(?)들의 무시 때문이었다. 간신을 무시하면 큰일 난다. 역사의 법칙이다.

는 권력자들이 버젓이 행세하고 있는데 하물며 천 수백 년 전 일이야!

거의 반세기에 걸친 이임보의 간행을 분석해보면 그 치밀한 간계와 위장술, 그리고 잔인함에 놀라지 않을 수 없다. 명망 높은 한휴조차 자신이 재상으로 내정되었다는 이임보의 귀띔에 감격하여 뒤도 돌아보지 않고 그를 추천하지 않았던가? 이렇게 보면 이임보가 점점 판단력을 잃어가는 나이 든 현종을 기만하고 농락하기란 상대적으로 쉬웠을지 모른다. 느슨해진 황제의 심리 상태에다 자신의 비위를 잘 맞추는 간신에 대한 편견과 편애가 겹치고, 여기에 충직한 조정 중신들의 잔소리(직언)가 충돌하면서 당 왕조의 조직에는 심각한 틈이 생겼다. 이임보는 이 틈을 힘들이지 않고 파고들었다.

조직의 허점을 파고든 이임보의 다음 수순은 정보 수집이었다. 그는 황제 주변에서 허드렛일이나 하는 내관은 물론 시첩까지 매수하고, 이어 후궁들에게 접근하여 황제의 동정과 심기까지 낱낱이 보고를 받아 황제의 마음을 귀신같이 읽는 존재로 변신함으로써 황제의 환심을 확실하게 샀다. 이런 치밀한 정보망과 정확한 정보 덕분에 이임보는 대담하게 황위 계승권에까지 끼어들 수 있었다. 이 과정에서 이임보는 현종이 총애하는 무 혜비와 환관들을 절묘하게 이용하여 조정 여론을 이간질했는데, 특히 황제와 중신 장구령 사이를 이간질하여 그를 내치는 데 성공했다. 이는 통치 전반기 '개원지치'라는 전성기를 구가했던 현종의 자존심을 역이용하여 중신들과 황제 사이를 교묘하게 이간질하는 절묘한 간계였다.

이임보는 권력의 원천이 어디에 있는지 정확하게 알고 있었다. 전제 왕조 체제에서 권력의 원천은 오로지 한 곳, 황제뿐이었다. 이임보는 오로지 황제(권력자)의 가려운 곳만 골라서 긁어주는 역할을 기꺼이 자임했다. 아니 그 역할 밖에는 할 줄 몰랐다. 황제의 가려운 곳은 단순히 가려운 곳이 아니라 간신이 파고들 수 있는 작지만 심각한 결함이자 치명적인 상처였다. 그 상처를 치료하기보다 독이 묻은 손으로 끊임없이 그곳을 긁어대니 결국은 짓무르고 만신창이 되어 악성종양으로 발전하여 나라 전체를 전염시킨 것이다.

정적을 제거하기 위해 이임보는 철저히 개인 비리를 파헤치는 교활한 방법을 택했다. '털어서 먼지 나지 않는 사람 없다'는 말도 있듯이, 오늘날처럼 감시 시스템이 제대로 갖추어져 있지 않은 왕조 체제에서의 관리들은 약점투성이였고 이임보는 이를 한껏 이용했다. 이와 함께 이임보는 자신에 대한 비판과 부정적 여론을 잠재우기 위해 언로(여론)를 차단하고, 여론에 재갈을 물렸다. 감시망을 구축하여 조정 대신들의 동향을 사찰했다. 이 모두가 자신의 권력 기반을 다지기 위한 필수적 조치였다.

보았다시피 이임보는 권력을 영원히 독단하기 위해 인사권을 틀어쥐고, 교묘한 방법으로 조야의 인재들이 진출하는 것을 가로막았다. 변방에서 공을 세운 인재들이 중앙으로 진출하는 것을 그럴

듯한 명분으로 막았으며, 그 자리를 자기 측근 아니면 소수민족 출신으로 채움으로써 당 왕조 후기 지방 세력이 중앙을 위협하는 화근을 심었다.

고삐 풀린 인간의 욕망은 그 끝을 모른다. 분명한 사실은 인간에게는 그 욕망을 적절한 선에서 통제할 수 있는 이성적 판단력도 함께 존재한다. 그 경계에서 어느 쪽을 선택하느냐에 따라서 한 인간의 평가가 달라진다. 권력을 쥔 자라면 이 선택의 기로에서 수도 없이 고민하고 고뇌해야 한다. 그것이 자신이 쥐고 있는 권력에 대한 최소한의 예의이자 인간다운 인간으로서 갖추어야 할 기본 소양이다. 간신에게는 권력에 대한 진지한 고뇌란 있을 수 없다. 권력이 파생해내는 각종 문제점들을 인식하고 그에 대한 해결점을 찾는 지혜는 더더욱 기대할 수 없다. 간신은 '권력'과 권력 그 자체가 풍기는 향기(실은 악취)에만 도취할 뿐이다. 간신을 경계하고 싹이 트기 전에 완벽하게 제거해야 하는 까닭도 여기에 있다.

역사의 방심

역사는 결코 완벽하지 않다. 매 순간 적지 않은 틈을 보이고 그 틈 사이로 인간의 방심이 스며든다. 그 방심과 함께 간신도 파고든다. 역대 간신들이 남긴 악영향의 크기에 비례하여 권력자의 못난 정도도 컸으며, 그 반대도 마찬가지였다. 못난 권력자와 부패한 권력은 간신들을 키우는 둘도 없는 훌륭한 토양이자 숙주이다. 간신

이임보는 권력자가 자기도 모르는 사이에 드러낸 아주 작은 틈 사이에 헤집고 들어와 나라 전체를 서덜냈다. 이는 권력자 한 개인의 방심이기도 하지만 '역사의 방심'이기도 하다. 왜냐하면 이임보의 성장을 걱정스럽게 지켜보던 많은 양식 있는 인사들이 여러 차례 경고의 소리를 남기고 주의를 주었음에도 불구하고 대당 제국의 최고 권력자와 그를 둘러싼 지배층은 무사안일에 빠져 이를 무시했기 때문이다.

이임보의 간행은 어느 날 갑자기 드러난 것이 아니다. 차근차근 단계를 밟아 황제의 머리 꼭대기까지 이르렀다. 사태가 그 지경이 되도록 대당 제국의 숱한 중신들과 강직한 인재들은 속수무책에 가까웠다. 왜? 권력의 원천인 황제가 썩어 있었기 때문이다. 제왕 체제에서 황제 1인이 나라와 백성에 미치는 영향력이란 상상을 초월했다. 나이가 들수록 느슨해진 현종의 이성적 판단력에 더해 전성기에 도취해 있던 시대적 분위기가 간신 이임보를 배태했고, 이어 제국의 뒤통수에 결정타를 날리는 양국충과 안록산(安祿山) 같은 간신들을 등장하게 만들었다. 이것이 역사의 방심이다. 한순간의 방심이 돌이킬 수 없는 결과를 초래한 것이다.

지금 우리가 또다시 한순간의 방심으로 거의 돌이킬 수 없을 정도로 심각한 상황을 맞이하고 있다. 이 상황을 극복할 수 있을지 의문이다. 그러나 역사의 방심은 방심으로만 끝나지 않는다. 그 방심의 이면에는 방심으로 인한 결과를 자성하고 극복할 수 있는 지혜가 숨어 있기 때문이다. 그 지혜를 보아내느냐 여부는 우리 모두의 자각과 각오, 그리고 명철한 역사의식에 달려 있다.

거물급 간신 이임보는 역대 간신들 중 학문이 형편없고 경박하기로 유명하다. 게다가 과거 시험을 통해서가 아닌 종친의 신분으로 조정에 들어왔기 때문에 일쑤 무시의 대상이 되곤 했다. 이 때문에 이임보는 자기보다 학문이 깊거나 식견이 높은 인재들을 몹시 미워하고 질투했다. 관리를 추천할 때도 자기보다 못한 자들을 추천했고, 자신의 주위로는 늘 변변치 못한 자들을 끌어들였다. 간신은 물론 못난 자, 특히 어리석고 못난 리더는 자기보다 잘난 인재를 결코 곁에 두지 않는다. 이런 자들이 권력을 잡으면 조직이나 나라가 순식간에 망가진다. 늘 자기보다 못한, 그러면서 오로지 자기 말에 복종하는 하바리들만 끌어들이기 때문이다. 천박했던 간신 이임보와 관련된 일화 몇 가지 소개한다.

한번은 이임보가 과거 시험을 감독하게 되었는데, 수험생 하나가 답안에 '고독한 팥배나무'란 구절을 적어 넣은 것을 보고는 옆에 있던 수하에게 그 뜻을 물었다. 이 구절은 원래 《시경》에 나오는 시의 제목이었는데, 이임보는 당시 지식인의 기본 도서인 《시경》조차 읽지 않았던 모양이다. 수하는 자신도 모르겠다며 납작 엎드렸다. 자칫 아는 척했다가 눈 밖에 나면 보복을 각오해야 하기 때문이었다.

또 이런 일이 있었다. 이임보가 공석이 된 호부시랑 자리에 소경이란 자를 추천했는데, 이자도 이임보와 비슷해서 공부를 싫어했던 모양이다. 그래서 중서시랑 앞에서 '복랍(伏臘)'을 '복렵'으로 읽는 바람에 웃음거리가 되었다. 당시 중서시랑이었던 엄정지는 이 일을 재상 장구령에게 보고하며 "조정의 장관으로 어찌 '복렵시랑'을 앉힌단 말입니까? 장차 천하의 웃음거리가 되게 생겼습니다, 그려!"라며 끌을 찼다.

장구령은 이 일을 현종에게 보고했고, 소경은 기주자사로 좌천되었다. 이 일로 이임보는 엄정지를 미워하게 되었다. 그 뒤 장구령이 엄정지를 재상으로 추천할 요량으로 당시 현종의 총애를 한 몸에 받고 있던 실세 이임보와의 관계를 개선해보라고 엄정지에게 권했다. 꼬장꼬장한 엄정지는 재상을 포기할지언정 이임보에게 굽실거릴 수 없다며 단칼에 거절했다. 이 일로 이임보는 엄정지를 더 미워하게 되었다.

나랏일을 하는데 학식이 전부는 아니겠지만 기본은 되어야 하지 않겠는가? 적어도 말과 글은 제대로 할 줄 알아야 하는데 그것조차 안 되는 많이 배운(?) 자들이 적지 않다. 말귀를 못 알아들어 외국 정상에게 불쌍하다는 소리를 듣지 않나, 우리말도 제대로 못하는 주제에 강대국 정상 앞에서 그 나라 말로 노래를 불러대며 좋다는 얼빠진 권력자, 몇 시간 아니 몇 분이면 들통날 일을 천연덕스럽게 거짓말로 눙치는 고위 관료들을 보노라면 우리에게도 '복렵시랑'이 결코 적지 않다.

원시사회	약 60만 년 전~기원전 약 21세기	삼황오제(三皇五帝) 포함
하(夏)	기원전 약 21세기~기원전 약 16세기	노예제 사회. 상은 후기 은(殷)으로 천도, 상은이라 부름.
상(商)	기원전 약 16세기~기원전 약 11세기	
서주(西周)	기원전 약 11세기~기원전 771년	
춘추(春秋)	기원전 770년~기원전 476년	
전국(戰國)	기원전 475년~기원전 221년	봉건사회 개시
진(秦)	기원전 221년~기원전 206년	시황-호해-자영 3대.
서한(西漢)	기원전 206년~8년	서한과 동한 사이에 왕망(王莽)의 신(新) 9년~23년. 유현(劉玄) 23~25년.
동한(東漢)	25년~220년	
삼국(三國)	220년~280년	위·촉·오
위(魏)	220년~265년	조조-조비-조예
촉(蜀)	221년~263년	유비-유선
오(吳)	222년~280년	손권
서진(西晉)	265년~316년	무제 사마염(司馬炎)
동진(東晋)	317년~420년	원제 사마예(司馬睿)
오호(五胡) 십육국	304년~439년	흉노, 선비, 갈, 저, 강
남북조 (南北朝)	420년~589년	
남조(南朝)	420년~589년	
송(宋)	420년~479년	무제 유유(劉裕)
제(齊)	479년~502년	고제 소도성(蕭道成)
양(梁)	502년~557년	무제 소연(蕭衍)
진(陳)	557년~589년	무제 진패선(陳覇先)
북조(北朝)	386년~581년	
북위(北魏)	386년~534년	도무제 탁발규(拓跋珪)
동위(東魏)	534년~550년	효정제 원선견(元善見)

서위(西魏)	535년~557년	문제 원보거(元寶炬)
북제(北齊)	550년~577년	문선제 고양(高洋)
북주(北周)	557년~581년	효민제 우문각(宇文覺)
수(隋)	581년~618년	문제 양견(楊堅)
당(唐)	**618년~907년**	**고조 이연(李淵)**
오대십국 (五代十國)	907년~979년	5대 : 후량, 후당, 후진, 후한, 후주/10국 : 오, 남당, 민, 초, 오월, 전촉, 후촉, 남한, 형남, 북한
북송(北宋)	960년~1127년	태조 조광윤(趙光胤)
남송(南宋)	1127년~1279년	고종 조구(趙構)
요(遼)	907년~1125년	태조 야율아보기
서하(西夏)	1032년~1227년	경제(景帝) 원호(元昊)
금(金)	1115년~1234년	태조 완안민(完顔旻) 아골타
몽(蒙), 원(元)	1206년~1368년	태조 징기스칸. 1271년 원(元)으로 국호 개명. 북원(1370~1388).
명(明)	1368년~1644년	태조 주원장(朱元璋)
청(淸)	1616년~1911년	태조 애신각라(愛新覺羅). 1616년 누루하치 후금 건국. 1636년 황태극 청으로 개명.

치맛자락을 붙들고 온 간신
양국충 楊國忠

양국충(?~756년)은 간신 이임보와 손을 잡고 당 현종 집권기 후반에 권력을 좌우했던 또 다른 거물급 간신이다. 이임보의 간행이 만천하에 폭로되고 현종의 총애가 시들어가면서 양국충은 창끝을 이임보에게로 돌려 그를 공격함으로써 실세로 등장했다. 거물급 간신이 몰락하기가 무섭게 또 다른 거물급 간신이 조정을 휘저음으로써 당 제국은 기력을 회복하기는커녕 결정타를 맞고 비틀거리다 망국 일보 직전까지 몰렸다. 양국충이 가한 충격이 이임보가 가한 충격 위에 얹힘으로써 대당 제국은 혼절하고 말았다.

양국충은 무측천의 정부였던 장역지(張易之)의 조카로 술과 도박이나 일삼던 건달에 지나지 않았다. 못된 행실 때문에 이웃과 집안에서조차 멸시당하고 급기야 서른이 다 된 나이에 집에서 쫓겨나 타향을 전전하던 자였다. 그런 그가 친척인 양귀비의 치맛바람을

당나라의 판도

타고 조정에 진입한 뒤로 권력에 맛을 들이고, 양씨 자매의 치맛자락을 한껏 이용하여 집권 막판 혼군(昏君)의 길을 걷기 시작한 현종의 비위를 맞추어 권력의 정점에 올랐다.

오갈 데 없는 무뢰배 양국충이 거대한 당 제국을 혼절 상태로 몰아넣을 수 있었던 것은 이임보의 간행을 분석하면서 확인했듯이 현종의 무능함과 관료들의 부정부패, 그리고 오랜 기간 무사안일에 젖어 있었던 당 왕조의 기운이 쇠퇴기에 접어든 시점 등과 같은 요인이 복합적으로 작용했기 때문이다. 다만 양국충의 간행은 결과적으로 당의 멸망을 초래할 화근을 심었다는 데 문제의 심각성이 더하다 하겠다.

치맛자락을 붙들고 들어온
하이에나

양국충은 못된 행실 때문에 이웃은 물론 집안에서조차 멸시를 당했고, 급기야 서른 무렵에는 집에서 쫓겨나 이곳저곳을 전전했다. 생각 끝에 촉(蜀, 지금의 사천성)으로 가서 군대에 몸을 맡겼지만 양국충의 인간성을 미워한 절도사 장유에게 곤장을 맞고 쫓겨나는 수모를 당했다.

그래도 행운은 사람을 차별하지 않나 보다. 촉 지역의 부호인 선우중통(鮮于仲通)이란 자가 양국충에게 구원의 손길을 뻗쳤다. 선우중통의 도움으로 간신히 곤경을 넘긴 양국충을 확실하게 살린 것은 사촌누이인 양옥환(楊玉環)이다. 그녀가 바로 현종의 지극한 사랑을 받은 양귀비다(옥환은 양귀비의 어릴 적 이름이다).

양옥환은 17세 때 현종 이융기의 열여덟 번째 아들인 수왕(壽王) 이모(李瑁)에게 시집가서 5년 동안 부부로 잘 지냈다. 이모는 현종이 총애하던 무혜비(武惠妃)의 소생이었다. 737년 무혜비가 세상을 떠나자 현종은 그녀의 자리를 대신할 여자를 고르던 중 며느리 양옥환을 보게 되었고, 얄궂게도 그녀에게 그만 넋이 나갔다. 양귀비 그때 나이 22세였고, 현종 이융기는 56세였다(정식으로 양옥환을 비로 맞아들인 것은 현종의 나이 60, 양옥환의 나이 26세 때였다). 친아버지가 아내를 빼앗아 생모(무혜비) 자리에 앉혔으니 정말 치욕스럽고 난감한 것은 수왕 이모였다.

그러나 어쩌랴? 지고무상한 권력을 가진 황제의 욕정을 누가 막을 수 있겠는가? 수왕이 양옥환과 2년째 달콤한 신혼을 보내고 있을 때 아버지 현종 이융기는 세 명의 친아들, 즉 태자 이영을 비롯하여 악왕 이요, 광왕 이거를 죽이는 놀라운 살육을 저질렀던 터인데 양옥환을 향한 아비의 눈길을 어찌 감히 마주 볼 수 있었으랴!(현종은 가증스럽게도 환관 고력사를 앞세워 양옥환을 받아들이는 형식을 취했고, 양옥환을 맞아들일 때도 후궁이 아닌 여 도사의 신분으로 태진궁에 기거하며 자신의 시중을 들게 한다는 형식도 함께 취했다. 귀비가 되기 이전의 양옥환을 도교 이름인 양태진楊太眞이라 부르는 것도 이 때문이다).

이 무렵 현종의 총기는 이미 사양길에 접어들어 건전한 판단력을 상실한 것은 물론, 황제로 즉위하기 이전 원래의 풍류 바람둥이 모습으로 완전 회귀했다. 735년 현종이 공경 백관들을 오봉루(五鳳

양아치나 다름없던 양국충의 든든한 후원자는 괵국 부인이었다. 그림은 궁으로 들어온 뒤 괵국 부인이 행차하는 모습이다.(검은 옷)

樓)에 집합시켜 놓고 벌인 연회는 무려 5일 동안 계속되었을 정도였다. 이 연회를 위해 현종은 수도 장안에서 300리 이내에 근무하는 자사와 현령들에게 무희와 악대까지 대동하고 참석하라는 명령을 내렸으니 그 규모는 어떠했으며, 이로 인해 백성들이 입은 피해가 어떠했을지 짐작하고도 남을 것이다.

양국충의 4촌 동생인 양태진이 현종의 총애를 받기 시작함으로써 여기저기서 괄시를 받으며 근근이 살아가던 양국충에게 새로운 길이 열렸다. 여기서 또 한 번 확인하게 되는 사실은 부패한 정권과 무능한 권력자는 간신이 싹트고 자라나는 데 비할 데 없이 좋은 거름이 된다는 것이다. 현종의 방종한 생활과 갈수록 해이해지는 정권의 틈 사이로 양태진이 먼저 비집고 들어왔고, 그녀의 치맛자락을 잡고 희대의 간신 양국충이 한 발 한 발 권력의 핵심으로 접근하기 시작했다. 양귀비가 현종의 총애를 받자 그 자매들이 모두 궁에 들어와 현종의 은총을 입게 됨으로써 양국충이 붙잡을 수 있는 치맛자락은 더욱 많아졌다.

이 무렵 양국충의 출세 가도를 돕는 또 다른 상황이 발생하고 있었다. 당시 검남절도사로 있던 장구겸경(章仇兼瓊)은 재상 이임보와 뜻이 맞지 않아 서로 갈등하고 있었다. 이임보의 본성을 잘 알고 있던 장구겸경은 양태진을 대표로 하는 양씨 세력에게 구원의 손길을 뻗치기로 했다. 장구겸경은 선우중통을 장안으로 보내 길을 트려 했는데, 이 선우중통이 누구던가? 바로 곤경에 처한 양국충을 도왔던 그자였다. 촉 지역의 토박이인 선우중통에게 장안에 별다른 연고가 있을 리 만무했다. 난감해하던 선우중통은 문득 양국충을 생각해냈다. 양국충이 양귀비와 친척이란 사실은 더욱 고무적이었다. 중통은 양국충에게 상당한 로비 자금과 특산물을 잔뜩 주어 장안으로 보냈고, 양국충은 마침내 꿈에도 그리던 장안 땅을 밟게 되었다. 장안에 한 겹 더 어두운 그림자가 드리우는 순간이었다.

양국충과 양태진 집안은 사촌지간이긴 했지만 가깝게 지내는 처지가 아니었다. 그러다 양태진의 아버지 양현염이 촉주에서 세상을 떠났을 때 양국충이 상례를 맡아 처리히면서 왕래가 잦아졌고, 급기야 훗날 괵국 부인으로 봉해지는 양태진의 언니와 눈이 맞아 사통하는 일까지 벌어졌다. 양국충은 괵국 부인에게 도박 비용과 유흥비까지 얻어 쓰며 관계를 지속했고, 그 덕에 여기저기 발을 넓힐 수 있었다.

간신이 간신을 만나다

장안에 입성한 양국충은 양씨 자매를 찾아 장구겸경과 선우중통이 딸려 보낸 로비 자금을 풀었다. 당시 괵국 부인은 남편을 잃고

과부가 된 몸이라 아예 내놓고 양국충과 음란한 관계를 가지기 시작했다. 양국충의 육탄 공세와 뇌물에 혼이 빠진 양씨 자매는 현종에게 장구겸경과 양국충의 칭찬을 잔뜩 늘어놓았다. 주색과 환락에 빠져 헤어 나올 줄 모르고 있는 현종은 양국충이 도박 등 각종 잡기에 능하다는 이야기를 듣고는 양국충을 조정으로 불러들여 금오위 병조참군에 임명했다. 장구겸경도 양씨 집안의 도움으로 호부상서 겸 어사대부라는 요직에 올랐다. 이를 계기로 양국충은 날개를 하나 더 달게 되었다. 예비 간신에게 두 날개가 생겼다.

양국충이 장안으로 입경하여 벼슬을 받은 뒤 얼마 지나지 않은 745년 양태진은 귀비에 책봉되는 영광을 입게 되었다(이후 양귀비로 부른다). 그녀의 세 자매도 덩달아 큰 부귀를 누렸다. 양국충은 이들 양씨 자매, 특히 그중에서도 괵국 부인과의 특별한 관계를 이용하여 궁정의 동태를 탐문하고 현종의 희로애락을 잘 살펴 현종의 비위를 맞추었다. 하이에나가 썩은 고깃덩이를 향해 한 걸음 한 걸음 접근하기 시작했다.

양국충은 양씨 자매에 대한 충성도 확실하게 보여주었다. 양귀비의 명을 받아 양귀비가 평소 원한을 품고 있던 매비를 죽이는 청부 살인까지 마다하지 않았다. 양귀비가 여 도사로 있을 때 원소절 밤 등불 구경 때 만난 아름다운 매비가 양귀비를 조롱한 적이 있는데, 이때 품었던 원한을 양국충을 통해 푼 것이다.

양씨 자매와 양국충에게 흠뻑 빠진 현종은 품계는 높지 않지만 관료들을 살피고 군현을 순찰하며 형벌과 감옥 일을 바로잡는 등 조정의 기강을 다스리는 작지 않은 권력을 가진 감찰어사에 양국충을 발탁하기에 이르렀다. 천박한 인품을 가진 양국충이 깨끗한 이미지를 요구하는 이 자리에 앉자 조정 대신들은 하나같이 비웃었다. 그러나 당나라 조정의 상황은 결코 비웃을 상황이 아니었다. 당시 조정을 주무르고 있던 거물급 간신 이임보와 귀비를 등에 업은 뉴페이스 양국충이 만났기 때문이다. 권력의 냄새를 맡고 그것을 향해 달려드는 타고난 본능이란 면에서 양국충은 결코 이임보에 뒤지지 않았으며, 권력의 정점인 황제의 욕구라면 무엇이든 충족시키는 간신 특유의 철저한 프로 정신이란 점에서도 이임보에 비해 손색이 없었다.

아니나 다를까? 신구 두 거물급 간신은 이내 손을 잡았다. 눈앞에 놓인 이해관계가 일치하면 간신은 원수하고도 손을 잡는다. 이해관계가 멀어지거나 자신에게 손해가 난다고 판단되면 일말의 주저도 없이 손을 놓는 것은 물론 서슴없이 해친다. 그래서 간신들의 악수는 돌아서서 손을 잡는 것이라 말한다. 양국충과 이임보 역시 마찬가지였다. 재상 자리에 오래 머무르고 있던 이임보로서는 자신의 자리를 더욱 굳혀 줄 힘 있는 세력이 필요했고, 보다 큰 권력을 노리는 양국충에게는 좀 더 확실한 발판이 필요한 상황이었다.

이임보는 태자를 폐위시키려는 음모를 획책한 바 있다. 737년 태자 이영(李瑛)이 무슨 일로 죄를 짓자 이임보는 태자를 폐하고 현종이 총애하던 무혜비의 아들, 즉 양귀비의 남편인 수왕 이모를 태자로 세우려는 일을 진행했다. 현종이 동의하지 않았고, 게다가 무혜비가 죽자 셋째 아들인 이형(李亨, 훗날 숙종肅宗)을 태자로 삼았다. 이임보는 이 일로 신변의 불안을 느끼지 않을 수 없었다. 이형이 즉위하는 날에는 틀림없이 태자 폐위를 주도했던 자신을 그냥 놔둘 리 없다고 생각했다. 이임보는 자신의 자리를 지키기 위해 태자 이형과 전면전을 불사하기로 했다. 막강한 권력을 쥐고 있는 지금 이형을 제거하지 않으면 자신의 신변과 집안은 물론 자신의 패거리 모두가 몰락할 수 있기 때문이었다.

이임보는 먼저 태자비 위씨의 오라비인 위견(韋堅)을 겨냥했다. 746년 형부상서로 있는 위견이 하서·농우절도사 황보유명과 야밤에 술자리를 만들어 태자를 접견한다는 정보가 이임보에게 전달되었다. 이임보는 즉각 자신의 졸개인 시어사 양신긍을 시켜 외척의 신분인 위견이 변방 장수와 태자를 사사로이 만나고 있으며, 게다가 한때 태자를 모신 바 있는 황보유명이 태자를 옹립하여 황제 자리를 빼앗으려 획책한다고 모함하게 했다. 보고를 받은 현종은 노발대발하며 즉각 이들을 잡아들여 심문하게 했다. 이 일은 사실상 그 칼끝이 태자를 겨누고 있는 지라 조정 대신들 중 누구도 감히 나서 심문을 맡으려 하지 않았다.

일을 꾀한 당사자인 이임보 역시 전면에 나설 수 없는 상황이 되고 보니 자칫 잘못하면 얽어놓은 그물을 던져보지도 못하고 거둘 판이었다. 이때 이임보의 머리를 스쳐 가는 사람이 있었다. 양국충이었다. 양귀비를 병풍으로 가진 양국충이 이 일을 맡아 준다면 금상첨화가 아니겠는가? 이임보는 주저 없이 양국충을 끌어들였고, 태생이 소인배인 양국충은 자신의 권위를 단번에 세워볼 요량으로 역시 망설임 없이 이임보가 내민 손을 덥석 잡았다. 이렇게 해서 말도 안 되는 모반 사건이 걷잡을 수 없이 커져 버렸다.

위견과 황보유명은 피살되었다. 가산은 몰수되고 가족들은 모두 변방으로 쫓겨나거나 죽었다. 평소 위견과 친분이 있던 인사들과 태자 이형을 지지하던 조정 인사들도 이런저런 죄목을 뒤집어쓰고 축출되었다. 심지어 이 사건의 심문을 담당했던 이임보의 부하 관원들도 재앙을 만났다. 이임보의 최측근이었던 양신

'개원지치'라는 전성기를 노래 불렀던 현종의 통치는 전·후반이 극명하게 갈린다. 아무리 유능한 통치자라도 언제든 변질될 수 있음을 현종은 너무 잘 보여준다. 간신이 끼어들면 변질의 속도는 더욱 빨라진다. 그림은 현종의 '개원지치'의 모습이다.

궁은 현종에게 태자를 폐위시킬 생각이 없다는 것을 알고는 관망하는 태도를 취하다가 이임보의 지시를 받은 양국충 등에 의해 모함을 당해 다른 형제들과 함께 사형에 처해졌다.

상황이 자신에게 불리하게 전개되고 있음을 직감한 태자 이형은 서둘러 아버지 현종에게 부부 사이가 좋지 않으니 이혼을 허락해달라는 글을 올렸고, 태자비 무씨는 궁에서 쫓겨나 머리를 깎이고 비구니가 되었다. 이후 태자는 꼬투리를 잡히지 않으려고 무던 애를 썼고, 환관 고력사도 태자를 적극 보호함으로써 간신히 재난을 면할 수 있었다. 이임보가 연출하고 양국충이 연기한 이 사건으로 피살된 사람이 수백 집안에 이르렀다. 두 간신이 손을 잡고 저지른

엄청난 살육이었다.

태자를 제거하려는 이임보의 목적은 성공하지 못했다. 그런데 이 과정에서 맹활약을 보인 양국충은 현종의 눈에 들어 단숨에 15개 자리를 겸직하는 등 파격적 승진을 거듭하여 일약 조정의 총아로 등장했다. 750년에는 병부시랑 겸 어사중승 등의 요직에 임명되고, 현종으로부터 '국충(國忠)'이라는 이름까지 하사 받았다(그의 본명은 양조楊釗였다). 천하에 둘도 없는 개망나니에 교활한 간신이 나라에 충성한 공으로 국충이란 이름을 받았으니 정말이지 이런 어처구니 없는 코미디는 세상 어디에도 없을 것이다. 병든 영혼의 권력자 현종과 권력만을 쫓는 간신이 만난 필연적 결과였다.

현종의 눈에 든 양국충은 보다 확실하게 황제의 마음을 움켜잡기 위해 지방의 창고에 쌓여 있는 양식과 옷감들을 전부 사치품 등으로 바꾸어 장안의 황제 창고로 흘러 들어오게 하는 기상천외한 일을 벌였다. 또 지방 세금의 명목을 늘려 옷감 등으로 바꾸어 황제의 창고를 채웠다. 양국충은 백성들의 피와 땀을 쥐어짰고, 그 피와 땀으로 황제의 마음을 샀다. 749년 문무백관을 거느리고 천자의 창고를 돌아본 현종은 창고를 가득 메운 산더미 같은 돈과 재물에 입이 떡 벌어졌고, 너무나 기쁜 나머지 그 자리에서 양국충에게 붉은 옷을 내리고 돈과 양식을 책임지는 권태부경사를 겸직하게 하는 한편 황제의 거처를 자유롭게 출입할 수 있는 특권을 내렸다.

간신과 간신의 충돌

　양국충의 위세는 조야를 울렸다. 양국충과 양귀비 집안은 말할 것도 없고 양씨 집안이 너나 할 것 없이 부귀영화를 누렸다. 졸지에 권력과 돈을 움켜쥔 이들은 앞을 다투어 세상에 둘도 없을 호화롭고 사치스러운 집과 별장들을 짓는 등 끝 간 데를 모를 탐욕을 드러냈다. 사람들은 양씨 집안의 위세를 두렵고 걱정스러운 눈으로 지켜보아야만 했다. 사방에서 뇌물이 대문 문턱이 닳도록 넘어들었고, 인사 청탁을 위해 밤새 줄을 서서 기다리는 사람들로 대문 앞이 불야성을 이루었다. 양씨가 나서면 안 되는 일이 없다는 말이 항간을 떠돌았다. 기록에 따르면 양국충 한 집에 쌓인 옷감 한 품종만 3천만 필에 달했다고 하니 나머지는 말해서 무엇하겠는가? 양국충과 괵국 부인은 고삐 풀린 망아지처럼 미쳐 날뛰었는데 정말이지 눈 뜨고는 못 봐줄 지경이었다.

　권력이란 것이 참으로 오묘하다. 일단 권력이란 열차를 타고 궤도에 들어서면 도무지 멈출 수가 없다. 오르면 오를수록 더 높은 곳을 추구하게 되고, 그에 따라 야욕도 커져만 간다. '권력(權力)'의 뜻이 '힘의 균형'이라는 것은 정말 글자 풀이에 지나지 않는다. 권력욕에 사로잡힌 인간에게 권력은 보태고 덜고 하면서 힘의 균형을 잡아 나가는 것이 권력의 참뜻이고 올바른 권력 행사라고 아무리 떠들어 봐야 헛일이다. 그들은 권력이란 오로지 움켜쥐고 놓아서는 안 되는 것인 줄 안다. 간신 소인배가 권력을 잡았을 때는 더 그렇다. 그들에게 권력은 움켜쥐고 절대 놓아서는 안 되는 것일 뿐만 아니라, 마구 휘둘러야 제 위력을 발휘하는 천하에 둘도 없는 막강한 무기이기도 했다. 권력의 심장부에 접근할수록 양국충의 야심은 커져만 갔고, 마침내 그의 눈알이 이임보가 쥐고 있는 권력에게로 돌아가기 시작했다. 바야흐로 거물급 간신들의 일대 결투가 가까워지고 있었다.

태자 폐위를 획책하는 과정에서 이임보는 자신의 앞잡이로서 양국충을 끌어들였다. 배운 것도 없는 단순 무식한 양국충은 이임보의 기대대로 자신의 역할을 훌륭히 해냈다. 이 과정에서 양국충이 보여준 교활함과 악독함은 이임보의 그것을 능가하는 것이었다. 오랜 정치 투쟁을 통해 잔뼈가 굵은 이임보가 이 부분을 그냥 지나칠 리 만무했다. 이임보는 본능적으로 위기를 느꼈다. 양국충의 위세가 이미 자신을 직접 위협할 정도까지 성장하고 보니 불안과 위기감은 이만저만한 것이 아니었다. 양국충을 하루라도 빨리 제거하는 것이 하루 더 편하게 발 뻗고 자는 것이다.

양국충의 주판알도 어김없이 원하는 계산을 해내고 있었다. 이임보 일당의 힘을 빌려 자신의 정치적 기반을 다지려 했던 양국충은 예상을 뛰어넘는 성과를 올렸고, 그 덕에 자신을 추종하는 조무래기도 적지 않게 확보할 수 있었다. 이쯤 되고 보니 이임보란 존재가 도리어 걸림돌이었다. 서로 등을 대고 돌아선 채 잡았던 두 사람의 악수가 얼마나 가리라 예상했는가? 말 그대로 적과의 동침이 또 얼마나 유효하겠는가? 마침내 두 사람은 몸을 돌려 서로의 얼굴을 마주 보며 칼을 겨누기 시작했다.

기득권 세력이라 할 수 있는 이임보는 자연 수세에 놓였고, 신흥 세력이라 할 수 있는 양국충은 적극 공세에 나섰다. 이임보의 측근이었던 길온 같은 자들이 진즉에 양국충의 품으로 달려가 양국충을 위해 이런저런 계책을 올리고 있었으니 이임보의 처지는 궁색할 수밖에 없었다. 양국충은 먼저 이임보에게 붙어 있는 측근들부터 제거하는 수순을 밟았다. 이임보의 최측근인 경조윤 소경과 어사대부 송혼이 비리 혐의로 좌천되거나 유배당했다. 이어 양국충은 이임보의 가장 중요한 심복인 왕홍에게 칼끝을 겨누었다. 왕홍은 양국충과 함께 위견을 제거하는 데 큰 공을 세운 인물이자 현종의 신임이 이임보 못지않은 실세였다.

그런데 일이 되려고 그랬는지 왕홍의 동생이 일당과 모의하여 이임보와 양국충 등을 잡아 죽이려는 음모를 꾸미다 발각되는 사건이 터졌다. 양국충은 이 사건을 빌미로 일을 한껏 키우리라 작심했다. 사건이 중대한 만큼 현종은 왕홍에게 일 처리를 맡겼다. 왕홍은 동생이 연루된 사건인지라 차일피일 시간을 끌며 동생을 피신시키는 등 유야무야 넘기려 했다. 꼬투리를 잡은 왕국충은 왕홍까지 끌어들여 사건을 적극 확대시켰다. 왕홍에 대한 신임이 두터웠던 현종은 적당한 선에서 왕홍과 그 동생의 사과를 받고 넘어가려고 양국충에게 자신의 뜻을 왕씨 형제에게 전달하게 했으나 양국충은 고의로 전달하지 않았다. 왕홍이 사과는커녕 동생과 함께 뜻을 같이하겠다는 의지를 확인(?)한 현종은 몹시 화가 났고, 여기에 좌상 진희열이 양국충의 편에 서서 대역죄는 엄히 처벌해야 한다고 나서는 바람에 사태는 더 꼬였다. 상황이 여의치 않음을 뒤늦게 깨달은 왕홍은 이임보에게 구원을 요청했으나 이임보로서도 돌이킬 수 없는 지경이 되었다.

왕홍의 동생은 모반죄가 성립되어 맞아 죽었고, 왕홍은 모반의 증거는 없었지만 양국충과 진희열 등의 끈질긴 공작으로 역시 연좌죄에 걸려 사사되었다. 아들들도 모두 죽었고, 식솔들은 변방으로 유배되었다. 간신과 간신의 진검승부 1회전에서 양국충은 멋지게(?) 한판승을 따냈다.

양국충은 이임보에 확실하게 맞서기 위해 양귀비의 도움을 받아 안록산(安祿山, 703~757)을 끌어들였다. 내친김이었다. 양국충으로서는 회심의 일격으로 '독으로 독을 제압한다'는 '이독제독(以毒制毒)'의 수단을 강구한 것인데, 이것이 훗날 엄청난 파장을 일으키고 만다.

썩어도 준치라고 이임보의 반격도 만만치 않았다.

기회는 머지않아 찾아왔다. 751년 무렵 당의 변방이 소란스러워졌다. 이때를 놓치지 않고 이임보는 검남(사천성 이남) 지역에 전란이 잦아 변경이 불안정하므로 건남절도사인 양국충이 책임을 지고 이 문제를 처리해야 할 것이라는 보고를 올렸다. 양국충을 조정 내에서 배제하려는 의도였고, 이번에는 양국충으로서도 어쩔 수 없었다. 양국충은 일순간 곤경에 빠졌다.

그러자 바로 구원의 손길이 다가왔다. 양귀비가 나섰다. 양귀비는 고력사와 상의했고, 고력사는 양국충이 일단은 잠시 변경에 나감으로써 이임보의 예봉을 피하고 그런 다음 다시 조정으로 불러올리도록 현종에게 주청하는 쪽으로 가닥을 잡는 것이 좋겠다는 절묘한 계책을 올렸다. 아니나 다를까? 양국충이 촉 땅에 부임하기 무섭게 현종이 보낸 사신이 뒤따라 도착하여 양국충을 바로 불러들였다. 2회전 역시 양국충의 판정승으로 끝났다. 20년을 누려온 이임보의 마술 지팡이가 마침내 그 위력과 빛을 잃었다.

752년, 19년 재상 자리를 지켜온 이임보가 울화병 등이 겹쳐 쓸쓸히 세상을 떠났다. 현종은 재빨리 양국충을 우상으로 삼는다는 조서를 하달했다. 신흥 간신 양국충이 늙어 병으로 죽은 간신 이임보의 자리를 바로 접수한 것이다. 권력 교체가 이루어졌지만 실질적인 정치 세력의 교체가 아니라 이 간신에서 저 간신으로 권력이 넘어간 것에 지나지 않았다. 당나라 조정

간신은 서로를 이용한다. 필요할 때는 간도 쓸개도 다 내어 줄 것처럼 하지만 쓸모가 없어지거나 걸림돌이 되면 가차 없이 제거한다. 이임보와 양국충, 양국충과 안록산이 그랬다. 초상화는 양국충(왼쪽)과 안록산의 모습이다.

은 쇄신은커녕 이임보 집정기보다 더한 혼란으로 빠져들었다. 황제 자리를 제외한 최고 자리에 오른 양국충이 처음 취한 조치는 죽은 이임보에 대한 처절한 보복이었다.

양국충은 안록산과 손을 잡고 죽은 이임보의 죄상을 계속해서 폭로했다. 케케묵은 과거사는 말할 것도 없고 있지도 않은 모반까지 엮어 죽은 이임보에게 씌웠다. 평소 많은 사람들을 모함하고 해쳤던 이임보인지라 적도 그만큼 많았다. 양국충과 안록산은 이런 사람들을 샅샅이 찾아내고, 그들을 증인으로 내세워 이임보의 죄상을 하루가 멀다하고 폭로하게 사주했다.

이임보는 죽었지만 쉴 새 없이 터져 나오는 비리와 죄상 때문에

죽기 전까지 받았던 관작을 모조리 박탈당하고 서인으로 강등당하는 수모를 겪었다. 아들들은 저 멀리 영남 지방으로 유배당했고, 집안은 풍비박산이 났다. 악행에 대한 업보였다. 양국충은 이 일로 다시 한 번 현종의 환심을 사서 최고의 명예직인 국공(國公)에 봉해지는 한편 무려 40여 개의 관작을 겸직하는 막강한 권력을 누리기에 이르렀다.

'이간제간(以奸制奸)'의 큰 대가

권력의 정점, 특히 부당하고 부정한 권력의 정점은 추락의 출발점이기도 하다. 그러나 권력의 정점에 오른 자가 그 정점이 곧 자신의 추락점이라는 것을 알기란 낙타가 바늘구멍에 들어가기보다 더 어렵다. 그것이 권력의 속성이고, 그것이 인성의 근본적 한계다. 그것을 아는 사람이라면 애당초 부당한 권력을 추구하지 않는다. 부당한 권력을 탐한 간신들이 대개 권력의 정점에서 추락하기 시작하는 것은 역사의 철칙에 가깝다.

이임보를 견제하기 위해 양국충이 끌어들인 안록산은 결코 만만한 상대가 아니었다. 더욱이 안록산은 양국충을 안중에도 없다는 듯 노골적으로 깔보았다. 호인(胡人) 출신에 북방의 중요한 군사 요충지인 평노·범양·하동 세 개 진의 절도사를 겸하면서 강력한 군대를 가진 안록산은 양국충이 중앙 조정으로 끌어들인 순간부터 당 제국 전체를 위협할 수 있는 엄청난 위력을 가진 시한폭탄이나 마찬가지였다. 게다가 안록산은 상대의 마음을 녹이는 유들유들한 말솜씨와 너스레까지 갖춘 자로 현종의 귀여움을 한껏 차지했다. 안록산이 얼마나 능청스럽게 사람의 마음을 홀리는지 다음 일화가 잘 보여준다.

양귀비는 현종이 안록산을 왜 그렇게 총애하는 것인지 궁금하여 안록산을 한번 보고싶었다. 그러던 어느 날 황제에게 인사를 드리러 온 안록산을 처음 만난 양귀비는 북방을 휘젓고 다니면서 놀라운 무용담을 남긴 영웅(?)치고는 뚱뚱한 몸집과 별 볼일 없는 외모에 그만 키득 웃음이 나왔다. 이런 양귀비를 본 안록산은 현종에게는 절을 올리지 않고 양귀비에게 다가와 넙죽 절을 올리는 것이 아닌가? 현종이 어이가 없다는 표정으로 그 이유를 묻자 안록산은 "신은 어려서부터 저를 낳아주신 어머니에게만 절을 했습니다. 아버지가 누군지 확실치 않기 때문에 언제나 여자에게만 절을 한답니다"라며 너스레를 떨었다. 이 말에 현종도 양귀비도 한바탕 크게 웃고 말았다.

안록산은 이런 넉살 좋은 말솜씨로 양귀비의 마음을 사로잡아 10년이나 아래인 양귀비를 수양어머니로 모시는 수완을 보였다. 당시 양귀비는 아직 귀비가 못 되고 있던 터라 지방의 실권자인 안록산을 양아들로 두는 것도 나쁠 것 없다고 판단하여 기꺼이 그를 받아들였다. 이로써 안록산은 현종과 양귀비의 총애를 동시에 차지하기에 이르렀다.

안록산의 급부상은 양국충을 초조하게 만들기에 충분했다. 다급한 나머지 양국충은 안록산이 변방의 군대를 믿고 모반을 꾀한다며 그의 병권을 박탈하라고 현종과 양귀비를 자극했다. 안록산에게 단단히 빠진 현종과 양귀비는 되려 안록산을 비호하고 나섰다. 안달이 난 양국충은 안록산에게 모반의 낌새가 있는지 없는지 확인할 필요가 있으니 그를 조정으로 불러들일 것을 제안했다. 모반을 꾀하고 있으면 틀림없이 오지 않을 것이라는 예상을 곁들이며 양국충은 현종을 부추겼다. 현종도 이참에 안록산의 의지를 확실하게 확인할 필요가 있어 양국충의 제안을 받아들여 안록산을 불러들였다.

이 무렵 안록산은 이미 조정에 자신의 심복들을 여럿 심어두고 조정의 각종 정보를 보고받고 있었다. 자신을 시험하려는 양국충의 이런 의도가 즉각 보고된 것은 말할 것도 없었다. 안록산은 보무도 당당하게 조정으로 들어와 현종을 알현했고, 이로써 현종은 안록산을 더욱 신뢰하게 되었다.

문제는 이 과정에서 안록산이 당 조정의 문제점들을 속속들이 간파했다는 사실이다. 중앙 정부의 권위와 실력이 약해질 대로 약해진 상황에서 지방 절도사들의 힘은 점점 커져 갔고, 안록산은 그중에서도 단연 발군이었다. 당 조정의 취약점을 확인한 안록산은 군대와 군마를 모으고 군량을 비축하면서 차근차근 반란을 준비하는 한편, 조정 대신들에게는 뇌물을 써서 자기 편으로 만들고, 현종과 양귀비의 신임을 얻어 해마다 승진을 거듭하면서 무려 15만 병력을 거느리는 막강한 세력으로 성장했다.

이런 상황을 양국충이 모를 리 없었다. 그는 수시로 안록산의 모반 의도를 현종에게 알렸다. 그러나 한번 마음이 기운 현종은 양국충의 말을 믿으려 하지 않았다. 안록산 쪽도 불안하기는 마찬가지였다. 가랑비에 옷이 젖고 열 번 찍어 안 넘어가는 나무 없다고, 현종이 언제 양국충의 말을 들을지 알 수 없는 일이었다. 중앙 조정과 먼 지방에 떨어져 있음으로 생길 수밖에 없는 정보력의 한계를 감안한다면 상황은 늘 가변적일 수밖에 없었다. 755년 11월 안록산은 마침내 '간신 양국충을 제거하여 황제의 주변을 깨끗하게 한다'는 명분을 내걸고 범양(范陽, 지금의 북경 서남)에서 군대를 일으켰다. 당 제국을 거의 사망으로 내몰았던 '안록산의 난'이 폭발했다.

안록산의 15만 대군은 파죽지세로 황하를 건너 동도 낙양을 압박해왔고, 현종은 꿈에서 깬 듯 어쩔 줄 몰랐다. 무엇보다 믿기지 않았다. 그러나 엄연한 사실이었다. 낙양은 한 달을 간신히 버티다 점령당했다. 놀라기도 하고 화도 난 현종은 애꿎게 봉상청과 고선지를 공개 처형하여 그 목을 내거는 정신분열증 증세까지 보였다(고구려 출신의 명장 고선지는 평생 당나라를 위해 외족과 싸우다 이렇게 어이없이 생을 마감했다).

낙양을 점령한 안록산은 756년 정월 스스로 대연(大燕) 황제로 즉위하여 당 황제와 대등한 지위임을 천명했다. 안록산은 역전의 노장 가서한을 물리치고 장안을 지켜주는 요새인 동관을 뚫었다. 장안 함락은 시간문제였다. 양국충은 현종의 몽진을 결정하고 용무장군 진현례에게 현종의 호위를 맡겼다. 6월 13일 현종은 양귀비를 데리고 피난길에 올랐다. 그러나 황제를 호위하는 군인들의 분위기는 살벌했다. 이들은 이 모든 일들이 양국충 때문이라고 생각하고 있었고, 양국충을 죽여 백성들의 분을 풀어주지 않으면 사태는

안록산의 난으로 장안이 함락되었다. 현종은 양국충, 양귀비와 도망쳤다. 마외파에서 병사들은 양국충을 때려죽였고, 양귀비도 죽일 것을 요구했다. 양귀비는 목을 매어 자살했다. 사진은 마외파에 남아 있는 양귀비의 무덤이다.

더욱 커질 것이라고 웅성거렸다. 진현례는 동궁의 환관인 이보국(李輔國)에게 이런 분위기를 전달했다.

피난 일행이 저녁 무렵 마외파(馬嵬坡)에 도착했을 때 양국충은 저녁거리를 보채는 토번의 사신들과 실랑이를 벌이고 있었다. 이때 진현례의 부하가 이 모습을 보고는 갑자기 "재상(양국충)이 오랑캐들과 반란을 꾸미고 있다!"며 고함을 질렀고, 이 소리에 놀란 병사들이 일제히 함성을 지르며 양국충에게 달려들어 검과 창으로 양국충을 난도질했다. 양국충의 아들 양훤도 벌집이 되었다.

재상을 비롯하여 40여 개의 직함을 가지고 대당 제국을 호령하던 간신 양국충은 이렇게 외마디 비명도 지르지 못하고 자신과 황제를 호위하던 병사들의 창칼에 난도질을 당해 죽었다. 이어 병사들은 양귀비도 요구했고, 현종은 눈물로 자신의 비열함을 가장하며 환관 고력사에게 양귀비를 넘겼다. 고력사는 불당 앞 배나무 아래로 양귀비를 데려가 비단 끈으로 그녀의 목을 매달았다. 현종은 '귀비가 부디 좋은 곳에서 환생하길'이라는 가증스러운 탄식만을 남겼다. 중국 역사상 최고의 전성기를 구가했던 대당 제국의 저녁은 그렇게 저물어가고 있었다.

진땀 나는 역사의 교훈

영락없는 양아치 출신의 간신 양국충은 썩을 대로 썩은 당 조정의 난맥상과 맞물려 등장했다. 향락과 쾌락에 절은 현종이 나이 60에 양귀비에게 푹 빠지자 별 볼일 없이 이곳저곳을 전전하던 양국충은 양귀비 일가 여자들의 치맛자락을 붙들고 당의 수도 장안에 진입했고, 이어 간신 이임보가 자신의 정치적 입지를 강화하기 위해 양국충을 앞잡이로 이용하는 과정을 통해 조정의 중심부에 발을 들여놓을 수 있었다. 떠돌이 건달에 도박이나 좋아하던 양국충을 이임보는 그다지 경계하지 않고 권력 투쟁에 끌어들였지만 고양이인 줄 알았던 양국충이 사실은 이리보다 더한 자였다.

이임보가 죽자 양국충은 40여 개의 자리를 겸직하며 무소불위의 권력을 마음껏 휘둘렀지만 그 역시 자신이 끌어들인 안록산 때문에 비참한 최후를 맞이한다. 간신이 간신을 끌어들이고, 간신이 간신을 제거하고, 다시 간신이 간신을 끌어들였다가 제거당하는 악순환이 반복되면서 당 제국은 완전 사망 일보 직전까지 내몰렸다.

안록산의 난은 가까스로 평정되었지만 당은 더는 기력을 회복하지 못하고 빈사 상태에서 허덕이다가 멸망의 길을 걸었다.

양국충의 사례는 권력자가 무능하기 짝이 없는 간신배를 요직에 앉혀 놓고 무작정 신임하고 예뻐한 결과 나라를 망국 일보 직전까지 몰고 간 대표적인 역사적 사건으로 남아 있다. 간신은 자신의 출세를 위한 처세와 정직하고 올바른 정적을 해치는 일에는 기가 막힐 정도의 솜씨를 보여주지만 개인의 영달과는 관련이 없는 나라의 일, 특히 백성들을 위한 봉사와 공적인 일에는 대개 무능하거나 아예 돌보지 않는다. 모든 간신의 공통점이다.

한 가지 분명하게 알아두어야 할 사실은 간신에게는 공사의 분별이 없다는 것이다. 아니 이자들은 공과 사가 무엇인지조차 모르며, 설사 안다 하더라도 전혀 신경 쓰지 않는다. 권력은 자신들이 잘나서 얻은 것이며, 백성들의 피와 땀이 서린 세금 또한 자신들을 위한 주머닛돈으로 생각한다. 나라와 백성들을 위해 관리를 뽑는 것이 아니라 자신에게 충성하는 사악한 자들만 곁에 두고 사리사욕을 한껏 채운다.

보라! 천 수백 년 전이나 지금이나 간신들이 하는 짓은 하나 달라진 것이 없다. 더 끔찍한 사실은 지금처럼 개명된 민주 사회에서도 숱하게 많은 간신들이 버젓이 나라와 백성들을 농락하면서 설치고 있다는 것이다. 역사는 이렇게 끔찍하고 무섭다. 이런 간신들이 수천 년 동안 나라를 망치고 백성들을 괴롭혀왔다는 사실이 엄연함에도 불구하고, 그래서 피가 뚝뚝 떨어지는 서슬이 퍼런 역사의식으로 염병 같은 이들의 창궐을 단호히 막고 단절했어야 함에도 불구하고 여전히 이들에게 끌려다니는 이 기가 막힌 상황을 어떻게 보아야 한단 말인가?

'개원의 치'라는 당나라 최고 전성기를 구가했던 현종 이융기는 통치 후반기를 간신들 때문에 완전히 망쳤다. 거대한 제국을 멸망 일보 직전까지 몰고 가는 천추의 한을 남겼다. 이 극적인 반전에 대해 수많은 사가들이 논평을 남겼지만 어느 것 하나 후련한 답은 없다. 다

간신이 남긴 피해와 후유증은 정말 우리를 진땀 나게 만든다. 청산하지 못한 과거사 역시 몹시 무섭게 우리의 현재를 타격한다. 양국충은 이렇듯 진땀 나는 역사의 교훈을 남겼다.

만, 역사의 흐름에 단 한순간도 방심해서는 안 된다는 참으로 진땀 나는 교훈을 얻어 갈 뿐이다. 역사는 그 시대 모든 인간 활동의 총합이며, 그 총합이 역사의 대세와 품질을 결정한다. 역사의 주체인 인간 하나하나의 품질이 역사 전체의 품격을 결정하는 것이다. 시대와 역사에 방심해서는 안 되는 중요하고 절박한 이유가 여기에 있다.

　민간에 전해오는 고사와 전설, 설화 등은 당시의 민심을 반영하
는 귀중한 자료다. 관에서 주도하여 편찬한 역사 기록이나 지배층
이 남긴 기록에는 볼 수 없는 적나라한 이야기들이 적지 않기 때문
이다. 다음 이야기는 당나라 현종 때 양귀비의 치맛바람 덕에 권세
를 떨쳤던 양국충을 희롱한 왕석장(王石匠)이라는 한 석공에 관한
민간 고사다.

　양귀비가 현종의 총애를 한 몸에 받으면서 그 친인척들이 대거
궁궐로 들어왔다. 양국충은 태사(太師)라는 존칭으로 불리면서 조
정 안팎을 어지럽혔다. 사람들은 이런 그를 곁눈질하면서도 감히
말을 꺼내지 못했다.

　하루는 양국충이 혼자 말을 타고 교외로 봄나들이를 나갔다가 길
을 잃었다. 궁으로 돌아가는 길을 찾지 못하고 헤매던 양국충은 도
로 바닥을 깔고 있던 왕씨 성의 석공을 보고는 "여봐라! 이 길은 어
떻게 가나?"라고 물었다.

　말에서 내리지도 않은 채 동네 강아지 부르듯 상대를 불러대는
이 거만한 자를 본 석공은 그가 태사 양국충임을 알아보고는 "지금
까지 길이 간다는 말은 듣지 못했습니다. 길은 원래 있는 자리에서
움직이지 않지요!"라고 태연하게 답했다.

　석공의 말에 다급해진 양국충이 큰 소리로 "내 말은 성으로 들어
가려면 어느 길로 가야 하고, 얼마나 떨어져 있나, 이 말이야!"라고
고함을 질렀다.

석공은 쳐다보지 않고 "모르겠습니다. 재 본 적이 없어서요"라며 딴청을 피웠다. 양국충은 화가 머리끝까지 뻗쳐 "이 빌어먹을 놈이 있나! 조정의 태사에게 이렇게 무례하다니"라며 씩씩거렸다.

양국충이 욕을 하자 석공은 공구를 챙겨 고개를 돌려 그 자리를 떠나면서 "죄송합니다, 태사 나으리. 소인이 급히 봐야 할 신기한 일이 있어서 이만 실례하겠습니다"라고 했다.

날은 어두워지고 길에는 사람도 없어 길을 묻지 않으면 도성으로 돌아갈 수 없는 상황이라 양국충은 화를 참으면서 "잠깐만! 신기한 일이란 대체 무엇이길래 이렇게 서두르는가?"라고 물었다.

여전히 말 위에서 내리지 않고 있는 양국충을 올려다보면서 석공은 "동촌에서 말이 소를 낳았다지 뭡니까. 이게 신기한 일이 아니고 무엇이겠습니까"라고 했다. 양국충은 "말이 소를 낳아? 어째서 말을 낳지 않았지?"라고 되물었다. 석공은 기다렸다는 듯이 "그러게 말입니다. 그 짐승 놈이 어째서 말을 낳지 않았는지 누가 알겠습니까"라 하고는 서둘러 그 자리를 떴다.

석장은 거만한 양국충을 보고는 그가 한 말을 받아 '길은 어떻게 가는가'와 '내리다'와 '낳다'는 두 가지 뜻을 가진 '下'를 가지고 양국충을 놀렸다. 상대에게 길을 물으면서 말에서 내리지도 않은 채 함부로 사람을 부르는 양국충을 이렇게 조롱한 것인데, 특히 마지막 부분 '그 짐승 놈이 말을 낳지 않고(말에서 내리지 않고) 소를 낳았다'는 대목은 말에서 내리지도 않은 채 거만을 떠는 양국충을 짐승에 비유함으로써 조롱의 분위기를 최고조로 올려놓았다. 세도가 양국충이 민간의 평범한 석공에게 의문의 일패를 당한 꼴이 되었다.

민간의 언어는 대개는 직설적이다. 비속어도 자주 등장한다. 하지만 석공이 잘 보여 주었듯이 그들이 구사하는 언어에는 상류층으로는 이해할 수 없는 풍자와 조롱이 함축되어 있다. 그리고 그 언어는 결코 어렵지 않다. 물론 그들의 생활과 생각을 모르고 공감하지 못하면 어렵겠지만. 권력을 쥔 간신 놈이 이런 백성의 마음과 생활 모습에 눈곱만큼의 관심이라도 가질 리 만무하다.

권력자의 종교에 주목한 간신 어조은(魚朝恩)

당나라 중기 때의 어조은(722~770년)은 현종(玄宗) 때 환관으로 입궁하여 안록산의 난 때 장안을 버리고 도망간 현종을 수행했고, 그 뒤 태자 이형(李亨, 훗날 숙종)을 모시며 신임을 얻었던 인물이다. 숙종을 이어 즉위한 황제 대종(代宗) 때는 그의 비위를 맞추기 위해 대대적인 토목공사를 벌여 백성과 국가에 막대한 피해를 입혔다. 어조은은 이에 따른 잘못은 남에게 씌우고 공은 자신이 가로챘던 전형적인 간신이었다.

어조은은 특별히 황제의 종교 신앙을 잘 이용하여 귀여움을 받았는데, 대종이 불교를 독실하게 믿고 있다는 것을 알고는 자신의 별장을 절로 고쳐 장경사(章敬寺)라는 그럴듯한 이름까지 붙여 바쳤다. 그러면서 고인이 된 황제의 생모 오(吳) 씨, 즉 장경태후의 명복을 비는 원찰로 삼으라는 친절하고 센스 넘치는 멘트까지 덧붙였다. 장경사라는 이름이 바로 장경태후의 시호를 그대로 갖다 쓴 것이다.

아니나 다를까? 대종은 어조은의 애틋한(?) 마음 씀씀이에 감동을 받아 어쩔 줄 몰라 했다. 어조은의 호의를 받아들인 것은 물론이었다. 황제가 감동까지 하면서 자신을 믿어주었으니 무슨 다른 말이 필요하겠는가? 어조은은 황제라는 세상에 둘도 없는 막강한 배경, 즉 권력의 마술 지팡이를 믿고 대대적인 토목공사를 일으키기 시작했다. 그러면서 자기 별장 규모로는 황제의 격에 절대 어울리지 않는다는 지극히 상투적인 핑계를 대고는 장경사의 규모를 키우기 시작했다.

이렇게 해서 증축된 절은 엄청난 규모와 화려함의 극치 그 자체였다. 장안(長安)의 시장 규모로는 감당할 수 없을 정도로 막대한 건축 자재와 관련 재료들이 들어갔다. 인력은 강제로 동원했다. 목재가 모자라다 보니 멀쩡한 정자와 집들까지 뜯겨나갔다. 비용은 억 억 소리가 날 정도로 들었다. 백성은 신음했고, 나라의 창고는 텅 비어 먼지만 쌓여갔다. 공사장에서는 고통을 이기지 못해 질러대는 인부들 비명 소리가 하늘을 진동시켰다. 힘을 제대로 쓰지 못하면 따라다니면서 매질을 해댔기 때문이다.

간신은 단 하나의 예외도 없이 권력자의 비위를 맞추는 데는 귀신을 능가한다. 더러운 똥구멍이라 서슴없이 핥는다. 어조은은 최고 권력자의 종교적 성향을 한껏 이용하여 나라 재산을 원없이 축냈다. 황제를 위해 자기 별장을 바친 것은 이후 벌어질 세상에 둘도 없는 성전 건설을 위한 작은 주춧돌에 지나지 않았다.

우리 주변에도 이런 간신들이 넘쳐난다. 나라까지 하나님에게 바치겠다는 희한한 권력자들까지 있으니 오죽하겠는가? 이 순간에도 주린 배를 움켜쥐고 하루하루를 근근이 지탱하는 백성들의 신음 소리에는 아랑곳 않고 하늘을 찌를 듯 땅을 끌어당길 듯한 기세로 어마어마한 종교 건물을 지어 놓고 오로지 자기들만 잘살게 해주신다는 천하에 둘도 없는 이기적인 신을 찾는 몹쓸 자들로 넘쳐난다.

절망과 고독을 비추는 작은 희망의 등불이 되길 온몸으로 거부한 채 개기름 번들거리는 얼굴로 백성들의 골수를 파먹는 괴물들이 온 천지를 덮고 있다. 간신들의 시대이다. 그러나 이 자들의 민낯이 곳곳에서 드러나고 있다. 이참에 철저하게 이들의 정체를 드러내어 준엄한 심판을 내려야 할 것이다. 어두운 역사가 반복되면 나라와 백성이 골병이 든다.

원시사회	약 60만 년 전~기원전 약 21세기	삼황오제(三皇五帝) 포함
하(夏)	기원전 약 21세기~기원전 약 16세기	노예제 사회. 상은 후기 은(殷)으로 천도, 상은이라 부름.
상(商)	기원전 약 16세기~기원전 약 11세기	
서주(西周)	기원전 약 11세기~기원전 771년	
춘추(春秋)	기원전 770년~기원전 476년	
전국(戰國)	기원전 475년~기원전 221년	봉건사회 개시
진(秦)	기원전 221년~기원전 206년	시황－호해－자영 3대.
서한(西漢)	기원전 206년~8년	서한과 동한 사이에 왕망(王莽)의 신(新) 9년~23년. 유현(劉玄) 23~25년.
동한(東漢)	25년~220년	
삼국(三國)	220년~280년	위·촉·오
위(魏)	220년~265년	조조－조비－조예
촉(蜀)	221년~263년	유비－유선
오(吳)	222년~280년	손권
서진(西晉)	265년~316년	무제 사마염(司馬炎)
동진(東晋)	317년~420년	원제 사마예(司馬睿)
오호(五胡) 십육국	304년~439년	흉노, 선비, 갈, 저, 강
남북조 (南北朝)	420년~589년	
남조(南朝)	420년~589년	
송(宋)	420년~479년	무제 유유(劉裕)
제(齊)	479년~502년	고제 소도성(蕭道成)
양(梁)	502년~557년	무제 소연(蕭衍)
진(陳)	557년~589년	무제 진패선(陳覇先)
북조(北朝)	386년~581년	
북위(北魏)	386년~534년	도무제 탁발규(拓跋珪)
동위(東魏)	534년~550년	효정제 원선견(元善見)

서위(西魏)	535년~557년	문제 원보거(元寶炬)
북제(北齊)	550년~577년	문선제 고양(高洋)
북주(北周)	557년~581년	효민제 우문각(宇文覺)
수(隋)	581년~618년	문제 양견(楊堅)
당(唐)	**618년~907년**	**고조 이연(李淵)**
오대십국 (五代十國)	907년~979년	5대 : 후량, 후당, 후진, 후한, 후주/10국 : 오, 남당, 민, 초, 오월, 전촉, 후촉, 남한, 형남, 북한
북송(北宋)	960년~1127년	태조 조광윤(趙光胤)
남송(南宋)	1127년~1279년	고종 조구(趙構)
요(遼)	907년~1125년	태조 야율아보기
서하(西夏)	1032년~1227년	경제(景帝) 원호(元昊)
금(金)	1115년~1234년	태조 완안민(完顏旻) 아골타
몽(蒙), 원(元)	1206년~1368년	태조 징기스칸. 1271년 원(元)으로 국호 개명. 북원(1370~1388).
명(明)	1368년~1644년	태조 주원장(朱元璋)
청(淸)	1616년~1911년	태조 애신각라(愛新覺羅). 1616년 누루하치 후금 건국. 1636년 황태극 청으로 개명.

권력자를 완벽하게 기만한
귀신 얼굴의 간신
노기 盧杞

노기(734?~785년)는 위진남북조시대 산동 지역의 범양(范陽) 노씨 집안 출신으로, 그 집안은 10대조부터 아버지에 이르기까지 고위직을 수도 없이 배출한 명문가 중의 명문가였다. 할아버지 노회신(盧懷愼)은 진사에 급제한 뒤 고종, 중종, 무측천, 현종까지 네 황제를 모시며 요직을 두루 거쳤다. 당대의 명재상 요숭(姚崇)과 함께 재상을 지내면서 충정과 청렴으로 이름이 높았다. 아버지 노혁(盧奕)은 어사중승을 지냈으며 '안사의 난' 때 낙양에서 장렬하게 순국한 의기 넘치는 인물이었다. 이런 조상들과는 대조적으로 노기는 부패한 정치 환경에서 중당 시기 악취를 풍긴 간신이 되어 그 더러운 이름을 길이 남기고 있다.

노기는 괴이한 외모에다 제대로 배우지 못했지만 쇠도 녹이는 천하에 둘도 없는 말솜씨로 황제 덕종(德宗)을 완전히 사로잡았다. 노

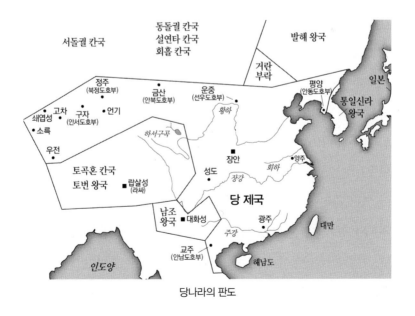

당나라의 판도

기가 덕종을 어느 정도 사로잡았는가 하면, 온갖 죄상이 드러나 결국은 유배당했다가 죽은 노기를 4년이 지나도록 잊지 못하고 그리워할 정도였다. 노기는 철두철미 권력자를 속여 끝까지 자신의 간행을 눈치채지 못하게 만든 완벽(?)에 가까운 간신의 전형이었다.

콤플렉스를 뛰어넘다

노기는 생각이 빠르고 말이 능수능란했다. 그러나 외모가 추한데다가 얼굴색이 푸른색이라 마치 귀신같아 보였다. 당나라의 관리 선발을 비롯한 인재 선발 기준을 보면 외모를 따지는 '신(身)'이란 조항도 있었기 때문에 노기는 관리가 될 최소한의 기본 조건을 갖추지 못한 셈이었다. 그래서인지 노기는 어려서부터 공부는 뒷전으로 밀쳐놓고 비뚤어진 길을 걸었다. 어느 정도 크자 벼슬길은 아예 희망이 없다는 것을 더욱 실감하게 되었다.

그럼에도 노기는 당시 당나라 조정의 정치가 갈수록 부패하는 현상을 목격하고는 자기 집안의 높은 명성을 이용하여 관료판에 진입할 수 있다고 판단했다. 부패한 관료 조직을 파고들어 각종 로비 활동을 벌였고, 그 결과 뒷문으로 관료 사회에 성공적으로 안착하여 여러 자리를 거치면서 나름대로 이력을 쌓았다. 그러나 못생긴 외모와 혐오스러운 얼굴 때문에 사람들에게 늘 무시당하면서 살았다. 한번은 충주자사에 임명되어 형남 지역으로 부임하던 중 형주 절도사 위백옥(衛伯玉)에게 인사를 드리게 되었다. 위백옥은 노기의 모습을 너무나 싫어한 나머지 노기의 인사조차 받으려 하지 않는 등 극심한 모욕을 주었다. 이 때문에 노기는 병을 핑계로 장안으로 되돌아와 버렸다.

이 일로 노기의 마음은 더욱더 어두운 쪽으로 삐뚤어졌고, 또 자신의 가문만으로는 더 높은 고위층으로 오르기에는 불가능하다는 사실도 분명히 알게 되었다. 그는 음모와 속임수, 그리고 남다른 꿍꿍이로 최고 통치자인 황제를 기쁘게 만들 수 있어야만 날개를 달고 날아오를 수 있다는 사실을 새삼 절감했다. 노기는 자신에게 주어진 모든 기회를 황제의 마음을 살 수 있는 방법으로 이용하는 데 전력을 다했다. 뜻이 있는 자에게 길이 있다고 했던가? 기회는 모두에게 공평한 모양이다.

780년 노기가 괵주자사로 재임하고 있을 때 관가에서 관리하는 돼지 3천 마리가 백성들에게 피해를 끼치는 일이 발생했다. 이 일을 보고받은 덕종은 그 돼지들을 동주(同州)에 소속된 사원(沙苑)이란 곳으로 옮기라는 명령을 내렸다. 노기는 이 일을 이용하여 황제에게 잘 보이고자 마음먹었다. 노기는 글을 잘 꾸미는 자를 사서 아주 멋들어지게 보고서를 작성시켜 황제에게 올렸다. 동주의 백성들 역시 황상의 백성들이니 백성들에게 피해를 준 돼지들을 백성들이 잡아먹도록 하사하는 것이 가장 좋겠다는 의견이었다. 보고서를 본 덕종은 아주 흡족해하며 관가의 돼지를 빈민들에게 나누어주도록 하는 한편, "괵주도 지키고 다른 주도 걱정하는 노기야말로 재상감이로구나!"라는 말로 노기를 칭찬하고 바로 어사중승에 발탁했다.

당 왕조의 중흥시켰다는 평을 받는
명장 곽자의는 노기가 어떤 자인지,
어떤 길을 걸을 것인지 예견했다.
하지만 그것을 막을 힘은 없었다.
곽자의의 초상화이다.

　　교묘하게 꾸민 문장 하나로 황제
의 마음을 잡은 노기는 그 뒤로 승
진을 거듭했다. 노기에 대한 덕종의
평가는 과장된 부분이 적지 않았다.
하지만 노기는 이를 한껏 이용하여
사방으로 자신을 광고하며 다녔고,
그 결과 하는 일마다 덕종의 심기를
헤아려 철저하게 아부와 감언이설
로 일관하며 비위를 맞추어 나갔다.
　　이런 노기의 사람 됨됨이를 일찌
감치 간파한 사람이 있었으니 당 조정의 원로대신이자 나라의 대
들보와 같았던 곽자의(郭子儀, 697~781)였다. 연로한 곽자의가 병환
이 깊어지자 문무백관들이 모두 병문안을 왔다. 노기도 왔다. 노기
를 본 곽자의는 자신의 처첩들까지 모두 물러나게 하고 노기만 남
게 하여 은밀히 이야기를 나누었다. 모든 면에서 자신과는 전혀 어
울릴 수 없는 노기를 홀로 남겨 독대하는 곽자의의 행동을 이해할
수 없었던 집안 식구들은 노기가 물러간 뒤, 곽자의에게 그 까닭을
물었다. 곽자의는 한숨을 내쉬며 이렇게 설명해주었다.

　　"노기는 외모는 못생겼지만 속은 음흉한 자다. 부인과 너희들이
그를 보면 죄다 비웃을 것이다. 그럴 경우 훗날 노기가 권력을 장
악하는 날에는 우리 집안이 남아나지 못할 것이다!"

노기의 본색을 간파한 곽자의는 장차 닥칠지도 모를 집안의 재앙을 막기 위해 미리 노기에게 잘 보인 것이었다.

현란한 간행

노기가 황제 덕종의 신임을 듬뿍 받으면서 승승장구하고 있을 때 그 출세 가도를 가속화시키는 사건이 발생했다. 문하시랑에 동평장사를 겸하고 있던 재상 양염(楊炎, 727~781)이 재정 전문가 유안(劉晏, 716~780)을 죽이는 잘못을 범했다. 덕종은 불만을 터뜨리며 양염을 중서시랑에 동평장사로 자리를 이동시키고, 노기를 문하시랑에 동평장사로 발탁하여 양염과 함께 재상 자리를 수행하도록 한 것이다. 덕종은 그로부터 열흘 만에 다시 노기를 어사대부로 승진시키는 파격적인 인사를 단행하여 노기에 대한 신임을 한껏 나타냈다. 이로써 '귀신 얼굴'의 노기는 꿈에도 그리던 재상의 반열에 올랐고, 자신의 특기인 '간행(奸行)'을 마음껏 펼칠 수 있는 최적의 무대를 마련했다.

간신을 대함에 있어서 방심은 절대 금물이다. 역사상 방심 때문에 간신에게 당한 사례는 그 수를 헤아릴 수 없을 정도로 많다. 간신은 방심을 파고드는 데 귀신같은 능력을 발휘한다. 노기 역시 마찬가지였다. 재상 양염은 박학다식에 뛰어난 문장은 물론, 시정에도 밝고 외모도 당당한 당대의 인재였다. 자부심도 대단했다. 다만 성격이 모가 나서 황제와 대신들로부터 불만을 적지 않게 샀다. 이런 그가 구질구질한 외모에 제대로 배우지도 못한 노기를 국정의 동반자로 인정하기란 정말 힘들었을 것이다. 양염은 재상들끼리는 함께 식사하며 국사를 상의하도록 한 규정까지 어겨가면서 노기를 노골적으로 외면하고 무시했다. 늘 이런저런 핑계를 달아 다른 곳에서 쉬면서 노기와 자리를 함께하는 일을 피했다. 이는 양염의 치명적인 실수가 아닐 수 없었다. 간신을 깔보는 것, 이것처럼 무시무시한 결과를 초래하는 일도 없다.

양염의 노골적인 냉대에 노기는 절망이나 분노 대신 처절하게 이를 갈며 기회를 기다렸다. 여러 면에서 자기보다 훨씬 강한 양염에게 지금 당장 맞선다는 것은 어리석은 짓이었다. 하지만 양염을 제거하지 않고는 자신의 자리를 보전할 수 없다. 노기는 양염의 성격을 제대로 파악했다. 차근차근 양염을 제거할 음모를 꾸미고 이를 실천에 옮기기 시작했다.

노기는 먼저 양염의 관할 아래 있는 중서주서의 과실을 밝혀내서 이를 덕종에게 보고했다. 중서주서가 쫓겨났고, 양염은 적지 않은 정치적 타격을 입었다. 양염은 여전히 노기에 대해 주의를 기울이지 않고 무시했다. 그 방심의 틈으로 노기는 한 발 들여놓는 데 성공했고, 그렇게 해서 벌어진 틈은 양염이 상상할 수 없을 정도로 큰 틈이었다. 아무리 작은 틈이라도 비집고 들어온 이상 간신들은 절대 그냥 빠져나가지 않는다. 그 틈에 그들의 사활이 걸려 있기 때문이다. '방심의 틈', 이는 간신배가 비집고 들어와 치명적인 알을 까는 더없이 좋은 양분이 된다.

언젠가 한번 덕종은 양염과 노기에게 여러 신하들 중 누구를 중

용하면 좋은가를 물었다. 노기는 곰곰이 생각한 끝에 황제 덕종의
마음에 들 만한 장일(張鎰)과 엄영(嚴郢)을 추천했다. 이들은 세 황제
를 모셔온 중신들이었다. 양염은 재능이 뛰어난 최소(崔昭)와 조혜
백(趙惠伯)을 추천했다. 덕종은 양염의 논의가 대충대충 제멋대로라
며 크게 불만을 나타냈다. 이 일로 덕종의 마음은 더욱 노기에게로
쏠렸다.

　780년 산남동도절도사 양숭의(梁崇義)가 반란을 일으키는 난리가
터졌다. 덕종은 회서절도사 이희열(李希烈, 약 750~786)에게 반란을
토벌하도록 했다. 양염은 이희열이 바르지 못한 마음을 가진 자로
중용할 경우 통제가 어렵다고 보고 이희열의 파견에 강력하게 반
대하고 나섰다. 덕종은 기어코 이희열을 파견했다. 그 뒤 이희열의
군대가 비 때문에 진군하지 못하고 지체하는 상황이 발생했다. 노
기는 이 기회를 놓치지 않고 덕종에게 이희열이 전진하지 않고 계
속 지체하고 있는 것은 양염에 대한 불만 때문이라고 덕종을 자극
한 다음, 지금처럼 양염을 총애하면 그 후환은 상상할 수 없을 것
이라며 은근히 공갈까지 쳤다. 그러면서 잠시 양염을 파면하여 이
희열의 마음을 돌리고, 난이 평정된 다음 다시 양염을 재기용하면
될 것이라는 대안까지 제시했다.(이희열도 반란을 일으켰다.)

　어리석은 덕종은 앞뒤 생각도 않고 노기의 말대로 양염을 재상에
서 좌복야로 좌천시켰다. 노기는 회심의 미소를 지으며 바로 양염
의 정적인 엄영을 관료들에 대한 사찰을 담당하는 자리인 어사대
부로 기용하여 그와 함께 양염의 비리를 파헤치기 시작했다. 그 결
과 양염이 장안 곡강 남쪽에 가묘를 지은 적이 있었는데, 당시 사

천하의 명사 안진경도 비열한 간신 노기에 속수무책으로 당했다. 간신은 사전에 막지 않으면 큰일난다. 안진경의 초상화이다.

람들 사이에서는 그 땅은 '제왕의 기운'이 서린 곳으로 양염이 그곳을 택한 것은 분명 다른 의도가 있을 것이라는 이야기가 떠돌았다는 사실을 알아냈고, 여기에 다른 시시콜콜한 뇌물과 불법 사실을 대문짝만하게 들추어내어 황제에게 보고했다.

이 보고에 덕종은 펄쩍 뛸 듯이 성을 냈다. 그도 그럴 것이 사실이건 아니건 양염은 권력자의 가장 민감한 부분을 건드렸기 때문이다. 덕종은 양염을 최주사마라는 보잘것없는 자리로 좌천시키는 한편 도중에 사람을 보내 양염을 살해했다. 당 왕조 중기를 대표하는 유명한 정치가 양염이 이렇듯 어처구니없게 간신에게 당했다. 사태는 이 정도로 끝나지 않았다. 양염의 부하와 동료들도 속속 살해되거나 옥에 갇혔다. 조정은 완전히 노기에 의해 장악되었다.

가장 벅찬 상대인 양염을 제거한 노기의 앞길에 걸릴 것이 없어 보였다. 노기는 이 정도로 만족하지 않았다. 노기는 이어 자신이 추천한 바 있는 중신 장일(?~783)을 제거하는 수순에 들어갔다. 덕종의 마음을 잡기 위해 장일을 추천하긴 했지만 그가 좋아서 그런 것은 결코 아니었다. 조야의 존경을 한 몸에 받고 있는 장일은 아무래도 껄끄러운 존재가 아닐 수 없었다. 노기는 봉상 지역에서 주차(朱泚)란 인물이 심상치 않은 행동을 보이자 덕종이 주차를 대신할 인물을 물색하고 있음을 알고는 덕종에서 주차의 명성으로 보아 재상급이 아니면 제압하기 힘들 것이라며 은근히 장일이 적임자임을 암시했다. 이렇게 해서 장일은 주차를 토벌하기 위해 조정을 벗어났고 얼마 뒤 주차의 부장에게 피살되었다.

세상이 다 알아주는 서예의 대가 안진경(顏眞卿, 709~784)도 노기에게 당한 대표적인 경우였다. 태자태사에 예의사를 지낸 원로대신 안진경은 '안사의 난' 때 노기의 아버지와 함께 싸우면서 노기 아버지의 얼굴에 묻은 피를 직접 닦아 줄 만큼 정과 은혜가 깊은 사이였다. 노기는 이런 것에는 눈꼽 만큼의 관심도 없었다. 오로지 안진경의 능력과 명성만을 시기 질투하여 덕종을 꼬드겨 안진경의 벼슬을 빼앗았을 뿐만 아니라 덕종을 속여 반란군의 두목 이희열을 설득하기 위한 사절로 안진경을 보내게 하여 결국 이희열에게 살해 당하게 만들었다.

이렇게 능력 있고 명성 높고 어진 인재를 원수처럼 시기하고 질투하고, 또 자기보다 강한 사람들을 배제하고 음해하는 수단으로 자신의 직위를 높이고 지위를 다짐으로써 노기는 마침내 조정의 실권을 한 손에 움켜쥐기에 이르렀다.

망가지는 나라

재상권을 독점하기 위해 노기는 다음 수순으로 무능한 자들만 골라 임용하는 것을 자신의 지위와 권력 기반을 다지기 위한 음모와 책략으로 삼았다. 양염과 장일 등을 배제하거나 살해한 다음 노기는 덕종이 혹여 강한 사람을 기용하여 권력을 분담시키지 않을까 하여 덕종에게 우유부단하고 일 처리가 느린 이부시랑 관파(關播)를 추천했다. 덕종은 관파를 중서시랑 동평장사에 임명했다. 명목상으로는 두 명의 재상이 일을 분담하는 모양새를 갖추었지만 모든 중요한 결정은 노기 한 사람에 의해 좌우되었다.

한번은 덕종 앞에서 국사를 논의하면서 관파가 노기의 의견에 동의하지 않는 표정을 지으면서 곧 자리에서 일어나 자신의 의견을 밝히려 한 적이 있었다. 노기는 사나운 눈빛으로 관파를 노려보며 그를 제지시켰고, 회의가 끝난 뒤 중서성으로 돌아와서는 누구 덕에 지금 재상 자리에 앉아 있는 줄 아냐며 매섭게 관파를 몰아붙였다. 관파는 이후 함부로 자신의 의견을 밝히지 못한 채 그저 노기의 의견에 고개만 끄덕이는 꼭두각시 재상에 만족할 수밖에 없었다. 이 때문에 후세 사람들은 관파를 일컬어 '끄덕이 재상'이라는 별명을 붙여 비아냥거렸다.

노기는 급하고 꺼리는 것이 많은 덕종의 성격을 한껏 이용하여 유능한 인재 태반을 해쳤다. 유능한 사람이 앉아야 할 자리에 모조리 무능한 자기 측근들만 갖다 앉혔다. 대표적인 사례가 심복인 조찬(趙贊)을 당대의 명사이자 인재였던 두우(杜佑, 735~812)를 대신하여 호부시랑 판탁지에 임명하여 전국의 재정을 관장하게 한 것이다. 재정에 대해서는 문외한이나 다름없는 조찬은 그저 노기가 하라는 대로만 움직일 수밖에 없었다. 재정 상태는 엉망이 되었다. 중앙 정부에 위협이 되고 있던 번진을 정벌하기 위해 군사비를 마련하려고 재정 상태를 보니 장부조차 제대로 갖추어져 있지 않았다. 노기의 앞잡이들이 상인들을 무자비하게 쥐어짰고, 수많은 상인들이 그 부담을 견디지 못해 줄줄이 목을 매어 자살하는 사건이 벌어졌다. 당시 수도 장안은 마치 도적 떼를 만난 듯 어수선했다고 한다.

이것도 모자라 노기 일당은 부잣집의 집과 땅, 노비와 식량을 마구 빼앗았다. 견디다 못한 상인들은 상점을 모조리 폐쇄했고,

거듭 강조하지만 간신이 성장하는 온상이자 숙주는 어리석은 권력자이다. 덕종과 노기의 관계는 간신과 권력자의 관계, 즉 기생충과 숙주의 전형적인 모습으로 남아 있다. 덕종의 초상화이다.

장안의 경제는 완전히 암흑 상태에 빠졌다. 노기를 원망하는 백성들의 울부짖음이 장안 거리를 맴돌았다. 어찌어찌해서 200만 관을 긁어모으긴 했지만 이번에는 인력이 바닥이 난 뒤였다. 민심이 흉흉해지자 덕종도 하는 수 없이 노기의 행동을 중지시켰지만 민심은 이미 등을 돌렸고, 경제는 파탄이 난 뒤였다.

생산력 발전이 뭔지도 몰랐던 노기와 조찬 등은 남북의 물자 운송을 소통시켜 재정 수입을 늘리는 근본적인 방법 따위는 생각조차 못했다. 그저 이런저런 잡세를 늘려 재정 수입에 충당하는 아주 저급하고 소모적인 방법밖에는 몰랐다. 차, 칠기, 대나무, 나무, 토지, 부동산, 상거래 따위에 세금을 마구 부과하기 시작했다. 서민들은 과중한 세금을 피하기 위해 관리들에게 뇌물을 써서 과세를 피하거나 줄였고, 그나마도 할 수 없는 백성들은 세금에 치여 죽는 수밖에 없었다. 관리들은 공공연히 뇌물을 챙겼고, 관부의 재정 형

편은 전혀 나아지지 않았다. 백성들의 부담은 몇 배나 커졌지만 국가의 재정은 절반도 충당되지 못했으니 원망의 목소리가 전국을 뒤덮었고, 통치계급과 백성들 사이의 모순은 갈수록 격화되었다. 재정은 더욱 경색되었고, 군비도 갈수록 쪼그라들었다. 나라가 망가지는 소리가 여기저기서 들렸다.

783년 10월 경원절도사가 군대를 이끌고 이희열을 토벌하면서 장안을 지나갔다. 조정에서는 반란군 이희열을 토벌하는 데 공을 세운 장수와 병사들에게 내릴 상금이 없었다. 여기에 큰비까지 내려 병사들은 굶주림에 허덕였다. 경조윤 왕굉이란 자는 노기의 지시에 따라 먹을 수도 없는 거친 쌀겨와 썩은 채소를 상이랍시고 군사들에게 내렸다. 이것이 결국 쿠데타를 자극했다. 성이 난 병사들은 황궁으로 쳐들어와 마구 약탈을 일삼았다. 당황한 덕종이 금군에게 진압을 명령했지만 단 한 명도 나서지 않았다. 장안의 백성들은 너나 할 것 없이 우르르 몰려들어 황궁의 재난을 손뼉을 치며 구경했다. 덕종은 함양으로 도주했고, 궁중의 보좌는 주차가 대신 차지했다. 사실상 당 왕조는 여기서 망한 것이나 마찬가지였다.

천하가 미워한 간신을
끝까지 싸고 돈 덕종

함양으로 도망친 덕종은 다시 봉천(지금의 섬서성 건현)까지 달아났다. 주차가 반란을 일으켰음에도 불구하고 노기는 주차가 여전히 황제에게 충성을 다할 것이니 사람을 보내 달랠 것을 권했다. 덕종은 금오장군 오숙을 장안으로 보내 주차를 설득하게 했으나 오숙은 도착 즉시 주차에게 살해되었다. 우복야 동평장사 최녕(崔寧)이 봉천에 왔다. 덕종은 명망 높은 최녕을 이용하여 군대의 민심을 안정시키고 장안을 수복할 생각을 했다. 그런데 최녕이 덕종 앞에서 "황상께서는 총명하시고 현명하신데 노기란 자에게 홀려 이 지경이 되었습니다"라고 말했다는 정보를 입수한 노기는 바로 심복 왕굉과 짜고는 최녕의 부하 강담을 핍박하여 최녕이 주차에게 보내는 편지 한 통을 날조하게 하여 최녕이 주차와 서로 공모하고 있다고 고발했다. 그런 다음 노기는 덕종에게 "최녕이 주차와 결탁한 증거는 확실합니다. 만약 최녕이 주차와 호응하는 날에는 천하는 끝장입니다"라며 타는 불에 기름을 부었다. 그리고는 땅에 엎드려 "신이 재상의 몸으로 위기를 제대로 수습하지 못했으니 만 번 죽어 마땅합니다!"라며 통곡했다. 못난 덕종은 노기야말로 정말 충신이고, 최녕은 간신이라고 생각하여 최녕을 목매 죽게 했다. 이 사건은 당 왕조 때 일어난 가장 억울한 사건의 하나로 기록되어 있다.

그해 783년 11월, 주차가 봉천을 포위했다. 덕종의 운명은 바람 앞의 등불이나 마찬가지였다. 이때 삭방절도사 이회광(李懷光)이 근왕군을 이끌고 주차의 군대를 물리쳤다. 이회광이 2, 3일만 늦게 왔더라도 덕종은 주차의 포로가 되었을 것이다. 이회광은 사람들 앞에서 노기, 조찬, 백지정 등은 모두 간신배로 천하의 난리가 모두 이자들 때문에 비롯된 것이라며, 황제를 만나면 이자들을 모두 죽이라고 청을 드릴 것이라고 호언장담했다.

이필의 지적은 하나 틀린 점 없지만 때는 이미 늦었다. 사후약방문(死後藥方文)이었다.

이 이야기를 들은 노기는 두려움에 떨며 조찬 등과 모의하여 이회광까지 제거하고자 했다. 노기는 서둘러 덕종에게 이회광이 지금 큰 공을 세웠으니 그 여세를 몰아 어렵지 않게 장안을 수복할 수 있을 것이라고 건의했다. 하루빨리 장안으로 돌아가고 싶던 덕종은 생각도 해보지 않고 바로 이회광에게 장안으로 가라는 명령을 내렸다. 이회광과 덕종이 만날 기회는 이렇게 해서 무산되는 것처럼 보였다.

노기의 주판알이 마지막 순간에 가서 엉뚱한 곳으로 튀었다. 노기의 의도를 간파한 이회광이 함양에 군대를 주둔시켜 놓고는 더 이상 진군하지 않으면서 덕종에게 글을 올려 노기 등의 죄상을 폭로해버린 것이다. 노기 등을 처벌하라는 강력한 요구였다. 덕종도 하는 수 없이 노기 등을 광동과 귀주 지역의 말단 관리로 좌천시켰다. 사실상 유배를 보낸 것이다. 덕종은 사태가 진정되면 바로 노기를 다시 불러들이려 했고, 노기 역시 황제가 바로 자신을 불러들일 것이라 큰소리를 쳤다. 그러나 문무대신들 모두가 노기의 재기용에 반기를 들었다. 죽을 각오로 반대하는 신하들도 적지 않았다. 이쯤 되고 보니 덕종도 별 뾰족한 수가 없었다. 노기는 유배지에서 죄 많은 일생을 마감했다. 그때 노기의 나이 51세였다.

노기가 죽은 지 몇 년이 지난 어느 날 덕종은 대신 이필(李泌, 722~789)과 대화를 나누던 중 이런 말을 던졌다.

"노기의 충정과 청렴은 정말 대단한데 사람들은 그를 간사하다고 하니 짐은 도무지 알 수가 없소."

이필은 이렇게 대답했다.

"사람들은 모두 노기를 간사하다고 하는데 오로지 폐하께서만 그 간사함을 못 깨닫고 계신 것은 노기란 자가 그만큼 간사했기 때문 아니겠습니까? 폐하께서 진즉 깨달으셨다면 지난날 그 난리가 어찌 가능했겠습니까?"

권력의 사유화가 나라를 망친다

권력자가 권력을 유능한 인재들에게 균형 있게 나누려 하지 않고 사유화할 때 간신은 절로 생겨난다. 쓰레기에서 구더기가 생겨나듯이. 나라와 공공의 이익을 해친 자를 경질하지도 문책하지도 않고 계속 기용하겠다는 것은 백성이 일정 기간 빌려준 권력을 사유화하여 사적 은혜를 베푸는 것처럼 함으로써 부하들의 충성, 나라와 백성에 대한 충성이 아닌 권력자 개인에 대한 충성을 사취하는 아주 비열한 짓이다. 간신은 바로 이런 사사로운 권력 행사를 통해 성장한다는 사실을 명심해야 한다. 간신의 절대 토양은 권력자의 사사로운 감정과 사적인 권력 행사다. 이 점 예나 지금이나 하나 다르지 않다.

또 한 가지 명심해야 할 사실은 무능한 자들만 골라서 기용하는 간신의 상투적 수법이다. 덕종이 노기를, 노기가 '끄덕이 재상' 관파를 기용한 것을 보라. 어리석고 무능한 자는 자신에게 은혜를 베푼 자에게 맹목적으로 충성하기 마련이기 때문에 이 점을 이용하여 권력을 사유화하려는 것이다. 어리석고 천박한 통치자들 역시 마찬가지로 이 수법을 즐겨 사용한다. 이런 권력자 밑에 간신들이 꼬이기 마련이다. 이런 간신들은 자신을 지켜줄 유일한 힘이 권력자이기 때문에 자신을 기용해준 권력자를 위해서라면 물불을 가리지 않는다. 문제는 이들의 짓거리 하나하나가 모두 나라와 백성들에게 피해를 가져다준다는 데 있다. 능력 있고, 명망 높고, 어진 인재를 해치는 것은 기본이고, 자신과 자신의 주인에게 걸림돌이 된다고 생각하면 남녀노소를 가리지 않고 해친다. 노기가 80이 넘은 전임 재상 이규(李揆)를 눈 하나 깜짝 않고 무자비하게 해친 사실을 보라!

덕종은 천하가 증오하는 노기를 끝끝내 옹호했다. 왜? 노기만큼 자신에게 철저하게 맹목적으로 충성(?)하는 자가 없었기 때문이다. 덕종은 권력을 사유화했고 이에 따라 사유화된 권력을 좇는, 즉 오로지 덕종이라는 한 개인에게만 충성하는 노기라는 간신이 나타날 수밖에 없었다.

노기로 보자면 그는 위장술의 대가였다. 거친 음식과 헤진 옷을 먹고 입으면서 얼마나 검소하고 간소한 사람인가 꾸며 낼 수 있는 자

였다. 간사함은 깊숙이 감춘 채 드러
내지 않았기 때문에 덕종은 그를 충성
스럽고 청렴한 신하라고 여겼다. 여기
에 노기는 또 말을 잘 꾸며 하는 재능
을 타고났다. 황제의 마음에 찰떡같이
달라붙는 감칠 맛 나는 언어를 능수능
란하게 구사했기 때문에 덕종은 못내
그를 잊지 못했던 것이다. 남녀만 서
로에게 홀딱 빠지는 사이가 아니다.

간신 노기는 쇠퇴하고 있던 당 왕
조를 재기불능으로 만들었다. 세
계 최고 최대를 자랑하던 대당제
국이 저물어갔고, 그 앞뒤에는 예
외 없이 간신과 그 일당이 있었다.

　물론 자신의 뜻에 순종하는 신하를
좋아하는 봉건 제왕의 근원적 병폐를
고스란히 안고 있었던 덕종의 자질이 가장 큰 문제였다. 이 때문
에 덕종은 못 배워먹은 노기의 가장 큰 결점을 오히려 장점으로 여
겼다. 배운 것이 없기 때문에 늘 조심하면서 자신의 말을 반박하지
않고 언제나 고분고분 따르기만 하는 사람으로 생각하여 마냥 예
뻐했던 것이다. 이렇게 해서 노기는 덕종을 자신의 손바닥 위에 올
려놓고 가지고 놀았다. 권력이 나라와 백성을 위해서 존재한다는
것을 인정하지도 믿으려 하지 않았던 이들에게는 깡패나 양아치들
사이에서나 존재하는 사사롭고 불순한 은혜와 퇴행적 복종만이 전
부였다. 이런 권력의 사유화는 궁극적으로 온 나라와 백성을 불행
에 빠뜨린다. 경계하고 또 경계해야 한다.

　이런 점에서 볼 때 노기를 왜 간사하다고 하는지 모르겠다는 덕
종의 어처구니없는 말에 이필의 다음과 같은 명쾌한 답변은 정말

이지 문제의 핵심을 찌른 귀중한 판단이 아닐 수 없을 것이다. 때는 이미 한참 늦긴 했지만…….

"사람들은 모두 노기를 간사하다고 하는데 오로지 폐하께서만 그 간사함을 못 깨닫고 계신 것은 노기란 자가 그만큼 간사했기 때문 아니겠습니까?"

노기가 아직 두각을 나타내지 못하고 있을 때의 일이다. 길을 가다 우연히 풍성(馮盛)이란 서생을 만났다. 줄곧 풍성을 깔보던 노기는 이날도 그를 놀려먹을 생각에 농담을 가장하여 풍성의 보따리 안에 무엇이 있는가 한번 뒤집어 보았다. 풍성의 보따리에는 아무것도 없었고, 오로지 글을 쓰는 데 필요한 먹 하나뿐이었다. 노기는 풍성이 너무 처량하다며 큰 소리로 웃었다. 풍성은 엄숙한 표정을 지으며 "잠깐만 자네 보따리도 한번 뒤져봐야 겠네"라고 했다. 거절할 수 없었던 노기는 자기 보따리를 열어 보였다. 노기의 보따리에는 권력자들에게 보여주기 위한 300장 가까운 명자(名刺, 명함)만 와르르 쏟아져 나왔다. 풍성은 싸늘한 웃음을 날리며 이렇게 일갈했다.

"어떤가? 300장이나 되는 자네 명함의 '명리권(名利權)'과 비교할 때 우리 둘 중 누가 더 고상한가?"

이 일화는 노기가 얼마나 명리를 구하려고 애를 썼는가를 잘 보여준다. 노기가 걸었던 '간신의 길'을 상징하는 일화였다.

원시사회	약 60만 년 전〜기원전 약 21세기	삼황오제(三皇五帝) 포함
하(夏)	기원전 약 21세기〜기원전 약 16세기	노예제 사회. 상은 후기 은(殷)으로 천도, 상은이라 부름.
상(商)	기원전 약 16세기〜기원전 약 11세기	
서주(西周)	기원전 약 11세기〜기원전 771년	
춘추(春秋)	기원전 770년〜기원전 476년	
전국(戰國)	기원전 475년〜기원전 221년	봉건사회 개시
진(秦)	기원전 221년〜기원전 206년	시황－호해－자영 3대.
서한(西漢)	기원전 206년〜8년	서한과 동한 사이에 왕망(王莽)의 신(新) 9년〜23년. 유현(劉玄) 23〜25년.
동한(東漢)	25년〜220년	
삼국(三國)	220년〜280년	위·촉·오
위(魏)	220년〜265년	조조－조비－조예
촉(蜀)	221년〜263년	유비－유선
오(吳)	222년〜280년	손권
서진(西晉)	265년〜316년	무제 사마염(司馬炎)
동진(東晉)	317년〜420년	원제 사마예(司馬睿)
오호(五胡) 십육국	304년〜439년	흉노, 선비, 갈, 저, 강
남북조 (南北朝)	420년〜589년	
남조(南朝)	420년〜589년	
송(宋)	420년〜479년	무제 유유(劉裕)
제(齊)	479년〜502년	고제 소도성(蕭道成)
양(梁)	502년〜557년	무제 소연(蕭衍)
진(陳)	557년〜589년	무제 진패선(陳霸先)
북조(北朝)	386년〜581년	
북위(北魏)	386년〜534년	도무제 탁발규(拓跋珪)
동위(東魏)	534년〜550년	효정제 원선견(元善見)

서위(西魏)	535년~557년	문제 원보거(元寶炬)
북제(北齊)	550년~577년	문선제 고양(高洋)
북주(北周)	557년~581년	효민제 우문각(宇文覺)
수(隋)	581년~618년	문제 양견(楊堅)
당(唐)	**618년~907년**	**고조 이연(李淵)**
오대십국 (五代十國)	907년~979년	5대 : 후량, 후당, 후진, 후한, 후주/10국 : 오, 남당, 민, 초, 오월, 전촉, 후촉, 남한, 형남, 북한
북송(北宋)	960년~1127년	태조 조광윤(趙匡胤)
남송(南宋)	1127년~1279년	고종 조구(趙構)
요(遼)	907년~1125년	태조 야율아보기
서하(西夏)	1032년~1227년	경제(景帝) 원호(元昊)
금(金)	1115년~1234년	태조 완안민(完顔旻) 아골타
몽(蒙), 원(元)	1206년~1368년	태조 징기스칸. 1271년 원(元)으로 국호 개명. 북원(1370~1388).
명(明)	1368년~1644년	태조 주원장(朱元璋)
청(淸)	1616년~1911년	태조 애신각라(愛新覺羅). 1616년 누루하치 후금 건국. 1636년 황태극 청으로 개명.

변신의 귀재 '팔색조八色鳥' 간신
채경蔡京

채경(1047~1126년)은 중국 역사상 누구보다 심한 악취를 풍긴 간신으로 악명이 높다. 정사가 되었건 야사가 되었건 소설이 되었건 이 자의 비열한 짓에 대해 모두 구체적인 내용을 남기고 있을 정도다. 소설 《수호전(水滸傳)》에 보이는 채경의 이미지는 특히 생생하다. 이 때문에 채경은 중국 백성이면 누구나 다 아는 거물급 간신이자 탐관오리로 인상이 강하게 박혀 있다.

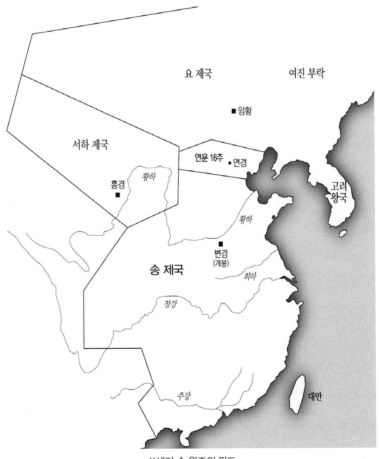

11세기 송 왕조의 판도

채경은 현란한 변신술로 재상 자리에 올라 백성들의 피와 땀을 갈취했다. 엄청난 토목공사를 일으켜 백성들의 힘과 재산을 약탈했다. 못난 군주 휘종(徽宗)의 호화롭고 사치스러운 생활과 음탕한 취향을 조장하기 위해 갖은 짓을 다했다. 북송 왕조의 정치는 부패의 길로 질주했고, 경제는 파탄 나서 결국 망국의 운명을 맞이했다.

교활함과 변화무상으로 무장한 간신의 출현

채경은 지금의 복건성 포전(莆田) 출신으로 1070년 진사에 급제하여 벼슬길에 나선 이래 수많은 요직을 거쳐 재상의 반열까지 오른 거물급 간신이다. 북송 후기 조정에서 개혁파와 보수파 사이에 격렬한 정치 투쟁이 벌어지는 상황에서 채경은 마치 절대 쓰러지지 않는 오뚝이처럼 출세 가도를 달렸다. 대체 무엇이 역사에 둘도 없는 오명을 남긴 이 추악한 간신에게 이런 행운을 가져다주었을까?

채경은 인간성이 아주 교활하고 위선적이었던 걸로 정평이 나 있다. 이는 물론 후대의 평가다. 간신들의 간행이란 것이 대개는 그당시에는 좀처럼 세상에 드러나지 않기 때문이다. 아무튼 채경은 타고났는지 어떤지는 알 수 없지만 세상사 이치와 인심을 잘 꿰뚫고 있었고, 특히 눈치를 봐가며 어디에다 줄을 대야 하는지 임기응변에 능수능란했다. 간신의 전형적인 수법으로 말하자면 줄대기와 줄서기의 고수였다.

채경이 벼슬길에 나섰을 당시는 저명한 개혁가 왕안석(王安石, 1021~1086)이 신종(神宗) 황제의 지지를 받으면서 변법(變法) 개혁을 추진하고 있었다(이를 역사에서는 '신법新法' 개혁이라 하고 이를 추진했던 왕안석 일파를 '변법파' 또는 '신법파'라 부르기도 한다). 채경은 시류에 적응하여 순조롭게 상승하기 위해 적극적인 위장술로 변법을 지지하고 나섰다. 채경은 승진에 승진을 거듭하며 요직에 중용되었다.

1085년 왕안석의 변법을 지지하던 신종이 세상을 떠나고, 철종(哲宗)이 뒤를 이었지만 정치의 실권은 보수파 성향의 고(高) 태후가 장악함으로써 정치판의 변화는 불가피해졌다. 왕안석의 신법은 심각한 타격을 입고 좌절했고, 사마광(司馬光, 1019~1086)을 수령으로 하는 보수파가 정권을 장악하여 신법을 폐지하고 과거 체제로 복귀했다. 사마광 등은 조정의 명의로 5일 이내로 '차역법(差役法)' 등 옛 제도를 회복하라는 조서를 발표했다. 정말이지 '번갯불에 콩 구워 먹는' 식의 조치가 아닐 수 없었다. 10년 가까이 시행되어 온 제도를 5일 안에 되돌리는 것은 무리라며 모두들 고개를 저었다.

바로 이때, 변신의 명수 팔색조 채경의 화려한 변신술과 임기응변 능력이 빛을 발하기 시작했다. 채경은 대세가 보수파 쪽으로 기운 것을 확인하고는 바로 말을 갈아탔다. 마치 자신이 구법의 수호자인 양 적극 사마광의 주장에 호응하고 나섰다. 그는 달리는 말에 채찍을 가하듯이 누구보다 앞장서서 신법 폐지를 외치는 한편, 모든 사람이 다 시일이 촉박하여 정해진 기일 안에 완성할 수 없을 것이라던 '차역법' 복구 조치를 완벽하게 수행해내는 기가 막힌 수완을 선보였다. 수도권 지역에서 시행되고 있던 신법의 '고역법(雇

役法)'을 하나 차질 없이 바꾸어 놓음으로써 사마광의 눈에 쏙 들어 버렸다.

이렇게 해서 당초 적극적인 변법파였던 채경은 하루아침에 열렬한 구법파로 변신하는 데 성공했다. 구법파 대신들의 반응은 차가 왔다. 사마광의 지지에도 불구하고 채경은 다른 대신들의 반대에 부딪혀 요직에 기용되기는커녕 도리어 서울에서 내쫓기는 신세가 되었다. 당초 변법의 추종자였던 그를 누가 달가워하겠는가? 채경은 관료 사회에서 최초의 좌절을 맛보았다. 그러나 채경이 누구인가? 그는 자신의 몸을 자유자재로 폈다 굽혔다 할 수 있는 능력의 소유자 아니던가? 그는 결코 좌절하거나 절망하지 않았다. 이는 모든 간신들에게서 공통적으로 나타나는 특징이다. 어떤 상황이 닥쳐도 능숙하게 자신을 변모시킬 수 있는 능력 말이다.

형세가 여의치 않은 상황에서도 채경은 정말 낯짝 두껍게 보수파에게 추파를 던지며 저들의 기분을 맞추려고 무던 애를 썼다. 처음에는 이런 변신 때문에 지방의 여러 지역을 전전하는 등 상당히 고역을 치르기도 했다. 그는 전혀 내색하지 않고 시종 진정인 양 자신을 철저하게 위장했다. 그의 이런 두 얼굴의 수법은 마침내 사마광 등 보수파들의 마음을 녹이는 데 성공하여 용도각직학사라는 요직을 받아 중앙 무대로 화려하게 컴백했다.

북송 말기의 조정은 말 그대로 다사다난했고 온갖 모순들이 실타래처럼 얽혀 있어 갈수록 복잡해져만 갔다. 통치계급 내부의 정치 투쟁은 더욱 격화되었고, 관료판의 변화도 하루 앞을 예측할 수 없을 정도로 비바람이 몰아쳤다. 1093년 보수파를 지지하던 고 태후가 죽고 철종이 친정을 시작하면서 정치판은 또 한 번 파란을 예고했다. 철종이 변법을 들고나왔기 때문이다.

철종은 변법을 적극적으로 추진하는 한편 고 태후 때 쫓겨났던 변법파 대신들을 다시 기용하기 시작했다. 보수파의 영수 사마광이 물러나고 변법파 인물인 장돈(章惇, 1035~1105)이 승상에 전격 기용되었다. 진즉 보수파 대열로 비집고 들어가 그들의 앞

변법파의 지도자 왕안석은 채경의 정체를 모르고 믿었다가 크게 당했다. 훗날 왕안석은 채경을 욕하며 이를 갈다가 세상을 떠났다. 왕안석의 초상화이다.

잡이로 맹활약하고 있던 채경은 다시 한 번 옷을 갈아입었다. 그는 자신이 보수파에 의해 박해를 받아 배제된 신세인 양 위장하는 한편 자신이 무슨 변법파의 원조인 것처럼 떠들고 다니기 시작했다. 승상 장돈의 비위를 맞추기 위해 사마광의 구법을 욕하는 한편 신법을 큰 소리로 찬양했다. 이어 장돈에게 구법의 상징인 '차역법'을 폐지하고 신법을 대변하는 '고역법'을 다시 부활하자고 강력하게 건의하여 장돈의 마음을 사로잡았다. 장돈은 채경의 제안대로 차역법을 폐지하는 한편 황제에게 채경을 추천하기에 이르렀다.

채경은 다시 개혁의 투사가 되었다. 어제는 홀연히 사마광이 이끄는 '원우당(元祐黨)'의 일원으로 맹활약하다가 오늘은 다시 홀연히 변법파의 외투를 걸치고 개혁을 외치고 있으니, 참으로 그 재빠

른 변신에 입을 다물지 못할 따름이다. 역사서에도 10년 사이에 채경이 신파와 구파, 그리고 다시 신파 사이를 오가며 의리를 손바닥 뒤집듯 뒤집으니 아는 사람들은 죄다 그를 간신이라 손가락질했다고 기록하고 있다. 이는 채경이 여러 얼굴을 가진 전형적인 위선자이자 정말 남다른 간신임을 말한다.

비빌 언덕을 귀신같이 찾다

앞서도 보았다시피 채경은 자신이 비빌 언덕은 귀신같이 냄새를 맡고 달려드는 간신이다. 장돈의 추천을 받은 뒤 채경의 관운은 그야말로 만사형통이었다. 1095년 가장 높은 자리라 할 수 있는 한림학사에 호부상서를 겸했고, 이듬해는 한림학사승지로 승진함으로써 황제와 가장 가까이 지낼 수 있는 귀하신 몸이 되었다. 이때부터 채경은 예의 이리와 같은 간신의 본색을 드러내면서 권력을 마구 휘두르기 시작했다.

한번은 자신이 심리를 맡은 사건을 이용하여 자신의 입지를 더욱 굳히려고 조정을 발칵 뒤집어 놓은 일이 발생했다. 이 일을 처리하면서 채경은 자신의 동생 채변(蔡卞)과 결탁하여 정적들을 대대적으로 살육하는 잔인함을 보였다. 사서에는 이 일로 수천 명이 연루되어 처벌을 받았다고 할 정도였다. 조야는 한순간 경악했고, 채경의 지나친 처사에 반발하는 조정 대신들이 속속 생겨났다. 관리들의 사찰과 여론 전달을 책임지고 있는 정직한 간관(諫官)과 어사(御史)

들이 채경을 강력하게 탄핵하고 나섰다. 휘종도 하는 수 없이 그를 좌천시켜 실권을 박탈하는 한편 항주(杭州)로 내려가 잠시 쉬게 했다. 채경이 관료판에서 받은 두 번째 타격이었다.

권력에 대해 무한 욕심을 갖고 있는 이 야심가의 탐욕이 이 일로 줄어들거나 소멸될 수는 없었다. 간신들의 권력욕은 죽는 순간까지 조금도 수그러들지 않는다. 채경은 자신의 좌절과 실패를 받아들일 수 없었다. 권력의 단맛을 본 이상 그 맛에서 헤어날 수는 없다. 아니, 그 맛을 절대 포기할 수 없다. 이 역시 간신의 공통된 속성이다. 그들은 자신에게 필요할 때를 제외하고는 권력을 나눌 줄 모른다. 그들에게 권력이란 그저 맛나게 최후의 한 방울까지 깨끗하게 빨아먹는 달콤한 막대 사탕 같은 것일 뿐이다.

몸은 항주에 있었지만 마음은 한시도 수도인 변경(汴京, 지금의 하남성 개봉開封)을 떠날 수 없었던 채경은 늘 변경의 동향을 살피며 재기의 기회를 노렸다. 희망은 누구에게나 공평한 법, 마침내 기회가 왔다. 항주에게 한가하게 지내는 동안에도 채경은 어떻게 하면 재기할 수 있을까를 고민고민했고, 그러다 자신을 도울 수 있는 아주 유력한 존재들과 손을 맞잡게 되었다. 그 유력한 도우미들이란 다름 아닌 환관 세력들이었다.

채경이 먼저 안면을 튼 환관은 동관(童貫, 1054~1126)이란 자였다. 이자는 북송 말기 양산박(梁山泊) 등 농민 봉기군을 잔인하게 진압한 망나니로 악명이 높아 소설 《수호지》에서도 채경과 함께 막상막하의 활약을 보여주는 아주 나쁜 놈으로 묘사되어 있다. 채경과 동관은 처음 만난 순간부터 눈이 맞아 마치 오랜 친구라도 되는 듯

채경의 경우도 예외 없이 휘종이라는 무능한 권력자가 있었다. 자신이 예술가라도 된 양 글과 그림에 심취해 있던 휘종의 취향을 채경은 정확하게 저격하여 눈도장을 찍을 수 있었다. 초상화는 휘종이다.

호들갑을 떨었다. 당당한 진사 출신의 엘리트가 환관과 단숨에 눈이 맞았다는 사실은 채경의 품성이 얼마나 열악한지를 극명하게 보여준다. 하기야 권력을 위해서라면 없는 영혼까지도 파는 것이 간신이고 보면 환관과 손잡은 정도야 아무것도 아니다. 두 간신이 만났으니, 그것도 늦게 만난 것을 한탄하며 손을 잡았으니 앞으로 전개될 상황이 어떠할지 짐작하고도 남음이 있다.

당시 동관은 송 왕조를 통틀어 가장 못난 황제로 꼽히는 휘종의 총애를 한 몸에 받고 있던 터라 채경으로서는 정말 더 바랄 것 없는 최상의 언덕이었다. 이런 동관이 황제의 명을 받고 강소성과 절강성 일대의 진귀한 글과 그림을 수집하려고 행차를 한 것이다. 동관이 항주에 오자 채경은 직접 나가 그를 맞이한 것은 물론 한시도 동관의 곁을 떠나지 않은 채 동관의 시중을 들며 함께 유람했다. 최고의 비빌 언덕을 찾은 이상 놓칠 수 없었다. 채경은 또 진귀한 보석과 그림 따위를 아낌없이 동관에게 선물하여 동관을 십분 감동시켰다. 채경의 정성에 감동한 동관은 귀한 진품들을 잔뜩 싸들고 황궁으로 돌아가 황제 앞에서 채경의 칭찬을 침이 마르도록 늘어놓았다. 동관의 말에 넋이 나간 휘종은 낯 뜨겁게 채경을 '채애경

(蔡愛卿)'이라 부르며 행여나 놓칠 새라 바로 조정으로 불러들였다.

채경이 정성을 쏟아 인연을 맺은 또 한 사람은 화가이자 도사 서지상(徐知常, 1069~1154)이란 자였다. 이자는 경전에는 그 이름이 보이지 않지만 심상치 않은 인물이었던 것 같다. 당시는 도교가 성행했고 황실에서는 황제 이하 신첩에 이르기까지 도교를 신봉하지 않는 사람이 없을 정도로 숭배를 받았다. 이 서 도사는 도력과 도교에 대한 조예가 만만치 않아 늘 수시로 황궁을 드나들며 강학을 여는 등 그 활동상이 대단히 화려했다. 그러다 보니 자연 아는 사람도 많아지고 특별히 원부 황후와 태자박사 범치허의 총애와 사랑을 듬뿍 받고 있었다. 채경은 서 도사에게 많은 예물과 귀한 물건 등을 보내 마음을 얻었고, 서 도사는 황제 앞에서 채경을 재상감이라고 칭찬을 아끼지 않았다.

환관 하나와 도사 하나가 황제 앞에서 돌아가며 설레발을 치니 궁정의 비첩과 환관들 모두가 하나 같이 채경을 칭찬하기에 이르렀다. 여러 사람이 나발을 불어대자 그렇지 않아도 못난 휘종 황제은 채경을 반드시 써야 하는 사람으로 인식하기에 이르렀다. 1102년 채경은 우승상으로 발탁되었고, 대망의 조정 대권을 틀어쥐기에 이르렀다.

채경의 오랜 소망은 마침내 보상을 받았고, 야심도 현실이 되었다. 채경은 휘종이 변법에 강하게 집착하고 있음을 알고는 휘종 앞에서 자신은 천하에 당당한 변법파라고 큰소리를 치는 한편 변법의 나팔을 크게 불어댔다. 또 한 번의 화려한 변신이었다. 채경은 또 휘종이 놀기 좋아하는 음탕한 성격임을 꿰뚫어 보고는 온갖 기이한 놀이와 미녀들을 갖다 바치면서 황제를 위해 언제든지 무슨 일이든 다 할 각오가 되어 있다며 자신의 충성을 과장했다.

채경은 두 개의 확실한 언덕을 의지하여 황궁으로 비집고 들어와 드디어 지고무상한 황제라는 산을 오르기에 이르렀다. 정말 변화 막측한 채경의 교묘한 속임수는 가뜩이나 어리석은 황제를 더욱더 어리석게 만들었고, 급기야는 군주와 신하의 구분도 없이 서로 뒤엉켜 서로 온갖 추악한 짓과 간행을 일삼는 지경에까지 이르렀다. 북송은 이렇게 해서 멸망의 길을 재촉했고, 채경과 휘종은 역사상 둘도 없는 비웃음거리로 남게 되었다.

'소술(紹述)' 뒤에 숨어
권력과 재산을 사취하다

채경의 현란한 간행을 뒷받침한 또 하나의 수단으로 이른바 '소술(紹述)'이란 것이 있었다. 소술이란 역사 기록에 따르면 왕안석이 '소녕(紹寧)' 연간에 변법에 실패하고, 뒤이어 즉위한 철종과 휘종 두 황제가 모두 다시 신법의 시행을 들고나오는 한편 즉위 연호를 선제인 신종의 사업을 잇는다는 뜻으로 '소성(紹聖)'과 '숭녕(崇寧)'으로 바꾼 것에서 비롯되었다('소성'과 '숭녕' 모두 신종 '소녕' 연간의 사업을 잇고 숭상한다는 뜻이다). 당시 권신들은 이를 '소술(紹述)'이라 불렀는데 그 뜻인 즉은 '변법을 시행한다'는 것이다.

속임수와 위장, 그리고 교활함으로 무장한 채경의 또 다른 기술

중 하나는 무엇인가의 힘을 빌려서 자신의 목적이나 목표 달성에 이용하는 능력이었다. 채경은 은밀히 그리고 거짓으로 '소술'을 빌려 자신의 사사로운 이익을 챙겼는데 그 목적은 어디까지나 권력 유지와 재산을 불리는 데 있었다. 음험하고 교활한 채경은 휘종이 신법을 숭상한다는 것을 간파하고는 재상 자리에 오르자마자 '소술'을 들먹이며 나섰다. 그렇다고 채경이 왕안석의 신법을 진정으로 옹호하는 자는 결코 아니었다. 그저 권력 찬탈의 음모를 실현시키기 위해 '소술'이란 간판을 내걸고 사람들을 속이고 주위를 해치면서 조정 대권을 독점하고 돈을 긁어모았을 뿐이다. 그 결과는 나라와 백성의 재앙으로 돌아왔다. 몇몇 대표적인 사례를 들어보자.

첫째, 채경은 이런저런 명분을 교묘하게 내세워 자신의 지위를 강화하는 방법을 만들어냈다. 예를 들어 채경은 왕안석이 변법을 실행할 때 설치한 삼사조례사라는 단일한 권력 기구를 '강의사'로 면모를 바꾸어 자신이 장악했다. 이 기구는 종실을 비롯하여 관료, 재정, 상인, 소금, 세금 등 전국의 거의 모든 중요한 사무를 다 관장하는 막강한 권력을 가진 사실상 무소불위의 기구였다. 채경은 늘 변법이란 명목을 앞세워 관제를 바꾸는 방법으로 자신의 지위를 다졌다. 다른 사람의 입을 막기 위해 그는 가짜 조서를 써서 명을 어긴 자는 엄벌에 처한다는 휘종 명의의 조서를 발표했다.

둘째, 채경은 자신의 패거리들을 곳곳에 심는 일에 전력을 기울였다. 자신을 도와 일을 처리하고 자기에게 아부하는 자들은 모조리 '소술'에 공이 있다는 명목으로 관직을 주거나 승진시켰다. 채경의 앞잡이들이 아주 빠른 속도로 대거 중요한 지위에 앉는 등 조정의 요직을 거의 독차지하기에 이르렀다. 동관과의 관계를 고려해서 채경은 환관 집단을 아주 중시했다. 심지어 죽음도 같이한다는 식의 패거리 의식으로 맺어지기까지 했다. 동관은 채경의 전폭적인 지지를 받고 거듭 군사 요직에 임명되는 등 파격적인 승진을 거듭하여 국공(國公)에까지 오르게 되었다. 당시 사람들은 이런 동관을 두고 '온상(媼相)'이라 부르며 놀렸다('온상'이란 '할망구 재상'이란 뜻인데, 내시인 동관을 놀리는 의미다).

셋째, 채경은 자신에게 반대하거나 자기와 뜻이 다른 사람은 무슨 수를 써서라도 공격했으며, 특히 정적은 죽을 때까지 공격했다. 신종이 죽고 보수파의 상징인 고 태후가 실권을 장악하면서 변법파들이 하나둘 숙청당할 때 변법파였던 채경은 자신의 몸을 팔아 보수파로 변신하였고, 이어 사마광 등의 도움을 받아 마침내 관직을 지킬 수 있었다. 그러나 중용되지 못한 것에 시종 앙심을 품었으며, 재상이 되자 바로 은혜를 원수로 되갚았다. 사마광, 문언박, 소식 등 보수파 120명을 '간당'으로 찍은 다음 이들이 영원히 재기하지 못하도록 황제를 사주하여 직접 '간당'의 명단을 일일이 적어 단례문 앞에 비석으로 새겨 세우게 하는 정말이지 지독하기 이를 데 없는 잔인함을 보여주었다. 그는 한 걸음 더 나아가 철종 때의 관리들을 상·중·하 6등급으로 나누어 차례차례 숙청했는데 그 피해자가 무려 500명에 이르렀다.

넷째, 군권을 독점하여 군권과 병사들의 마음을 모조리 자기에게로 귀속시켰다. 채경은 군권의 중요성을 아주 잘 알고 있었다. '신법'을 시행한다는 명분으로 일부 '주(州)'를 '보(輔)'로 바꾼 다음 자신의 심복이나 친인척을 요직에 임명했다. 동시에 금군의 월급을 열 배 가까이 올려줌으로써 자신과의 관계를 다지는 한편 유사시 자신에게 충성을 다할 수 있게 꼬드겼다.

다섯째, 가혹하게 백성들을 착취하여 재산을 마구 긁어모으는 부정 축재의 전형을 보여주었다. 채경은 신법을 앞세워 경제의 거의 모든 분야에 손을 댔는데, 특히 백성들의 생활과 직결되는 생필품에 갖은 명목으로 세금을 마구 부과했다. 나라 재정을 튼튼히 하기 위한 조치라고 큰소리를 쳤지만 실은 백성들의 재물을 갈

11세기 북송의 정치는 개혁과 보수를 오가는 말 그대로 혼란이었다. 두 세력은 서로를 간신이라 손가락질했고, 채경은 이런 상황에서 절묘한 줄타기로 출세가도를 달렸다. 사진은 원우(元祐) 연간 (1086~1094) 정권을 잡았던 보수파의 인물들을 모조리 간당(奸黨)으로 몰아 비석에 새긴 '원우당적비'이다. 사마광을 비롯하여 소식, 문언박 등의 이름을 확인할 수 있다.

취해서 황제의 음욕을 충족시키고 자신의 배를 살찌우자는 데 있었다. 군주와 신하 모두가 호화, 사치, 방탕, 쾌락 속에 빠져 허우적 대는 동안 백성들은 끝 모를 도탄에 빠져 허우적댈 수밖에 없었다.

채경은 음모와 속임수, 그리고 놀라운 변신술로 권력과 재산을 탈취하고 휘종 황제를 비롯한 문무백관들을 자신의 손바닥 위에 올려놓고 마음껏 가지고 놀았다. 재상으로 있는 동안 군주와 신하는 경쟁이라도 하듯 사치 풍조에 몸을 맡겼다. 궁중의 숱한 비빈과

궁녀들이 있음에도 불구하고 휘종은 이에 만족할 줄 몰랐고, 채경은 이런 휘종을 꼬드겨 미복을 하고 밤늦게까지 민간의 술집과 창녀촌 등을 전전했다.

채경의 개인 비리는 더 놀라웠다. 힘없는 백성들의 토지를 닥치는 대로 빼앗아 그 규모가 50만 무(1억 평이 넘는다)에 이르렀다. 뇌물도 아예 내놓고 공공연히 받아 챙겼는데, 자신의 생일을 대대적으로 뇌물 받는 수단으로 이용하기까지 했다(이를 당시에는 '생진강生辰綱'이라 불렀다). 이날이 되면 전국 각지에서 금전이며 보물 따위를 축하 예물로 보냈는데, 관병을 조직하여 운반하게 할 정도였으니 그 규모가 어떠했는지 알 만하다.

간신에게 용서란 단어는
있을 수 없다

채경의 일생은 죄악의 일생이었다. 이자는 변법이란 깃발을 들고 모든 일을 개인의 이익을 사취하고 권력을 다지는 수단으로 삼았다. 나라와 백성의 피해는 아랑곳하지 않고 끝없이 악행을 일삼았다. 그와 짝을 이룬 휘종의 썩을 대로 썩은 통치는 북송 강산을 끝장냈고, 백성들은 헤어 나올 수 없는 고통 속에서 허덕이지 않으면 안 되었다. 이런 상황에서 백성들이 생존을 위해 도적이 된 것은 역사의 필연이었다. 백성들 사이에서는 '동관을 깨버리고, 채경을 씻어내면 좋은 인간 세상이 오겠지!'라는 노래로 간신에 대한 분노를 나타냈다.

시작이 있으면 끝이 있는 법
이다. 채경은 화려한 팔색조로
서 수시로 보호색을 바꿔가며
고관대작으로 부귀영화를 누
렸고, 네 차례나 국정을 좌우
하는 남다른 수완을 보였다.
또 여러 차례 유배를 당하고
좌천을 겪었지만 그때마다 오
뚝이처럼 재기하는 놀라운 능
력도 보여주었다. 그러나 결국
은 지방관으로 좌천되어 가는

팔색조 간신 채경은 간신이 보여 줄 수 있
는 거의 모든 수법을 다 이용했고, 그 결과
나라는 거덜 났다. 채경의 초상화이다.

도중 쓸쓸히 죄 많은 일생을 마감했다.

채경의 간행을 분석해보면 역시 다른 간신들과 마찬가지로 '탐욕'
두 글자로 요약된다. '탐욕'은 간신들뿐만 아니라 간신들을 길러내
는 원천인 무능하고 어리석은 최고 통치자들에게서도 마찬가지로
확인되는 가장 핵심적인 요인이다. 채경은 무한한 권력욕과 탐욕
에 찌든 야심가로, 그의 심령 깊은 곳에는 오로지 '권(權)'과 '전(錢)'
두 가지만 존재할 뿐이었다. 그는 승진과 치부를 위해 인간이 짜
낼 수 있는 온갖 사악한 방법은 다 동원했다. 특히 그는 '변신(變身)
의 귀재'였다. 하루아침에 소신을 헌신짝 버리듯 내팽개치는 것은
기본이고, 어제까지만 해도 어깨를 얼싸안고 희희낙락하던 동료를
배반하고, 아침에 했던 말을 점심이 되기 전에 번복하며, 하루에도

몇 번이나 자기주장과 뜻을 바꾸었다. 정말이지 말 그대로 팔색조와 같은 희한한 간신이었다.

그렇다! 간신들에게서 공통적으로 나타나는 가장 큰 특징의 하나는 '변신'이다. 변신에는 궁색한 변명, 즉 거짓말이 따른다. 자신의 변신(실은 변절)을 해명하기 위해 교묘한 거짓이 동원되고, 그 거짓을 덮기 위해 또 다른 거짓이 동원되고, 그 거짓을 감추기 위해 또 다른 속임수가 등장한다. 정말이지 속임과 거짓의 악순환, 이것이 간신의 최대 특징임을 분명히 알아야 한다.

간신은 절대 반성하지 않는다. 거짓을 달고 다니는 자는 반성이 무엇인지 모른다. 반성 대신 변명과 또 다른 거짓으로 일관한다. 부끄러움을 모르고, 부끄러움 자체가 없기 때문이다. 보라! 지금 우리 사회 곳곳에 떠돌고 있는 수많은 종류의 간신들의 망령을. 그 자들이 보여주는 공통점이 무엇인가? 위선, 속임수, 무소신, 무치, 비굴함, 천박함, 권력자에 대한 무한한 아부, 나라와 백성이 아닌 권력자에 대한 사사로운 충성, 자신의 능력과 재능으로 조직을 이끌지 않고 권력자의 눈치와 무자비한 공권력으로 조직을 탄압하려는 폭력성……. 나라를 멸망으로 이끈 팔색조 간신 채경이 보여준 짓거리와 이들의 짓거리가 무엇이 다른가?

간신들은 무자비하게 제거해야 한다. 그들이 나라와 백성들을 무자비하게 착취하고 괴롭힌 이상으로 심판해야 한다. 간신들에 대해서는 '용서(容恕)'란 단어 자체를 없애야 한다. 왜냐? 이들은 사회와 나라를 좀먹고 세상을 병들게 하는 암세포보다 더한 존재들이기 때문이다. 뿌리를 송두리째 뽑아 흔적도 없이 없애지 않으면 언제 어느새 곳곳으로 퍼져나가는 어마어마한 번식력을 가진 지독한 병균들이기 때문이다.

보라! 북송은 간신 채경과 혼군 휘종의 합작으로 절단이 났다. 휘종은 망국의 군주로 오명을 남겼고, 채경은 전국 백성들의 이가는 소리를 들으며 죽음의 길을 걸어야만 했다. 무엇보다 채경은 역사로부터 질책 받고 백성들로부터 욕을 먹는 간신의 전형으로 영원히 그 오명을 남기게 되었다.

거간 채경의 호화롭고 사치스러운 사생활에서 가장 놀랍고 기가
막힌 대목은 그의 생일잔치 때의 풍경을 꼽는다. 채경의 생일이 다
가오면 전국의 관리들은 채경의 눈에 들기 위해, 또는 눈 밖에 나
지 않기 위해 어마어마한 뇌물을 바치며 축하를 올렸다. 그 물량이
얼마나 엄청났던지 운반만을 전담하는 조직까지 만들 정도였다.
세상 사람들은 이를 '생진강(生辰綱)'이라 불렀다.

생일날이 되면 축하하러 몰려온 손님들에게 식사를 대접했는데,
그 음식의 종류나 양이 정말 가관이었다. 대표적인 예를 몇 가지
들어보면 이렇다.

꽃게알을 넣은 만두 한 가지를 만드는데 엽전 130만 냥 이상이
들었고, 채경이 마시는 메추라기탕 한 그릇을 만드는데 수백 마리
의 메추라기가 들어갔다. 정말이지 기도 안 찰 노릇이었다. 오죽했
으면 채경에게 바치는 '생진강' 물품을 탈취하는 사건까지 발생했
을까? 이 사건은 훗날 민담과 소설 등의 형식으로 전해져 백성들의
문드러질 대로 문드러진 마음을 그나마 위로해주었다(《수호전》에 따
르면 '생진강' 탈취의 액수가 10만 관에 이르렀다고 한다. 이를 지금 돈으로 계산
하면 중국 인민폐로 1천여만 위앤, 우리 돈으로 약 20억 정도라는 계산도 있다).

간신 채경은 변법파와 보수파 사이를 쉴 새 없이 오락가락하며
자신의 모습을 바꾸었다. 이 때문에 '팔색조'니 '변신룡'이니 하는
비아냥거리는 별명을 많이 얻었다. 모두가 권력에 집착했던 채경
의 모습을 적절하게 반영하는 풍자이자 조롱이다. 채경은 80이 넘

도록 권력에 대한 미련을 버리
지 못하는 바람에 그 아들에게
까지 배척당하는 수모를 당하
기도 했다.

채경은 어쩌면 생일날 마시
던 메추라기탕에 대한 미련 때
문에 권력이란 끈을 끝끝내 놓
지 못했는지 모른다. 권력 없이
는 그런 메추라기탕도 없을 것
이기 때문이다. 그때 죽은 메추
라기들의 비명이 들리는 것 같
다. 이 간신은 급기야 메추라기
들의 원수로까지 등극했다.

《수호지》 등 여러 문헌에 기록을 남기고
있는 '생진강' 탈취사건을 그린 그림이다.

역대 간신들치고 검소하게 산 자는 없었다. 간신의 궁극적인 목
적과 목표가 일신의 부귀영화이기 때문이다. 이자들의 유전인자에
는 '공공(公共)'이니 '봉사(奉仕)'니 하는 인간으로서 가져야 할 보편
적이고 고귀한 가치라는 인자는 아예 없다. 부끄러울 '치(恥)'는 더
더욱 없었다. 이렇게 보면, 절대적 기준은 못되겠지만 간신 여부를
가리는 중요한 기준들 중 하나는 역시 그들의 재산 축적과 그 과정
이다. 하기야 채경이 먹었던 메추라기탕 이야기를 하면 자기도 한
번 먹고 싶다고 나서는 예비 간신들이 여전히 줄을 설 것만 같아
씁쓸한 생각이 들기도 한다.

원시사회	약 60만 년 전~기원전 약 21세기	삼황오제(三皇五帝) 포함
하(夏)	기원전 약 21세기~기원전 약 16세기	노예제 사회. 상은 후기 은(殷)으로 천도, 상은이라 부름.
상(商)	기원전 약 16세기~기원전 약 11세기	
서주(西周)	기원전 약 11세기~기원전 771년	
춘추(春秋)	기원전 770년~기원전 476년	
전국(戰國)	기원전 475년~기원전 221년	봉건사회 개시
진(秦)	기원전 221년~기원전 206년	시황 – 호해 – 자영 3대.
서한(西漢)	기원전 206년~8년	서한과 동한 사이에 왕망(王莽)의 신(新) 9년~23년. 유현(劉玄) 23~25년.
동한(東漢)	25년~220년	
삼국(三國)	220년~280년	위 · 촉 · 오
위(魏)	220년~265년	조조 – 조비 – 조예
촉(蜀)	221년~263년	유비 – 유선
오(吳)	222년~280년	손권
서진(西晉)	265년~316년	무제 사마염(司馬炎)
동진(東晉)	317년~420년	원제 사마예(司馬睿)
오호(五胡) 십육국	304년~439년	흉노, 선비, 갈, 저, 강
남북조 (南北朝)	420년~589년	
남조(南朝)	420년~589년	
송(宋)	420년~479년	무제 유유(劉裕)
제(齊)	479년~502년	고제 소도성(蕭道成)
양(梁)	502년~557년	무제 소연(蕭衍)
진(陳)	557년~589년	무제 진패선(陳覇先)
북조(北朝)	386년~581년	
북위(北魏)	386년~534년	도무제 탁발규(拓跋珪)
동위(東魏)	534년~550년	효정제 원선견(元善見)

서위(西魏)	535년~557년	문제 원보거(元寶炬)
북제(北齊)	550년~577년	문선제 고양(高洋)
북주(北周)	557년~581년	효민제 우문각(宇文覺)
수(隋)	581년~618년	문제 양견(楊堅)
당(唐)	618년~907년	고조 이연(李淵)
오대십국 (五代十國)	907년~979년	5대 : 후량, 후당, 후진, 후한, 후주/10국 : 오, 남당, 민, 초, 오월, 전촉, 후촉, 남한, 형남, 북한
북송(北宋)	**960년~1127년**	**태조 조광윤(趙光胤)**
남송(南宋)	1127년~1279년	고종 조구(趙構)
요(遼)	907년~1125년	태조 야율아보기
서하(西夏)	1032년~1227년	경제(景帝) 원호(元昊)
금(金)	1115년~1234년	태조 완안민(完顔旻) 아골타
몽(蒙), 원(元)	1206년~1368년	태조 징기스칸. 1271년 원(元)으로 국호 개명. 북원(1370~1388).
명(明)	1368년~1644년	태조 주원장(朱元璋)
청(淸)	1616년~1911년	태조 애신각라(愛新覺羅). 1616년 누루하치 후금 건국. 1636년 황태극 청으로 개명.

인재를 해치고
나라를 욕보인 간신
황잠선 黃潛善

북송 말년 황제 휘종을 위시하여 채경, 왕보, 동관 등과 같은 간신배들은 백성의 노동력과 재산을 갈취하여 자신들의 사리사욕을 한껏 채웠다. 백성들은 목숨조차 부지하기 힘들었고 국력은 갈수록 약해져만 갔다. 북방의 여진족이 세운 금나라는 하루가 다르게 강성해지더니 태조 아골타, 태종 완안성이 잇따라 전쟁을 일으켜 요를 멸망시키고 그 여세를 몰아 송을 침범해왔다.

그러나 휘종 등은 나라의 안위가 걸린 중대한 순간에 소극적인

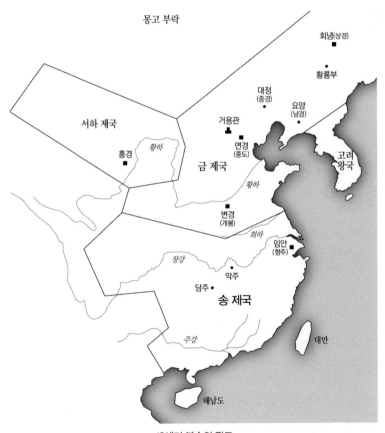

12세기 북송의 판도

정책으로만 일관했고, 그 결과 금의 군대가 국경을 압박하자 엄청난 경제적 대가를 지불하며 굴욕적인 강화를 체결하는 수밖에 없었다. 급기야 1125년 12월에는 휘종과 휘종의 양위를 받은 흠종 두 황제가 금의 포로로 잡혀 북방 금나라로 끌려가는 치욕스러운 '정강(靖康)의 변(變)'이 터졌다. 강왕(康王) 조구(趙構, 고종)가 황제로 즉위했으나 주전파와 투항파의 격렬한 내부 투쟁의 와중에서 우왕좌왕하며 끌려다녔다.

간신 황잠선(?~1129년)은 나라와 백성이 큰 위기에 빠진 이런 난국에서 투항파를 대표하며 온갖 궤변과 간사한 논리로 고종을 옳지 않은 길로 이끄는 한편, 간악한 음모와 술수로 충직하고 선량한 대신들을 해침으로써 송 왕조 전체를 통틀어 처음으로 중원을 수복할 수 있는 유일한 희망을 물거품으로 만들었다. 간신 하나가 종묘사직을 욕보인 대표적인 사례로 남아 있다.

뇌물을 받고 진상을 감추고, 투항파의 대표로 설치다

황잠선은 소무(邵武, 지금의 복건성 소무) 출신으로 사서에 따르면 사람이 교활하고 남을 잘 속였다고 한다. 특히 황제의 비위를 잘 맞추고, 황당무계한 말로 자신의 공을 부풀려 상을 요구하는 일이 자주 있었다. 황잠선의 이런 성품을 잘 보여주는 사례가 전한다.

휘종 당시 지금의 섬서성을 비롯하여 감숙성, 산서성 등지에서 지진이 자주 일어나 성벽을 비롯하여 관청 건물과 민가 등이 많이 무너지고 수많은 백성이 깔려 죽었다. 부패하고 무능한 지방관들은 이 일을 중앙에 제대로 보고하지 않은 채 진상을 은폐하려고 했다. 질책이 겁났기 때문이다. 조정에서는 때때로 사람을 현지로 보내 살피게 했는데, 황잠선이 이 일을 맡게 되었다.

현지를 죽 둘러본 황잠선은 가는 곳마다 뇌물을 받아 챙긴 다음 경성으로 되돌아왔다. 그리고는 황제에게 이런저런 말로 실상을 은폐하고 "그저 지진이란 말뿐이었습니다"라고 결론을 내렸다. 못난 휘종은 좋아라 안심하고 황잠선을 호부시랑으로 승진시켰다. 황잠선은 무엇보다 맨 먼저 황제 휘종의 기분을 맞추고, 지방관들의 비리를 엄호하기 위해 엄청난 뇌물까지 받아 챙기는 대신 수많은 백성들의 목숨을 내팽개친 비열한 인격의 간신이었다.

황잠선의 간신 행각은 휘종과 흠종이 금나라에 포로로 잡혀가고 강왕 조구가 고종으로 즉위한 이후 노골화되었다. 휘종과 흠종이 포로로 잡혀가면서 송 왕조는 일단 멸망했다. 여기까지를 역사에서는 북송이라 부른다. 그때가 1127년이었다. 고종은 수도 개봉을 버리고 동남쪽 항주로 도망쳐 그곳에서 정권을 수립하니 바로 남송 정권이다. 황잠선은 고종 조구를 그림자처럼 따라다니며 그가 원하는 것이라면 무엇이든 다 들어주었고, 그 공으로 승진에 승진을 거듭했다.

금나라가 침입하면서 남송 조정은 주전파와 투항파로 갈려 격렬한 내부 투쟁을 벌였는데, 이때 황잠선은 투항파를 대표하여 주전파와 맞섰다. 황잠선은 모략이 뛰어난 인물이었다. 이자는 자신의 총명함과 모략을 금나라에 대항하여 나라를 되찾는 데 사용하지

휘종과 흠종이 금나라의 포로로 잡혀가는 '정강의 변'으로 북송은 망했다. 그러나 간신 황잠선은 이 난국을 사리사욕을 채우는 기회로 악용했다. 초상화는 흠종이다.

않고 주전파의 주요 인물들을 모함하고 공격하고 배척함으로써 권력을 독단하고 자신의 사사로운 이익을 채우는 데만 이용했다. 적에 투항하여 나라를 팔아먹는 대가로 개인의 부귀영화를 바꾼 것이다. 사실 황잠선의 간행은 금나라의 침입이라는 위기 상황에 직면하여 적이 아닌 자기편인 주전파를 공격하는 것을 시작으로 표출되었다.

흔히들 누군가의 인간성을 제대로 알려면 위기 상황에서 어떤 행동을 보이는가를 보면 된다고 한다. 간신들의 진면목 역시 위기 상황에서 적나라하게 나타난다. 황잠선의 간행을 통해 우리는 역사상 간신들이 나라와 백성이 어려움에 처한 국난 상황에서 어떤 몹쓸 간행을 저질렀는지 적나라하게 목격하게 될 것이다. 그리고 그를 통해 이런 간신들의 발호를 막을 수 있는 지혜를 터득할 수 있어야 한다.

본격화되는 투항파 마두 황잠선의 간행

당시 금나라 군대가 대거 국경을 압박해오자 송 조정의 군신들은 대경실색했다. 모두들 안절부절 어쩔 줄 몰라 하고 있을 때 주전파의 대표자이자 조야로부터 존경을 받고 있는 이강(李綱, 1083~1140)만은 냉정을 유지하며 '일단 군대를 정돈하고 민심을 단결시켜 굳게 지키면서 근왕병을 기다리자'는 당시 상황으로서는 최선의 방안을 제안했다. 이렇게 하면 투항하자는 무기력한 주장과 남으로 도망치자는 줄행랑파의 주장을 막는 한편 들썩이는 민심도 안정시킬 수 있었기 때문이다.

즉위한 지 얼마 되지 않은 흠종은 적에 대항할 마음이 없었다. 군대를 조금이라도 잃으면 바로 의기소침해지고 기운을 놓은 채 망연자실하는 그런 성격이었다. 흠종은 금나라의 기분을 달래주기 위해 이강을 상서우승 직위에서 파면하고 보정군(保靜軍, 치소가 지금의 호남성 보정에 있었다) 절도부사로 좌천시켰다. 그러나 이 정도 제스처로는 송을 무력으로 정복하고자 하는 금나라의 기본 정책을 만족시킬 수 없었다. 송 조정 내부의 투쟁도 흠종으로 하여금 화의만을 고집할 수 없게 만들었다. 흠종은 하는 수 없이 이강을 다시 불러들였다. 황제의 명을 받은 이강은 근왕병을 이끌고 구원에 나섰지만 도중에 수도가 함락당하고 휘종과 흠종이 포로로 잡혀갔다는 비보를 접했다.

뒤이어 즉위한 강왕 조구(고종)는 시기가 시기니만치 보통 인재로는 이 사태를 수습할 수 없다는 비교적 정확한 판단을 내리고 명망 높은 이강만이 국면을 안정시킬 수 있는 적임자로 지목했다. 이강을 상서우복야 겸 중서시랑(우상)에 임명하여 국정과 대외 업무 전반을 주도하게 했다. 이때부터 황잠선을 비롯한 투항파들은 창끝

간신은 권력자의 심리를 파악하고 그 약점과 허점을 건드리는데 도가 튼 자들이다. 황잠선은 고종의 심리와 심기를 꿰뚫고 있었고, 결과는 말하지 않아도 뻔했다. 고종의 초상화이다.

을 이강에게 겨누고는 갖은 방법으로 이강 죽이기기에 나섰다. 이 당시 황잠선이 동원한 주요 계략은 다음과 같은 것들이었는데, 간신들의 수법을 잘 보여주므로 눈여겨볼 대목이다.

첫째, 적을 겁내는 고종의 심리를 교묘하게 이용했다. 황잠선은 고종의 유약한 심리를 이용하여 이강의 열 가지 대책, 즉 '십의(十議)'를 무력화시키고 고종이 끝내 이강의 의견을 받아들이지 않도록 사주했다. 이강은 중책을 맡은 다음 바로 화의와 투항에 반대하면서 열 가지 대안을 제시한 바 있다. 그 주요 골자는 금나라가 세운 꼭두각시 장방창(張邦昌)을 죽이고, 적으로부터 관작을 받은 자들은 6등급으로 나누어 그 죄를 물을 것이며, 기강을 새롭게 잡아 군대의 사기를 진작시키자 등등이었다. 이 제안은 당시 상황으로 볼 때 무엇보다 우선 해결해야 할 큰 문제였다. 황잠선은 고종의 심리와 휘종과 흠종이 적에 수중에 있다는 사실을 이용하여 고의로 적의 역량을 과대평가함으로써 고종이 이강의 건의를 받아들이지 못하게 무력화시켰다.

여기에 황잠선은 이강의 주장이 황제의 권위를 해치는 참람함을 저질렀다는 억지 주장까지 덮어씌워 고종의 사리 판단에 혼란을 가져다주는 한편, 꼭두각시 장방창 문제에서도 적극 장방창을 변

312

호하고 나섬으로써 고종을 더욱 헷갈리게 만들었다. 장방창을 죽이자는 이강의 건의는 수포로 돌아갔고, 되려 장방창을 담주 정도부사에 임명하는 어처구니 없는 사태까지 벌어졌다.

둘째, 이와 관련하여 구차하게 안정을 바라는 고종의 심리를 한껏 이용하여 서북에 군대를 주둔시켜 금나라에 대비하자는 이강의 주장을 무력하게 만

이강은 유능했지만 간신의 수법에 적극 대처하지 못했다. 정파(正派)의 치명적 약점은 간신과 같은 수법을 쓰길 꺼려 한다는 것이다. 독을 상대하려면 독, 그보다 강한 독을 쓰는 것이 가장 효과적이다. 이강의 초상화이다.

드는 한편, 이강에 대한 고종의 신임을 흔들어 놓았다. 이강을 대표로 하는 주전파는 중원 회복이라는 원대한 구상에 착안하여 황제가 머물 땅으로는 장안이 으뜸이고 그다음이 양양, 그다음이 건강(남경)이라는 의견을 제기했다. 이강은 천자가 옛 도읍을 잊지 않고 있는 한 중원 회복의 희망은 있다고 확신했다. 그는 또 역사를 거울삼아 예로부터 나라를 중흥시킨 군주는 서북에서 일어나 중원을 차지한 다음 동남을 소유했지, 동남에서 일어나서는 중원을 회복하고 서북을 차지하기란 불가능하다고 고종을 설득했다.

이강의 주장은 상당히 정확하고 설득력 있었다. 그러나 황잠선은 고종의 우유부단하고 연약한 심리를 한껏 이용하여 이강의 주장에 반대하면서 동남 지방으로 내려갈 것을 강력하게 주장했다. 이와 함께 이강의 주장을 일부러 감춰두고 보고하지 않는 비열한 수작을

부렸다. 황잠선의 유혹에 넘어간 고종은 동남으로 도망치기로 결정하는 한편, 이강을 좌상으로 삼았다는 것을 빌미로 황잠선을 우상에 임명하여 이강을 견제하게 하는 자충수까지 범했다.

셋째, 세상에 나 하나밖에 없다는 고종의 유아독존 심리도 황잠선에게 철저하게 이용당했다. 황잠선은 이를 이용하여 이강이 딴 마음을 품고 있다고 고종을 자극하여 결국 이강을 파면하도록 했다. 자신의 정확한 주장들이 계속 무시당하고 있는 사실을 발견한 이강은 그 주범이 황잠선 패거리임을 알게 되었다. 이강은 고종에게 바로 이를 폭로했다. 황잠선 일당은 두려움을 느끼지 않을 수 없었다. 조정 안팎에서 존경을 받고 있는 이강이었기 때문에 지금 같은 난국에서는 언제 이강의 주장에 힘이 실릴지 모를 일이었다. 황잠선 일당은 수단과 방법을 가리지 않고 죄명을 날조하여 이강을 모함하기 시작했다. 이들이 생각해낸 가장 좋은 방법은 이강의 명성을 이용하여 고종의 자존심을 건드리는 것이었다. 정말이지 간신배들은 영악하기 짝이 없다.

황잠선은 이강의 명성이 실질과는 다르게 너무 많이 부풀려져 있고 심지어 황제의 권위마저 흔들고 있으며, 이런 그가 사사로이 시종을 죽이는가 하면 군대를 모으고 군마를 사들이고 있다며 은근히 고종의 심기를 건드렸다. 이강이 다른 마음을 품고 있는 것같다는 암시였다. 못나 빠진 고종은 그 알량한 자존심 때문에 황잠선의 자극에 홀딱 넘어갔고, 이렇게 투항파의 공격과 음해로 이강은 재상이 된 지 불과 15일 만에 파면되었다. 이와 때를 같이하여 금나라 군대는 기다렸다는 듯 더욱더 사나운 기세로 몰려와 주요 도시들이 잇따라 함락되고, 고종은 계속 남쪽으로 남쪽으로 도망가지 않으면 안 되었다.

또 다른 주전파의 영웅을 해치다

주전파의 선봉장 이강이 물러나자 백성들과 조야의 관심은 주전파의 또 다른 영웅 노장 종택(宗澤, 1060~1128)으로 쏠렸다. 나라가 어려운 상황이라 당연한 반응이었다. 종택은 여러 전장을 누비며 적과 싸운 백전노장으로 금나라조차 두려워하던 명장이었으니 더욱 그랬다. 간신 황잠선의 다음 창끝이 종택을 향했다. 마침 부주사라는 군직을 받은 황잠선은 예의 비열한 음모와 간계로 종택을 제거하는 수순에 착수했다.

황잠선은 우선 종택을 외지로 내보냄으로써 조정 논의에 아예 개입할 수 없게 차단했다. 1127년 5월, 종택은 고종이 남경에서 즉위할 때 입조하여 눈물을 철철 흘리면서 나라를 중흥시킬 대계를 피력했고, 종택의 충정에 감격한 고종은 그를 남경에 남겨두려고 마음먹었다. 황잠선과 왕백언 등은 종택이 조정에 있는 한 자신들에게 하등 좋을 것이 없다고 판단하고는 종택과 고종 사이를 끝없이 이간질하고 모함했다. 고종은 종택에게 용도각학사라는 이름뿐인 자리만 주고 양양부로 내보냈다.

종택을 외지로 내보낸 황잠선은 금나라와 약정한 대로 황하를 경계로 포(浦), 해(解) 지방을 떼어주었다. 이들은 고종이 즉위한 다음 반포하려 한 대사면령이 하동과 하북 및 하중부 해주로 못 내려가게 막음으로써 금나라의 비위까지 맞추었다. 황잠선 등의 간교를 알게 된 종택은 공개적으로 고종에게 글을 올려 황잠선 등이 땅을 떼어주고 투항하게 된 경위를 준엄하게 나무라고, 이 간당들이 한 입으로 여러 말을 해가며 위아래를 속인 결과 황제를 도망 다니게 만드는 등 종묘사직에 욕을 보였다고 질책했다.

종택은 이자들을 그냥 두었다가는 천하의 충직하고 의로운 인사들이 다 죽고 백성들도 목숨이 끊어질 판이라며, 자기 한 몸을 희생하여 나라에 보답하겠다는 강력한 결심을 보였다. 그러나 이 뜨거운 피를 가진 69세의 늙은 충신에게 돌아온 것은 후방으로의 좌천이었다.

황잠선은 보다 구체적인 조치로 종택이 올린 건의를 부정하고 억압함으로써 모든 것을 수포로 돌아가게 만들었다. 금의 군대가 황하에 주둔하면서 황제가 거처하고 있는 동경은 단 하루도 편하게 지낼 수 없는 상황에 놓였다. 민심은 흉흉해졌다. 이런 상황에서 종택이 동경유수 지개봉부사에 임명되었다. 부임한 종택은 강력한 지도력을 발휘하여 불안한 정세를 빠르게 안정시켰다. 종택은 고종에게 계속 글을 올려 이런 상황을 보고했으나 20여 차례의 보고가 모조리 황잠선에 의해 차단되었다. 황잠선 등은 종택의 보고서를 볼 때마다 미친놈이라며 비웃었다고 한다. 고종은 끝내 황잠선에게서 헤어나지 못한 채 남방으로 도주함으로써 천하를 실망시켰다.

황잠선은 또 종택이 전국적으로 흩어져 있던 의병을 모집하여 금에 대항하려는 큰 계획을 수포로 돌아가게 만들어서 송의 재기를 완전히 절단냈다. 당시 황하 주변에는 송을 위해 싸우겠다는 의지와 충정을 가진 의병들이 여기저기 흩어져 있었다. 이들을 한 곳에 모을 수만 있다면 금에 대항할 수 있는 큰 힘이 결성되는 셈이었다. 이들을 결집시키지 못하면 반대로 금에게 이용당해 송을 공격하는 반군으로 둔갑할 가능성이 컸다. 종택은 이들의 힘을 한곳으로 모으기로 작정하고 혈혈단신으로 70만 무리를 거느리고 있던 왕선(王善)의 군

국난 때조차 간신은 구국의 영웅을 해치느라 여념이 없다. 이강에 이어 종택도 허망하게 희생되었고, 송은 재기의 힘을 잃었다.

영까지 찾아 그를 설득하여 귀순시켰다. 또 사람을 보내 30만 무리를 통솔하던 양진(楊進)도 불러들였다.

이렇게 해서 산속에 숨어 있던 충의로운 백성들이 속속 관병에 합류하기 위해 산을 나섰다. 황잠선은 이 일이 성사되는 날에는 자신의 자리가 위험하다고 판단하여 고종을 도발하기 시작했다. 그는 종택이 불러 모은 이들이 '의군(義軍)'이란 이름을 달고 있지만 사실은 '도적'이나 다를 바 없기 때문에 종택의 활동을 막아야 하는 것은 물론 이들을 근왕병으로 삼아서는 절대 안 된다고 목청을 높였다. 이와 동시에 자신의 측근을 동경부유수로 보내 종택의 일거수일투족을 철저히 감시하게 했다. 어리석은 고종은 자신의 자리를 지키는 데만 급급하여 끝내 황잠선의 손아귀를 벗어나지 못했다. 노장

종택은 울화병으로 등창 등 중병이 나고 말았다. 그는 "군대를 이끌고 승리를 거두기도 전에 몸이 먼저 죽으니 영웅의 눈물이 길이 옷깃을 적시누나!"라는 한탄의 시와 함께 "황하를 건너라!"라는 말을 세 번 외친 다음 1128년 7월 깊은 한을 품은 채 세상을 떠났다.

직권을 남용하여
지사와 백성의 입을 틀어막다

충직하고 선량한 중신들을 해치고 황제를 기만하여 나라를 잘못된 길로 이끄는 황잠선의 간행에 조정 대신들과 백성들은 이를 갈며 증오했다. 황잠선을 욕하는 원성이 전국을 들끓게 했다. 일찍이 태학생 진동(陳東, 1086~1127)은 몇 차례 글을 올려 이강을 옹호하고 황잠선의 투항 주장을 반대하고 나섰다. 두 번째 상소를 올릴 때는 수백 명이 동참했는데, 약속도 없이 수십 만 군민들이 모여들어 흠종을 압박하여 이강의 직위를 회복시키기도 했다. 그러나 고종이 즉위한 뒤 얼마 되지 않아 황잠선의 모함으로 이강은 다시 파직되었다. 진동은 황잠선의 비행에 맞서 다시 글을 올려 이강을 재기용하고 황잠선 등을 파면하라고 외쳤다. 조정 대권을 장악한 황잠선은 진동의 글을 황제에게 보고조차 하지 않는 대담한 행동을 서슴지 않았다. 들끓는 여론에도 아랑곳하지 않았다.

벼슬도 없는 무주의 선비 구양철(歐陽澈, 1097~1127)도 걸어서 서울로 올라와 황잠선 등의 횡포를 강력하게 성토하는 글을 올렸다. 황잠선은 구양철의 글 중에 고종 황제의 사치스러운 생활을 꼬집는 대목을 문제 삼아 일을 엉뚱한 쪽으로 크게 확대했다. 고종은 격노했고, 민감해진 고종은 이 일을 황잠선에게 은밀히 혼자 처리하도록 했다. 황잠선은 진동과 구양철을 한꺼번에 죽여 버렸다.

내친김에 황잠선 자신에게 반대하는 조정의 신하들에게도 일일이 박해를 가했다. 황잠선이 나라를 그르치는 죄를 짓고 있다는 상소를 올린 내시 소성장은 궁중에서 제명되어 쫓겨났고, 황잠선이 나라를 팔아 총애를 사려 한다고 직격탄을 날렸던 어사중승 왕정수는 파면되었으며, 글을 올려 황잠선을 고발했던 시어사 마신은 박주로 귀양 가던 중 죽었다. 이 밖에 황잠선을 따르지 않는다고 쫓겨나 죽은 서경형을 비롯하여 황잠선에 동참하지 않는 상서우승 허한 등 정직한 대신들이 하나하나 사직하거나 파면되었다. 황잠선에 반대하는 우국지사들이 이렇게 남김없이 제거되었다.

간행의 끝과 그 본질

황잠선의 투항 정책과 비열하기 짝이 없는 간행은 송 왕조를 더욱 부패하게 만들었고, 이에 호응이라도 하듯 금의 군대는 더욱더 기승을 부리며 송을 압박했다. 1129년 금의 군대는 천장을 함락시키고 양주로 쳐들어왔다. 고종 황제와 조정은 풍전등화의 위기에 놓였다. 황잠선은 이런 절체절명의 위기 상황도 보고조차 하지 않았다. 금의 군대가 양주성 턱밑까지 쳐들어오고야 고종은 서둘러

쪽배를 타고 강남으로 도주했다. 금의 군대가 계속 뒤를 쫓자 고종은 장강을 건넌지 이튿날 다시 진강을 떠날 수밖에 없었고, 3일째는 상주로 도주했고, 5일째는 평강으로 도망쳤다. 11일째 겨우 항주에 안착했지만 천하는 이미 일대 혼란에 빠진 뒤였다.

신하들과 백성들 사이에서는 황잠선에 대한 성토의 목소리가 하늘을 찔렀다. 고종은 그제야 황잠선을 처리하지 않고는 민심을 안심시키기 어렵다는 것을 깨달았다. 고종은 하는 수 없이 황잠선을 파면하여 강녕부로 좌천시켰다. 그로부터 얼마 뒤 1129년 6월, 황잠선은 매주에서 죽었다. 충직한 인재들을 해치고 나라를 욕보인 일대 간신의 최후치고는 너무 평범하여 사람들의 분노를 더욱 자아냈다.

역사상 간신들의 간행을 분석해보면 간신들이 관심을 가진 대상은 거듭 말하지만 오로지 둘 뿐임을 어렵지 않게 확인할 수 있다. 하나는 권력의 원천인 권력자(황제)이고, 또 하나는 사욕(私慾)이다. 사욕을 위해 나라와 백성을 깨진 기왓장만도 못하게 여기는 것은 말할 것 없고, 외적들에게 자신의 영혼과 나라까지 기꺼이 팔아버리는 자들이다. 대외적으로 북방 민족들에게 계속 끌려만 가던 송 왕조가 주변 상황을 적절히 이용하여 중원을 수복하고 중흥을 이룰 절호의 기회를 가졌음에도 불구하고 이를 성사시키지 못한 데는 자기 배만 불리려는 황잠선 등과 같은 간신배들의 집요한 방해 때문이었다.

간신이 권력을 사취하는 방법을 보면 권력자의 심리 상태나 기질, 그리고 기호와 취향 등을 귀신같이 알아내어 그것을 아주 교묘하게 이용한다. 흔히 권력자의 마음을 잘 헤아려 일을 짜고 처리하는 사람을 능력 있다고들 평가하는데, 그 실상을 가만히 들여다보면 다른 문제가 도사리고 있다. 권력자의 정책 방향이나 통치 철학이 옳은 쪽으로 작동한다면 그 밑의 참모나 부하들이 그 의중을 잘 헤아리는 것이 전혀 문제될 것이 없다. 권력자와 함께 좋은 정책을 수립하고 펼쳐나가는 유능하고 좋은 인재로 평가받을 것이다. 그 반대일 경우라면 권력자의 의중을 잘 헤아리는 자는 유능하고 훌륭한 인재가 아니라 간신일 가능성이 크다. 권력자를 좋은 쪽으로 이끌지 않고 권력자가 하고 싶은 대로만 따라 할 뿐만 아니라 권력자의 심중을 지레짐작하여 더 나쁜 쪽으로 유혹하기 때문이다.

권력자 주변에 온갖 간신들이 어슬렁거리며 국정을 어지럽히고 백성들에게 분노를 넘어서 무기력한 허탈감을 주는 상황이 지금 우리에게서 버젓이 벌어지고 있다. 희망이 없는 정치는 죽은 정치이자 나쁜 정치다. 나쁜 정치는 나라를 망치기 때문에 정말 위험하고 무섭다. 절망의 정치를 만들어내는 자, 이자들이 바로 간신배다. 역사상 간신들이 권력을 쥐고 나라를 좌지우지했을 때 예외 없이 백성들은 절망감에 피를 토하는 한숨을 내뿜었다. 지금 그 한숨의 역사가 또 한 번 우리를 노려보고 있다. 온몸에 붉디붉은 피를 뒤집어쓴 채…….

나라를 팔아서라도 자기 뱃속만 채우면 그만인 자들이 간신배다. 우리가 매국노라 부르는 자들이다. 황잠선도 매국노급의 간신이었다. 사극 속의 황잠선(왼쪽)과 고종의 모습이다.

원시사회	약 60만 년 전~기원전 약 21세기	삼황오제(三皇五帝) 포함
하(夏)	기원전 약 21세기~기원전 약 16세기	노예제 사회. 상은 후기 은(殷)으로 천도, 상은이라 부름.
상(商)	기원전 약 16세기~기원전 약 11세기	
서주(西周)	기원전 약 11세기~기원전 771년	
춘추(春秋)	기원전 770년~기원전 476년	
전국(戰國)	기원전 475년~기원전 221년	봉건사회 개시
진(秦)	기원전 221년~기원전 206년	시황-호해-자영 3대.
서한(西漢)	기원전 206년~8년	서한과 동한 사이에 왕망(王莽)의 신(新) 9년~23년. 유현(劉玄) 23~25년.
동한(東漢)	25년~220년	
삼국(三國)	220년~280년	위 · 촉 · 오
위(魏)	220년~265년	조조-조비-조예
촉(蜀)	221년~263년	유비-유선
오(吳)	222년~280년	손권
서진(西晉)	265년~316년	무제 사마염(司馬炎)
동진(東晉)	317년~420년	원제 사마예(司馬睿)
오호(五胡) 십육국	304년~439년	흉노, 선비, 갈, 저, 강
남북조 (南北朝)	420년~589년	
남조(南朝)	420년~589년	
송(宋)	420년~479년	무제 유유(劉裕)
제(齊)	479년~502년	고제 소도성(蕭道成)
양(梁)	502년~557년	무제 소연(蕭衍)
진(陳)	557년~589년	무제 진패선(陳覇先)
북조(北朝)	386년~581년	
북위(北魏)	386년~534년	도무제 탁발규(拓跋珪)
동위(東魏)	534년~550년	효정제 원선견(元善見)

서위(西魏)	535년~557년	문제 원보거(元寶炬)
북제(北齊)	550년~577년	문선제 고양(高洋)
북주(北周)	557년~581년	효민제 우문각(宇文覺)
수(隋)	581년~618년	문제 양견(楊堅)
당(唐)	618년~907년	고조 이연(李淵)
오대십국 (五代十國)	907년~979년	5대 : 후량, 후당, 후진, 후한, 후주/10국 : 오, 남당, 민, 초, 오월, 전촉, 후촉, 남한, 형남, 북한
북송(北宋)	960년~1127년	태조 조광윤(趙光胤)
남송(南宋)	**1127년~1279년**	**고종 조구(趙構)**
요(遼)	907년~1125년	태조 야율아보기
서하(西夏)	1032년~1227년	경제(景帝) 원호(元昊)
금(金)	1115년~1234년	태조 완안민(完顔旻) 아골타
몽(蒙), 원(元)	1206년~1368년	태조 징기스칸. 1271년 원(元)으로 국호 개명. 북원(1370~1388).
명(明)	1368년~1644년	태조 주원장(朱元璋)
청(淸)	1616년~1911년	태조 애신각라(愛新覺羅). 1616년 누루하치 후금 건국. 1636년 황태극 청으로 개명.

민족까지 욕 먹인 희대의 간신

진회 秦檜

우리에게 이순신이란 구국의 영웅이 있었듯 중국에도 악비(岳飛, 1103~1142)라는 불세출의 영웅이 있었다. 이순신이 부패하고 무능한 조선 지배층의 정쟁에 의해 희생되었듯 악비도 사사로운 탐욕에 눈이 먼 남송 황제와 간신배에게 희생되었다. 당시 악비를 해치는 데는 진회(1090~1155년)라는 간신이 앞장섰는데, 이 때문에 진회는 중국 역사상 가장 수치스러운 존재로 남게 되었다.

간신에도 등급이 있다면 진회는 단연코 초특급 간신에 속한다.

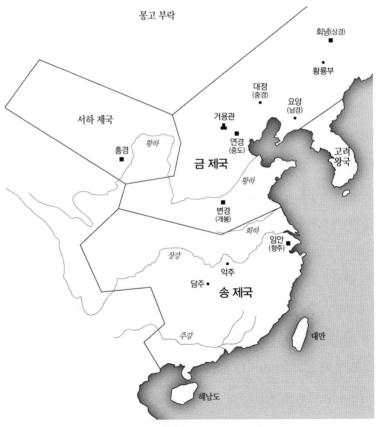

12세기 송 왕조 판도

명장 악비를 해친 것은 그의 숱한 간행 중 점 하나 정도에 지나지 않는다. 그는 나라를 판 매국노의 반열에 오른 간신의 대명사이자 나라를 팔아 개인의 부귀영화를 누린, 그래서 중국 역사상 모든 사람이 이를 갈고 욕을 하는 매국노 간신의 전형으로 영원히 역사의 심판을 받고 있다.

조상을 부끄러워하는
600년 뒤의 후손

절강성 항주는 중국인이 가장 사랑하는 북송 때의 시인 소동파(蘇東坡, 1037~1101)가 지상의 천국이라 묘사한 풍요로운 도시의 대명사이다. 그중에서 서호(西湖)는 항주의 상징이자 역대 시인 묵객들이 동경하는 명소로, 지금도 수많은 사람들의 발길이 끊이질 않는다. 이 서호 주변 서하령 아래에 남송시대 막강한 금나라 군대에 혈혈단신 맞선 '항금(杭金)'의 명장이자 구국의 영웅 악비의 무덤과 사당 '악왕묘(岳王廟)'가 있다. 그리고 이곳 악비의 무덤 앞에는 악비를 해치는 데 앞장선 진회 부부와 만사설(萬俟卨), 장준(張俊)의 철상이 무릎을 꿇고 있다. 진회는 이렇게 악비의 무덤 앞에 무릎을 꿇은 채 영원히 역사의 심판을 받고 있다. 간신에 대한 역사의 심판은 이렇게 섬뜩하리만치 구체적이어야 한다.

청나라 건륭제 연간(1736~1795년), 과거에 장권 급제한 항주 사람 진간천(秦澗泉)은 급제 후 서호에 위치한 악비의 무덤을 찾았다. 진간천은 악비의 무덤 앞에 무릎을 꿇고 있는 진회 부부의 상을 보며 울컥 치미는 수치심과 격한 감정을 견디지 못하고 다음과 같은 글로 자신의 심정을 토로했다.

사람들은 송 왕조 이후로 '회'라는 이름을 부끄러워했고,
나는 지금 악비의 무덤 앞에서 '진'이라는 성 때문에 참담해 하는구나!

진간천은 다름 아닌 대간신 진회의 후손이었다. 진회가 구국의 영웅 악비를 모함해 죽인지 무려 600년이 넘어 지났음에도 진간천은 자신의 선조 중에 그런 치욕스러운 간신이 있었다는 사실이 한없이 부끄러웠다.

자, 어떤가? 나라를 판 매국노의 짓거리가 100년도 채 지나지 않았는데 그 후손들이 나라를 팔고 동포를 해친 대가로 받은 땅과 재산을 돌려달라고 국가에 소송을 거는 파렴치한 우리의 모습을 대비

악비의 무덤 앞에 영원히 무릎을 꿇은 채 악비와 역사에 사죄하고 있는 진회 부부, 장준, 만사설의 철상이다. 간신에 대한 응징은 이렇게 확실해야 한다.

시켜 볼 때, 역사상 온갖 간신 행위를 한눈에 볼 수 있는 '민족수난 사박물관'을 진즉에 만들어 후세에 경고했어야만 했다.

지금이라도 늦지 않다. 진회를 보라! 지금도 악비의 무덤 앞에 무릎을 꿇고 악비와 백성과 나라와 역사에 참회하고 있지 않은가? 간신은 영원히 멸시와 수치를 맛보게 해야 한다. 역사의 평가가 이렇듯 두렵고 준엄해야만 감히 간행을 일삼지 못한다.

국난을 틈타
매국노의 길을 걷다

진회는 지금의 강소성 남경인 강녕(江寧) 사람이다. 그 아버지 진민학(秦敏學)은 호주 길안현의 현승과 신주 옥산현 현령 등을 지낸 관리 집안이었다. 진회는 재상까지 지낸 바 있는 간신 왕백언(汪伯彦)을 스승으로 모시고 그로부터 많은 것을 배웠다. 물론 주로 배운 것은 주변의 분위기를 살피는 눈치를 비롯하여 권력자의 기분을 맞추는 요령과 권력을 어떻게 얻어내는가 하는 등이었다. 말하자면 간신이 되는 과정에 필요한 공부를 했다.

휘종(徽宗) 연간(1100~1125년)에 진사에 급제한 진회는 밀주(密州, 지금의 산동성 제성현)에서 주학교수(州學教授)라는 자리를 받아 근무한 다음 투항파의 대표적 인물 가운데 하나인 이방언(李邦彦)의 추천을 받아 본격적인 관료의 길로 들어섰다. 진회는 송·금 투쟁의 소용돌이 속에서 오로지 권력자의 눈치만 보고 행세하는 것으로 승승

장구하여 권력을 잡았다. 이 과정에서 진회는 수많은 우국지사를 해치고, 적에 투항하여 나라를 파는 간행을 마음껏 저질렀다.

진회의 간행은 공개와 비공개 두 가지 방법을 동시에 구사하는 노련함으로 무장하고, 권력자의 폭정을 부추기면서 자신에 반대하는 사람들을 잔인하게 살해하고 제거하는 것에 집중되었다. 더 나아가 진회는 일신의 영달을 위해 충신을 해치고, 백성을 착취하고 나아가 나라까지 파는 일을 서슴지 않았다.

진회가 관료판에 진입할 무렵 북방의 금은 막강한 기세로 요를 멸망시킨 다음 두 길로 남하하여 송을 압박하고 있었다. 그때가 1125년이었다. 놀란 휘종은 황급히 황제 자리를 흠종(欽宗)에게 양위하고 진강으로 피난했다. 금나라를 겁내기는 흠종이라고 다를 것이 없었다. 금의 군대가 황하를 건너 수도 변경(지금의 하남성 개봉)을 포위하자 즉각 금에 화의를 구걸했다. 송은 그 대가로 황금 500만 냥, 백은 5천만 냥, 소와 말 각각 1만 필, 비단 100만 필을 바치고, 태원·중산·하간의 세 군사 도시를 할양하는 한편 친왕과 재상 등을 인질로 보낼 것을 약속했다.

당시 예부시랑으로 있던 진회는 토지를 떼어주자는 할양을 주장했기 때문에 할지사(割地使)로 임명되어 금나라로 가게 되었다. 그러나 당시 주전파의 영수였던 이강(李綱)이 변경의 군민을 이끌고 적극 전쟁에 대비하고 있었고, 각지의 원군들도 속속 몰려들고 있어 압박을 느낀 금의 군대는 북쪽으로 철수했다. 진회는 목적지에 도착하기도 전에 경성으로 되돌아오는 수밖에 없었다. 이후 송 조정은 국방상의 어떤 방어 대책도 외면한 채 '화의파'와 '주전파'로 갈라져 격렬한 논쟁만 벌이는 한심스러운 작태를 연출했다.

반년 뒤, 금은 이전보다 더 큰 규모로 변경을 공격해 단숨에 변경을 함락시키고 휘종과 흠종 두 황제를 비롯하여 후비, 친왕 등을 전부 포로로 잡아갔다. 최소한의 대비책도 없이 정쟁으로 날을 새던 송으로서는 당해도 싼 결과였다. 금은 장방창을 꼭두각시 황제로 세웠다. 송의 황제와는 성이 다른 인물을 황제로 세웠다는 것은 당시로서는 엄청난 사건이었기 때문에 곳곳에서 반발을 불러일으켰다(송 황제의 성은 조趙였다). 진회의 부하이자 감찰어사인 마신(馬伸)은 여러 사람 앞에서 금에게 이 조치를 철회하고 조씨 황족을 황제로 세워달라는 반대의 편지를 보내겠다고 제안했다. 어사중승으로 있던 진회는 그 영악한 감각으로 주변 형세를 전면적으로 분석하기 시작했다.

진회는 조정 내외의 정황을 면밀히 살폈다. 전후좌우를 꼼꼼하게 살피고 이해관계를 철저하게 따진 결과 '겉으로는 철회했던 잔도를 수리하는 척하며 몰래 진창을 건넌다'는 '명수잔도(明修棧道), 암도진창(暗渡陳倉)'의 책략을 취하고, '물을 휘저어 흐리게 한 다음 고기를 잡는' '혼수모어(混水摸魚)' 모략도 함께 쓰기로 했다. 겉으로는 강경한 자세를 취하는 척하여 조정의 분위기를 흐린 다음, 금나라와 은밀히 접촉하여 금의 비위를 맞추는 이중 플레이를 구사하려는 것이었다.

진회는 몰래 금나라에 편지를 한 통 보냈다. 편지에는 조정의 강경 분위기를 고려하여 조씨를 황제 자리에 그대로 두는 것이 좋다는 주장을 펼치기는 했지만, 어디까지나 금의 입장을 철저하게 고

려한 주장이었다. 진회는 조씨
의 송 왕조는 건국한 지 100년
이나 지났기 때문에 지금 와서
갑자기 성이 다른 장방창을 황
제로 세우는 것은 천하 사람들
의 반대에 부딪혀 금나라에 불
리할 것이라는 친절한 분석을
곁들였다. 흠종을 계속 황제 자
리에 두는 것이 만세토록 금나
라에 유리하다는 요지였다. 금

금 태조 안완아골타는 진회의 의중을 확
인하고 그를 철저하게 이용하여 송 내부
를 유린했다. 완안아골타의 상이다.

은 진회의 건의를 받아들이지는 않았지만 진회의 마음이 어떤지
완전히 파악했고, 점점 그에게 호감을 갖기 시작했다.

　1127년 금이 장방창을 대초(大楚)의 황제로 세움으로써 북송은 사
실상 망했다. 금은 군대를 북으로 철수시키면서 휘종과 흠종을 비
롯하여 궁녀, 문무백관 3천여 명을 잡아가는 한편 엄청난 금은보화
도 약탈해갔다. 그런데 금은 진회의 '충성'을 가상하게 여겨 특별히
그도 함께 금나라로 데려가는 조치를 취했다. 금 태종은 휘종과 흠
종 및 종신 대신들을 모조리 외지로 내쫓는 수모를 준 반면, 진회
에 대해서는 금 태조 아골타의 사촌 동생이자 좌감군으로 있는 달
라(撻懶) 밑으로 보내 일할 수 있게 하는 특별대우를 해주었다. 금
태조의 넷째 아들인 김올술(金兀術, 완안올술)도 특별 연회에 초청하
여 왕공 귀족과 희첩들로 하여금 진회에게 술을 따르게 하는 등 진
회를 극진히 대접했다. 이런 파격적 대우에 감격한 진회는 완전히

금나라를 위해 노력 봉사하겠노라 굳게 마음먹었다.

1127년 5월, 고종이 남경 응천부(지금의 하남성 상구 남쪽)에서 남송 정권을 세웠다. 이로써 송 왕조는 간신히 맥을 이었다. 이 소식을 들은 휘종은 다시 금에게 화의를 구걸하려고 진회를 시켜 금에게 편지를 쓰게 했다. 진회는 이 기회를 이용하여 휘종이 부여한 임무를 완성하는 한편, 한 걸음 더 나아가 금을 위해 새로운 대책을 제시했다. 진회는 편지 속에서 오대시대에 거란이 후진을 멸망시킨 뒤 석(石)씨 종실을 북으로 옮기는 바람에 중원이 후한 유지원의 수중에 들어간 교훈을 상기시키면서 고종을 이용하여 그 자손들로 하여금 금의 신하가 되게 함으로써 '만세의 이익'을 얻으라고 제안했다. 무력으로 송을 정복한다는 기본 방침을 고수하고 있던 금은 진회의 의견을 받아들이지는 않았지만, 진회의 충성심을 크게 칭찬하며 돈 1만 관과 옷감 1만 필을 상으로 내렸다.

금나라에 머무르는 동안 진회는 호의호식하며 금을 위해 이런저런 계책을 내놓았고, 금은 이런 진회의 이용 가치를 높이 사서 그를 더욱 우대했다. 송에 대한 금의 공세가 소강상태에 접어든 상황에서 진회도 금도 서로 결정적인 기회를 엿보며 때를 기다리고 있었다.

적의 첩자가 되어 돌아오다

1129년 10월, 금은 김올술을 총사령관으로 삼아 대거 남진을 개시했다. 남송의 정황을 잘 아는 진회는 달라의 군사참모 겸 수군운

전사로 임명되어 동행했다. 남진 중에 달라는 초주(楚州, 지금의 강소성 회안)에서 군민의 완강한 저항에 부딪혀 100일 넘게 공격했지만 초주를 함락시키지 못했다. 달라는 진회에서 항복을 권유하는 글을 쓰게 했다. 초주 군민은 차라리 죽을지언정 굴복하지 않겠다는 필사의 자세로 혈전에 혈전을 거듭했다. 김올술도 애국 군민의 완강한 저항에 직면하기는 마찬가지였다.

금 태종은 그제야 그저 무력에만 의존해서는 남송을 정복할 수 없음을 인식하게 되었다. 태종은 강경책과 온건책을 병행하는 쪽으로 전략을 수정했다. 우선 제남지부 유예(劉豫)를 장방창을 대신하여 대제(大齊)의 괴뢰 황제로 세워 중원과 섬서 일대를 통치하게 함으로써 항금 투쟁의 기를 꺾는 한편, 진회를 남송으로 보내 남송의 내부를 와해시키게 했다(장방창은 1127년 황제로 즉위한 그해에 죽었다). 이렇게 해서 진회는 금나라의 첩자가 되어 조국으로 돌아왔다. 1130년 10월, 진회는 자신을 감시하는 금의 감시병을 죽이고 배를 타고 탈출했다는 황당무계한 무용담을 떠벌이며 남송으로 돌아왔다.

진회는 과거 조씨의 송 왕조를 보존케 해달라는 편지를 금나라에 써서 보냈기 때문에 남송에서는 '충의(忠義)'로운 사람이라는 명성을 유지하고 있었다. 고종은 금나라의 기세를 몹시 두려워하는 데다 휘종과 흠종이 금나라에 잡혀 있는 상황이었기 때문에 신하들의 의문 제기에도 불구하고 진회를 바로 불러들였다. 진회는 금나라의 지령에 따라 겉으로는 남송을 위하는 척 포장을 씌운 채 '남쪽은 남쪽대로, 북쪽은 북쪽대로'라는 기본 방침을 제안하고, 아울러 고종을 대신하여 금나라에 화의를 요청하는 편지를 대신 써서 올렸다. 금나라가 세운 꼭두각시 황제와 금나라에 잡혀 간 휘종과 흠종의 존재 때문에 늘 자신의 자리를 걱정하던 고종은 진회가 제안한 남쪽의 남송과 북쪽의 대제는 각자 알아서 한다는 술수에 그대로 말려들었다.

자신의 자리를 확고하게 지킬 수 있다는 희망에 들뜬 고종은 그 자리에서 진회를 예부상서에 임명했다. 진회는 자리를 사양하는 위장술까지 구사하여 고종의 신임을 더 얻어냈다. 고종은 진회의 황당한 말만 믿고 진회야말로 '가장 충성스럽고' 얻기 힘든 '뛰어난 인재'라며 내놓고 선전하면서 얼마 뒤 참지정사(부재상)에 덜컥 임명했다. 진회는 금나라를 위해 더 많은 권력을 갈취하기 위해 고종에게 아부하며 한껏 비위를 맞추었다.

금나라의 의도에 따라 진회는 남(남송)과 북(대제)의 관리들이 서로 편지를 주고받을 수 있게 하자는 건의를 내놓았다. 이로써 금에 항복한 북방 관리들의 투항을 인정하자는 것이었다. 또 금나라에 항거하는 북방에서 온 관리와 충의로운 인사들은 본적으로 돌려보내자는 건의도 올렸다. 남송의 항금 의지와 투쟁을 꺾고 금의 남송 병합을 위한 조건을 만들겠다는 의도였다. 누가 보아도 그 의도가 분명한 이런 말도 안 되는 제안에 대해 고종은 반대는커녕 침이 마르도록 칭찬하면서 1131년 8월 진회를 우복야 동중서문하평장사 겸 추밀원사에 임명함으로써 군정 대권을 다 장악하는 실세의 우두머리로 만들었다. 권력의 크기로 말하자면 황제인 고종 다음이었다. 호랑이에 날개를 달아준 격이었다.

재상이 된 진회는 자신의 패거리들을 끌어들여 당파를 짓고, 금나라의 위세를 빌려 온갖 비리를 저지르기 시작했다. 황제 고종과도 충돌하여 군민들의 엄청난 반발을 불러일으켰다. 고종은 1132년 진회를 재상 자리에서 파면시켰지만 즉각 금나라의 엄중한 문책에 직면했다. 고종은 하는 수 없이 진회를 행궁에 남겨두고 상서성 추밀원의 일에 참여하게 했다.

　1137년 금나라는 북쪽의 괴뢰 정권인 대제가 남송을 제대로 공략하지 못한다고 판단하여, 대제가 통치하던 구역을 남송에게 넘겨주고 남송으로 하여금 그곳의 항금 투쟁을 진압하게 하는 한편, 금에서 죽은 휘종의 영구와 고종의 생모인 위 태후를 돌려보내기로 했다(금나라로 잡혀간 휘종은 잡혀간 지 8년만인 1135년 오늘날 흑룡강성 의란 지역의 황량한 오국성에서 쓸쓸히 죽었고, 흠종은 그로부터 다시 21년이 지난 1156년 격구를 하다가 말에서 떨어져 밟혀 죽는다). 금은 남송에 대해 금의 신하가 될 것과 해마다 엄청난 양의 공물을 바치라는 조건을 내걸었다. 고종은 무조건 이 요구를 받아들였고, 이 일을 제대로 마무리하기 위해 진회를 다시 우상으로 복귀시켰다. 진회는 이 기회를 이용하여 고종의 신임을 한껏 얻어내고 그 여세를 몰아 좌상 조정(趙鼎)을

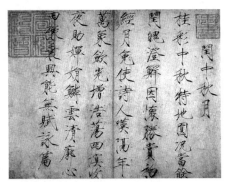

북송은 휘종과 흠종이 타국에 포로로 끌려가 갖은 고생 끝에 사망하는 엄청난 수모를 겪었다. 하지만 그 수모를 씻지 못하고 망국의 늪으로 빠져들었고, 그 중심에 간신 진회가 있었다. 사진은 휘종의 글씨다.

밀어냈다. 조정의 대권은 완전히 진회의 수중에 떨어졌다.

1138년 10월, 금·송 양국의 화의를 위한 금나라 희종의 조서를 가진 사신이 송으로 건너왔다. 사신은 자신이 지나는 길목에 위치한 주·현의 관원들에게 송나라 황제의 조서를 맞이하듯 '금나라 황제의 조서를 영접'하라고 요구했다. 고종을 황제로 책봉할 때는 금나라의 신하처럼 무릎을 꿇으라고 강요했다. 남송의 군민들은 격렬하게 반대했다. 진회는 금나라 사신의 요구를 만족시키기 위해 화의를 주장하는 사람은 승진시키고, 화의에 반대하는 사람은 파면시켜 외지로 추방하는 등 강온 양면책을 구사하며 고종에게 조건을 받아들이라고 꼬드겼다.

금의 요구대로라면 고종은 문무백관들이 모두 보는 앞에서 무릎을 꿇고 금 희종의 조서를 받들어야 한다. 이는 정말이지 체통 상하는 일로 고종으로서도 받아들일 수 없는 무리한 요구였다. 진회는 생각 끝에 기가 막힌 해결책을 금의 사신에게 제시했다. 다름 아닌 고종이 지금 상중이라 그런 예를 행할 수 없는 처지니 무릎을 꿇는 일은 자신이 대신하겠다는 것이었다. 금의 사신도 남송의 문무백관들의 격앙된 분위기와 군민들의 정서를 감안하여 그 정도 선에서 물러섰고, 진회가 이 부끄럽고 추악한 역할을 대신하여 무릎을 꿇은 채 금의 조서를 받들었다. 참으로 간신들은 못 하는 짓이 없고 안 하는 짓이 없다. 1139년 정월, 남송은 정식으로 금의 신하가 된다고 선포하고, 매년 금에게 백은 25만 냥, 비단 15만 필을 바쳤다.

악비를 해치다

금·송의 화의가 성사된 뒤 금나라 내부에서 심각한 정치 투쟁이 벌어져 희종은 모반죄로 달라를 죽이고, 김올술과 종한이 군사 대권을 장악했다. 김올술은 줄곧 하남과 섬서 지구를 남송에게 넘겨 주는 것을 반대해왔는데, 군권을 장악한 것을 계기로 숙주의 조영과 수주의 왕위가 땅을 할양하는 것을 기다리지도 않고 송에 귀순했다는 것을 구실로 삼아 1140년 5월에 화의를 깨고 남송을 대거 공격해왔다. 김올술의 군대는 한 달도 안 되어 하남과 섬서를 다시 빼앗아 갔다. 김올술은 여세를 몰아 계속 남쪽으로 진군했다. 그런데 뜻하지 않게 악비가 이끄는 군민의 완강한 저항에 부딪혀 더 이상 남진하지 못하고 주춤했다.

악비는 영창, 채주, 낙양 등지를 잇달아 공략하여 수복하고, 하남 언성에서 김올술의 최고 정예군과 결전을 벌여 대파했다. 이 전투에서 김올술은 오늘날로 보자면 탱크 부대와도 같은 세 필의 말을 가로로 세워 밀고 들어오는 이른바 '괴자마(拐子馬)'라는 무적의 전술을 사용했으나, 악비는 매복 작전을 통해 세 필의 말 중 한 마리의 발만 잘라서 진 전체를 무너뜨리는 전술로 김올술을 대파했다. 김올술은 도주했다.

한세충(韓世忠, 1090~1151) 등이 이끄는 부대와 의병들도 속속 합류하여 금군을 포위함으로써 김올술의 도주로를 차단했다. 백성들은 악비의 승리에 환호했고, 먹을 것과 무기가 될 만한 것들을 거두어 악비가 이끄는 '악가군(岳家軍)'을 물심양면으로 격려했다. 엄격한

악비의 죽음은 중국 역사상 가장 억울한 죽음으로 남아 있다. 악비의 죽음으로 송은 완전히 기력을 잃었고, 기진맥진 진회에게 끌려다니다 망했다. 죽음을 앞둔 악비의 모습을 나타낸 악비 사당 내의 조형물이다.

군기를 유지하며 백성들에게 절대 피해를 주지 않는 악가군의 자태는 늘 피해망상에 시달리던 송나라 백성들에게는 경이로움 그 자체였다.

희망과 존경이 온통 악비와 악가군에로 쏠렸다. 항금의 기세가 순식간에 남송의 분위기를 일신했고, 항금의 전세에 전례 없는 승기가 찾아오는 것 같았다. 김올술은 악비 군대의 기세와 송 군민의 결사 항금 의지에 겁을 먹고는 급히 진회에게 악비를 죽이는 조건으로 다시 화의하겠다고 통보했다. 금나라의 성패가 곧 진회의 성패인 상황에서 진회는 악비를 해치는 추악한 음모를 진행시키기 시작했다.

진회는 우선 이런저런 구실을 꾸며 악비로 하여금 군대를 철수하게 했다. 고종에게 송의 군대는 수도 적고 전력도 약한 데다 백성들과 나라가 곤경에 처해 있어 악비가 적진 깊숙이 들어가는 것은 위험한 일이니 군대를 철수시키라고 부추겼다. 천하에 어리석은 고종은 악비가 큰 공을 세워 권력이 커지면 통제하기 어렵지 않을까 걱정이 되어, 어느 정도 승리를 거두어 화의에 유리한 조건을 확보했으니 철수하라는 명령을 내렸다. 악비는 내친김에 계속 몰아쳐야 하는 이유를 계속 밝혔으나 무려 열두 차례나 후퇴를 명하는 고종의 금자패를 연속 받아야만 했다(금자패가 떨어지면 역마는 하루에 무려 200km를 달려 황제의 명령을 전달해야만 한다). 사태가 이쯤 되자 악비도 어쩔 수 없이 눈물을 머금고 군대를 철수시켰다. 악비는 "10년 동안 반격을 위해 심혈을 기울였는데 하루 만에 헛일이 되는구나!"며 탄식했다. 영창과 채주 등은 다시 금의 손에 들어갔다.

악비가 조정으로 돌아오자 진회는 고종을 꼬드겨 악비에게 추밀부사 자리를 주어 군권을 회수하게 하는 야비한 술수를 부렸다. 이어 진회는 유언비어를 퍼뜨려 악비를 파직시켰다. 진회는 장준(張俊)과 은밀히 짜고 악비가 고종에게 초주를 포기하고 장강으로 물러날 것을 건의했다는 헛소문을 퍼뜨리게 했다. 그런 다음 다시 패거리인 간의대부 만사설(萬俟卨)을 사주하여 이 이 소문을 근거로 악비를 탄핵하도록 했다. 악비는 지금까지 줄곧 만사설을 안중에도 두지 않고 무시해왔는데, 만사설은 이참에 악비에게 보복하기 위해 미친 듯 설쳤다. 진회의 다른 패거리들도 벌떼 같이 달려들어 악비를 탄핵하니 고종은 전후 상황도 살피지 않고 악비를 파면시켰다. 금도 가세하여 송이 내부 교통정리를 제대로 하지 못하면 흠종을 돌려보내 사태를 수습하게 하겠다고 협박했다. 물론 진회와의 사전조율을 거친 수순이었다. 고종은 불안에 떨었다.

2단계까지 음모가 순조롭게 진행되자 진회는 마지막 회심의 일격을 준비했다. 전제 왕권 체제에서 전가의 보도처럼 휘두르는 '모반'이란 카드가 바로 그것이었다. 1141년 김올술이 또다시 악비의 목을 화의 조건으로 내걸었고, 이제 악비를 제거하는 수순은 진회의 일정에서 빠질 수 없는 항목이 되었다. 그러나 죄가 있다고 해도 바로 목을 자르기에는 증거가 부족했다. 진회는 악비의 부하인 왕관(王貫), 장준 등을 매수하여 그들로 하여금 악비의 모반을 밀고하는 '고소장'을 쓰게 했다. 고종은 즉각 악비의 체포를 명령했고, 진회는 자신의 수족인 만사설에게 이 사건의 심리를 맡겼다. 악비와 그 아들 악운(岳雲)은 모진 고문에 만신창이가 되었다.

두 달이 지나도록 아무것도 나오는 것이 없고, 증인으로 나서는 사람도 없었다. 대장 한세충은 화가 머리끝까지 뻗쳐 진회에게 무슨 증거로 악비를 모반죄로 모냐고 물었다. 진회는 '막수유(莫須有)'라고 대답했다. 분명치는 않지만 혹 그럴지도 모른다는 뜻이었다. 기가 막힌 한세충은 "그 '막수유' 세 글자로 천하를 설득시킬 수 있겠냐?"며 넋을 놓았다. 1142년 11월, 애국 명장이자 백성들의 영웅 악비는 그 아들과 함께 진회에 의해 처형되었다(고종은 악비를 공개적으로 처형했다간 큰 반발이 터질 것을 두려워해서 비밀리에 처형을 명령했다).

1141년 주선진을 공격하는 것을 시작으로 열화와 같은 항금의 기치를 올리면서 꺼져 가던 송 왕조의 생명을 되살린 명장 악비는 불과 1년 만에 임안(항주)의 감옥 풍파정에서 처형되었다. 그때 그의 나이는 한창때인 서른아홉이었다(그가 어떻게 죽었는지 제대로 알려지지 않았으나 민간에서는 악비 부자가 껍질을 벗기는 혹형을 받았다고 믿고 있다).

중국 역사상 가장 비통하고 억울한 사건으로 기억되는 악비 모살 사건이 있은 지 이듬해인 1142년 고종과 진회는 임안(항주)에서 다시 굴욕적인 화의에 서명했다. 금은 죽은 휘종의 영구와 고종의 어머니 위 태후는 돌려보냈으나 흠종과 다른 친왕들은 돌려보내지 않았다.

역사마저 바꾸려 한
간 큰 간신

　진회는 악비를 죽이고 금과의 화의를 성사시킨 공으로 고종에게
또 다른 간신 채경보다 더 높은 상을 요구했고, 고종은 그를 태사
위국공 진국공에 봉하는 한편 그 어미에게도 진·위국부인을 그 처
에게는 한·위국부인이라는 작위를 내렸다. 그 자손들에게도 일일
이 봉작을 수여하니 진회 일가의 명예와 영광은 더 이상 갈 데 없
는 극에 이르렀다.

　진회는 잘 알고 있었다. 자신의 죄와 간행에 대해 후세 사람들이
욕하고 침을 뱉으리라는 것을. 그래서 재상의 신분으로 국사를 편
찬하는 일에 가담하는 동시에 그 아들과 손자들에게 고종 재위 이

한 줄기 희망이었던 '악가군'은 악비의 죽음과 함께 기왓장 깨지듯 무너졌다. 나쁜 권력자 고
종과 악랄한 간신 진회의 합작품이었다. 그림은 악비와 악가군을 격려하는 백성들 모습이다.

래의 실록을 편찬하는 일을 책임지게 했다. 이렇게 해서 진회는 자신의 행적과 죄악의 역사를 감추려 한 것이다. 그래도 마음이 놓이지 않았던지 진회는 한 걸음 더 나아가 민간에서도 자신의 죄악을 모르도록 하기 위해 문인과 백성들이 야사, 필기, 시문 등을 편찬하지 못 하도록 금지했고, 동시에 사소한 문장이나 문자를 트집 잡아 많은 백성과 문인들을 죽이거나 박해하는 '문자옥(文字獄)'을 대대적으로 일으켰다.

1155년 병이 골수에까지 미친 진회는 마지막으로 아들 진희(秦憘)에게 자신의 재상 자리를 물려주려고 손을 썼다. 진회에 대한 백성들의 증오는 하늘을 찔렀고, 이 무렵 멍청한 고종까지 진회가 빨리 죽었으면 하고 바라는 입장으로 돌아섰던 터라 진회의 요구를 허락하지 않고 결정을 차일피일 미루고 있었다. 진회는 돈으로 자신의 패거리들을 매수하여 진희가 재상이 되도록 돕게 했다.

진회가 죽자 사방에서 축하하는 잔치가 벌어졌고, 진회의 죄상을 고발하는 상서가 빗발쳤다. 고종은 여론의 압력에 못 이겨 파면당한 대신들을 복직시키는 한편 진회의 패거리 수십 명을 파면시키는 선에서 여론을 무마하려 했다. 그리고 진회에게는 신왕(申王)이라는 봉작을 추증하고 '충헌(忠獻)'이란 거창한 시호까지 내렸다. 진회의 묘비명을 쓰고 새기는 일이 남았지만 아무도 묘비명을 새기려 하지 않아 단 한 글자도 새기지 못했다. 장수 맹공(孟珙)은 진회의 무덤을 지나가다 군사들에게 무덤 위에 오줌을 싸라고 했고, 이 일로 진회의 무덤은 '더러운 무덤'이란 뜻의 '예총(穢冢)'이란 별명까지 얻었다.

영원히 악취를 풍기는 간신들

간신들은 못 하는 짓이 없고, 안 하는 짓거리가 없다. 진회는 후대의 평가가 두려워 역사마저 날조하려 했다. 죽는 순간까지 자신의 자리를 아들에게 물려주려고 발버둥을 쳤다. 그는 고난의 구렁텅이에 빠져 있는 나라와 백성들의 한 줄기 희망마저 일말의 주저도 없이 잔인하게 밟아버렸다. 그것으로 자신의 부귀영화와 맞바꾸었다. 백성을 팔고 영웅을 죽이고 나라를 팔아 일신의 영달을 극악스럽게 추구한 진회, 그만 그런 것이 아니다. 이 점에서 역사상 모든 간신에게 예외란 없었다.

역사는 참 고약하기도 하다. 간신이란 더러운 사회적 현상과 역겨운 간행마저 함께 우리에게 보여주니 말이다. 그래서 사람들은 일쑤 이를 외면하려 한다. 안 보면 못 느끼고, 못 느끼면 생각나지 않을 테니 속 편하다는 것이다. 손바닥으로 하늘을 가린다고 하늘이 없어지는가? 간신현상은 지나간 과거사에만 국한된 것이 결코 아니다. 지금 당장 우리 주위, 내 옆에서 버젓이 벌어지고 있는 현상이다. 그로 인한 피해는 고스란히 나와 내 가족에게 돌아온다. 사회와 나라에 막대한 피해를 준다. 나라를 멸망으로 이끈다. 이런데도 눈을 감을 수 있겠는가?

진회에게서 보았다시피 간신은 죽는 순간까지도 발악을 멈추지 않는다. 자신이 누렸던 부귀영화를 자손만대까지 물려주려고 안달을 한다. 그렇게 해서 권력을 영원히 틀어쥐고 그 힘으로 자신의 추악한 간행과 죄악을 감추려 한다. 보라, 역사마저 날조하려 했던 진회의 저 무서운 집념과 집착을! 간신은 무시해서는 안 된다. 간신을 깔보아서는 더욱 안 된다. 간신은 경계하고 징계하고, 그것도 안 되면 추방하고 제거해야 한다. 그 뿌리까지 확실히 뽑아 완전히 제거하지 않으면 안 된다.

또 한 가지 지적하지 않을 수 없는 것은, 고종이란 절대 권력자다. 우리는 계속해서 그를 어리석고 못난 황제로 폄하해 왔지만 사실 꼭 그렇게만 볼 일이 아니다. 지금까지는 전제정치의 잔재와 투철하지 못한 역사 인식 때문에 모든 죄악을 진회에게 돌렸지만, 남송의 굴욕과 악비의 억울한 죽음에는 고종이 버티고 있었다는 사실이다. 고종은 자기 자리를 지키기 위해 노심초사했고, 이와 관련하여 이해관계가 일치하는 간신 진회를 주동적으로 끌어들였다. 이렇게 보면 고종이 주범이고, 진회는 종범이다. 누누이 강조했지만 간신 뒤에는 단 하나의 예외도 없이 간군(奸君)이 어슬렁거리고 있다. 남송의 굴욕과 악비의 죽음은 고종이 연출하고 진회가 연기한 희대의 사기극이자 추태였다. 최고 권력자가 길을 잘못 들어서

할 수만 있다면 간신은 자신의 부귀영화를 대대로 영원히 물려주려고 온갖 수단을 동원한다. 간신의 속성이다. 간신의 부귀영화가 대물림되면 그 결과는 최악이다. 미래가 저당 잡혀 사회와 나라가 온통 망가지기 때문이다. 간신과 간신현상을 뿌리째 뽑아야 하는 까닭이다. 악비의 무덤 앞에 무릎을 꿇고 있는 진회의 철상은 다른 간신들에 비해 많이 교체되었다. 사람들이 그의 얼굴에 침을 뱉고 뺨을 때리는 통에 일찍 부식되었기 때문이다.

고도 끝까지 이 길이 옳다고 우기면 어쩔 수 없다. 망할 때까지 지켜보든가 내쫓든가 둘 중 하나뿐.

역사의 진상을 통찰하기 위해서는 간신에 대한 철저한 인식과 분석과 연구가 선행되어야 한다. 간신의 행위와 심리 상태까지 낱낱이 무섭도록 철두철미하게 파악해서 누구나가 간신의 간행을 사전에 방비할 수 있도록 해야 한다. 간신은 우리의 방심을 먹고 사는 기생충임을 명심해야 한다. 한순간의 방심이 돌이킬 수 없는 재앙을 불러온다. 없앤 간신도 다시 보고 한 번 더 밟아야 한다. 사전 예방이 사후 처방보다 천만 배 더 중요하다는 것을 뼈저리게 실감하고 있지 않은가?

지금, 악비의 무덤 앞에 무릎을 꿇은 채 악비와 역사에 영원히 참회하고 있는 진회의 목과 우리 주위를 어슬렁거리는 온갖 간신들에게 서슬 퍼렇게 깨어 있는 역사의 칼날을 들이대며 역사의 치욕을 통타하는 통쾌한 침을 다시 한 번 뱉을 때다.

　모략을 꾸며 자기와 다른 정적에게 죄를 씌워 상대를 해치는 간신의 수법을 '구함좌폐(構陷坐廢)'라 한다. '구함'은 함정을 판다는 뜻이고, '좌폐'는 죄를 얻어 파직당하거나 그냥 버려진다는 뜻이다. 역대로 간신의 전매특허와 같은 수법이다. 이렇게 해를 입은 사람은 대부분 유능하고 정직한 사람들로, 가볍게는 명예를 훼손당하거나 자리를 잃었고, 심하면 죽임을 당하고 그 화가 가족과 친구들에까지 미쳤다.

　이 간사한 수법은 구실을 찾고 일을 일부러 만들며, 대의처럼 꾸며 거꾸로 몰아붙인다. 또 이 수법이 성공하는 데는 무고를 그대로 믿고 따르는 어리석은 권력자가 있기 때문이다. 간신 만사설과 진회가 죄목을 날조하여 악비 부자와 장헌(張憲)을 사지로 몬 일은 '구함좌폐'의 전형이었다.

　만사설은 인간이 속이 좁고 간사하며 교활했다. 아부에 능하고 남의 비위를 잘 맞추었다. 그는 악비에게 잘 보여 악비를 뒷배로 삼아 출세할 요량으로 이런저런 건의를 올렸다. 악비는 군대를 자기 힘을 키우는 기반으로 삼으려는 만사설의 의도를 꿰뚫어 보고는 그를 내쳤다. 만사설은 악비에게 원한을 품고는 조정에다 악비가 반역을 꾀할 수도 있으니 철저히 방비해야 한다고 모함했다.

　1141년, 진회는 금나라 장수 김올술과의 화의를 위해 함께 악비를 제거하여 일을 서둘러 성사시키려 했다. 만사설은 자신이 당한 치욕을 갚을 기회가 왔다고 판단하여 바로 진회에게 꼬리를 치며

악비를 모함했다. 만
사설은 악비가 높은 벼
슬에 많은 녹봉을 받고
있음에도 마음만 앞선
채 군은 지지부진 사기
가 떨어지고 민심이 흔
들려 산음(山陰)을 지킬
수 없다는 등등의 보고
를 올리며 탄핵했다.
고종은 만사설과 진회
의 말만 듣고 악비를
추밀부사 자리에서 파

진회가 날조한 '막수유'는 훗날 간신들이 일쑤 써먹은
수법이 되었다. 진회가 '막수유'라는 죄명으로 악비를
해치는 모습을 그린 그림이다.

직시켰다. 진회는 장준, 악비의 부장인 왕준(王俊)과 결탁하여 악비
와 그 아들 악운이 부장 장헌과 반란을 꾀한다고 모함했다. 장헌과
악운이 붙잡혀 옥에 갇혔고, 만사설은 몸소 나서 지금 황제를 공격
했다는 등 악비의 3대 죄상을 나열했다.

물론 증거도 근거도 없는 날조였다. 여기에 진회까지 나서 '이 일
은 있을 수도 있다'며 거들었다. 이것이 저 유명한 진회가 창안해낸
'꼭 그렇지는 않지만 있을 수도 있다'는 '막수유(莫須有)'라는 죄명이
다. 어리석은 군주 고종은 악비에게 죽음을 내림으로써 만사설과
진회 두 간신의 소원을 들어주었다. 1142년 1월 28일, 음력으로 한
해의 마지막 날 하루 전에 악비는 항주의 대리시(大理寺) 옥중에서
파란만장한 39세의 생을 마감했다.

현명한 지도자라면 이 수법의 본질을 바로 파악한다. 특히 역사 사례를 거울삼아 주위 의견을 두루 듣고 공정한 판단을 내림으로써 앞장서서 조직과 나라의 단결을 지켜야 한다. 그래야 억울한 일이 생기지 않는다. 이 방면에서는 당 태종의 처분을 본받아야 한다. 그는 위징과 방현령을 모함하고 무고한 두 명의 밀고자를 그 자리에서 목을 잘랐다.

　　1142년 1월 27일, 송나라 구국 영웅 악비가 황제 자리를 지키는 데 급급했던 고종과 이에 빌붙어 사리사욕을 추구했던 진회 등의 모함을 받아 풍파정에서 양아들 악운과 함께 처형되었다. 악운은 악비를 따라 금나라와의 항쟁에서 많은 공을 세웠는데 이때 그의 나이 23세였다. 악비의 나이는 39세였다. 이 사건은 중국 역사상 가장 억울한 사건, 즉 원안(怨案)으로 기록되어 있다. 금나라에 맞서 싸운 악비의 심경과 장렬한 기상을 잘 보여주는 〈만강홍〉이란 작품을 아래에 소개해둔다.

　　성나 곤두선 머리칼에 관이 들썩거리고

　　난간에 기대서니

　　몰아치는 비바람 맞누나

　　머리 들어 저 멀리

　　푸른 하늘 바라보며 긴 바람할 제

　　대장부의 큰 뜻 불타듯 하여라

　　삼십 년 세운 공적 진토같이 여기나니

　　구름 속에 달빛 속에 싸워온 팔천 리 길

　　청춘을 헛되이 보내지 말라

　　검은 머리 백발 되어 슬퍼한들

　　무슨 소용 있으리.

정강년 국치를

눈빛처럼 깨끗이 씻지 못했거늘

한 가슴에 서린 이 원한

어느 때나 풀어보랴

전차를 저기 멀리 휘몰아

하란산을 짓부셔 놓으려니

그때 장한 뜻 원수의 살점 씹고

담소하며 오랑캐의 피 마시리라

잃었던 고국 강산

고스란히 되찾아

임금을 뵈오리라.

악비와 악운의 무덤은 절강성 항주의 명소 서호 주변에 사당 '악왕묘(岳王廟)'와 함께 자리 잡
고 있다. 악비가 훗날 왕으로 추존되었기 때문에 '악왕묘'라 한다.

원시사회	약 60만 년 전~기원전 약 21세기	삼황오제(三皇五帝) 포함
하(夏)	기원전 약 21세기~기원전 약 16세기	노예제 사회. 상은 후기 은(殷)으로 천도, 상은이라 부름.
상(商)	기원전 약 16세기~기원전 약 11세기	
서주(西周)	기원전 약 11세기~기원전 771년	
춘추(春秋)	기원전 770년~기원전 476년	
전국(戰國)	기원전 475년~기원전 221년	봉건사회 개시
진(秦)	기원전 221년~기원전 206년	시황－호해－자영 3대.
서한(西漢)	기원전 206년~8년	서한과 동한 사이에 왕망(王莽)의 신(新) 9년~23년. 유현(劉玄) 23~25년.
동한(東漢)	25년~220년	
삼국(三國)	220년~280년	위·촉·오
위(魏)	220년~265년	조조－조비－조예
촉(蜀)	221년~263년	유비－유선
오(吳)	222년~280년	손권
서진(西晉)	265년~316년	무제 사마염(司馬炎)
동진(東晋)	317년~420년	원제 사마예(司馬睿)
오호(五胡) 십육국	304년~439년	흉노, 선비, 갈, 저, 강
남북조 (南北朝)	420년~589년	
남조(南朝)	420년~589년	
송(宋)	420년~479년	무제 유유(劉裕)
제(齊)	479년~502년	고제 소도성(蕭道成)
양(梁)	502년~557년	무제 소연(蕭衍)
진(陳)	557년~589년	무제 진패선(陳覇先)
북조(北朝)	386년~581년	
북위(北魏)	386년~534년	도무제 탁발규(拓跋珪)
동위(東魏)	534년~550년	효정제 원선견(元善見)

서위(西魏)	535년~557년	문제 원보거(元寶炬)
북제(北齊)	550년~577년	문선제 고양(高洋)
북주(北周)	557년~581년	효민제 우문각(宇文覺)
수(隋)	581년~618년	문제 양견(楊堅)
당(唐)	618년~907년	고조 이연(李淵)
오대십국 (五代十國)	907년~979년	5대 : 후량, 후당, 후진, 후한, 후주/10국 : 오, 남당, 민, 초, 오월, 전촉, 후촉, 남한, 형남, 북한
북송(北宋)	960년~1127년	태조 조광윤(趙光胤)
남송(南宋)	**1127년~1279년**	**고종 조구(趙構)**
요(遼)	907년~1125년	태조 야율아보기
서하(西夏)	1032년~1227년	경제(景帝) 원호(元昊)
금(金)	1115년~1234년	태조 완안민(完顔旻) 아골타
몽(蒙), 원(元)	1206년~1368년	태조 징기스칸. 1271년 원(元)으로 국호 개명. 북원(1370~1388).
명(明)	1368년~1644년	태조 주원장(朱元璋)
청(淸)	1616년~1911년	태조 애신각라(愛新覺羅). 1616년 누루하치 후금 건국. 1636년 황태극 청으로 개명.

'간신 종합 세트'

가사도 賈似道

가사도(1213~1275)는 남송 말기의 정치를 암울하게 만들고, 나아가 남송 멸망의 씨앗을 뿌린 장본인이다. 또 기회주의자 지식인들을 대거 동원하여 꼭두각시로 내세워 자신을 칭송하는 《복화편(福華篇)》 따위의 글을 짓게 하는 등 자신의 우상화, 즉 '탐명(貪名)'에 열을 올렸던 엽기적인 간신이었다. 당시 지식인들은 가사도에게 철저하게 농락당하는 수치스러운 역사의 한 페이지를 장식했다. 나라는 멸망의 구렁텅이로 빠져들고 있음에도 가사도는 몽고와 내통하여 주권을 포기했고, 그 공로(?)로 엄청난 칭송과 권세를 누렸다.

망조가 든 나라에는 예외 없이 어리석은 지도자와 간신이 짝을 같이한다. 남송은 이 거간이 죽은 뒤 불과 4년 뒤인 1279년에 멸망했다. 도박, 주색잡기에 열을 올리던 망나니 난봉꾼에서 재상이 되기까

13세기 말 남송 멸망 후 원제국

지 간신 가사도의 간행을 보면 말 그대로 '간신 종합 세트'였다. 가사도는 또 영광스럽게(?) 중국 역사상 10대 간상(奸相, 재상 출신의 간신)에 그 이름을 올리고 있다.(10대 간상에 대해서는 《간신 : 간신학 – 수법편》 참고)

달라붙어라

가사도는 남송시대 말기의 간신으로 자는 사헌(師憲), 대주(臺州, 지금의 절강현 평교진平橋鎭) 출신으로 황제 이종(理宗)과 도종(度宗)에 걸쳐 막강한 권력을 휘둘렀다. 그는 이종의 총애를 받았던 여동생 가비(賈妃)의 신분을 믿고 어려서부터 정상적인 공부에는 힘쓰지 않았다. 그 뒤 아버지 덕택으로 가흥 지방의 가뭄 등 비상 시기에 백성을 구제하는 일을 담당한 사창(社倉) 자리를 시작으로 관료 사회에 발을 들여놓았다.

간신은 권세가 있는 사람이라면 조금만 안면이 있어도 달라붙는 속성을 갖고 있다. 빌붙기의 고수다. 치맛자락을 붙드는 일도 당연히 서슴지 않는다. 빌붙고 붙잡아서 기어오르는 것이다. 자신의 목적을 향해. 이런 수법을 '가까운 사람을 가리키고, 안면이 있는 사람에게 부탁한다'는 '지친탁고(指親托故)'라 한다('지친탁고'의 출처는 원나라 때 무명씨의 희곡 《어초기(漁樵記)》 제2절이고 상세한 내용은 제3부 《간신 : 간신학 – 수법편》을 참고).

가사도는 비열하고 간사한 성품에 경박한 시정잡배 출신으로 재상이 된 특이한 이력의 거물급 간신이다. 그가 이런 대성공(?)을 거둔 데는 바로 이 '지친탁고'라는 술수가 크게 작용했다. 제법 높은 벼슬을 한 가사도의 아비 역시 교활하고 색을 밝히는 성품이었다. 한번은 길을 가다 아리따운 유부녀를 보고는 그 집까지 쳐들어가 끝내 그녀를 첩으로 삼았다. 이 첩이 바로 가사도의 생모이다.

이처럼 부패한 관료 가정이 가사도의 비열하고 방탕한 인간성을 기르는 거름이 되었고, 가사도는 어려서부터 술집으로 기생집으로 도박장으로 뛰어다녔다. 싸움질은 다반사였고, 이 때문에 얼굴에 상처까지 남아 부끄러운 표식이 되었다. 일찍부터 닭싸움, 경마, 주색잡기에 빠진 가사도는 아비 덕에 가흥(嘉興)의 창고를 관리하는 작은 벼슬아치가 되었다. 그런데 이 무렵 그의 누이는 궁녀가 되어 이종 황제가 총애하는 귀비가 되는 경사(?)가 겹쳤다. 가사도는 황제의 인척이 되었고, 이로부터 관운이 형통하게 되었다.

가사도는 관직을 얻기 위해 누이에게 황제와 동침할 때 베갯잇 송사를 하도록 부추겼고, 이종 황제는 가사도를 불러들였다. 1238년, 17세의 가사도는 누이의 치맛바람에 힘입어 조정에 들어왔다. 그리고는 아무도 모르는 어설픈 '고시(考試)'를 거쳐 어엿한 진사 급제자가 되었다. 배운 것 없는 방탕한 자가 군기감(軍器監)의 관리가 되었다. 이후 가사도는 날개를 단 듯이 승진에 승진을 거듭하여 재상에 해당하는 평장정사(平章政事) 자리까지 올랐다. 그런데 정말이지 풍자적인 사실은 치맛바람에 뒷구멍을 통해 재상이 된 다음 가사도가 맨 먼저 앞세운 정책의 하나가 과거 시험을 엄격하게 시행하라는 것이었다. 당시 사람들은 그의 이런 뻔뻔함을 두고 이런 풍자의 노래를 불렀다.

"무술년(1238년) 과거 시험이 엄격했다면 지금 어찌 평장정사(가사도)가 있으리오!"

간신이 '지친탁고'라는 간사한 모략을 사용하는 방법으로는 직접과 간접 두 가지가 있지만 친인척, 지연, 학연, 동료, 친구를 비롯하여 조금이라도 아는 사회적 관계를 총동원한다는 점에서는 다를 바가 없다. 가까운 사람을 시작으로 관계로 관계를 엮고, 가까운 곳에서 먼 곳으로 한 단계 한 단계 관계를 한데 묶는다. 필요할 때는 심지어 궁중의 여자들까지 끌어들인다. 당나라 때 간신 양국충이 양귀비를 발판 삼아 청운의 꿈을 이룬 경우, 명나라 때 간신 엄숭이 같은 고향 출신의 고위직 관료 하언(夏言)을 붙잡고 조정으로 들어온 경우 등이 전형적인 사례다.

참고삼아 또 다른 전형적인 사례 하나만 더 소개한다. 명나라 때 사람 만안(萬安, 약 1417~1488)의 경우다. 만안은 명나라 때 사천 미산(眉山) 출신이다. 진사로 한림원편수를 거쳐 예부시랑이 되었다. 당시 황제 헌종(憲宗)은 자기보다 20세 연상인 산동 제성(諸城) 출신의 만귀비(萬貴妃)를 아주 총해하고 있었다. 만귀비의 오라비 만통(萬通)은 동생의 치마끈을 붙잡고 금의위 도지휘라는 벼슬까지 올랐다. 만안은 자신과 귀비의 성이 같다는 것을 내세워 몰래 사람을 보내 만통과 관계를 텄다. 이후 두 사람은 수시로 오가며 관계를 다졌다.

한번은 이런 일이 있었다. 만통의 아내가 한가한 틈에 친정어머니에게 "우리 집이 가난했을 때 어린 여동생이 누군가의 집에 첩으로 갔다고 들었는데 지금 그 애가 어디 있는지 아십니까?"라고 물었다. 어머니는 "미산의 만 편수에게 시집갔다는 것만 안다"라고 했다. 이 이야기를 어찌 들은 만안은 마치 보물이라도 얻은 듯 "제가 미산 사람으로 과거 편수를 지냈지요. 말씀하신 그 첩을 맞아들인 사람이 바로 저입니다"라며 갖다 붙였다.

집으로 돌아온 만안은 첩과 상의하여 만통의 아내가 말한 그 여동생으로 둔갑시켜 서로 만나게 했다. 느닷없이 오래전에 헤어진 여동생을 만난 만통의 아내는 너무 기쁜 나머지 이런저런 문제가 있음에도 이들의 속임수를 전혀 눈치채지 못했다. 만안과 만통은 동서지간이 되었다. 이 이야기는 만귀비의 귀에까지 들어갔고, 만귀비도 자연스럽게 만안을 다시 보게 되었다. 만귀비는 헌종에게 만안에 대해 좋은 말을 늘어놓았고, 헌종은 마침내 만안을 내각으로 불러들였다.

당시는 환관 왕직(汪直)이 권세를 휘두르고 있었다. 왕직은 어려서부터 입궁하여 만귀비를 모셨고, 따라서 헌종의 총애를 듬뿍 받았다. 왕직의 위세는 천하를 떨게 할 정도였다. 그는 동창(東廠)과 서창(西廠)이라는 막강한 두 권력 기구를 마치 자신의 도구처럼 이용하여 죄를 날조하고 정적을 마구 해쳤다. 대학사 상로(商輅)가 죽고, 그 자리가 비자 왕직은 만귀비의 눈도장을 찍은 만안을 재상으로 추천했다. 만귀비와 헌종은 두 번 생각하지 않고 허락했다. 만안은 마침내 바라던 대로 최고 자리에 올랐다.

간신의 여러 특징이자 공통점 중 하나는 관계를 내세우고 떠벌리는 것이다. 조금이라도 안면이 있거나, 특히 가깝다고 생각하는 사람을 한껏 내세워 자신의 인맥을 자랑한다. 간신은 과장과 자랑에만 머물지 않고 이를 철저하게 이용한다. 간신을 얕잡아 볼 수 없고, 간신의 존재 자체가 위험한 까닭이다. 가사도 역시 여동생 가비를 한껏 이용하여 거침없이 출세 가도를 달렸다.

몽고를 얕잡아본 대가

송나라는 금나라에 줄곧 시달렸다. 그러다 새로 일어난 몽고를 도와 금나라를 멸망시킬 수 있었다. 문제는 송이 자기 주제도 모르고 몽고의 역량을 과소평가하여 몽고에 반기를 들었다는 사실이다. 이는 마치 어리석은 돼지가 피가 가득 담긴 대야를 향해 먹을 것을 찾으러 씩씩거리며 주둥이를 들이미는 짓과 다를 바 없었다. 이런 행동은 합리적인 해석이 불가능했다. 가사도가 갖은 간행을 통해 권력 최고 정점에 오르고 이어 몰락의 길을 걷는데 몽고가 빠질 수 없기 때문에 시간을 되돌려 이 과정을 살펴본다.

1234년 송은 몽고에 대한 북벌에 나서 그해 정월 채주(하남성 여남)를 함락시켰다. 몽고 군대는 관중(섬서성 중부)으로 철수했다. 6월, 송의 북벌 군대는 세 길로 나누어 출격했다. 모든 것이 순조로워 보였다. 대장 조규(趙葵)와 전자재(全子才)는 저항 없이 개봉과 귀덕(歸德, 응천應天)을 수복했다. 7월, 또 다른 대장 서민자(徐敏子)도 별다른 저항 없이 낙양을 수복했다. 그러나 8월, 송이 거국적인 경축을 벌이기 전에 몽고 군대가 반격을 가하기 시작했다. 결과는 추측

대로 3경을 다시 빼앗겼을 뿐만 아니라, 싸워 죽거나 굶어 죽은 병사를 포함하여 병사 10만여 명도 잃었다.

몽고는 애당초 송을 적으로 생각하지 않았다. 강남을 종횡으로 흐르는 강과 수로 그리고 논은 그들에게는 신기하고 낯설 뿐이었다. 그런데 송의 느닷없는 공격이 그들을 화나게 만들었고, 여기에 송 군대의 부패와 무능이 몽고를 유혹했다. 몽고는 자연스럽게 송을 자신의 사냥감 명단에 올렸다. 그나마 다행스러운 것은 송이 명단의 맨 끝이었다는 사실이다. 몽고는 서방 세계를 정벌할 준비를 하고 있던 차라 송에 대해서는 당초 금에 취했던 방법대로 소수의 병력만을 남겨 변경을 따라 쉼 없이 공격하여 송을 피곤하게 만들었다.

송이 맹약을 어긴 2년째 되던 1236년 몽고 군대는 칭기즈칸의 손자 발도(拔都, 바투)의 인솔 아래 2차 서방 원정에 나섰다. 이 원정은 1242년 대칸 오고타이가 죽음으로써 끝이 났고, 7년이 걸렸다. 정복한 지역을 따져보면 러시아, 폴란드, 헝가리를 포함하는 동 유럽이었다. 몽고 대칸은 이 광대한 땅을 바투에게 주기로 결정했다. 제국의 이름은 흠찰(欽察, 킵차크) 칸국이었다.

게르만의 여러 왕국과 폴란드 왕국, 그리고 헝가리 왕국의 연합군이 몽고에게 패하자 유럽은 공포에 휩싸였다. 유럽인들은 아시아에서 온 황인종 침략자들을 '황화(黃禍)'라 불렀다. 이는 그로부터 600년 뒤인 19세기 동방을 침략한 유럽 백인종에 대해 '백화(白禍)'라 부른 것과 대비된다.

몽고의 제2차 서방 원정이 끝나고 10년 뒤인 1252년, 칭기즈칸의 또 다른 손자 욱열올(旭烈兀, 훌라구)은 군대를 이끌고 제국의 수도 화림(和林, 몽고 합이화림)을 출발하여 3차 서방 원정에 나섰다. 이 원정은 1259년 대칸 몽가(蒙哥, 뭉케)가 죽기까지 8년에 동안 지속되었다. 이 원정에서 몽고는 페르시아(이란)와 흑의대식(이라크)을 정복했으며 한때 시리아와 튀르키예(터키) 동부까지 정복했다. 몽고 대칸은 이 광대한 토지를 훌라구에 주었다. 훌라구는 카스피해 남쪽 기슭에 성을 쌓고 수도로 삼았다. 제국의 이름은 이이(伊爾, 이리) 칸국이었다.

이 두 차례의 원정 중간에 2대 대칸 오고타이의 손자 해도(海都, 하이두)가 자신의 사촌 형인 뭉케가 6대 대칸 자리를 물려받은 것에 불만을 품고 할아버지의 원래 봉지인 신강성 지역에다 따로 성을 세워 오고타이 칸국이라 칭하면서 대칸과 맞섰다. 이렇게 몽고제국에 소속된 유명한 4대 칸국이 차례로 완성되었다.

서방 세계에 대한 몽고 제국의 대원정을 송은 전혀 모르고 있었다. 그저 변경에서 받는 압박이 갈수록 심각해지고 있다는 것만 알고 있었을 뿐이다. 3차 서방 원정이 시작된 이듬해인 1253년 몽고는 동방의 송을 맹렬히 공격해왔다. 몽고 군대는 수많은 산과 울창한 숲의 운남지구(운남성) 깊숙이 들어와 대리(大理) 제국의 수도 대리성(운남성 대리)을 공격하여 함락시켰다. 이듬해인 1254년에는 대리의 황제 단흥지(段興智)가 포로로 잡혔다. 8세기에 건립된 이 오랜 남조 왕국은 11개 왕조에 516년을 유지하다가 망했다. 몽고 원정군은 계속해서 안남(安南) 왕국(월남 북부)을 공격했고, 1258년 국왕 진일조(陳日照)가 항복했다. 이렇게 해서 몽고 제국은 송을 세 방

가사도는 몽고의 위력을 제대로 알지 못하고 협약을 파기했고, 쿠빌라이는 국내 정치를 수습한 다음 바로 남송을 쳤다. 쿠빌라이의 초상화이다.

향에서 협공할 수 있게 되었다. 서로는 대칸 뭉케의 인솔하에 남쪽으로 내려와 합주(合州, 사천성 합천)로 진공했고, 북로는 대칸의 동생 홀필열(忽必烈, 쿠빌라이)이 역시 남하하여 악주(鄂州, 호북성 무한)로 진공했다. 남로는 대장 올량합대(兀良哈臺, 우량카다이)가 안남 왕국을 정복한 원정군을 이끌고 북상하여 담주(潭州, 호남성 장사)로 진공했다.

이듬해인 1259년, 그러니까 3차 서방 원정이 끝난 이듬해에 남로를 책임진 올량합대가 파죽지세로 담주성으로 치달아 성을 공격했다. 북로의 쿠빌라이도 장강을 건너 악주성에 이르러 성을 공격하기 시작했다. 이때 송은 서부 군사구역 사령관(경서호남북사천선무사 京西湖南北四川宣撫使) 가사도를 재상으로 승진시켜 그에게 악주를 구원하도록 했다. 가사도는 그 당시 항공 거리로 60km 떨어진 황주(黃州, 호북성 황주)에 주둔하며 방어하고 있었는데, 막강한 상대 앞에서 속수무책이었다. 가사도는 하는 수 없이 쿠빌라이에게 밀사를 보내 화의를 구걸하면서 아래 조건을 받아들인다는 뜻을 전달했다.

첫째, 송 제국은 몽고국에 대해 신하로 칭하며 번속으로 강등한다.

둘째, 장강을 두 나라의 경계로 삼고 송 제국은 장강 이북 땅을 전부 떼어준다.

셋째, 송 제국은 매년 몽고 제국에게 은폐 20만 냥과 주단 20만 필을 바친다.

이 화의 제안이 성사되려는 순간, 공교롭게 몽고의 대칸 뭉케가 합주성에서 죽었다. 전해온 소식에 따르면, 친족회의에서 쿠빌라이의 동생 아리불가(阿里不哥, 아리크부가)가 대칸 자리를 이을 가능성이 있다는 것이었다. 이 소식은 쿠빌라이의 불편한 심기를 건드렸고, 쿠빌라이는 서둘러 가사도의 조건을 받아들인 다음, 바로 올량합대 군대에게 담주를 버리고 모두 북쪽으로 되돌아올 것을 명령했다.

가사도는 협약을 바로 뒤집고는 뒤처진 몽고군을 공격하여 그들의 머리를 승리의 증거로 삼아 수도 임안에다 대승했다는 보고를 올렸다. 송은 온 나라가 흥분에 들떴다. 황제는 가사도를 왕조를 다시 살려낸 천하에 둘도 없는 공을 세웠다면서 가사도가 개선하여 도성으로 돌아오자 문무 관원 전부를 교외로 보내 성대한 환영식을 베풀게 했다. 유명한 작가 요형중(廖瑩中, ?~1275년)은 《복화편(福華篇)》이라는 방대한 책을 써서 가사도를 국가와 민족에 위대한 공헌을 한 사람으로 칭송했다. 그러나 이 칭송의 노래가 가사도의 정치생명이 얼마 남지 않았음을 알리는 장송곡이 될 줄은 아무도 몰랐다.

맞아 죽은 거간 가사도와
그 새끼 간신의 최후

전국이 경축 분위기에 젖어 있을 때 1260년 몽고의 사절 학경(郝
經)이 와서 자신들의 상황을 알리는 한편, 지난번 협정의 세부적인
이행방안을 담판 짓고자 했다. 가사도의 반응은 아주 빨랐다. 즉시
학경을 체포하여 비밀리에 진주(眞州, 강소성 의정) 군영에 감금했다.
가사도가 화의를 구걸했다는 사실을 아는 사람은 아무도 없었으
며, 몽고 사신과 관련된 일을 아는 사람은 더구나 없었다.

몽고는 한동안 혼란에 빠졌다. 쿠빌라이는 군대를 이끌고 북쪽으
로 귀환하다가 개평(開平, 내몽고 정람기)에서 자신이 대칸을 계승한
다고 선포했다. 한편 수도 화림에서는 황족회의를 통해 아리크부가
를 대칸으로 선출했다. 쿠빌라이의 거동은 틀림없는 불법이었지만
그가 거느리고 있는 막강한 병력이 그의 행위를 합법적으로 만들었
다. 아리크부가는 패했고, 1264년 쿠빌라이는 수도를 화림에서 연
경(燕京, 북경)으로 옮긴 다음 바로 대도(大都)로 이름을 바꾸었다. 당
시 세계적으로 가장 장엄하고 화려한 도시였다. 쿠빌라이는 눈을
다시 송으로 돌렸고, 가사도의 정치생명은 초읽기에 들어갔다.

쿠빌라이가 보낸 학경을 구금하여 밀약을 감춘 가사도의 세도는
더욱 극성을 부렸다. 국가재정이 딸리자 '공전법(公田法)'이란 것을
만들어 거의 강제적으로 싼값에 논밭을 긁어모으는 변칙적인 정책
을 강행하여 국가재정을 더욱 악화시켰다. 이종의 조카인 도종(度
宗)이 즉위한 뒤로는 권세가 하늘을 찔러 국가의 모든 권력을 한 손

에 쥐고 흔들었으며, 조정에서는 이런 그를 '주공(周公)'이라 부르며 칭송했다. 그러나 공공연한 뇌물수수, 음탕하고 사치스러운 생활로 백성들의 원성을 한 몸에 샀다. 양양이 위기에 처했는데도 황제에게 보고하지 않고 숨길 정도였다.

덕우(德祐) 원년인 1275년, 원나라 군대가 대대적으로 쳐들어왔고 남송 왕조는 크게 기울었다. 안팎으로 분노가 극에 달해 조정에서는 마침내 가사도를 무주(婺州, 지금의 절강성 금화현)로 유배했다. 무주 사람들은 가사도가 유배 온다는 소식을 듣고 모두 들고일어나 가사도가 들어오는 것을 결사반대했다. 조정에서는 하는 수 없이 가사도를 순주(循州, 지금의 광동성 용천현)로 보냈다. 무사 정호신(鄭虎臣)이 가사도를 압송하는 임무를 맡았다. 장주(漳州) 목면암(木棉庵)에 이르러 정호신은 천하를 위해 이 간신을 없애야 되겠다는 생각으로 자기 손으로 가사도를 죽였다. 한때 가사도의 문객으로 있었던 장주 태수 조개여(趙介如)가 달려왔지만 정호신은 시체도 못 보게 하며 이렇게 말했다.

"천하를 위해 내 손으로 이 간신 도적을 없앴으니 죽어도 여한이 없다. 당신이 감히 나를 어쩔 셈이냐?"

거물급 간신이 죽임을 당하고 그 간행이 낱낱이 밝혀지면 지난날 그들을 따랐던 일당들도 하나하나 붙잡혀 비참한 최후를 맞는다.

가사도를 목 놓아 칭송한 요형중은 진사에 급제한 뒤 대리승(大理丞), 지주(知州) 등의 관직을 거쳤다. 그런 그가 모든 것을 마다하고 기꺼이 재상집의 노예가 되기를 원했다. 재상 가사도를 위해《복화편》과《기기집(奇奇集)》을 편찬하여 가사도의 공적을 노래했다. 또《부화각첩(浮華閣帖)》,《강첩(絳帖)》,《오판란정(五版蘭亭)》,《전당시화(全唐詩話)》를 펴냈고, 13왕조의 역사적 사건을 뽑아《열생당잡초(悅生堂雜鈔)》를 편집하는 등 권력자에 빌붙어 지식을 팔았다. 가사도가 파면되자 문인·문객들이 바람에 구름이 흩어지듯 모두 뿔뿔이 흩어졌는데도 오직 요형중은 가사도의 별장에 남아 떠나지 않았다.

어느 날 요형중은 가사도와 함께 실컷 술을 퍼마신 다음 자기 방으로 돌아와 애첩에게 차를 다리게 해서는 빙뇌(冰腦, 용뇌향龍腦香이라고도 하는 알약으로 구강 청결제 등으로 사용되었다)를 한 움큼 입에 털어 넣었다. 약효가 신통치 않자 요형중은 애첩에게 더운술을 가져오게 한 다음 빙뇌를 몇 움큼 더 털어 넣었다. 애첩은 큰 소리를 내어 울었다. 요형중은 애첩을 달래며 이렇게 말했다.

"울지 마라. 내가 재상을 20년 동안 따랐지만 하루아침에 무너질 줄 누가 알았겠느냐? 늙어서 이런 신세가 되었으니 감옥살이나 형벌을 견디지 못할 것 아니겠느냐? 차라리 독약을 먹고 죽는 것이 가장 좋은 방법이니라."

비바람 몰아치는 처량한 밤, 천박하기 짝이 없었던 한 문인은 이렇게 부끄러운 일생을 마감했다.

역사의 철칙,
간신은 얕잡아 볼 상대가 아니다

크든 작든 간신은 절대 얕잡아 보아서는 안 된다. 이들을 얕잡아 본 결과는 하나 같이 처참했다. 충직하고 선량한 사람들이 숱하게 희생되었다. 역사는 '간신은 절대 얕잡아 보지 말라'는 철칙을 남겼다.

진나라 말기의 조고는 법률에 정통하였고, 당나라 때의 이의부는 재주가 남달라 입만 열었다 하면 시가 줄줄 나왔다. 송나라 때의 채경은 글과 그림에 정통하여 그 이름이 한림(翰林)에 올랐고, 그 죄악이 만 가지 죄악으로도 다 감쌀 수 없는 진회는 글이 자못 뛰어났다. 명나라 때 엄숭(嚴嵩)은 문집까지 출간하여 문단의 칭찬을 한 몸에 받았고, 역시 명나라 만력 연간(1573~1619년)의 주연유(周延儒)는 20을 갓 넘은 나이에 잇달아 장원급제하여 그 이름을 장안에 떨쳤다.

종일 마시고 놀면서 귀뚜라미 싸움이나 구경하고, 아름다운 기녀를 옆에 낀 채 산수를 유람하면서 온갖 나쁜 짓을 저질렀던 가사도도 머저리는 아니었다. 그는 말하는 것이 시원시원하고, 일 처리가 과감했으며, 꾀가 많았다.

한번은 임안성(臨安城)에 불이 난 적이 있었다. 가사도는 임안성 20리 밖에서 돌아오던 중이었는데 돌아와 보니 불이 맹렬하게 타오르며 태묘(太廟)에까지 옮겨붙을 판이었다. 사람들은 당황하여 태묘에 신경을 쓰지 못하고 있었다. 가사도는 사람들을 진정시킨 다음 "만약 태묘가 타버리면 책임자의 목을 베어 버리겠다!"는 한

간신의 내면은 열악하고 천박하다. 그렇다고 무시하면 큰코다친다. 간신은 그런 자신의 내면을 얼마든지 감추고 위장할 줄 아는 존재다. 가사도의 모습이다.

마디만 했다. 그러자 병사들이 우르르 나서 책임자를 따라 용감하게 불을 껐다.

가사도는 지식인을 농락할 줄 아는 고수이기도 했다. 요형중 등을 동원하여 자신을 찬양하는 책까지 쓰게 해서 여론을 조작하고 세간의 관심을 자기 쪽으로 돌리는 고단수였다.

가사도는 뇌물수수, 소인배 기용, 재물욕, 정적 모함, 적과 내통, 음탕함 등등 간신의 나쁜 점을 한 몸에 다 지녔던 간신의 대표 선수라 할 수 있다. 말하자면 모든 간신의 장점(?)을 한 몸에 갖춘 종합 세트와 같은 존재였다. 이런 가사도가 당시 백성들로부터 '귀뚜라미 재상'이란 별난 별명을 얻기도 했는데, 귀뚜라미처럼 잘 울어서 붙인 별명이 아니다. 거기에는 정말 기가 막힌 사연이 있다.

예로부터 닭싸움 '투계(鬪鷄)', 소싸움 '투우(鬪牛)', 개싸움 '투견(鬪犬)' 등 생명체를 이용한 잔인한 놀이들이 적지 않았다. 가사도는 이런 싸움과 도박뿐만 아니라 귀뚜라미까지 싸움을 붙여 이를 보면서 즐거워하거나 도박을 했다. 기록에 따르면 가사도의 별난 취향의 내용은 다음과 같았다.

가사도는 젊어서부터 온갖 잡기와 도박에 능숙한 방탕아였다. 이런 가사도에게는 유별한 취미가 하나 있었는데 다름 아닌 귀뚜라미를 잡아다 서로 싸움을 시키는 것이었다. 이것이 '실솔투(蟋蟀鬪)'라는 놀이다. 이 놀이를 위해 가사도는 크고 튼튼한 귀뚜라미를 구하기 위해 전국의 백성들을 괴롭혔다. 이렇게 해서 모집된(?) 귀뚜라미 중에서도 붉은 머리의 장군이란 뜻을 가진 '홍두장군'이란 귀뚜라미를 유난히 아꼈다고 한다.

그러던 어느 날 이 홍두장군이 행방불명되는 일이 일어났다. 화가 날 대로 난 가사도는 귀뚜라미를 관리하던 노비를 잡아다 곤장을 300대나 치게 했다. 가련한 이 노비는 곤장 300대를 미처 다 맞기도 전에 절명했다. 가사도는 그 노비를 귀뚜라미가 살던 풀밭에 묻게 한 다음 무덤 앞에다 '홍두장군의 무덤'이라고 쓴 나무패를 꽂게 했다. 가사도는 자신의 걸작품에 의기양양했고, 노비들은 자신들도 언제 '장군'의 대체물이 될지 몰라 두려움에 바들바들 떨지 않을 수 없었다.

정당한 권력과 품위에서 나오는 권위는 타인의 인정과 존경을 받는다. 이것이 진정한 권위다. 간신들의 권위라는 것은 하나 같이 부정한 권력과 남에게서 빼앗은 권위에서 나오는 것이기 때문에 사람들을 겁먹게 만들 수는 있어도 결코 진정한 복종과 존중을 얻어내지 못한다. 그래서 간신들의 이런 권위를 '음위(淫威)'라는 경멸조의 단어로 부르는 것이다.

가사도는 자신의 취미 때문에 사람 목숨을 귀뚜라미보다 더 못하게 취급했다. 행방불명된 붉은 머리의 귀뚜라미를 기린답시고 사람을 죽여 파묻고는 위패까지 꽂는 등 기도 안 차는 짓을 서슴없이 저질렀다. 간신들의 행위를 보면 이렇게 보통 사람의 상식과 판단으로는 도저히 상상도 할 수 없는 해괴하고 비정상적인 것이 많다. 이는 이해받을 수 없고 존중받을 수 없는 자신의 권위를 변태적인 방식으로 표출하는 것으로, 이 역시 간신을 가려내는 중요한 한 표지가 된다. 눈여겨 잘 보면 우리 주위에서도 이런 간신들을 얼마든지 발견할 수 있다.

귀뚜라미 재상 가사도와 관련하여 또 하나 기가 막힐 일은 그가 귀뚜라미에 관한 전문서를 남겼다는 사실이다. 세계 역사상 최초의 일이었다. 《촉직경(促織經)》이 그 책이다. 이 책은 상하 두 권에

14,000자가 조금 넘는다. 그 내용은 귀뚜라미에 관한 문장, 귀뚜라미 기르기, 귀뚜라미의 색깔과 병, 귀뚜라미 싸움 등을 담고 있다. 귀뚜라미의 생활 습성과 가지고 노는 방법을 전면적으로 소개한 것은 물론 심지어 어떻게 하면 귀뚜라미의 병을 치료하는가를 상세히 기록하고 있다. 약 800년 전의 대단히 귀한 곤충학 전문서이다. 그 뒤 나온 관련서들은 모두 이 책을 인용하거나 그 영향을 받았다.

600년 전의 박근혜와 최순실

지금 온 나라를 떠들썩하게 만들고 있는 최고 권력자 부부와 이른바 비선 실세의 국정 농단 사건을 참담한 심경으로 지켜보면서 불과 8년 전 박근혜 탄핵이 떠올랐다. 또 한 번 비슷한 역사가 반복될 조짐이다(독자들은 이 글의 박근혜와 최순실을 이 정권의 누구와 누구로 바꾸어 읽으면 손바닥을 치게 될 것이다). 과거 역사에서 이와 비슷한 사건은 없었는지 찾아보았다. 여자가 아닌 남자들이라는 것만 달랐지 그 짓거리는 거의 비슷한 사례 하나가 포착되었다. 지금으로부터 약 600년 전 중국 명나라 왕조에서 벌어진 혼군과 간신의 국정 농단이었다.

1368년 건국한 명 왕조는 초기 성조(成祖, 영락제) 주체(朱棣)가 쿠데타를 일으켜 권력을 찬탈한 '정난(靖難)의 역'이라는 병목 위기를 겪었지만 이후 30년 넘게 안정된 정국을 유지했다. 그러나 1430년대 이후 환관을 축으로 하는 간신의 시대가 시작되면서 명나라 역사는 완전히 암흑으로 뒤덮이기 시작했다.

일부 역사가는 이 시대를 3차 환관시대라고 부른다. 참고로 말하자면 1차 환관시대(2세기)로부터 1,300년, 2차 환관시대(9세기)로부터 600년 지난 시점이었다. 좀 더 구체적으로 따져보면, 이 제3차 환관시대는 1435년 환관 출신의 간신 왕진(王振)이 권력을 장악하면서 시작되어 1661년 명 왕조가 망할 때까지 무려 227년을 끌었다.

그런데 여기서 한 가지 주의할 점이 있다. 다름 아닌 이 환관시대의 끝이 왕조의 멸망과 같이 했다는 사실이다. 어떤 시대의 시작에서 끝에 이르는 기간을 이런 식으로 이해하는 것은 대단히 황당무계한 일이 아닐 수 없지만 사회 형태의 한 측면을 이해하기 위해 때로는 필요하다. 그래야만 특정한 시대, 일정한 시기에 대한 명확한 인상을 가질 수 있기 때문입니다. 좀 더 쉽게 비교하자면, 박정희로부터 박근혜 이르는 약 반 세기의 우리 현대사를 박씨 집안과 그 주변이란 특정한 카테고리를 중심으로 파악해보는 것과 비슷하다.

3차 환관 시대의 주인공은 앞서 언급한 왕진이란 간신과 1435년 즉위한 혼군 주기진(朱祁鎭, 영종英宗)이다. 주기진은 즉위할 당시 (1435년) 나이 겨우 아홉인 어린애였다. 환관들을 책임지는 자리인 사례태감에 있던 왕진이 늘 그를 데리고 놀았는데, 황제는 놀이 친구 왕진을 몹시 존경하여 '왕 선생'으로 높여 불렀다. 왕진이 주기진의 마음을 완전히 사로잡았다는 뜻이다. 마치 최태민과 최순실 일가가 박근혜를 영적으로 사로잡았듯이.

주기진의 할머니 장(張) 태후는 늘 사람을 내각으로 보내 조정의 상황과 정사를 묻곤 했는데 이 과정에서 왕진이 황제의 성지를 거짓으로 전달하고 있다는 것을 눈치 챘다. 태후는 화가 나서 직접 내각회의를 주관하여 왕진을 죽이려 했으나 일부 대신들이 용서를 구하는 바람에 그냥 넘어간 일까지 있었다. 그 뒤 장 태후가 죽자 왕진의 위세는 갈수록 커져 아무도 그를 통제할 수 없게 되었다. 재상보다 높은 태상 재상이자 황제보다 높은 태상황제 같은 존재가 되었다. 제3차 환관시대는 이렇게 왕진에 의해 막이 올랐다.

이제 황제로부터 선생이란 존칭으로 불렸던 이 희대의 간신 왕진이 저지른 악행들을 보자. 서술의 편의상 왕진과 황제 주기진 두 사람을 중심으로 이야기를 전개한다. 이들 주위에서 꼬리를 치며 앞잡이 노릇을 한 새끼 간신들은 수도 없이 많았다는 사실도 미리 언급해둔다.

먼저 해를 입은 사람은 황가 교사(시강侍講)인 유구(劉球)였다. 유구는 상소를 올려 황제 주기진에게 직접 정사에 임하라는 친정을 권했는데, 왕진은 자신을 비판하고 놀리는 것이라 생각하여 유구를 금의위로 잡아가 난도질을 해서 죽였다. 갈기갈기 찢어진 시체는 들에 버려졌다고 한다.

국립 북경대학 총장격인 경사국자감좨주(京師國子監祭酒) 이시면(李時勉)도 화를 당했다. 어느 날, 왕진이 시찰을 나왔는데 이시면이 그에게 별도로 인사를 하지 않았다. 왕진은 이시면에게 나라에서 쓸 목재를 훔쳐다 썼다는 죄목을 붙여 목에다 칼을 채워 국자감 문 앞에서 사흘 동안 군중에게 조리를 돌렸다. 이시면의 학생 천여 명이 울며불며 달려 나왔으나 구할 수 없었다. 그래서 황제 주기진의 어머니인 하何 태후에게 달려가 사정을 알렸고, 하 태후는 주기진에게 자초지종을 물었다. 황제는 깜짝 놀라며 "틀림없이 왕진이 한 짓입니다"라고 대답하고는 명을 내려 이시면을 석방시켰다.

최고법원 부원장격인 대리소경(大理少卿) 설선(薛瑄)은 여러 사람이 보는 앞에서 왕진에게 인사를 하지 않았다고 체포되어 금의위에 갇힌 다음 뇌물수수라는 죄명을 쓰고 사형 판결을 받았다. 설선의 처형 전날 왕진의 집에서 일하는 늙은 노복이 주방에서 눈물을 흘리고 있었다. 왕진이 그 까닭을 물으니 설선과는 같은 고향이라 그 사람을 잘 안다고 대답하며 이런저런 일들을 꺼내 왕진에게 일러주었다. 왕진은 노복의 말을 듣고 설선을 석방했지만 변방인 철령(鐵嶺, 요녕성 철령)으로 귀양 가지 않으면 안 되었다.

권력이 있는 곳에는 아첨과 아부가 집중하기 마련이다. 건설부 차관(공부시랑) 왕우(王佑)라는 자는 수염이 없었다. 왕진이 그에게 그 까닭을 묻자 "아버지도 수염이 없는데 자식이 어떻게 감히 수염을 가진단 말입니까?"라는 말로 비위를 맞추었다. 우리는 여기서 왕우라는 자의 대답에 주목할 필요가 있다. 간신이 설치는 시대의 한 단면을 생생하게 보여주기 때문이다. 정부의 고위관리와 지식인들은 부끄러운 줄도 모르고 공공연히 이런 간신들에게 알랑거리며 몸을 맡겼다.

600년 전의 박근혜와 최순실을 연상케 하는 황제 주기진과 왕진의 이야기는 더더욱 황당하게 전개된다. 1449년, 왕진은 주위의 만류를 물리치고 6대 황제 주기진으로 하여금 몸소 와랍(瓦拉) 정벌에 나서게 했다.

당시 와랍 부락은 동쪽으로 세력을 뻗치던 중이었는데, 1410년에 3대 황제 주체에게 토랍하(몽고 울란바토르 남쪽)에서 패배하는 바람에 더 이상 동진하지 못하고 있었다. 그 뒤 와랍은 몽고 여러 부락을 더 춥고 황량한 동북 지구로 내쫓고 광대한 변경 북방 지역을 점령하여 명 왕조와 국경을 접하게 되었다.

와랍의 우두머리인 칸 야선(也先)은 처음에는 명 왕조에 끊임없이 토산품을 받치는 등 정중하게 대했고, 심지어 흉노와 회흘의 경우를 본받아 명 왕조에게 구혼하기까지 했다. 이 과정에서 통역을 맡은 마운(馬雲)이란 자가 야선의 뇌물도 탐나고 자신의 힘을 과시하려고 자기 멋대로 황제가 야선의 청혼을 허락했다고 거짓 보고를 했다. 야선은 말할 수 없이 기뻤다. 1449년 야선은 말 1천 필을 명 왕조에 폐백으로 보냈다. 명 정부는 깜짝 놀라며 그런 일 없다고 통보했다. 우롱 당했다고 생각한 야선은 전격적으로 명 왕조를 공격했다. 변경의 성보들이 잇달아 함락당했다.

이런 상황에서 왕진은 황제 주기진에게 직접 정벌에 나설 것을 권했다. 전쟁을 무슨 놀이 정도로 여긴 왕진은 '권력의 마술 지팡이', 즉 황제가 나서면 모든 것을 감당할 수 있다고 굳게 믿었다. 친정에 나선다는 조서를 반포한 이튿날 주기진은 바로 출발했다. 준비를 갖출 시간도 없이 친정을 서둘렀으니 결과는 뻔했다. 도중에 굶어 죽는 병사들이 하나둘 생겼다. 그러나 대동(大同, 지금의 산서성 대동)에 도착한 왕진은 한사코 북진을 고집했고, 하는 수 없이 몇 개의 병단이 파견되었으나 차례로 궤멸되었다. 군심은 크게 흔들렸고, 대동을 지키던 환관도 더 이상 북진해서는 안 될 뿐만 아니라 자칫 대동마저 위험할 수 있다 경고했다.

왕진은 하는 수 없이 도성이었던 북경으로 철수할 것을 명령했다. 회군 도중 거용관(居庸關, 북경 창평) 40km 밖 토목보(土木堡)에 이르렀을 때 와랍의 군대가 추격해왔다. 국방부 장관(병부상서) 광야(鄺野)는 서둘러 관문 안으로 들어가야 한다고 말했다. 그러나 왕진은 도중에 긁어모은 금은보화를 운송하는 군대가 아직 도착하지 않은 상태라서 더 기다리자고 우겼다. 광야가 서둘러 후퇴해야 한다는 의견을 고집하자 왕진은 "군사에 관해 네가 아는 것이 뭐냐?"며 욕을 하고는 군영에서 내쫓았다. 그러는 사이 와랍의 기병이 들이닥쳐 포위를 한 다음 "투항하면 살려주겠다!"며 고함을 질러댔다. 왕진은 그제야 자신이 가진 권력의 마술 지팡이가 힘을 잃었음을 깨달았다. 금위군관 번충(樊忠)은 비분이 교차하는 심정으로 철퇴로 왕진을 쳐죽였지만 군대의 궤멸은 피할 수 없었다. 번충은 전사하고 황제 주기진은 와랍에게 포로로 잡혔다(역사에서는 이 사건을 '토목보의 변'이라 부른다).

토목보에서 일어난 참극이 북경에 전해지자 명 정부는 완전히 혼란에 빠졌다. 변방의 군대를 전부 철수시켜 수도를 지키게 해야 한다고 주장하는 자도 있었고, 남경으로 천도를 주장하는 자도 있었다. 고급 관리들의 식구들과 부유한 상인들은 서둘러 도망쳤다. 다행이 주기진의 동생 주기옥(朱祁鈺, 경제景帝)은 그런대로 똑똑한 편이었다(그는 명 왕조 20명의 황제들 중 유일하게 괜찮은 군주라는 평가다). 그는 과감한 조치를 취하여 자신이 보좌에 앉고 와랍의 압박과 착취를 막았다.

그 뒤 두 나라는 협상 끝에 주기진을 돌려보내는 데 합의했는데, 주기진이 와랍에게 붙잡혀 있을 때 이런 일이 있었다. 당시 주기진은 명 정부에서 보낸 사절 교육부 차관(예부시랑) 이실(李實)을 만나서는 눈물을 흘리면서 "야선이 나를 돌려보낼 모양인데, 돌아가면 나는 평민으로 사는 데 만족하겠노라 전하라"고 말했다. 그러자 이실은 주기진에게 어째서 왕진이란 자를 그렇게 총애하고 믿었냐고 물었더니 주기진은 "왕진이 살아 있는 때는 아무도 그가 잘못되었다고 지적하는 사람이 없었는데, 지금은 하나같이 죄를 나한테 씌우는구먼"라고 했다.

귀국한 주기진은 다시 황제 자리에 올랐지만 자신의 잘못을 뉘우치기는커녕 충신들을 모함하여 죽이는 등 전혀 달라지지 않았다. 주기진은 자신이 직접 당한 재난과 수모를 통해서도 아무런 교훈을 얻지 못했다. 어쩌면 그의 지적 능력이 이런 계산 자체를 용납하지 않는지 모른다. 복위 후에는 왕진이 그리웠던지 특별히 왕진의 목상을 새겨 초혼제를 지내며 함께 묻어 주었을 정도였다. 왕진에 대한 주기진의 이러한 반응은 주기진의 칠칠치 못한 성격을 보여준 것이라는 해석 외에 달리 해석할 길이 없어 보인다.

이 대목에서 한국 현대사에 있어서 희대의 간신이자 혼군으로 남을 이 정권의 앞날을 생각해보게 된다. 눈을 부릅뜨고 지켜보자.

간신 관련 어록

봉건사회의 잔재를 짧은 시간에 해소하기 위해서는 먼저 우리 사회에 여전히 존재하고 있는 숱한 불합리하고 불공평하며 추악한 현상들을 솔직히 인정해야 한다. 그러한 현상들이란 예컨대 사람들 사이에 존재하는 부정직하고 비정상적인 출세 심리, 명예욕, 부에 대한 추구 욕망 등을 말한다. 이를 인정하고 반성하는 과정이 뒤따른다면 장차 덕과 재능을 겸비한 지도자를 선발하고 인재를 식별하는 데 도움을 줄 것이다.

간신 관련 어록

조정에는 썩어빠진 관리들이 금수처럼 녹봉만 축내고 있으며, 이리와 개 같은 무리들이 도를 행한답시고 굴러다니고, 노예와 같이 비굴하기 짝이 없는 자들이 너나 할 것 없이 정치를 주무르고 있다.《삼국연의》〈제갈량매사왕랑〉)

원시사회	약 60만 년 전~기원전 약 21세기	삼황오제(三皇五帝) 포함
하(夏)	기원전 약 21세기~기원전 약 16세기	노예제 사회. 상은 후기 은(殷)으로 천도, 상은이라 부름.
상(商)	기원전 약 16세기~기원전 약 11세기	
서주(西周)	기원전 약 11세기~기원전 771년	
춘추(春秋)	기원전 770년~기원전 476년	
전국(戰國)	기원전 475년~기원전 221년	봉건사회 개시
진(秦)	기원전 221년~기원전 206년	시황 – 호해 – 자영 3대.
서한(西漢)	기원전 206년~8년	서한과 동한 사이에 왕망(王莽)의 신(新) 9년~23년. 유현(劉玄) 23~25년.
동한(東漢)	25년~220년	
삼국(三國)	220년~280년	위 · 촉 · 오
위(魏)	220년~265년	조조 – 조비 – 조예
촉(蜀)	221년~263년	유비 – 유선
오(吳)	222년~280년	손권
서진(西晉)	265년~316년	무제 사마염(司馬炎)
동진(東晉)	317년~420년	원제 사마예(司馬睿)
오호(五胡) 십육국	304년~439년	흉노, 선비, 갈, 저, 강
남북조 (南北朝)	420년~589년	
남조(南朝)	420년~589년	
송(宋)	420년~479년	무제 유유(劉裕)
제(齊)	479년~502년	고제 소도성(蕭道成)
양(梁)	502년~557년	무제 소연(蕭衍)
진(陳)	557년~589년	무제 진패선(陳覇先)
북조(北朝)	386년~581년	
북위(北魏)	386년~534년	도무제 탁발규(拓跋珪)
동위(東魏)	534년~550년	효정제 원선견(元善見)

서위(西魏)	535년~557년	문제 원보거(元寶炬)
북제(北齊)	550년~577년	문선제 고양(高洋)
북주(北周)	557년~581년	효민제 우문각(宇文覺)
수(隋)	581년~618년	문제 양견(楊堅)
당(唐)	618년~907년	고조 이연(李淵)
오대십국 (五代十國)	907년~979년	5대: 후량, 후당, 후진, 후한, 후주/10국: 오, 남당, 민, 초, 오월, 전촉, 후촉, 남한, 형남, 북한
북송(北宋)	960년~1127년	태조 조광윤(趙匡胤)
남송(南宋)	1127년~1279년	고종 조구(趙構)
요(遼)	907년~1125년	태조 야율아보기
서하(西夏)	1032년~1227년	경제(景帝) 원호(元昊)
금(金)	1115년~1234년	태조 완안민(完顏旻) 아골타
몽(蒙), 원(元)	1206년~1368년	태조 징기스칸. 1271년 원(元)으로 국호 개명. 북원(1370~1388).
명(明)	**1368년~1644년**	**태조 주원장(朱元璋)**
청(淸)	1616년~1911년	태조 애신각라(愛新覺羅). 1616년 누루하치 후금 건국. 1636년 황태극 청으로 개명.

호랑이보다 더 사나왔던
'팔호八虎의 우두머리 간신
유근劉瑾

1368년 건국한 명 왕조는 100년이 채 안 된 무렵부터 거물급 간신들이 속출했다. 쇄국을 비롯한 폐쇄적인 통치로 황제들은 후궁에 고립되어 온갖 놀이, 여색, 약물에 취하여 정사를 내팽개쳤다. 그 틈으로 환관을 필두로 간신이 대거 스며들어 국정을 농단하기 시작했다. 이로써 동한, 당 후반기에 이에 제3차 환관시대가 막을 열었다. 아래 표는 명 왕조 약 300년 동안 환관들이 얼마나 극성을

명 왕조의 판도(14세기)

부렸는지 잘 보여준다. 11대 무종 때는 환관 유근(약 1451~1510)이 이른바 '팔호(八虎)'의 우두머리가 되어 국정을 좌우했다. 유근의 행적을 중심으로 '팔호'들의 간행을 함께 살펴본다(점선 밑줄은 이 책에 수록된 18대 간신들).

세기	황제	환관	직위	집권 기간	집권 햇수	주
15	6대 주기진(영종)	왕진	사례태감	1435~1449	15	주기진 15년 재위.
	7대 주기옥(대종)					주기옥 9년 재위. 우겸(于謙) 기용, 전국이 안정.
	8대 주기진(영종)	조길상	사례태감	1457~1461	5	주기진 복벽 후 8년 재위.
		문달	금의위지휘사	1463		
	9대 주견심(헌종)	왕직	서창제독태감	1477~1483	7	주견심 24년 재위, 정부 관리들을 만나지 않음.
	10대 주우탱(효종)	이광	태감	1488~1498	11	주우탱 19년 재위, 정부 관리들을 만나지 않음.
16	**11대 주후조(무종)**	<u>유근</u>	**사례태감**	**1506~1510**	**5**	**주후조 재위 17년.**
		전녕	금의위지휘사	1513~1521	9	
16	12대 주후총(세종)					주후총 재위 46년. 환관의 화는 없었으나 거물급 탐관오리 <u>엄숭</u>을 재상으로 기용함.
	13대 주재후(목종)					주재후 재위 7년, 정부 관리들을 만나지 않음.
	14대 주익균(신종)	풍보	사례태감	1572~1582	11	주익균 재위 49년 대부분 정부 관리들을 만나지 않음.
		(태감들)	세감, 광감	1583~1620	38	
	15대 주상락(광종)					주상락 재위 30일.

		16대 주유교(희종)	**위충현**	사례태감	1620~1627	8	주유교 재위 8년.
17 17		17대 주유검(사종)	조화순	사례태감	1628~1644	17	주유검 재위 18년, 1644년 명 왕조 멸망.
		18대 주유숭(안종)	(태감들)			1	주유숭 재위 1년.
		19대 주율건(소종)					주율건 재위 1년 4개월, 거처 없이 떠돔.
		20대 주유랑(소종)	마길상	사례태감	1647~1661	16	주유랑 재위 17년, 거처 없이 떠돔.

간신과 명 무종(武宗)의
황당한 죽음

역사를 살펴볼 때 봉건 왕조에서 개국·창업 군주들은 통제력을 잃은 이전 왕조가 붕괴되는 준엄한 현실을 자기 눈으로 직접 보기 때문에 성실하게, 그리고 몸소 나라를 다스리는 데 정성을 쏟는다. 그러나 그렇게 해서 이루어 놓은 안정을 이어받아 그것을 지키는 군주로 내려갈수록 상황은 달라진다. 그들은 대부분 깊은 궁중에서 태어나 여자들 틈에서 자란다. 부귀는 태어나면서부터 갖추어져 있다. 세상사에 어둡고 인정을 제대로 알지 못한다. 교만하고 방탕과 사치에 빠지기 쉽다. 좌우에서 늘 지적하며 통제하여 바른 길을 걷도록 돕는 일이 절대 필요하다. 설사 개국 군주라 해도 현명하고 훌륭한 신하의 보좌 없이는 옳지 못한 길로 금세 빠져들고 만다. 간신·소인들은 군주의 주위를 맴돌며 군주의 환심을 사기

위해 아첨하고, 군주가 자기 멋대로 하고 싶은 것을 하도록 부추긴
다. 그들은 끊임없이 군주와 충신 사이를 이간질해 충신을 배척한
다. 정치를 암흑의 구렁텅이로 몰아넣는다. 이 과정에서 그들은 군
주의 뜻을 아주 잘 헤아려 거기에 맞추기 때문에 출세와 부귀영화
로 오르는 사다리를 얻게 된다.

명나라 무종(1491~1521, 재위 1505~1521년) 주후조(朱厚照)는 어려서
부터 총명하고, 말타기와 활쏘기도 잘했다. 문무를 겸비할 자질
이 있었다. 일 처리도 시원시원했다. 만약 잘 이끌었더라면 괜찮
은 황제가 되었을 것이다. 그러나 아버지 효종(孝宗, 1470~1505, 재위
1487~1505년)은 자기 일에만 신경 쓰고 아들에게 관심을 기울이지
않았다. 적당한 선생조차 구해주지 않았다. 이 때문에 일찌감치 유
근(劉瑾, ?~1510년)이나 강빈(江彬, ?~1521년) 등과 같이 아첨이나 떨
며 귀여움을 차지하려는 간신·소인배들 손아귀에 놀아나 나랏일
을 아이들 장난쯤으로 여기는 놀기 좋아하는 황당한 황제가 되고
말았다.

무종은 홍치(弘治) 18년인 1505년, 불과 열다섯의 나이에 황제 자
리에 올랐다. 정상대로라면 한참 발전하고 성장하기 위해 분발해
야 할 나이라 할 수 있었다. 유근을 비롯한 '팔호'로 불리던 마영
성(馬永成), 곡대용(谷大用) 등은 전 왕조의 큰 간신이었던 왕진(王
振, ?~1449)을 본받아 춤과 노래는 물론 온갖 오락으로 무종의 환심
을 샀으며, 심지어는 한밤에 미복을 하고 밖으로 나가 밤새워 놀다
가 돌아오는 것조차 잊도록 꼬드겼다. 민간의 아녀자들까지 강탈
했다. 또 무종을 위해 표방(豹房)이라는 것을 만들어 호랑이나 표범

따위와 같은 맹수와 싸우게
해 심한 경우 무종은 조회에
나가지도 못할 정도로 부상을
입기도 했다.

1517년 8월, 간신 강빈은 무
종에게 선부(宣府) 지방의 악공
(樂工)을 연신 추천하면서 동시
에 그곳의 미인을 침이 마르
도록 칭찬했다. 그곳에 가면
외족과 서로 맞부딪혀 양군이

본격적인 제3차 환관시대를 활짝 여는 결정
적 배경이 된 무종 주후조 뒤에는 자식 교육
에 무관심했던 효종 주후탱이 있었다. 효종
의 초상화이다.

서로 진짜 싸우고 죽이고 할 수 있어 궁궐 안에서보다 훨씬 더 재
미있을 것이라는 말도 덧붙였다.

무종은 몰래 황궁을 빠져나와 곧장 선부로 달려갔다. 다음 날 대
신들이 입궐해보니 황제가 보이지 않았다. 서둘러 뒤쫓아 간신히
무종 일행을 따라잡을 수 있었다. 무종은 막무가내로 황궁으로 돌
아가지 않겠다고 떼를 썼다. 서로 옥신각신하는 사이에 어느새 장
성의 입구 거용관(居庸關)에 이르렀다. 거용관의 순관어사(巡關御史)
는 상황을 파악한 뒤 문을 걸어 잠그고 열어주지 않았다. 황제의
명령을 거역한 것이다. 무종은 하는 수 없이 북경으로 발걸음을 되
돌렸다. 그리고는 즉시 거용관의 순관어사를 파직하여 불러들이
고, 자기 마음대로 할 수 있는 사람을 그 자리에 앉혔다.

그로부터 며칠 뒤 무종은 다시 밤을 틈타 슬그머니 황궁을 빠져
나와 곧장 선부로 내달았다. 간신 강빈은 행궁으로 아녀자들을 들

여보내 밤새 어울려 놀도록 했다. 또 남의 집 규방으로 쳐들어가
마음에 드는 부녀자가 보이면 강제로 행궁으로 끌고 와 욕보였다.
그러던 중 공교롭게도 몽고인이 쳐들어와 변방 수비군과 충돌하였
다. 무종은 즉시 부대를 이끌고 가서 싸움을 구경했다. 작은 전투
였지만 변방 수비군 수백 명이 사상하는 패전으로 끝났다. 반면 적
은 16명만 사망했을 뿐이었다. 무종은 결과에는 전혀 아랑곳하지
않고 명령을 내려 적군을 크게 물리쳤다고 서울에 알리도록 했다.
그리고는 자신의 이름을 주수(朱壽)로 고치고, 스스로에게 대장군
이라는 직함을 내렸다. 그 전체 직함은 거창하게도 다음과 같았다.

진국공총독군무위무대장군총병관(鎭國公總督軍務威武大將軍總兵官)

그는 이 직함을 승리를 알리는 보고서에 함께 써넣어 서울로 발
송하게 하고, 서둘러 서울에 명령하여 속히 은 100만 냥을 선부로
보내게 해서는 물 쓰듯 써버렸다. 이후로 무종은 군대를 이끌고 외
부로 나갈 때면 대장군으로 자칭하며 수시로 주수라는 이름으로
황제(바로 자신)에게 글을 올리기도 했다. 군신들은 관직의 서열과
황제의 존엄성이 제대로 서지 않는 행동이라며 들고일어났다. 무
종은 끄떡도 하지 않고 한술 더 떠 '위무대장군(威武大將軍)'이란 도
장을 만들게 해서 스스로에게 차도록 주고 선부의 자신이 머무는
곳을 '진국부(鎭國府)'로 부르게 했다. 툭하면 대장군 주수의 이름으
로 자신이 세운 공을 앞세워 황제(자신)에게 글을 올렸고, 그러면 또
자기(황제)가 '주수'(자기, 황제)에게 관작을 더해 주도록 명령을 내렸

388

다. 마치 진짜 주수라는 인물이 있는 것처럼 이 일에 아주 진지하게 매달렸다. 자신을 진국공(鎭國公)으로 봉할 때 그 칙문(敕文)에는 이렇게 쓰여 있었다.

"총독군무위무대장군총병관 주수는 몸소 육사(六師)를 이끌고 변경을 조용하게 했으므로 특별히 진국공으로 봉하고 매년 쌀 5천 석을 녹봉으로 주도록 할 것이니 이부에서는 받들어 행하라!"

1년 녹봉의 수량도 정하고, 또 이부로 하여금 받들어 행하게 하는 등, 그 자신은 사뭇 진지하기도 했겠지만 진짜 웃기고 황당한 짓이 아닐 수 없었다. 엽기 그 자체였다. 1519년, 주수는 다시 자신을 태사(太師)로 봉했다. 나랏일을 장난처럼 여기는 이런 작태에 대해 정직한 신하들은 그래서는 안 된다며 강력하게 직간했으나, 무종은 그들을 옥에 가두거나 여러 사람이 보는 앞에서 칼을 씌우고 곤장을 때렸다. 많은 사람이 죽어 나가기까지 했다.

1520년, 무종은 반란을 일으킨 주신호(朱宸濠)를 친다는 구실로 1년 가까이 놀다가 남경을 거쳐 돌아오는 길에 청강포(淸江浦)에 들러 연못에서 낚시를 했다. 뜻하지 않게 배가 뒤집히는 바람에 그만 못에 빠졌다. 재빨리 구해내긴 했지만 놀라기도 했고, 찬물 때문에 그만 병이 났다. 무종은 시름시름 앓기 시작했다. 강빈 등이 선부로 놀러 가자고 꼬드겼지만 병세가 심각해진 무종은 더 이상 놀러 다닐 수 없었다. 정덕 16년인 1521년 3월, 끝내 깨어나지 못하고 세상을 뜨니 그때 나이 서른하나였다.

브레이크 없는 유근의 간행

이제 간신 유근이 어떻게 대권을 장악하게 되었는지 그 경과를 통해 브레이크 없는 유근의 간행을 살펴보자. 1505년 명 왕조의 10대 황제 효종이 죽었다. 열다섯 먹은 아들 주후조(朱厚照)가 두 명의 재상인 사천(謝遷)과 유건(劉健)에게 맡겨진 채 황제 자리를 이어받았다. 위에서 소개한 낚시를 하다 물에 빠져 어처구니없게 죽은 무종이었다.

무종은 여자와 노는 데만 관심을 가진 팔자 좋은 공자였으며 성격도 황당하고 제멋대로였다. 어려서부터 환관 유근과 함께 지냈는데, 이는 마치 칠칠치 못했던 증조 할아비 영종(英宗)이 왕진(王振)과 늘상 붙어 다닌 경우와 마찬가지였다. 유근은 선배 왕진을 자신의 멘토로 알고 존경했으니 말해서 무엇하겠는가?

유근에게는 '팔호(八虎)'라는 핵심 집단이 있었다. 사람들은 그 이름만 들어도 몸을 벌벌 떨 정도였으니 팔호가 어떤 집단인지 짐작이 갈 것이다. 당초 '팔호'는 정치에 간여할 생각이 전혀 없었다. 그들은 그저 무종을 밤낮없이 먹고 마시고 노는 데만 빠지게 인도하면 그만이었다. 유건(劉健)과 사천(謝遷)은 각 부 상서들과 연합하여 무종에게 팔호를 물리치라고 권유했다. 재상 겸 어린 황제의 장래를 책임진 탁고대신의 위세 앞에 팔호들은 크게 두려워하며 목숨만이라도 건지기 위해 남경으로 쫓아내 영원히 황제 곁으로 돌아오지 못 하게 해줄 것을 요청했다.

사천과 유건은 '군자와 소인은 함께할 수 없으며' '악은 모조리 뿌리 뽑아야 한다'는 격언에 근거하여 모조리 죽여야 한다는 주장을 굽히지 않았다. 팔호는 무종 앞에 빙 둘러 무릎을 꿇고는 울며불며 애원을 했다. 큰 어린애와 같았던 무종의 마음을 움직이는 데는 이만한 행동도 없었을 것이다. 무종은 사천과 유건의 음모(?)가 원래는 황제를 고립시키는 데 있다는 것을 발견(?)했다. 이튿날 아침, 문무백관들은 누구나 팔호의 목을 치라는 명령이 떨어지기만을 기다리고 있을 때 황제는 뜻밖에도 사천과 유건을 내쫓으라는 명령을 내렸다(이 과정에 대해서는 아래에서 좀 더 상세히 살펴보겠다).

정부의 대권은 팔호의 우두머리 유근의 손에 들어갔다. 그는 황제의 명의로 '간신 명단'인 '간당(奸黨)' 명단을 작성했다. 그 명단 안에는 사천과 유건은 말할 것도 없고, 양명학파의 창시자인 왕수인(王守仁)도 포함되어 있었다. 중앙 정부의 모든 관리들이 금수교(金水橋) 남쪽에서 무릎을 꿇고 앉아 이 유지를 경청해야만 했다.

당시 유근이 황제 무종을 얼마나 제대로 통제했는가는 다음 사례를 통해서 충분히 엿볼 수 있다. 어느 날 아침, 황궁의 계단에서 편지 한 통이 발견되었다. 황제가 조사를 시켰더니 유근의 이런저런 죄상을 폭로하는 익명의 고소장이었다. 무종은 고소장 위에다 "네가 말하는 어질고 능력 있는 사람은 내가 쓰지 않겠지만, 네가 말하는 그 반대의 인물은 내가 꼭 쓰겠다"라고 썼다.

유근은 그냥 넘어가지 않았다. 벼락같이 화를 내고는 장관 이하 고급 관리 300여 명을 봉천문(奉天門) 밖 태양이 작열하는 곳에 집합시켜 무릎을 꿇려 놓고는 사건의 주모자를 추궁하기 시작했다. 아침부터 밤까지 태양 빛 아래에서 무릎을 꿇고 있던 고급 관리들 중

무종은 유근의 든든한 뒷배였다. 간신은 권력자에 한번 달라붙으면 죽을 때까지 떨어지지 않는다. 간신의 무서움이다. 초상화는 무종이다.

국방부 병부주사 하익(何鈗)과 진사 육신(陸伸)이 순천부추관인 주신초(周臣焦)와 함께 탈진하여 쓰러져 죽었다. 날이 어두워지자 아직 죽지 않은 사람들은 금의위(錦衣衛) 감옥에 수감되었다. 유근은 익명의 투서가 정부 관원과는 무관하게 환관 내부에서 나온 것임을 알고 난 다음에야 이들을 석방시켰다.

이 사건은 유근의 위세가 어느 정도였는지 잘 보여준다. 그러다 보니 자연스럽게 유근에게 꼬리를 치는 작자들이 빠른 속도로 늘어날 수밖에 없었다. 재상 초방(焦芳)과 유녕(劉寧)을 비롯하여 이부상서(내무부장관) 장채(張彩), 병부상서(국방부장관) 조원(曹元) 등은 유근의 가노와 거의 다를 바 없는 존재들이었다. 정부의 크고 작은 조치들은 모두 유근의 집에서 결정되었는데, 그중에서도 가장 큰 영향을 미쳤던 조치들로는 다음 두 가지였다.

첫째, '내창(內廠)'을 설립하고 '벌미수변(罰米輸邊)'이라는 제도를 창립했다. 유근은 정부에 대한 통제력을 강화하기 위해 특별히 새로운 특무기구인 내창을 창설했다. 이렇게 해서 사건을 만들어내거나 조작해내는 조옥(詔獄)은 금의위, 진무사, 동창, 서창 외에 내창까지 가담하게 되었다. 피비린내 나는 이 다섯 살인 기구가 나란히 서서 환관과의 합작을 거절하는 관리와 백성을 모조리 부정과 비리 혐의로 몰아 잡아다가 고문을 가했다. 동시에 유근은 두 가지 형벌을 발명했는데, 무거운 칼을 계속 씌우는 대중가(戴重枷)와 벌미수변이 바로 그것이었다. 칼은 무거운 것이 75kg이나 나갔다. 이 형벌을 받게 된 사람을 3일 동안 칼을 채운 채 여러 사람 앞에서 조리를 돌리면 대개는 죽고 만다.

벌미수변은 수백 석에서 수천 석에 이르는 식량을 죄를 지은 자의 가족이 직접 아홉 군데의 변방 요새로 운반해서 군량미로 삼도록 하는 형벌이다. 그것은 일종의 종형이었고, 주형은 정장 또는 유배가 보통이었다. 퇴직한 전임 국방부 장관 유대하(劉大夏)는 변방 군영으로 귀양 보내 힘든 노동을 하게 하는 동시에 쌀 2천 석을 추가로 부담케 했다. 누가 되었건 이런 처분을 받으면 그것은 곧 파산이었다. 파산했다고 해서 벌미수변이 면제되는 것도 아니었다. 빌릴 곳이 없으면 그와 가족은 틀림없이 장물을 추궁하는 고문에 견디지 못하고 모두 죽고 만다.

둘째, 진수태감(鎭守太監)이란 것이 있어 정기적으로 자리를 바꾸는 제도를 만들었다. 15세기 교지성(월남 북부)을 잃었을 때 일을 그르친 마기라는 환관이 있었다. 당시 그의 직함은 감군태감이었다. 이 제도는 나름대로 역사성이 있어 8세기까지 거슬러 올라간다. 15세기 감군태감과 동시에 설치된 것이 이 진수태감인데, 이는 순전히 명 왕조가 발명한 자리였다. 16세기에 오면 이 제도는 벌써 누구도 건드리지 못하고 바꿀 수 없는 '조종(祖宗) 제도'가 되었다. 황제는 측근 환관들을 각 성과 중요한 성시로 파견하여 오랫동안 머물게 했다. 이는 정치적인 조치였을 뿐만 아니라 전문적인 것이기도 했다.

예컨대 옷감을 총괄하는 직조태감, 세금을 총괄하는 세무태감, 광업을 담당한 광무태감 등과 같이 그 명칭만 보아도 전문적이었다. 그들은 명실상부 황제의 대변인이었지만 실제는 토비와 마찬가지로 가는 곳마다 백성들을 쥐어짜고 살인 방화를 마구 일삼았다. 정부의 유일한 대책은 '굶주린 호랑이를 기르느니 배부른 호랑이를 기른다'는 것이었다. 실컷 먹고 배가 부를 대로 부르면 황제에게 인사이동을 요청하지 않을 것 아니냐 이런 식이었다. 그러나 유근이 권력을 쥔 다음 처음 한 일이란 지난 사람들은 불러들이고 자신의 패거리들을 푼 것이었다. 그 결과 굶주린 호랑이들이 전국을 휩쓸었고, 백성들의 원망은 하늘을 찔렀다.

간신의 잔인함

간신배들과 어리석은 군주, 그리고 포악한 관리가 합작해 백성들에게 저지른 천하의 대죄는 잔혹한 통치에서 더욱 집중적으로 드러났다.

명나라 때의 초거물급 간신 왕진을 비롯하여 이 글의 주인공 유근, 그리고 얼마 뒤의 왕직(汪直, ?~1560년) 등이 저지른 짓거리를 통해 이들이 얼마나 잔인했는지를 똑똑히 보자. 그들은 고문·살인을 전문적으로 일삼는 '동창'과 '서창'을 창설했다. 무자비한 탄압기구였다. 억울한 사건을 수없이 날조해 많은 사람을 모진 고문과 살인으로 죽여 없앴다. 동창과 서창에 잡혀 와서 살아나가는 사람은 거의 없었다. 형벌은 가혹하고 너무 악랄해서 듣기만 해도 소름이 끼칠 정도였다. 차마 눈 뜨고 볼 수 없는 처참한 광경이 매일 벌어졌다. 형벌 중에서 가장 점잖다는 정장(廷杖)이란 것이 있었다. 정장은 관리에게 잘못이 있거나 임금에게 거슬리는 언행을 했을 때, 임금 앞에서 곤장을 치던 형벌이다. 동·서창에서는 이 형벌을 임금과 상관이 수시로, 그리고 멋대로 자행하였다. 동·서창에서 가한 형벌들 중 가장 가벼운 형벌이었다. 그럼에도 정장 30~40대면 혈관이 터지고 모든 피부조직이 허물어져 이내 죽었다.

앞서 말한 대로 유근은 통치를 더욱 강화하기 위해 금의위, 진무사, 동창, 서창 외에 또 내창이라는 것도 만들었다. 피비린내로 가득한 다섯 살인기구가 자신들에게 반대하거나 협력을 거부하는 관민들을 무자비하게 짓밟았다. 그 잔혹함이란 상상을 초월한다.

유구(劉球, 1392~1443년)는 '황제권의 하락'을 반대하는 글을 올렸다가 금의위로 끌려가 난도질을 당해 죽었다. 시체는 다시 여러 토막으로 갈기갈기 찢겼다. 국자감(國子監) 좨주(祭酒) 이시면(李時勉, 1374~1450년)은 시찰 나온 왕진에게 극진한 공경을 표시하지 않았다고 해서 왕진에 의해 나라 재산인 나무를 훔쳤다는 죄목으로 탄핵당해 칼을 차고 3일 동안 대중 앞에서 욕을 당했다. 그의 학생 천여 명이 울며 달려와 간신히 구해낼 수 있었다. 대리시(大理寺) 소경(少卿) 설선(薛瑄, 1389~1464년)은 왕진에게 예를 갖추지 않았다고 목이 잘리는 참형 판결을 받았다. 처형 전날 저녁 왕진의 늙은 노복 하나가 주방에서 눈물을 흘리고 있기에 왕진이 그 까닭을 물으니, 그 노복은 설선과 자신이 같은 고향 사람으로 설선의 사람됨을 잘 알고 있다며 살려줄 것을 부탁하자 그제야 왕진은 설선을 풀어 주었다.

간신에게는 의리란 없다

"한 사람은 앉아 있는 황제요, 한 사람은 서 있는 황제라. 한 사람은 주씨(朱氏) 황제요, 한 사람은 유씨(劉氏) 황제로구나."

이는 무종이 황제로 있을 때 경성 안팎을 떠돌던 참으로 웃지 못할 소문의 한 대목이다. 여기서 말하는 '앉아 있는 황제와 주씨 황제'는 다름 아닌 무종을 가리키며, '서 있는 황제와 유씨 황제'란 대간(大奸) 유근을 가리킨다. 유근이 당시 얼마나 막강한 권력을 쥐고 있었는지 잘 보여준다.

역설적이게도 이런 유근을 제거한 사람은 다름 아닌 그의 동료이자 '팔호' 중 하나였던 태감 장영(張永, 1465~1528년)이었다. 장영과 유근은 원래 아주 가까운 사이였으나 유근이 권력을 독점하는 데 불만을 품게 되면서 점점 멀어졌다. 그 뒤 유근이 무종에게 장영은 쓸모없어졌다며 그를 내쫓자고 말했다. 이 일이 장영의 귀에 들어갔다. 장영은 유근에 의해 관직을 박탈당했던 양일청(楊一淸, 1454~1530년)과 연합하여 유근이 저지른 죄를 17조목으로 정리해서 그를 탄핵했다. 동시에 유근의 집에서 갑옷이며 활, 그리고 늘 몸에 지니고 다니던 아주 예리한 비수를 숨긴 부채를 찾아냈다. 무종

은 지금까지 줄곧 자신
의 머리 위를 왔다 갔다
하던 부채를 보고는 간
담이 서늘해졌다. 무종
은 유근을 능지처참한
뒤 목을 저잣거리에 내
걸어 모두에게 보이도록
했다. 일설에는 유근은
3,000번이 넘는 칼질로

간신 유근은 영화와 드라마의 단골손님이다. 그만큼
그의 간행이 치밀하고 다양하고 극적이었다는 반증
이다. 영화 속의 유근 모습이다.

능지처참당했고, 그의 시신이 저잣거리에 내걸리자 성난 백성들이
달려들어 그의 시신을 뜯어먹었다고 한다.

역사상 황제의 권력에 기대어 온갖 비리와 악행을 저지른 자들치
고 부정 축재에 열을 올리지 않은 경우는 없었다. 유근은 그중에서
특히 유별났다. 그가 죽은 뒤 집을 수색하니 생전에 매관매직과 뇌
물 등으로 받아 챙긴 돈만 황금 33만kg, 백은 805만kg에 이르렀다
(재산에 대해서는 기록에 따라 다르게 나타난다). 이 재산이 어느 정도인지
는 정확히 알 수 없으나 훗날 이자성이 북경에 진입하여 숭정제 때
1년 동안의 재정수입을 조사해 보니 백은 20만kg이었다고 한다. 기
타 수입 등을 고려하여 이를 기준으로 단순하게 비교해보면, 유근
이 부정하게 축재한 재산이 적어도 국가 10년 재정 규모에 맞먹는
것이니 그의 부가 어느 정도였는지 짐작할 수 있을 것이다.

유근이 권력을 쥔 기간은 겨우 5년이었지만 명 정부의 모든 시스
템은 거의 다 망가진 뒤였다. 그 후유증은 유근이 살아 있을 때 못

간신 —— 간신전 奸臣傳

지않았다. 유근이 죽은 뒤 또 다른 환관 전녕(錢寧)과 변방군의 군관 강빈(江彬)이 유근의 자리를 대체했다. 사람들은 유근이 죽었으니 무엇인가 변화를 있을 것으로 기대했다. 그러나 황제는 이 두 사람의 손에 이끌려 남중국을 돌아다니면서 음탕한 짓과 살인을 저질렀다. 잔인하고 흉포하기로는 강도보다 더했다.

권력! 모든 간신의 행위는 권력을 둘러싸고 진행되기 마련이다. 모든 것을 권력과 관련지어 생각한다. 마치 술에 취한 듯, 정신이 나간 듯 권력에 빠져 자나 깨나 권력을 꿈꾸고, 권력을 얻기 위해 싸우고 모함하며, 권력을 지키기 위해 권력을 휘두른다. 이런 자는 원래 간신이 아니었더라도 끝에 가서는 결국 간신의 길로 떨어진다. 그리고 필요하면 자기편조차 가차 없이 모함하고 해친다. 간신에게는 의리라는 단어 자체가 입력되어 있지 않다.

기상천외한 간신의 간행 수법

유근과 '팔호'의 간행 수법 가운데 아주 특이한 것이 하나 있다. 훗날 청나라 때 사람 심덕부(沈德符)의 《야획편(野獲編)》에서 이 수법을 '이읍수간(以泣售奸)'으로 요약했다. '눈물로 간사함을 판다'는 뜻이다. 천박하고 떳떳하지 못한 자가 울고불고하는 수단으로 사람(권력자)을 속여 그 간사한 계략 등을 실현한다는 것이다. 유근은 이 수법으로 어린 황제 무종의 연민을 불러일으켜 속임수로 황제의 신임을 얻은 다음 사사로운 욕심을 채웠다. 무종이 어릴 때부터 곁에서 돌본 사람이 유근과 환관들 집단인 '팔호'였기에 이 수법이 주효할 수 있었다.

중국 역사상 환관들 대다수가 비천한 출신이며, 깊은 궁궐에서 오랫동안 살았던 관계로 견문이 좁았다. 황제의 눈치만 살피고 비위를 맞추면 그만이었다. 이렇게 해서 권세를 얻어 문제를 처리하게 되면 한쪽으로 치우치는 경우가 많았고, 대부분 조정 대신들과 권력을 다투는 데 능숙했다.

정덕(正德) 원년인 1506년 6월, 15세의 어린 황제 무종은 이미 제시간에 조회에 나오는 일이 드물었다. 전임 황제인 효종이 임명한 대신들조차 얼굴을 볼 수 없었다. 올라오는 상소와 보고서는 한참이 지나도 결재를 받지 못했을 뿐만 아니라 내가의 6부에서 검토조차 하지 못했다. 황제의 명령은 중지(中旨)라는 이름으로 직접 내려왔고, 따라서 늘 잘못된 곳이 많을 수밖에 없었다.

대신들은 더 이상 침묵할 수 없었다. 어느 날 벼락이 하늘에 제사를 올리는 건축인 교단(郊壇)의 대문을 때려 부수는 일이 터졌다. 유교에서는 이를 하늘이 노하여 천자에게 경고하는 표시라고 여긴다. 대학사 유건, 사천, 이동양(李東陽)은 글을 올려 황제가 '팔호와 지나치게 어울려 논다'고 비판하면서 '팔호'를 제거하십사 청했다. 어린 황제는 관리들의 사치를 금하고, 신하들에게 자성하라는 상투적인 조서만 내리고 여전히 팔호와 어울려 놀았다.

두 달 뒤인 8월, 유근 일당은 황제의 혼례를 틈타 남경 지역에 황가에서 사용할 비단을 짜라는 명령을 내렸다. 이른바 '직조(織造)' 사건인데, 이 때문에 남경의 백성들은 엄청난 부담에 시달렸다.

팔호에 대한 2차 공격은 상서 장승(張升)과 어사 일부가 들고일어나면서 시작되었다. 이들은 팔호를 세차게 꾸짖었다. 신혼의 황제는 쾌락에 빠져 낮과 밤을 구별하지 못했고, 이들의 호소와 비판에 관심조차 주지 않았다. 화가 난 호부상서 한문(韓文)은 관아 문 안에서 끊임없이 울었다. 호부시랑 이몽양(李夢陽)은 그를 격려하여 대신들을 이끌고 장승의 뒤를 이어 죽을 각오로 대들었다.

늙은 상서 한문은 부하들의 건의를 받아들여 "죽지 않으면 나라에 얼굴을 들 수 없다"며 분연히 떨치고 일어났다. 또 대학사들의 동의를 얻어 이몽양이 기초한 탄핵 상소를 짧고 간략하게 자신이 직접 고치며 "글이 너무 어려우면 황제가 이해하지 못하고, 너무 길면 황상이 다 읽지 못한다"고 했다. 황제는 여전히 못 본 체했다.

10월, 한문이 조정에서 2품 이상 모든 대신을 집합시켜 모두가 서명한 글을 올리면서 팔호에 대한 제3차 공격에 나섰다. 어린 황제는 다 듣고 난 다음 바로 울음을 터뜨렸고, 저녁밥조차 먹길 거부했다. '팔호'는 이런 상황에 미처 대비하지 못하고 있었다. 조정 대신들을 적으로 생각하지 않았는데 갑자기 장승의 공격을 받자 겁을 먹고 서로 눈물을 흘렸다. 여기에 대신들이 다 들고일어나 그들을 죽이라고 하자 그들은 더 크게 울며불며 난리를 쳤다.

어린 황제는 환관 기구인 사례감(司禮監)의 여덟 환관 '팔호'와 원로 내각 대신들로 하여금 내각 회의를 열도록 했다. 하루 만에 오전, 오후, 저녁까지 연이어 세 차례 회의가 열렸다. 사례감의 태감 왕악 등은 대신들에게 설득되어 "대신들의 의견이 옳습니다"라고 보고했다. 어린 황제는 하룻밤 노는 것을 그만두었다. 황제는 감정상 '팔호'를 죽이길 절대 원하지 않았다. 그들은 아비 어미보다 가까운 '친구'들 아닌가? 그러나 이치상 '팔호'가 나라를 어지럽히는 근원임을 인정하지 않을 수 없었다.

이튿날 황제는 조정 신하들을 불러들였고, 사례감 태감 이영(李榮)을 자신을 대신하여 보내 신하들과 담판하여 "차분하게 시간을 조금 주면 황상이 처리할 것"이라고 했다. 그러면서 '팔호'의 요청에 따라 그들을 남경에 안치하려고 했다. 대신들은 '팔호'를 제거하지 않으면 안 된다고 버텼다. 왕악(王岳), 범향(范亨), 서지(徐智) 세 명의 사례태감도 대신들 편에 섰다. 황제는 하는 수 없이 이튿날 '팔호'를 체포하겠다고 승낙했고, 대신들은 그제야 집으로 돌아갔다.

그러나 누가 알았으랴? 유근의 측근이자 이부상서인 초방이란 자가 비밀리에 결정된 이 일을 유근에게 일러바쳤다. 상황이 위급하게 돌아가는 것을 알게 된 '팔호' 중 칠호는 땅바닥을 치며 대성통곡을 하고, 유근은 이런 칠호를 거느리고 한밤에 황제 앞에 무릎을 꿇고 울며불며 애걸복걸하여 황제의 동정을 끌어냈다. 유근은 다시 한 번 그 말재주를 동원하여 이렇게 황제를 자극했다.

"왕악 등이 신료들과 저희들을 모함하고 해침으로써 황상을 통제하려는 것입니다. 이는 황상이 어리다고 기만하는 것 아닙니까? 사례감과 황상이 한마음이 된다면 신료들이 어찌 기고만장해서 황상의 말씀을 안 들을 수 있겠습니까?"

팔호들은 계속 바닥을 구르면서 통곡을 해댔다. 어린 황제는 본래 유건, 한문 등과 같은 노땅들을 좋아하지 않았다. 그럼에도 뜻과 다르게 팔호를 제거하는 데 동의한 것은 성난 많은 사람들의 심기를 거스르기 어려웠기 때문이었다. 지금 유근의 말을 듣고 보니 그 말이 진짜처럼 들렸고, 순간 불같이 화를 내며 당장 유근에게 사례감을 관장하게 하는 한편 나아가 동창, 서창, 삼천영까지 감독하게 했다. 그날 밤으로 왕악, 서지, 범향을 체포하여 남경의 군대로 보내버렸다.

이튿날 조회에 참석한 대신들은 갑자기 바뀐 상황에 놀란 입을 다물지 못했다. 대세가 이미 기울었음을 직감했다. 황제, 아니 '팔호'는 대학사 유건과 사천을 물러나게 하는 한편, 상대적으로 태도가 온건한 이동양으로 하여금 내각을 이끌게 했다. 대신들을 팔아넘긴 초방과 그의 부하 시랑 왕오(王鏊)는 대학사로 승진했다. 11월에는 한문이 파면되었다. 12월에는 급사중에게 명령하여 매일 12시간씩 당직을 서게 하는 한편 금의위(錦衣衛) 사람을 보내 이를 감시하게 했다. 이어 남경으로 보낸 왕악, 범향을 죽이고 서지는 한쪽 팔을 잘랐다.

자신들을 포위하여 소탕하려는 세력을 분쇄하는 과정에서 유근은 음모가의 두 얼굴인 남다른 재주와 잔인한 본성을 유감없이 드러내어 팔호의 우두머리가 되었고, 이로부터 46개월 동안 유혈 통치가 시작되었다.

'이읍수간'은 간사한 소인배가 사람의 감정을 이용하는 수단이다. 사람이 갖고 있는 연민과 약자에 대한 동정심을 한껏 농락하여 자신을 불쌍하게 꾸며 자신의 대한 연민과 동정 및 용서 따위를 불러

일으키는 것이다. 이렇게 해서 자신의 죄악과 추악함을 덮는다.

신념이나 사상이 확고하지 않은 선량한 사람들이 이 '이읍수간'의 간사한 모략에 잘 걸려든다. 따라서 이 암초에 걸리지 않고 순조롭게 배를 몰려면 간사하고 음험한 이런 계략에 걸려들어서는 안 된다. 그러려면 암초를 가려낼 수 있는 안목과 장애물을 돌아갈 수 있는 실력을 갖추어야 한다. 또 간사한 소인배의 가짜 겉모습을 꿰뚫어 '여산의 진면목'을 드러내는 통찰력도 장착해야 한다. 그래야만 이런 간사하고 음흉한 계략이 우리의 건강한 육체와 건전한 정신에 침투하지 못하도록 제대로 방비할 수 있다.

　　명 왕조 내내 환관과 간신이 기승을 부렸다. 그 뿌리 깊은 원인을 백양 선생의 《중국인사강》을 참고하여 한번 짚어보고자 한다(이를 통해 지금 우리 검찰과 경찰 및 사법부의 고질적 폐단의 역사적 뿌리도 어느 정도 짐작할 수 있을 것으로 기대한다).

　　명 왕조는 살벌한 공안통치와 공포정치를 특징으로 한다. 개국 군주 주원장은 수만에 이르는 공신을 죽였다. 혹자는 주원장의 이런 도살에 대해 황태자가 나약하고 황태손이 어린 데다 나중에 황태자가 일찍 죽은 것이 가장 주요한 원인이라고 말한다. 정권을 유지하기 위해 하는 수 없이 이렇게 했다는 것이다. 그렇다고 꼭 끝 간 데 없는 도살만이 방법은 아니었을 것이다. 10세기 송 왕조의 개국 황제 조광윤은 술자리에서 자신의 심정을 허심탄회하게 털어놓음으로써 공신들로 하여금 병권을 내놓게 했다. 기원전 2세기 서한 왕조의 개국 황제 유방의 상황도 마찬가지였지만, 유방은 일부 장수들을 제거하는 선에서 마무리했다. 7세기 남주 왕조의 개국 황제 무조(즉, 무측천)의 상황은 더욱 심각했지만 개별적으로 처리하는 선에서 멈추었다.

　　사실 주원장의 이런 행위는 주로 그의 성격 때문이었다. 절대적 이기심과 우매한 악독함, 이런 성격 말이다. 그의 후예들도 이런 성격을 갖고 태어났다. 이런 성격이 행동으로 나타날 때는 한 치 앞을 내다보지 못하는 단견에 냉혈함을 동반한다. 남이 피 흘리고 고통받는 것을 보고 좋아하며, 자기 앞에 무릎을 꿇고 애원하는 것을 즐긴다. 하지만 용서는 없다. 인간으로서는 가장 비열하고 무서운 품성이다. 이런 성품을 가지고 있으면 보통 사람이라도 친구와 사회에 대해 큰 재앙을 가져다준다. 하물며 황제의 신분으로 이런 품성을 갖고 있다면 그 재앙은 통제할 수 없을 정도로 커진다. 역사상 아무리 폭군이라도 선량한 구석이 한 곳이라도 있기 마련이었는데, 주원장에게는 이조차 없었다. 거짓으로 선량한 척 꾸미는 행동을 제외하고 말이다. 이런 점에서 주원장은 영락없는 간군(奸君)이다.

문제는 주원장이 남긴 후유증이었다. 무엇보다 늘 세계사의 맨 앞에 서 있었던 중국이 낙후되기 시작했다는 사실이다. 절대 전제 제도가 판을 치는 통에 인권이 심각하게 유린되었다. 또 그 틀 속에 빠져 헤어 나오지 못하고 썩고 썩어 곳곳에 악취를 뿌렸다. 백양 선생은 《추악한 중국인》이란 문제작에서 이를 '된장독 문화'로 표현했다. 변화, 개혁, 발전 없이 항아리 속에 갇혀 계속 삭아가는 현상을 뜻한다.

주원장은 유방과 함께 중국 역사상 두 명의 평민 출신 제왕 중 한 사람이다. 유방은 영웅이었다. 그는 처음부터 끝까지 활달하고 도량이 큰 영웅적 기질을 유지하면서도 평민 사회의 본색을 벗어나지 않았다. 주원장은 자신이 평민 출신인 것을 몹시 부끄럽게 여겼으며, 한때 거지와 승려였던 사실을 더욱 부끄럽게 생각했다. 그는 정서상 자기 비하감이 강했으며 이상하리만치 관리와 사대부의 우월한 지위를 부러워했다. 그래서인지 다른 사람을 압박함으로써 자신의 심리적 평형을 유지하려는 경향이 강했다.

여기서 다시 한 번 중국 고대 정치사상에 결핍되어 있던 인권 관념을 떠올리게 되지만 고의로 인권 제도를 못 쓰게 만든 권력자는 주원장이 처음이다. 300년 동안 듣기만 해도 소름이 끼치는 '조옥 (詔獄, 범죄날조)'과 '정장(廷杖, 곤장 등 고문)'이란 것을 만들어낸 장본인이기 때문이다. 먼저 표를 가지고 명 정부의 형사소송 기구가 차지한 지위와 그 상호관계를 설명한다.

원수	중앙급 사법기구	수장	직무	설립시기	성격	주
황제	형부	상서	(사법부)		사법 기구 (삼법사)	사법계통
	도찰원	도어사	(감찰부)			
	대리시	대리시경	(최고법원)			
	금의위	지휘사	모반 등 대범죄자 조사 및 체포	1대 황제 태조 주원장 (1380년대)	군법 기구	조옥(詔獄) 계통 (비밀경찰계통)
	금의위 진무사	진무사	이송된 안건 심판	위와 같음		
	동창	제독태감	모반 등 대범죄자 조사 및 체포	3대 황제 성조 주체 (1420년대)	환관 기구	
	서창	제독태감	모반 등 대범죄자 조사 및 체포	9대 황제 효종 주견심 (1470년대)		
	내창	제독태감	모반 등 대범죄자 조사 및 체포	11대 황제 무종 주후조 (1500년대)		

형부(刑部)는 법률제정과 반포를 책임지면서 전국 각지의 사법기구를 관할한다. 아울러 합당치 않다고 판단하는 안건을 심의할 권리도 갖고 있다. 도찰원(都察院)은 불법사건에 대한 감찰과 검거를

책임지며 아울러 관원(어사)을 각지로 파견하여 '순무(巡撫)'를 담당한다. 관리들에 대한 백성의 고소를 접수하는데 심리권도 있고 판결권도 있다. 대리시(大理寺)는 국가의 고급법원과 비슷하여 앞 두 기구의 심판에 대해 최종 판결을 내린다. 이 셋을 합쳐 '삼법사(三法司)'라 부른다. 정부의 정규적인 사법계통이다. 삼법사는 당연히 황제의 절대적 통제권 아래에 있었지만 주원장은 그래도 여전히 이들 기구에는 이성적 성격이 남아 있다고 생각하여 별도로 자신이 직접 지휘하는 '금의위(錦衣衛, 금의위친군지휘사사)'를 설치하였다. 말하자면 수도방위사령부 같은 기구였다. 금의위 안에는 군법처와 같은 '진무사(鎭撫司)'가 설치되었다. 금의위는 범죄자를 체포하여 고문하고 자백을 받아낸 다음 진무사에게 넘겨 판결한다. 그 일 처리는 마치 팔과 손가락 같아 어떤 거리낌도 없이 일사천리로 진행된다. 호유용, 남옥 등 5만 명에 가까운 인명을 앗아간 두 차례 큰 원옥(冤獄)도 금의위가 완수한 사명이었다.

주원장의 후예들은 금의위에도 이성적 성분이 남아 있다고 판단했는지 15세기에 다시 '동창(東廠)'과 '서창(西廠)'을 설립했다. 그다음 세기인 16세기에는 '내창(內廠)'이란 것까지 만들어 황제가 가장 믿는 환관이 주관하게 했다. 전국적으로 넘쳐나던 비밀경찰이 서로 교차되면서 거미줄 같은 그물망을 형성하였다. 중국사에 있어서 전례가 없던 현상이었다. 길거리 골목 구석구석에서 일어난 사건과 부부싸움, 그리고 저잣거리에서의 사소한 다툼에 이르기까지 모든 움직임이 아침에 발생하면 저녁에는 황제의 귀에 들어갈 정도였다. 환관이 주도하는 조옥(詔獄)의 가장 편리한 점은 그들이 언

중국 역사상 최악의 암흑기를 초래하는데 가장 크고 심각한 원인을 마련한 명 태조 주원장.

제든지 직접 황제에게 보고할 수 있고, 황제도 수시로 환관들에게 명령을 내릴 수 있다는 것이었다. 환관은 막강한 권력을 갖추게 되어 아무도 저항할 수 없었다. 범죄가 삼법사의 손에 들어가면 그래도 목숨을 건지거나 형벌을 받지 않아도 되는 희망을 걸 수 있었지만, 일단 '창'(삼창)이나 '위'(금의위)에게 체포되면 빠져나가는 행운은 누구도 누리지 못했다.

인권을 무자비하게 유린하는 같은 기능을 가진 대표적인 것이 정장(廷杖)이었다. 정장이란 넓은 뜰 여러 사람이 보는 앞에서 몽둥이로 범죄자를 때리며 심문하는 것을 말한다. 자백을 받아내는 도구이자 장물(뇌물)을 추적하는 도구였으며, 형벌의 일종이기도 했다. 누구라도 정장을 100대 이상 형으로 받으면 그것은 곧 사형으로 받아들여질 정도였다. 극단적인 고통과 수치심까지 동반한 사형이었다. 정장제도 밑에서는 위로 재상은 물론 아래로 평민에 이르기까지 인성의 존엄성을 지킬 수 있는 사람은 아무도 없었다.

고급 관리(장관이나 차관급 이상)들에게 정장을 집행할 때는 반드시 환관이 중앙에 앉아 형벌 집행을 감시했으며, 나머지 정부 관리들은 양옆으로 줄지어 함께 앉아 지켜보았다. 왼쪽 가장자리에는 어린 환관 30명이 서 있었고, 오른쪽 가장자리에는 금의위 30명이 서서 지켜보았다. 뜨락 아래로는 형을 집행하는 옥리 100여 명이 모두 짧은 바지를 입고 손에는 몽둥이를 든 채 버티고 서 있었다.

환관이 '범죄자' 대신을 향해 황제의 조서(판결서)를 읽고 나면 '범죄자'는 바로 옥리에게로 끌려나가 바닥에 엎드리게 된다. 옥리들은 마포로 양어깨 아래쪽을 묶어 몸을 움직일 수 없게 한다. 그런 다음 다시 두 발을 오랏줄로 묶고 장정 네 명이 사방에서 줄을 잡아당긴다. 이렇게 해서 볼기와 넓적다리만 드러낸 채 매질을 당한다. 정장이 시작되면 죄인은 참을 수 없는 고통에 비명을 지르며 머리와 얼굴을 땅에 찧는다. 흙이 입안으로 사정없이 들어가고 수염은 전부 문드러진다. 차마 눈 뜨고는 볼 수 없는 이 잔인한 인권유린의 방법으로 주원장은 중국 백성과 신하들을 상대했다.

건장한 사람이라면 80대 정도는 견딜 수 있었지만 100대가 넘어가면 즉사하는 경우도 흔했다. 죽지 않아도 썩은 살을 수십 그릇은 도려내면서 반년 이상을 치료해야 했다. 금의위의 형을 집행하는 옥리들은 모두 특수 훈련을 거친 자들이었다. 뇌물을 넉넉하게 받으면 보기에는 그들의 매질이 엄중하고 심지어 피와 살이 튀지만 상처도 고통도 비교적 가벼워질 수 있게 기교를 부린다. 집이 가난하여 뇌물을 주지 못하면 내려치는 매질은 보기에는 가볍고 피도 살도 튀지 않지만 고통은 심장까지 스며들어 3, 40대만 맞아도 혈관과 근육이 마디마디 터지고 끊어질 뿐만 아니라 피부조직은 모조리 허물어져 오래지 않아 죽거나 약을 써도 구할 수 없다.

영국은 13세기에 이미 〈대헌장〉을 반포하여 인권을 보장했다. 법원의 심리를 거치지 않고서는 인민을 체포하거나 감금할 수 없도록 했다. 중국에는 이보다 100년 뒤에 〈대헌장〉은커녕 조옥과 정장이 출현했다. 중국의 역사를 보다 암울하게 만든 뿌리는 명 왕조의 공안통치와 공포정치였고, 이 틈에서 환관과 간신이 기승을 부림으로써 역사는 치욕의 구렁텅이로 추락했다.

원시사회	약 60만 년 전~기원전 약 21세기	삼황오제(三皇五帝) 포함
하(夏)	기원전 약 21세기~기원전 약 16세기	노예제 사회. 상은 후기 은(殷)으로 천도, 상은이라 부름.
상(商)	기원전 약 16세기~기원전 약 11세기	
서주(西周)	기원전 약 11세기~기원전 771년	
춘추(春秋)	기원전 770년~기원전 476년	
전국(戰國)	기원전 475년~기원전 221년	봉건사회 개시
진(秦)	기원전 221년~기원전 206년	시황-호해-자영 3대.
서한(西漢)	기원전 206년~8년	서한과 동한 사이에 왕망(王莽)의 신(新) 9년~23년. 유현(劉玄) 23~25년.
동한(東漢)	25년~220년	
삼국(三國)	220년~280년	위 · 촉 · 오
위(魏)	220년~265년	조조-조비-조예
촉(蜀)	221년~263년	유비-유선
오(吳)	222년~280년	손권
서진(西晉)	265년~316년	무제 사마염(司馬炎)
동진(東晋)	317년~420년	원제 사마예(司馬睿)
오호(五胡) 십육국	304년~439년	흉노, 선비, 갈, 저, 강
남북조 (南北朝)	420년~589년	
남조(南朝)	420년~589년	
송(宋)	420년~479년	무제 유유(劉裕)
제(齊)	479년~502년	고제 소도성(蕭道成)
양(梁)	502년~557년	무제 소연(蕭衍)
진(陳)	557년~589년	무제 진패선(陳覇先)
북조(北朝)	386년~581년	
북위(北魏)	386년~534년	도무제 탁발규(拓跋珪)
동위(東魏)	534년~550년	효정제 원선견(元善見)

간신 —— 간신전 奸臣傳

서위(西魏)	535년~557년	문제 원보거(元寶炬)
북제(北齊)	550년~577년	문선제 고양(高洋)
북주(北周)	557년~581년	효민제 우문각(宇文覺)
수(隋)	581년~618년	문제 양견(楊堅)
당(唐)	618년~907년	고조 이연(李淵)
오대십국 (五代十國)	907년~979년	5대 : 후량, 후당, 후진, 후한, 후주/10국 : 오, 남당, 민, 초, 오월, 전촉, 후촉, 남한, 형남, 북한
북송(北宋)	960년~1127년	태조 조광윤(趙光胤)
남송(南宋)	1127년~1279년	고종 조구(趙構)
요(遼)	907년~1125년	태조 야율아보기
서하(西夏)	1032년~1227년	경제(景帝) 원호(元昊)
금(金)	1115년~1234년	태조 완안민(完顔旻) 아골타
몽(蒙), 원(元)	1206년~1368년	태조 징기스칸. 1271년 원(元)으로 국호 개명. 북원(1370~1388).
명(明)	**1368년~1644년**	**태조 주원장(朱元璋)**
청(淸)	1616년~1911년	태조 애신각라(愛新覺羅). 1616년 누루하치 후금 건국. 1636년 황태극 청으로 개명.

20년을 기다린 무서운 간신
엄숭 嚴嵩

1367년 명 왕조를 건국한 태조 주원장(朱元璋, 1328~1398년)은 부랑아 출신이나 다를 바 없는 열악한 인격의 소유자였지만 남다른 수완과 잔인함을 무기로 삼아 원 말기의 혼란을 수습하고 최고 통치자 자리에 올랐다. 그는 절대 전제제도를 수립한 황제라는 평가를 듣고 있지만, 그에 따른 인권 유린과 말할 수 없는 살육으로 중국

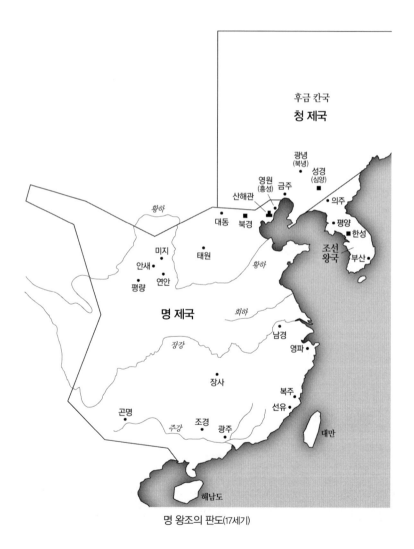

명 왕조의 판도(17세기)

역사를 가장 어둡게 만든 장본인이었다. 이후 즉위한 명 왕조의 황제들은 대부분 천박한 성격에 무능으로 일관하여 시대를 더욱 암울하게 만들었다. 명 왕조에는 동한 이후 또다시 환관들이 정권을 주무르는 변태적 정치 행태가 나타났고, 이 틈에 숱한 간신들이 자라나 나라와 백성들을 마음껏 유린했다.

중기로 접어들 무렵 즉위한 가정제(세종) 주후총(朱厚熜, 재위 1522~1566년)은 신선술에 흠뻑 빠져 나랏일은 뒷전으로 밀쳐놓는 바람에 조정은 날이 갈수록 부패하고 농민들은 도탄에 빠졌다. 여기에다 남북에서 외적들이 변경을 소란케 하니 나라는 그야말로 총체적 난국이었다.

이런 와중에서도 나라의 지배층들은 사치 향락에 흠뻑 젖어 헤어날 줄 몰랐다. 황제도 대신들도 모두 함께 술상을 앞에 놓고 젓가락을 두드리는 형국이었으니 백성들은 오죽했겠는가! 썩은 쓰레기 더미에서 구더기가 자라고, 부패한 정치에서 간신이 무럭무럭 큰다고 하지 않았던가? 명나라는 물론 중국 역사를 통틀어 재상급 간신으로는 세 손가락 안에 꼽히는 간신 엄숭(1480~1567년)과 같은 자가 바로 이런 풍토에서 출현한 것은 어찌 보면 당연했다. 엄숭의 간행에는 그 아들놈까지 가세하는 엽기적 진기록을 남겼다.

'3대 간상(奸相)'과 엄숭

간신에도 등급이 있다고 했다. 등급은 간행의 정도에 따라 나눈 것이지만, 동시에 그 간신이 생전에 어떤 지위에 있었는가와 거의 비례한다. 황제를 제외하고 가장 높은 자리라 할 수 있는 재상의 반열에 올랐던 간신들이 남긴 폐해는 다른 등급의 간신들보다 훨씬 크다고 할 수 있다. 훗날 백성들과 역사가들은 역사상 가장 구린내 나는 재상급 간신 세 명을 꼽았는데, 이를 '3대 간상'이라 부른다. 앞에서 살펴본 바 있는 당 왕조 때 '구밀복검(口蜜腹劍)'이란 별명으로 유명했던 이임보, 송 왕조 때 명장 악비를 죽이고 나라를 판 매국 간신 진회, 그리고 지금부터 소개할 엄숭이 바로 그들이다.

이들 '3대 간상'의 간행을 살펴보면 정말이지 숨 막힐 정도로 막상막하여서 우열을 가리기 힘들다. 나쁜 짓이면 다 나쁜 것이지 거기에 무슨 우열이 있겠는가만은 그래도 백성과 나라에 미친 피해를 고려한다면 굳이 못 가릴 것도 없겠지만, 이 '3대 간상'들은 하나같이 그 이력이 화려하기 짝이 없어 더 나쁜 놈을 골라내기도 힘들고, 덜 나쁜 놈을 골라내기도 힘들다.

이제 소개할 엄숭은 앞의 두 선배 간신들과는 달리 공부를 엄청 많이 한 어엿한 지식인이었다. 번듯한 시집도 있고 문집도 냈다. 그래서 흔히들 앞의 두 간신에 비해 좀 점잖지 않았겠는가 하고 생각하는 사람들도 있지만, 실상은 전혀 그렇지 않다. 이자는 많이 배운 만큼 그 간행도 정말 화려하기 이루 말할 수 없다. 더 놀라운 사실은 그 아들놈과 함께 수작을 부리며 나라를 온통 거덜을 냈다. 또 한 가지 더, 이렇게 간신으로서 조정 대권을 오로지한 기간이 무려 20년이 넘는다는 사실을 접하노라면 제아무리 강철처럼 튼튼한 심장을 가졌더라도 진저리를 치지 않을 수 없다.

간신이란 존재가 이렇다. 정말 무섭고 끔찍한 인간들이다. 한 번의 잘못된 선택과 결정이 자신의 평생을 좌우하는 것은 물론 후손들의 미래까지 저당 잡히게 하고 역사 전체를 암울하게 만드는 결과를 초래하는 힘(?)을 가진 자들이 바로 간신이다. 때문에 우리의 선택과 결정은 아무리 신중해도 지나침이 없다. 잘 들여다보고, 꼼꼼히 따지고, 베일 듯 날카롭게 비판하고, 정확하게 판단하는 것 이것이 바로 '역사의 신중함'이다. 간신이란 사회적 역사현상을 대처하는 방법이기도 하다.

무서운 기다림

엄숭은 명 왕조 헌종 때인 1480년에 태어났다. 집안은 가난했고, 이 때문인지 지식인이었던 아버지는 평생 과거 시험에 집착했으나 끝내 급제하지 못했다. 엄숭은 아버지의 맺힌 원을 풀어주기라도 하듯 어려서부터 남다른 총명함을 과시하더니 25세의 젊은 나이로 진사에 급제하여 편수관 자리를 받아 관료 생활을 시작했다. 말 그대로 용이 하늘을 날아오르는 청운의 꿈을 성취할 가장 기본적인 토대를 마련했다.

누굴 닮았는지 알 수 없지만 엄숭은 그 야심이 보통 큰 것이 아니었다. 꿍꿍이속도 대단하여 사태의 방향을 관측하거나 정치 동향을 관찰하는 데 능했다. 입사하자마자 자신의 출세를 뒷받침해 줄, 말하자면 마음 놓고 기댈 수 있는 산과 같은 든든한 후원자를 찾기 시작했다.

그가 편수관이란 자리를 시작으로 본격적으로 관료판에 진입할
무렵 유근(劉瑾, 약 1451~1510)이란 환관이 막강한 권세를 떨치고 있
었다. 엄숭은 유근의 명성이 너무 알려져 있어 그 끝장이 좋지 않
으리라 예상하고는 그에게 꼬리를 치지 않았다. 그렇다고 유근의
눈 밖에 날 필요는 없었던 지라 병을 핑계로 고향인 강서 분현의
남문 밖 영산당에서 10년 동안 은거했다. 이 기간에 엄숭은 책도
쓰고 하면서 다시 산을 나갈 기회만을 엿보았다.

엄숭의 예상대로 유근은 실각하여 처형당했다. 엄숭은 바로 조
정으로 돌아가 복직을 신청했지만 은거 생활이 길었던 탓인지 자
신을 이끌어 줄 든든한 연줄을 찾지 못해 고생했다. 엄숭은 한직
을 전전하며 또다시 10년을 썰렁하게 보내야만 했다. 은거 생활 10
년을 합쳐 엄숭은 장장 20년 동안을 기다린 셈이다. 그리고 마침내
그의 인내가 보상받을 수 있는 기회가 왔다. 조정을 두루 살핀 끝
에 엄숭은 당시 황제의 내각수보(재상) 자리에 있던 같은 고향의 하
언(夏言, 1482~1548)이야말로 자신이 타고 오를 수 있는 큰 나무임을
발견하기에 이르렀다.

하언은 엄숭에 비해 나이가 어렸다. 진사 급제도 엄숭에 비해 12
년이나 늦었다. 봉건적 예의나 과거 합격의 순서로 따져 볼 때 하
언은 엄숭보다 한참 밑이다. 그러나 이 무렵 하언은 황제의 신임을
잔뜩 받고 있는 실세였다. 엄숭은 보다 높은 곳으로 오르기 위해서
는 하언과 같은 인물이 이끌어줄 필요가 있다는 현실을 너무 잘 알
았다. 선배니 후배니 따질 겨를이 없었다. 엄숭은 동향이라는 친분

을 이용하기로 하고 하언에게 극
진한 태도로 접근했다. 남들이 보
기에는 이런 엄숭의 행동은 비굴
함 그 자체였다. 엄숭은 개의치
않았다. 이 나무를 타고 오를 수
만 있다면 이보다 더한 짓도 얼마
든지 할 수 있다는 것이 엄숭의
마음이었다.

간신을 예방하고 대처할 때는 냉철해야
한다. 특히 한 인간의 본성을 간파하는
직관이 필요하다. 하언은 이 점에서 형
편없었다. 강직함만 가지고는 간신에게
절대 이길 수 없다. 하언의 초상화이다.

세종의 총애를 듬뿍 받으면서
나랏일을 자신의 말 한마디로 좌
지우지할 정도로 권력과 능력을
지닌 하언의 자존심과 자부심은 상상을 초월할 정도였다. 차라리
오만이었다. 엄숭을 거들떠보지 않은 것은 당연했다. 그렇다고 포
기할 엄숭이 아니었다. 이 정도로 포기할 것 같으면 시작도 하지
않았을 것이다. 한번은 저녁 식사에 하언을 초대하는 방법을 생각
해내고는 아주 정중하게 초대했으나 일언지하에 거절당했다.

이쯤 되고 보니 엄숭은 초조해져 조바심이 났다. 식사 초대 같은
일도 성사시키지 못하면 모든 문이 막히는 것이나 마찬가지였다.
권력에 대한 욕망을 가라앉힐 수 없는 엄숭은 결코 이대로 주저앉
을 수 없었다. 엄숭은 직접 초대장을 들고 하언의 집을 찾았다. 하
언의 콧대는 정말 높았다. 대문도 열어주지 않았다. 엄숭은 오기가
발동했다. 눈썹을 한껏 치켜뜨며 엄숭은 하언의 집 대문 앞에 무릎
을 꿇고 애절한 목소리로 자신이 하언을 찾아온 까닭을 읊조렸다.

그 목소리가 하도 진지하고 애절하여 듣는 사람의 마음을 녹일 정도였다.

천만다행으로 이 방법이 주효했다. 하언은 엄숭의 정성에 감동하여 직접 문을 열고 엄숭을 부축하여 일으켰다. 바로 엄숭과 함께 저녁 식사 자리로 갔다. 엄숭은 갖은 방법으로 하언의 뜻을 받들고 그의 마음을 기쁘게 했고, 하언은 마침내 엄숭을 천하에 둘도 없는 지기(知己)처럼 여기기에 이르렀다. 하언은 여러 차례 황제에게 엄숭을 추천했고, 엄숭의 관운은 이로써 수직 상승했다.

하언이 어찌 예상이나 했겠는가? 자신이 심어 놓은 이 사람이 자신의 무덤을 파는 도굴꾼일 줄이야! 물론 그건 나중 이야기다. 엄숭은 장장 20년을 기다린 끝에 마음 놓고 기댈 수 있는 든든한 산을 찾았고, 그의 앞날은 만사형통이었다. 몇 차례 승진을 거친 끝에 엄숭은 마침내 높은 관직은 아니지만 황제를 위해 직접 일을 처리하는 예부우시랑에 임명되었다. 엄숭은 자신의 장기를 마음껏 발휘할 수 있는 절호의 기회를 마련했다. 정말이지 20년을 기다린 보람이 성큼성큼 다가오고 있었다.

아첨, 아부, 아부, 아첨

엄숭에게 있어서 예부시랑이란 자리는 절대 만족할 수 있는 자리가 아니었다. 그의 포부는 최고 권력을 탈취하는 것, 바로 그것이었다. 이를 위해서는 황제의 신임을 직접 얻지 않으면 안 된다. 절대 권력이 1인에게 집중된 체제에서 지고무상한 그 한 사람이 최종 목표가 되는 것이 너무 당연하지 않은가?

조정에 들어온 지 얼마 되지 않아 엄숭은 자신에게 주어지는 모든 기회와 조건을 황제의 총애를 얻는 데 쏟아부었다. 한번은 황제의 명을 받고 호광안로에 있는 황제 생부 무덤에 제사를 드리는 일을 맡게 되었다. 이야말로 절호의 기회가 아닐 수 없었다. 자신의 특기 중의 특기인 아부와 아첨을 부담 없이 마음껏 펼칠 기회였기 때문이다. 일을 마치고 돌아와 보고하는 자리에서 엄숭은 세종에게 온갖 상서로운 조짐을 이야기하면서 이 조짐들을 비석에 새겨 영원히 기억하게 하심이 좋겠다는 건의를 올렸다. 엄숭의 말은 구구절절 세종의 혼을 쏙 빼놓았다. 너무 기분이 좋은 나머지 흥분까지 한 세종은 엄숭에 대해 과분한 인상을 가졌고, 그로부터 얼마 지나지 않아 엄숭을 예부상서로 승진시켰다.

엄숭이 예부상서로 임명되던 그해에 세종은 또 생부의 신위를 태묘(명대 제왕의 사당으로 지금의 자금성 노동인민문화궁 자리)로 옮기는 문제를 제기하고 나섰다. 예의상 타당치 않다고 판단한 엄숭은 세종의 생각을 막으려고 몇 마디 입을 여는 순간 벼락같은 세종의 호통을 들어야만 했다. 세종은 콧구멍과 입으로 연신 가쁜 숨을 내뿜으며 화를 삭이지 못했다. 이 뜻하지 않은 반응에 깜짝 놀란 엄숭은 하마터면 간이 떨어질 뻔했다. 재빨리 사태를 파악한 엄숭은 앞에 한 말을 모조리 뒤집고는 바로 세종의 뜻대로 일을 처리했다. 엄숭이 모든 일을 다 예법에 맞게 처리했다고 보고하자, 세종은 그제야 만면에 웃음을 지으면서 엄숭에게 상을 내려 격려했다.

엄숭과 짝을 이루어 명 왕조를 엉망으로
만든 세종 주후총의 초상화.

한바탕 혼쭐이 나긴 했지만
전화위복이라고 재빠른 일 처
리로 다시 황제의 마음을 사로
잡은 엄숭은 다음 단계로 세종
의 취향을 파악하여 철저히 그
것에 맞추어 행동하기 시작했
다. 황제 가까이에 있는 시간
을 이용하여 엄숭은 세종이 신
선이나 도술 따위에 완전히 빠
져 있음을 확인했다. 세종이 도교에서 신선에 제사 드릴 때 쓰는
제문 같은 '청사(靑詞)'를 무척 중시한다는 사실도 알게 되었다. 심
지어 이 '청사'의 문장을 가지고 관리를 선발하는 일까지 있을 정도
였으니 세종이 '청사'에 얼마나 심취해 있었는지 알 만하다.

엄숭은 자신의 문학적 재능을 한껏 발휘하여 온갖 미사여구를 총
동원한 끝에 〈경운부(慶雲賦)〉(하늘에서 상서로운 구름이 나타난 것을 축하
하는 내용)라는 청사를 완성하여 세종에게 바쳤다. 아니나 다를까,
세종은 엄숭의 청사에 홀딱 반했다. 한 글자 한 글자, 구구절절 마
음에 들지 않는 것이 없었다. 세종은 이 청사를 읽고 또 읽었다. 지
금까지 쓴 어떤 청사도 이를 따를 수 없을 것이라며 극찬을 아끼지
않았다. 이후 세종은 '청사' 작성을 모두 엄숭에게 맡김으로써 엄숭
에 대한 총애를 확인시켰다.

엄숭은 또 세종이 불로장생에 대한 미신을 갖고 있음을 이용하여
늘 세종에게 신선이나 선도(仙道)에 관한 이야기를 들려주며 세종의

환심과 은총을 구걸했다. 엄숭과 세종은 환상의 짝이 되어 주거니 받거니 희희낙락하기에 이르렀다. 오로지 아부, 아첨, 아첨, 아부를 통해 얻어낸 총애였다. 또 한 쌍의 간군과 간신이 이렇게 해서 탄생했다.

은인을 제거하라

세종의 총애를 등에 업고 예부상서라는 중요한 자리에 오른 엄숭의 권력욕은 갈수록 부풀었다. 엄숭의 최종 목표는 어디까지 '일인지하(一人之下), 만인지상(萬人之上)'이라는 내각수보, 즉 재상 자리였기 때문이다. 내각수보는 세종의 신임을 한 몸에 받고 있는 하언이 움켜쥐고 있었다. 엄숭이 기댈 언덕으로 지목하여 무릎을 꿇으면서까지 밥 한 끼 같이 먹자고 간청했던 하언, 그 하언의 마음을 움직이는 데 성공하여 여기까지 올 수 있었던 것 아니던가? 엄숭에게 하언은 은인과 같은 존재였다. 하지만 엄숭이 누구던가? 엄숭이 어떤 사람이던가? 은혜와 의리쯤이야 얼마든지 언제든지 내팽개칠 수 있는 그런 인격의 소유자, 그가 바로 엄숭이었다. '독하지 않으면 장부가 아니다'는 말은 엄숭의 평소 소신이기도 했다.

이 무렵 하언은 엄숭에게 있어 더 이상 '은인'이니 '기댈 산'이니 하는 그런 존재가 아니라 엄숭의 진로를 가로막는 최대의 정적에 지나지 않았다. 이 적수가 결코 핫바지가 아니라는 것이 문제였을 뿐이다. 황제의 신임이 절정에 이른 단계라 웬만한 술수가 아니면 제거하기 힘든 상대였다. 하지만 엄숭이 누구던가? 누가 뭐래도 꾀 많고 교활한 꿍꿍이속이 대단한 인간이었다.

엄숭은 먼저 하언의 정치·사회적 위치와 그 인간성을 연구하고 분석했다. 예상대로 하언은 지나치게 자부심이 강해 주위로부터 교만하다는 소리를 많이 듣는 약점을 갖고 있었다. 엄숭은 침투 술 수에다 부드러움으로 단단함을 이기는 방법을 함께 구사하여 일단 세종의 신임을 잃게 만들고, 그 틈으로 자신이 파고드는 전략을 세웠다. 이제 엄숭이 어떻게 하언을 쓰러뜨리는지 보자.

하언은 성질이 불같아 거리낌 없이 바른말을 하는 위인이었다. 이것이 세종의 심기를 일쑤 불편하게 만들었다. 대신들이 보는 앞에서 황제의 체면을 뭉개는 일도 종종 있었다. 이런 상황을 면밀히 살핀 엄숭은 황제 앞에서 하언과는 정반대로 처신했다. 늘 온순하게 머리를 조아리며 작고 낮은 목소리로 황송한 듯 세종의 마음에 드는 말만 골라 했다. 가랑비에 옷이 젖는다고 세종의 마음은 조금씩 엄숭 쪽으로 기울었다.

하언은 성격대로 자기 밑에 있는 하급 관리들에게 대단히 엄격하여 조금만 잘못해도 바로바로 처벌했다. 하언을 원망하는 관리들이 적지 않았다. 이럴 때마다 엄숭은 너그럽고 넉넉한 마음으로 이들을 대하면서, 이들이 어려운 일이나 곤란한 일을 당하면 기꺼이 나서 도왔다. 엄숭은 하급 관리들로부터 후덕한 장자라는 칭찬을 얻어냈다.

이와 동시에 엄숭은 돈으로 세종 신변에서 황제의 시중을 드는 환관들을 매수하여 하언에 대한 나쁜 말을 퍼뜨리게 하여 세종이 시비를 가릴 수 없게 만드는 양동 작전도 함께 구사했다. 많이 배우지 못하고 어려서부터 불구의 몸으로 궁에 들어와 사는 환관들인지라 인격이나 심리적으로 많은 결함을 갖고 있었고, 그래서 소소한 재물에 집착하거나 궁중 추문이나 관료들 사이의 정쟁 따위에 은밀히 개입하여 조정을 흐리는 일을 즐기는 성향이 강했다. 엄숭은 환관들의 이런 성향을 이용했다. 보통 사대부라면 이런 짓거리는 결코 용납할 수 없었지만 엄숭에게 이 정도는 일도 아니었다.

아니나 다를까? 부드러움이 강직함을 이긴다고, 엄숭의 나긋나긋한 전략은 주효했다. 세종은 갈수록 하언의 언행에 불만을 터뜨렸고 버럭 화를 내는 일도 잦아졌다. 그런 만큼 엄숭에 대한 신뢰와 총애는 정도를 더해갔다. 하언에 대한 은총이 엄숭에게로 서서히 자리 이동을 시작했다. 이동은 더뎠지만 그 정도는 놀라울 정도로 컸다. 때가 왔다고 판단한 엄숭은 하언을 향해 직격탄을 날렸다.

하루는 세종이 엄숭을 혼자 불러 하언과의 관계가 왜 그렇게 좋지 않냐고 물은 일이 있었다. 이 말에 엄숭은 느닷없이 온몸을 부르르 떨며 바닥에 엎어지더니 서럽게 통곡을 해대기 시작했다. 세종은 이런 돌발 상황에 적잖이 놀랐다. 60이 넘은 백발노인이 이렇게 상심해서 서럽게 우는 것을 보니 무슨 말못할 사정이 있나 보다 하는 생각에 측은한 마음이 절로 솟았다. 세종은 은근한 목소리로 울지 말고 사실을 말하라고 엄숭을 달랬다. 엄숭은 회심의 미소를 지었다.

엄숭은 그동안 자신이 수집한 하언의 죄상을 낱낱이 거짓말을 잔뜩 보태가며 고해 바쳤다. 그러면서 한 가지를 고자질할 때마다 서럽게 울어댔다. 세종은 자기도 모르게 하언에 대해 몹시 화를 내며 엄숭의 말에 맞장구를 쳤다. 엄숭은 속으로 쾌재를 불렀다. 이제 하언은 끝장이다!

이 일이 있은 지 얼마 뒤 일식이 있었다. 엄숭은 미신에 빠져 있는 세종을 이용하여 태양은 황제의 상징인데 일식이 나타났다는 것은 하언이 군주를 기만했기 때문이라면서 하언을 처벌하지 않으면 황제가 편치 않을 것이라는 황당한 공갈을 쳤다. 미신에 흠뻑 빠져 있던 세종은 엄숭의 말도 안 되는 소리를 곧이곧대로 믿고는 하언을 면직시켜 집으로 돌려보내는 조치를 취했다. 그다음은 예상대로 하언의 자리를 엄숭이 차고 들어가 수보가 됨으로써 뜨끈뜨끈한 권력의 칼자루를 쥐었다.

권력욕에 불타는 엄숭은 내각에 진입하자마자 대권을 독식하고 횡포를 일삼기 시작했다. 측근들을 주변 요직에 배치하여 개인 친위대를 조직하고, 엄청난 뇌물을 받아 챙겨 정치 자금으로 비축하고, 자신의 지위와 권력, 그리고 돈을 이용하여 각종 비리를 일삼기 시작했다. 고삐가 풀린 이상 이제 거칠 것이 없었다. 황제조차 눈에 들어오지 않았다. 그러자 세종은 무슨 생각에선지 하언을 다시 조정으로 불러들여 내각을 이끌게 하는 조치를 취했다. 엄숭은 다시 하언 밑으로 들어가야만 했다. 엄숭에게 심각한 정치적 위기가 닥친 것처럼 보였다.

몇 차례 곤욕을 치른 하언은 엄숭이란 인간에 대해 좀 더 알게 되었다. 그렇지 않아도 자존심이 강한 하언이 엄숭을 그냥 놓아둘 리 만무했다. 자신의 등을 타고 올라간 엄숭이 자신의 등에 칼을 댈

줄 어찌 알았겠는가? 하언은 이런 엄숭을 천시할 수밖에 없었고, 하는 일마다 엄숭을 경계하고 공격을 가했다. 엄숭이 결정한 일들을 뒤집는 것은 다반사였고, 엄숭이 심어 놓은 자들을 하나하나 몰아냈다. 엄숭의 실각이 현실로 다가온 것처럼 보였다.

간신은 보통 사람이 아니다. 보통 사람에게는 정도라는 것이 있고 양심이란 것이 있다. 보통 사람은 독한 마음을 품고 모질게 굴다가도 어느 정도 하고 나면 양심에 걸려 멈추지만 간신에게는 그런 양심의 브레이크가 없다. 간신과 보통 사람의 본질적인 차이다. 이런 점에서는 천하의 하언도 보통 사람에 지나지 않았다. 그는 누가 뭐래도 곧은 사람이다. 강직하게 드러내놓고 할 줄만 알았지 음모라는 것을 잘 몰랐다. 그러니 끝내는 음모와 술수, 그리고 간계에 능숙한 엄숭의 상대가 되지 못했다.

꿈에도 그리던, 그래서 다 잡은 권력과 자리가 하나둘 날아가는 것을 보는 엄숭의 마음은 견딜 수가 없었다. 자기 심복 부하들이 하나둘 쫓겨나는 것을 보니 하언에 대한 증오심으로 절로 이가 갈렸다. 엄숭은 겉으로는 이를 전혀 드러내지 않고 전과 다름없이 항상 부드럽게 웃는 얼굴로 하언을 대했다. 하지만 돌아서서는 때를 노리며 보복의 칼을 갈았다. 엄숭은 이제 하언을 영원히 제거하지 않고는 안 되겠다고 마음을 먹었다.

기회는 오래지 않아 찾아왔다. 이 무렵 세종은 하언과 섬서총독 증선(曾銑)이 함께 계획한 잃어버린 북방의 하투 지구 수복에 대한 안건을 놓고 일단 찬성의 뜻을 보이기는 했지만 결정을 미루고 있었다. 엄숭은 이 일을 이용하여 하언을 모함하기로 작정했다. 엄숭은 세종의 시종들을 매수하여 끊임없이 세종에게 하투 수복 문제는 화근이 될 가능성이 크니 절대 실행되어서는 안 된다는 말을 속삭이게 했다. 또 심복과 패거리들을 사주하여 변방 개척은 득보다는 실이 많을 뿐 아니라 후환이 무궁무진한 위험천만한 계획이라는 글을 계속 세종에게 올리게 했다. 다음으로는 변방의 장수 구란(仇鸞)이란 자와 결탁하여 하언이 증선으로부터 뇌물을 받았다는 보고서를 올리게 하는 비열한 방법까지 동원했다.

변덕이 심한 세종은 엄숭의 도발에 넘어가 원래의 뜻을 번복하고는 더 이상 하투 일을 거론하지 못하게 했다. 고집불통 하언은 계속해서 세종 앞에서 논쟁했고, 참다못한 세종은 다시 하언을 집으로 내쫓았다. 엄숭의 반격이 성공했다. 지난번 교훈이 있었기 때문에 엄숭은 하언의 파직만으로는 결코 만족할 수 없었다. 우유부단한 세종의 마음이 언제 또 변할지 모르는 일 아닌가? 하언이 또다시 기용되는 날에는 자신의 미래도 결코 장담할 수 없다.

악랄한 엄숭은 이번에는 남의 손을 빌려 정적을 제거하는 '차도살인(借刀殺人)'이란 독수를 썼다. 하언이 떠나자 엄숭은 부하 심복들에게 궁중을 돌며 하언이 조정을 떠나면서 온갖 불평과 원망의 말을 늘어놓았는데, 당초 황상이 자신의 하투 수복 계획에 찬성해놓고 왜 이제 와서 뒤집는지 모르겠다는 불평도 있었다는 유언비어를 퍼뜨리게 했다. 엄숭의 사주를 받은 측근 환관들로부터 이런 이야기를 들은 세종은 벼락같이 화를 냈다. 하언 이자가 감히 황제를 향해 원망의 말을 늘어놓다니! 공교롭게 이때 북방 변경의 엄답(俺答) 부락이 선부를 침공하는 사태가 발생했다. 세종은 이 사태가

428

하언과 증선이 하투를 수복하려는 계획을 세웠기 때문이라고 생각하고는 이것저것 생각해보지도 않고 바로 하언의 목을 베라는 명령을 내렸다. 엄숭의 간교한 위장술에 속아 그를 추천했던 하언이 엄숭의 모함으로 이렇게 통탄스럽게 억울한 죽음을 당한 것이다.

　사건은 이것으로 끝나지 않았다. 간신들의 수많은 특기 가운데 하나는 일단 사건을 조작하고, 그것이 자신에게 유리하게 끝날 것 같으면 사건을 엄청나게 확대시키는 것이다. 엄숭도 예외가 아니었다. 수백 명에 이르는 조정 문무 관원들이 연루되어 피살되거나 쫓겨나거나 좌천되었다. 시비를 뒤바꾼 '하투 수복' 사건은 노회하고 교활한 간신 엄숭이 정교하게 각본을 짜고 연출한 걸작(?)이었다. 그는 마침내 하언을 제거하고 하언의 자리를 완전히 꿰찼다. 이제는 마음 놓고 하고 싶은 대로 할 수 있게 되었다.

천인공노할 간행

　하언이 피살당함으로써 엄숭은 최대 정적을 제거하고 재상 자리를 손에 넣었다. 이제 황제 세종만 잘 조종하면 장기 집권이 가능했다. 국정의 대권은 완전히 엄숭에 의해 조종당하는 판국이 되었다. 엄숭은 권력욕만 대단한 것이 아니라 재물에 대한 욕심도 끝을 모를 정도였다. 한없이 뇌물을 챙겼다. 자신의 권력 기반을 영원한 것으로 만들기 위해 앞잡이들을 마구 긁어모아 조정 구석구석에 박아 두었다. 아주 사소한 일로 엄숭의 심기가 조금이라도 불편하면 주구들이 으르렁대며 달려들어 상대를 만신창이 되도록 물어뜯었다. 황제의 일거수일투족도 낱낱이 엄숭에게 보고되었고, 이 보고에 따라 엄숭은 황제의 심기조차 정확하게 파악하여 대처했다. 황제는 꼭두각시나 다름없었다.

더욱 기가 막힌 사실은 제대로 배운 것 하나 없는 개망나니 같은 아들 엄세번(嚴世蕃, 1513~1565)이란 놈까지 엄숭의 간행에 가세하여 부자가 함께 설쳐댔다는 사실이다. 못 배운 데다 어려서부터 개망나니 건달 노릇만 하던 놈이 조정에 들어와 아버지의 권세를 믿고 설쳐대니 조정 꼴은 뭐가 되며 나라 꼴은 어떠했을지 상상조차 끔찍하다. 엄숭의 꽁무니를 따르는 사냥개들은 24시간 조정을 감시하면서 충직한 신료들을 구박했다. 엄숭과 조금이라도 다른 의견을 내거나 엄숭의 의견에 반대하면 가차 없이 보복의 칼날이 날아들었다. 조정은 숨을 죽였고, 백성은 한숨 속에서 하루하루 이 악취 덩어리들의 만행을 견뎌내지 않으면 안 되었다.

엄숭은 무려 20년 동안 재상 자리를 움켜쥔 채 온갖 악행이란 악행은 다 저질렀다. 그 악행은 책으로 써도 모자랄 판이다. 엄숭에게 모함당해 죽은 충신 양계성(楊繼盛)은 엄숭의 죄악과 그 간행을 '십죄상(十罪狀)'과 '오간재(五奸才)'로 요약한 바 있는데, '오간재'는 엄숭의 간사한 모습을 그런대로 정확하게 묘사하고 있다. 참고할 만하여 아래에 기록해 둔다.

1. 황상의 측근들을 뇌물로 매수하여 자신의 첩자로 만들다.
2. 통정사를 조종하여 자신의 앞잡이로 만들다.

3. 창위관들과 혼인관계를 맺어 자신에게 필요한 끈으로 만들다.

4. 언관을 농락하여 자신의 노예로 만들다.

5. 자신을 따르는 신하들을 망라하여 자신의 심복으로 만들다.

양계성의 지적이 틀린 것은 아니지만 엄숭이 저지른 간행이 어디 이것들뿐이었겠는가?

무서운 간신

명 왕조는 중기로 접어들면서 무능하고 나태한 황제들이 잇따라 출몰했다. 이 틈에 환관들이 정치를 주무르고 간신들이 농간을 부리는 변태적 현상이 나타나 나라와 백성을 망쳤다. 세종 주후총의 경우 1540년부터 1566년까지 27년 동안 모두 합쳐 네 번 조회에 참석하는 진기록을 남겼다. 7년에 한 번꼴로 신하들의 얼굴을 본 셈이다. 평소에는 각종 상소나 결재 서류에 재상이 자신의 의견을 첨가하여 올리는 보고서인 '표의(票擬)'나 황제가 붉은 붓으로 결재하는 '주비(朱批)'에만 의존하여 조정과의 관계를 유지했을 뿐이다. 직무유기니 무능이니 하는 말로는 부족한, 정말이지 어처구니없는 작태가 아닐 수 없었다.

세종은 모든 정력을 '장생'을 추구하는 데만 쏟았다. 부모는 물론 자식에게도 아주 냉담하여 거들떠보지 않았다. 정부 관리들에 대한 감정은 말할 것도 없었다. 냉혹이란 표현이 더 어울릴 정도였다. 이러다 보니 세종은 자신의 심기를 가장 잘 헤아리는 엄숭만 신임하게 되었다.

엄숭은 어찌 보면 가장 성공한 정객이자 거물급 간신이었다. 거기에 탐관오리의 오명까지 보태야 할 것이다. 그는 오로지 정교한 아첨과 도교의 제사에 쓰이는 '청사'에만 의존하여 재상 자리까지 올랐다. 그는 조심스럽게 선배들과 후배들을 배려하며 살갑게 대하는 위장술로 자신의 정체를 감추었다. 그러나 자신에게 걸림돌이 되는 정적들에 대해서는 사나운 독사의 이빨로 사정없이 물어뜯었다.

더 큰 문제는 엄숭의 외아들 엄세번이란 놈이었다. 배운 것은 없지만 영악하기가 둘째가라면 서러워할 이 인간이 황제의 글씨를 세상에서 가장 잘 알아보는 재주가 있었다. 세종의 글씨는 다른 사람이 좀처럼 알아보기 힘든 난필에다 그 뜻도 모호하여 누구도 정확하게 세종의 심기를 파악하지 못했는데, 어쩐 일인지 엄세번 이놈은 한눈에 세종의 속마음까지 꿰뚫어 보고 황제가 바라는 해답을 정확하게 내놓았다. 엄숭은 이 때문에 아무 짝에 쓸모없는 아들 놈에게 매달리게 되었다. 말하자면, 세종은 엄숭 없이는 하루도 못 견뎠고, 엄숭은 엄세번 없이는 하루도 못 살 지경이 된 것이다. 정말이지 나라 꼴이 요지경이었다(아들 엄세번의 간행에 대해서는 부록을 통해 따로 소개했다).

엄숭이 하는 일이라곤 하루 종일 세종의 머릿속을 짐작하는 것이었다. 이렇게 해서 세종의 속마음까지 훤하게 꿰고 신경 세포 하나하나까지 느끼기에 이른 것이다. 엄숭은 세종 앞에서 늘 자신을 무

혼군은 간신이 자라나는 온상이다. 간신은 갖은 방법으로 혼군을 방탕한 생활로 이끈다. 그림은 세종의 요란한 출행도이다.

능한 존재로 보이게 처신했다. 세종이 스스로를 아주 총명하다고 착각하고 있었기 때문이다. 세종은 죽어도 자신의 잘못을 인정하지 않았고, 엄숭은 어떤 상황에서도 세종의 잘못이 드러나지 않도록 했다. 두 사람 사이에 도덕성은 말할 것 없고 사소하게 정치적 견해 따위를 공유하는 부분은 손톱 밑의 때만큼도 없었다. 비위 맞추기와 속임수만 뼛속까지 스며들어 있었을 뿐이다. 세종은 자리를 가지고 엄숭을 농락했고, 엄숭은 아부와 아첨으로 주후총을 농락했다.

엄숭은 황제가 자신에 대해 알고 있는 것보다 더 많은 것을 알고 있었다. 엄숭은 황제를 불쾌하게 만드는 어떤 말도 피할 수 있었다.

엄숭이 20년 넘게 황제의 전폭적인 신임을 받을 수 있었던 이유가 무엇이겠는가? 허영심과 탐욕으로 가득 찬 황제가 누구를 신임하겠는가? 바른 소리 잘하는 강직한 신하를 탐탁하게 여기겠는가?

엄숭은 20년 동안 장기 집권을 하다가 1562년 세종의 명령에 따라 퇴직했다. 엄숭의 정치적 기술이 녹슬어서가 아니라 세종의 환심을 잃었기 때문이다. 세종의 심기를 가장 잘 헤아리는 아들 엄세번이란 놈이 자기 일에 갈수록 염증을 느끼는 바람에 아들을 통제할 수 없었던 엄숭은 점점 세종의 총애를 잃어갔다. 엄숭은 조정에서 물러나고, 엄씨 부자의 비리가 불거지면서 아들 엄세번은 처형당했다. 20년 넘게 권력을 독단하며 어마어마한 부정과 비리를 저질렀던 대간신 엄숭은 말년에 자식이 처형당하는 꼴을 착잡한 심정으로 지켜보아야만 했다.

엄숭의 성공 비결은 처음부터 끝까지 황제의 심기를 잘 헤아린 것, 그것밖에는 없었다. 그리고 그것이 무섭다. 간신이 무섭다고 하는 까닭이 여기에 있다. 목표와 목적에 대한 집요함과 무서운 인내, 엄숭에게서 보지 않았던가? 그는 20년을 기다릴 줄 아는 섬뜩한 인내심의 소유자였다. 문제는 이런 초인적 인내심의 소유자가 간신이었다는 데 있을 뿐이다. 인류의 역사를 암울하게 만들었던 간신들치고 무섭지 않은 간신은 없었음을 상기시켜둔다.

전성기 때 엄숭은 별장만 여러 군데에 갖고 있었는데, 수도에 있는 별장에는 널찍한 꽃밭과 수천여 평에 달하는 인공호수까지 갖추어져 있었다. 꽃밭에는 각종 진기한 짐승과 나무 등 없는 것이 없었다. 뿐만 아니라 지방 곳곳에도 5, 6채의 별장이 더 있었는데, 그 웅장함과 화려함이 궁전 못지않았다.

아들놈 엄세번은 첩만 스물일곱이었다. 첩실들은 너나 할 것 없이 진한 화장에 온갖 패물로 장식하는 등 그 사치가 이만저만 도를 넘은 게 아니었다. 뿐만 아니라 코끼리 장식의 침대에 금으로 치장한 커튼 사이로 밤낮없이 음악 소리가 들리는 등 황음무도하기가 하늘을 찔렀다. 그러면서 엄세번이란 놈은 "황제도 나만큼 즐겁지 못할 것이야!"라며 허풍을 떨었다. 이런 극도의 사치스러운 생활을 유지하기 위해 그들은 닥치는 대로 뇌물을 삼키고 갖은 방법으로 백성을 쥐어짰다. 엄숭 부자가 정권을 주무르던 당시 관리의 승진과 좌천은 그 사람의 자질이 아니라 뇌물의 액수에 따라 결정되었다.

이들 부자가 어떤 방법으로 권력과 황제를 농락했는지 매관매직에 초점을 맞추어 살펴본다. 먼저 엄숭이 황제로부터 관직 임명권을 얻어오면 아들 엄세번이 이를 팔았다. 관직의 값은 그때마다 달랐는데 나름대로 근거가 있었다. 첫째는 직급의 높낮이, 둘째는 직급에 따른 이권의 많고 적음, 셋째는 부임지의 멀고 가까움, 넷째는 임기의 길고 짧음이었다. 이렇게 관직을 사간 관리는 승진을 위해 또 엄숭 부자에게 뇌물을 갖다 바쳐야만 했다. 뇌물은 비리로 옥에 갇힌 죄인마저 풀어주고, 나아가서는 승진까지 시킬 정도의 위력을 발휘했으니 엄숭이 재물을 얼마나 밝혔는지 알 만하다.

그런데 이들 부자에게는 중대한 차이점이 있었다. 아비 엄숭은 매사에 언행을 조심한 반면, 아들놈 엄세번은 아비와는 달리 매사에 자기 제멋대로였다. 이 때문에 엄숭은 늘 간을 조리지 않으면 안 되었다. 무엇보다 엄세번은 입만 열었다 하면 황제와 자신을 견주는 통에 그 오만방자함은 언젠가 큰 화를 부를 위험천만한 시한폭탄과도 같았다. 기고만장한 엄세번은 아비 엄숭의 충고는 잔소리로 치부하며 아예 거들떠보지도 않았다.

그러던 중 엄세번의 군비 횡령이 불거졌다. 보통 일이 아니었다. 왜구가 들끓고 북방은 엄답 부락의 위협이 끊이질 않는데 전쟁에 필요한 군비를 거덜 냈으니 큰일이었다. 엄답 부락이 수도 주변을 약탈하자 조정은 난리가 났다. 가정 41년인 1562년 어사 추응용과 임윤 등이 그 아들 엄세번의 죄상을 탄핵하자 세종 주후총은 노하여 엄세번과 엄세번의 아들 엄곡, 엄옥을 옥에 가둔 다음 죽여 버렸다. 가산은 몰수당했다.

고령이었던 엄숭은 죽음은 면했지만 모든 자리와 재산을 내놓을 수밖에 없었다. 사직서를 내고 낙향했다. 그로부터 2년 뒤 이 거물급 간신은 90의 나이로 죽었다. 참 오래 살았다. 아들 엄세번이 죽은 뒤 실각하고 2년 만에 죽었으니 88년을 잘 먹고 잘살았다. 아들과 손자들을 그 대가로 잃긴 했지만. 엄숭의 최후 2년이 어떠했는지 알 길이 없지만 이자가 자신의 간행을 후회하고 뉘우쳤으리라고는 생각하지 않는다. 간신들, 특히 큰 간신들에게 보이는 특징들 중 하나라면 반성이란 단어는 아예 존재하지 않는다.

공직자, 특히 고위층의 부정과 비리로 인한 피해는 고스란히 백성과 나라에게 넘어온다. 역대 간신들치고 부정과 비리에 광분하지 않았던 경우는 없었다. 이들의 권력 획득 자체가 비정상적이고, 권력을 유지하기 위한 수단과 방법 또한 부정했기 때문이다. 간신들은 권력을 위해 재물을 탐하고, 재물을 탐하기 위해 권력을 추구하는 존재들이다. 권력도 명예도 돈도 자리도 오로지 사욕을 채우기 위한 도구나 수단에 지나지 않는다.

보라! 인류 역사를 침통하게 만들었던 그 많았던 간신들 중 인간의 존엄성이나 고상한 가치를 추구했던 자가 하나라도 있었던가를. 자기 하나, 또는 자기 집안 하나, 자기 패거리만 잘 먹고 잘살기 위한 사리사욕 외에 또 무엇이 필요한가에 대해 그들은 전혀 관심이 없었다. 그것이 간신의 본모습이다.

아비와 자식이 함께 설치며 백성의 피와 땀을 빨고 나라를 거덜냈던 엄숭 부자의 간행을 보면서 지금 우리에게서 일어나고 있는 온갖 추잡한 권력형 부정과 비리를 떠올리지 않을 수 없다. 그리고 그런 간신들 뒤에는 예외 없이 어리석은 권력자가 도사리고 있음도 정말이지 뼈저리게 목격하고 있다. 우리 모두의 맹렬한 각성이 필요하다.

끝으로 한 가지 흥미로운 사실 하나 더 소개한다. 다름 아닌 엄숭과 관련한 유적과 유물이다. 역대 간신들과 관련한 유적이나 유물은 전무한 편인데 엄숭은 좀 다르다. 살던 집도 남아 있고, 글씨도 몇 개 남아 있다. 살던 집, 즉 엄숭 고거는 지금의 강서성(江西省) 신

엄숭은 많이 배운 지식인이었다. 심지
어 시집까지 냈다. 사진은 그의 시집
《영산시선》이다.

여시(新余市) 분의현(分宜县) 동남쪽 엄가촌에 있는데, 고택 및 사당을 비롯하여 몇 군데 관련 유적이 남아 있다. 또 앞서 잠깐 언급한 시집 《영산시선(鈴山詩選)》도 남아 있다. 배운 자라서 그런 것이 아닌가 이런 생각이 들기도 하지만, 남은 유적과 시집에서도 악취가 나지 않을까.

438

　　명 왕조는 비유하자면 환관들의 황금시대였다. 중국 역사상 모두 세 차례 환관들의 시대가 있었다. 간신 엄숭이 활동한 시기 전후, 15세기부터 17세기까지 약 200년 동안 모두 거물급 환관들이 국정을 농단했고, 그중 많은 수가 간신 목록에 이름을 올리고 있다. 아래 표가 세 차례에 걸친 환관시

재상 출신의 거물급 간신 엄숭은 많이 배운 지식인이었다. 그는 이 지식과 문장력을 철저히 간신 노릇에 이용했다.

대를 나타낸 것이다. 굵은 글씨는 환관 출신으로 거물급 간신에 이름을 올린 자들이고, 밑줄 부분은 엄숭이 국정을 농단한 시기다.

세기	황제	환관	직위	집권 기간	집권 횟수	주
15	6대 주기진(영종)	**왕진**	사례태감	1435~1449	15	주기진 15년 재위.
	7대 주기옥(대종)					주기옥 9년 재위. 우겸(于謙) 기용, 전국이 안정.
	8대 주기진	**조길상**	사례태감	1457~1461	5	주기진 복벽 후 8년 재위.
		문달	금의위지휘사	1463		
	9대 주견심(헌종)	**왕직**	서창제독태감	1477~1483	7	주견심 24년 재위, 정부 관리들을 만나지 않음.
	10대 주우탱(효종)	이광	태감	1488~1498	11	주우탱 19년 재위, 정부 관리들을 만나지 않음.

16	11대 주후조(무종)	**유근**	사례태감	1506~1510	5	주후조 재위 17년.
		전녕	금의위지 휘사	1513~1521	9	
16	12대 <u>주후총(세종)</u>					<u>주후총 재위 46년. 환관 의 화는 없었으나 거물 급 탐관오리 엄숭을 재 상으로 기용함.</u>
	13대 주재후(목종)					주재후 재위 7년. 정부 관리들을 만나지 않음.
	14대 주익균(신종)	풍보	사례태감	1572~1582	11	주익균 재위 49년 대부 분 정부 관리들을 만나 지 않음.
		(태감들)	세감, 광감	1583~1620	38	
	15대 주상락(광종)					주상락 재위 30일.
17	16대 주유교(희종)	**위충현**	사례태감	1620~1627	8	주유교 재위 8년.
	17대 주유검(사종)	조화순	사례태감	1628~1644	17	주유검 재위 18년, 1644 년 명 왕조 멸망.
	18대 주유숭(안종)	(태감들)			1	주유숭 재위 1년.
	19대 주율건(소종)					주율건 재위 1년 4개월. 거처 없이 떠돔.
	20대 주유랑(소종)	마길상	사례태감	1647~1661	16	주유랑 재위 17년, 거처 없이 떠돔.

원시사회	약 60만 년 전~기원전 약 21세기	삼황오제(三皇五帝) 포함
하(夏)	기원전 약 21세기~기원전 약 16세기	노예제 사회. 상은 후기 은(殷)으로 천도, 상은이라 부름.
상(商)	기원전 약 16세기~기원전 약 11세기	
서주(西周)	기원전 약 11세기~기원전 771년	
춘추(春秋)	기원전 770년~기원전 476년	
전국(戰國)	기원전 475년~기원전 221년	봉건사회 개시
진(秦)	기원전 221년~기원전 206년	시황-호해-자영 3대.
서한(西漢)	기원전 206년~8년	서한과 동한 사이에 왕망(王莽)의 신(新) 9년~23년. 유현(劉玄) 23~25년.
동한(東漢)	25년~220년	
삼국(三國)	220년~280년	위·촉·오
위(魏)	220년~265년	조조-조비-조예
촉(蜀)	221년~263년	유비-유선
오(吳)	222년~280년	손권
서진(西晉)	265년~316년	무제 사마염(司馬炎)
동진(東晋)	317년~420년	원제 사마예(司馬睿)
오호(五胡) 십육국	304년~439년	흉노, 선비, 갈, 저, 강
남북조 (南北朝)	420년~589년	
남조(南朝)	420년~589년	
송(宋)	420년~479년	무제 유유(劉裕)
제(齊)	479년~502년	고제 소도성(蕭道成)
양(梁)	502년~557년	무제 소연(蕭衍)
진(陳)	557년~589년	무제 진패선(陳霸先)
북조(北朝)	386년~581년	
북위(北魏)	386년~534년	도무제 탁발규(拓跋珪)
동위(東魏)	534년~550년	효정제 원선견(元善見)

간신 —— 간신전 奸臣傳   441

서위(西魏)	535년~557년	문제 원보거(元寶炬)
북제(北齊)	550년~577년	문선제 고양(高洋)
북주(北周)	557년~581년	효민제 우문각(宇文覺)
수(隋)	581년~618년	문제 양견(楊堅)
당(唐)	618년~907년	고조 이연(李淵)
오대십국 (五代十國)	907년~979년	5대 : 후량, 후당, 후진, 후한, 후주/10국 : 오, 남당, 민, 초, 오월, 전촉, 후촉, 남한, 형남, 북한
북송(北宋)	960년~1127년	태조 조광윤(趙光胤)
남송(南宋)	1127년~1279년	고종 조구(趙構)
요(遼)	907년~1125년	태조 야율아보기
서하(西夏)	1032년~1227년	경제(景帝) 원호(元昊)
금(金)	1115년~1234년	태조 완안민(完顔旻) 아골타
몽(蒙), 원(元)	1206년~1368년	태조 징기스칸. 1271년 원(元)으로 국호 개명. 북원(1370~1388).
명(明)	**1368년~1644년**	**태조 주원장(朱元璋)**
청(淸)	1616년~1911년	태조 애신각라(愛新覺羅). 1616년 누루하치 후금 건국. 1636년 황태극 청으로 개명.

악귀와 같았던 간신
위충현 魏忠賢

간신들은 예외 없이 패거리를 짓는 공통점을 보여준다. 자신의 권력 기반을 다지고 간행을 마음껏 저지를 수 있는 친위대가 필요하기 때문이다. 이렇게 만들어진 패거리에는 온갖 저질의 인간들이 다 모여든다. 누구보다 많이 배운 지식인부터 일자무식까지, 귀한 집안 자식부터 거리의 부랑아까지, 세상에 누구보다 잘생긴 미남부터 불알 없는 환관까지, 군인부터 파리 한 마리 잡지 못하는

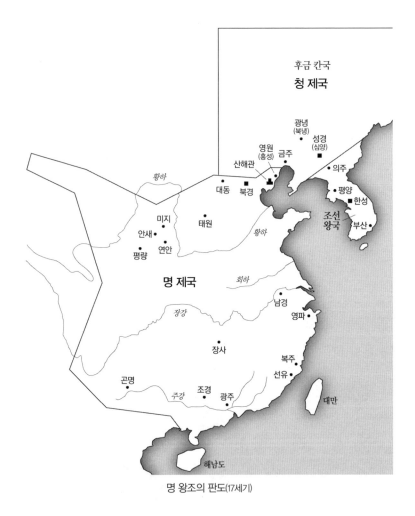

명 왕조의 판도(17세기)

나약한 겁쟁이까지……. 정말이지 없는 인간이 없다. 이렇듯 다양한 인간 군상이지만 단 한 가지, 모두가 비열한 인성의 소유자들이라는 점에서는 약속이라도 한 듯 일치한다.

역대 간신들 중 정말 경탄할 만큼 패거리를 잘 지은 간신이 있었다. 이자는 자기를 따르는 구더기 같은 자들을 닥치는 대로 아들·손자로 받아들이는 것은 물론 이 자식(?)들을 중심으로 '오호(五虎)', '오표(五彪)', '십구(十狗)', '십해아(十孩兒)', '사십손(四十孫)' 따위와 같은 사조직을 거느리고 온갖 악행을 일삼으며 주(朱)씨의 명 왕조를 사실상 자신의 왕조로 만들었다. 이 간신의 간행이 어느 정도였으면 사람들이 '인성이 없는 악마'와 같다며 치를 떨었겠는가?

이 간신은 불과 7년 집권했지만 그 여파로 명 왕조는 빈사 상태에 빠졌고, 그로부터 17년 뒤 결국 멸망했다. 가장 흔하고 뻔한 수법이지만 그 위력이나 영향력만큼은 최강인 패거리 짓기의 명수 환관 위충현(1568~1627년), 이자가 바로 그 간신이었다.

스스로 남성을 제거하다

위충현은 하북성 숙녕(肅寧, 지금의 하북성 창주시滄州市 숙녕현) 출신이다. 태생이 시정잡배라 게으르고 일하기를 싫어했다. 여기에 술과 도박까지 일삼는 말 그대로 인간 말종이었다. 풍씨를 아내로 맞아들여 딸 하나를 낳았다. 그러던 스물두 살 무렵 도박 빚 때문에 생계를 유지할 수 없자 스스로 불알을 까고 북경으로 올라가 황궁의 태감이 되었다.

위충현은 일자무식이었지만 담력이 있고, 결단력도 상당해서 일 처리가 빠르고 분명했다. 또 남의 말을 공손하게 잘 들어주고 아첨과 비위 맞추는 데 능숙했다. 이 때문에 금세 잡일을 담당하는 작은 태감 신분에서 신종(神宗) 황제 주익균(朱翊鈞, 1563~1620)의 장손 주유교(朱由校)와 그 어미를 모시는 자리로 추천되었다(참고로 명 신종은 임진왜란 때 조선에 구원군을 보낸 그 황제이다).

미래의 황제 주유교는 어릴 때부터 공부는 뒷전이고 노는 데만 정신이 팔려 있었다. 하지만 장손인지라 봉건적 예교에 따라 특별한 이변이 없는 한 다음 황제 자리는 그의 것이었다. 교활한 위충현이 이를 모를 리 없었다. 위충현은 정말이지 사람의 혼을 빼앗을 만큼 갖은 정성을 다해 주유교를 모셨다. 특히 놀기를 좋아하는 주유교의 취향에 맞추어 자신이 건달 생활을 할 때 배웠던 각종 잡기들, 이를테면 말 타기, 활쏘기, 도박, 주색 따위의 기량들을 아낌없이 전수했다. 이를 위해 늘 주유교를 데리고 기방과 도박장 등지를 전전했다. 이렇게 하루하루를 보내다 보니 주유교는 단 하루도 위충현 없이는 못 사는 그런 신세가 되었다.

명 왕조는 중기로 접어들면서 환관이 권력을 휘두르는 기형적 현상이 계속 나타났고, 후기에 오면 더욱 심각해졌는데 이는 황제의 무능함과 어리석음에서 기인하는 바가 컸다. 누차 지적했듯이 봉건 왕조 체제에서 간신의 토양은 황제 권력이고, 그 간신들이 발호하여 마음껏 설칠 수 있는 최적의 토양은 무능하고 어리석은 황제이기 때문이다. 어릴 때부터 놀이에만 빠져 있던 주유교가 각종 잡기에 능한 위충현을 만났으니 이는 말 그대로 물을 만난 물고기였다. 환상의 짝 위충현을 만난 주유교는 온갖 오락과 주색잡기에 빠졌고, 그런 만큼 갈수록 세상에 둘도 없는 무능하고 어리석은 예비 황제가 되어 갔다.

정말이지 일이 꼬이려고 그런지 아니면 그렇게 되려다 보니 그랬는지 이 멍청하고 무능한 귀공자께서는 1620년 16세의 나이로 '동림당(東林黨)'의 추대를 받아 결국 보좌에 오르고 말았다. 이가 바로 천계제(天啓帝) 희종(熹宗, 1605~1627)이다. 16세, 이 얼마나 기가 막힌 나이인가? 한창 놀이에 재미가 들어가고 있던 나이에 최고 무상한 자리인 황제에 올랐으니 그 뒤의 일은 안 봐도 짐작이 갈 것이다. 그리고 또 한 사람, 이제 황제의 최측근이 된 위충현의 시대가 활짝 열렸다. 희종은 재위 7년 동안 거의 하루도 빠지지 않고 먹고 마시고 놀면서 몸과 마음을 탕진했다. 정치는 물론 위충현에게 몽땅 맡겼다. 전형적인 꼭두각시 황제였다. 나랏일을 놀이처럼, 황제 자리를 장난감으로 생각하는 그런 꼭두각시 황제 말이다.

이런 꼭두각시를 이용하고 조종하면서 천하를 호령하는 것은 역사상 환관들이 정권을 탈취하는 데 가장 흔히 써먹은 수법이었다. 위충현도 예외는 아니었다. 위충현은 그 구체적인 응용에 있어서 남과 달랐다. 그 흔해빠진 사서삼경 하나 읽지 않은

위충현을 궁중에 끌어들인 신종 주익균.

이 무식한 자는 자신만의 교활함과 음험한 개성을 한껏 이용하여 권력에 대한 야심을 무럭무럭 키웠고, 그 과정에서 수많은 사람을 부들부들 떨게 만든 지독한 간행을 유감없이 펼쳐 보였다. 그가 스스로 생식기를 절단하고 궁궐로 들어간 순간 역사의 바퀴는 이미 이자의 간행을 따라 움직이기 시작했는지 모른다.

'군주의 주변을 깨끗하게 한다'는 명목

'군주의 주변을 깨끗하게 한다'는 '청군측(淸君側)'은 위충현의 발명이 아니다. 또 그의 발명이라고 해도 인정하려 들지 않을 것이다. 하지만 위충현은 틀림없이 이 독수를 사용했을 뿐만 아니라 그것도 아주 악랄하게 구사했다. 주유교가 황제로 즉위한 것은 위충현에게는 하늘이 내려준 축복이었고, 그 자신 꿈에서도 그리던 둘도 없는 소원의 실현이었다. 이를 위해 간이고 쓸개고 다 빼놓고 어린 주유교의 비위를 맞추지 않았던가? 또 자신의 꼭두각시로 만들기 위해 온갖 놀이란 놀이는 다 전수하지 않았던가? 이제 겨우 열여섯에 황제라는 절대 권력의 자리에 오른 주유교는 속된 말로 위충현의 밥이나 마찬가지였다. 더욱이 위충현은 이 세상 누구보다 주유교를 잘 알고 있었다. 주유교는 사실 위충현의 품에서 큰 것이나 마찬가지였으니 말이다.

위충현에 대한 희종의 마음도 남달랐다. 즉위한 지 얼마 되지 않아 황제의 성지를 전달하고 대신들의 상서를 보고하는 등 그 책임이 막강한 사례감 겸 필태감이란 자리에 위충현을 앉혔다. 책임이 크다는 것은 권력도 그만큼 크다는 뜻이다. 권력이 생기면 야심도 커지는 법이다. 더 높은 권력, 더 많은 권력을 위해 위충현은 계속 위로 위

어릴 때부터 위충현에게 길들여진 희종은 꼭두각시에 지나지 않았다.

로 위로만 눈길을 주었다. 위충현은 너무 잘 알고 있었다. 목적을 달성하기 위해서는 황제의 은총과 신임을 든든한 산처럼 확보해야 한다는 것을. 위충현은 정작 황제를 갖고 노는 일은 걱정하지 않았다. 그가 마음을 놓을 수 없는 상대는 자기 말고 황제 곁에 있는 사람들이었다. 그들이 언제 어디서 어떻게 황제에게 바람을 불어 넣어 이 무능한 황제를 자기로부터 빼앗아 갈지 모를 일이었기 때문이다. 그런 날이 오면 천신만고 손에 넣은 권력이 하루아침에 날아가는 것은 물론 목숨조차 지키기 힘들어진다.

위충현은 먼저 강수를 쓰기로 마음먹었다. 그러나 단기필마로는 어렵다. 자신을 돕는 인간들이 있어야만 한다. 위충현은 이곳저곳을 물색한 끝에 기가 막힌 조력자를 찾아내는 데 성공했다. 이자는 위충현과 모든 면에서 의기투합할 수 있는 인간이었다. 그리고 이자는 여자였다. 황제가 갓난애 때부터 젖을 먹이며 키웠던, 그래서 한순간도 눈에 보이지 않으면 황제가 안절부절못해 하는 유모 객

㉖(客)씨였다. 그녀는 가난한 농촌 집안 출신이었지만 욕심으로 말하자면 누구도 따를 수 없을 정도로 탐욕스러웠고, 누구든 자신의 욕심에 방해가 되면 서슴지 않고 도발하고 이간질하는 그런 불량한 성품의 소유자이기도 했다.

위충현은 객씨를 점찍었다. 그녀도 위충현을 따랐다. 두 사람은 이렇게 손을 잡고 '임시 부부'로 행세하더니 마침내 정치적 동지 관계로까지 발전했다. 위충현은 그녀와 황제의 특수한 관계를 한껏 이용했다. 그녀를 사주하여 자기 마음에 들지 않거나 자신의 일에 걸림돌이 되는 사람들은 희종 앞에서 이간질하고 무고하고 중상하고 모함하게 했다. 이렇게 해서 위충현은 자기보다 지위가 높은 사람, 정직하고 선량한 신하, 자기에게 맞서는 사람, 자기에게 넘어오지 않는 사람, 황제의 신임을 받는 태감 등등……. 상대가 누가 되었건 가리지 않고 공격하고 배척하고 내쫓고 살해했다.

위충현에게 당한 사람들 중에는 원래 위충현의 은인이나 마찬가지였던 위조(魏朝)를 비롯하여 '동림당'을 도와 주유교의 즉위에 힘을 썼던 왕안(王安)과 같은 사람도 있었다. 이들은 황제의 총애와 신임을 받으며 중책을 맡고 있었지만 위충현에게 맞설 수 있는 잠재력을 가진 존재라 해서 결국 살해되었다. 객씨는 객씨대로 위충현의 악랄함과 계략을 이용하여 그녀의 마음에 들지 않는 자들이나 과거 자신에게 나쁜 말을 했던 비빈과 궁녀들을 하나둘 제거했다. 황제가 총애하는 황후에게조차 손을 써서 거의 사지로 내몰기까지 했다.

못난 희종은 객씨 말이라면 자다가도 일어나 들어주었고, 위충현에 대해서도 의심 없이 총애한지라, 위충현과 객씨를 탄핵하는 조정 대신들이 적지 않았지만 모두 반격을 당해 쫓겨나거나 박해를 당했다. 이쯤 되고 보니 '황제 주변을 깨끗하게 한다'는 명목으로 자기와 뜻을 달리 하는 사람들을 제거하려는 위충현의 계획은 순풍에 돛을 단 듯 일사천리로 실행되었다. 궁중의 거의 모든 사람들이 이들에게 수난을 당했다. 박해 받고 수난당한 비빈과 태감들만 수백 명에 이르렀고, 이들 중 상당수는 억울한 귀신이 되어 구천을 떠돌았다.

희종의 유모 객씨는 위충현에게는 둘도 없는 먹잇감이었다. 객씨 역시 위충현은 기대어 이용할 수 있는 좋은 대상이었다.

위충현은 또 궁중의 주요한 태감들을 모두 자기 측근과 자신에게 충성하는 앞잡이들로 바꾸었다. 위충현과 객씨가 이렇게 자기들 세상을 만난 듯 설치는 동안에 철없는 황제는 여전히 놀이에만 빠져 있었다. 세상 아무것도 모르고 노는 데만 정신 팔린 희종이야말로 정말이지 팔자 편한 사람이 아닐 수 없었다. 백성들이야 굶어 죽던 지 맞아죽던 지 내 알 바 아니었다.

'고자당'과 그 구더기들

황제의 유모 객씨와 손을 잡고 한바탕 궁중을 대청소한 위충현은 명실상부 세상에 둘도 없는 대태감이 되었다. 황제 주변은 걱정할 필요가 없어졌다. 하지만 지금까지는 전체 음모의 전주곡에 지나지 않았다. 위충현의 야심은 조정을 장악하고 천하를 독식하는 것이었다. 이를 위해 위충현은 환관들로 구성된 방대한 '고자당'을 만드는 놀랍고도 해괴한 계획을 세웠다. 그는 당시 집권당인 동림당과 재야에 있던 제(齊)·절(浙)·초(楚) 3당 사이의 모순과 투쟁이 격화되고 있는 현상을 이용하여 자신의 정치적 목적을 달성하는 절묘한 술수를 보여주었다.

동림당 사람들은 그런대로 정파에 가까웠지만, 먼 앞날을 내다보는 식견이 부족하고 뜻이 다른 파를 용납하는 아량이 크지 못해 자기와 다르면 모두 배척하는 정치적 역량 부족이 문제였다. 그러니 집권당인 동림당에게 배척당한 사람들이 자기 자리나 몸을 보전하기 위해 하나둘 황제의 총애를 받고 있는 '고자당'의 괴수 위충현에게 몰려들 수밖에 없었다. 여기에 동림당의 지도자 양련(楊漣, 1572~1625) 등은 한때 위충현과 객씨를 탄핵한 전력이 있어 동림당에 대한 위충현의 원한이 몹시 깊던 터라 이들 정파의 갈등은 위충현에게 둘도 없는 기회였다. 위충현은 어부지리(漁父之利)의 고사대로 이들의 모순과 투쟁을 이용하여 자기 편을 대거 끌어들여 몸집 불리기를 본격화했다.

권력을 쥐려면 중요한 부분을 잡아야 한다. 위충현은 이 이치를 너무 잘 알았다. 당시로서는 대권을 장악하여 자신의 천하를 만들려면 내각을 통제하지 않으면 안 되었다. 명 왕조는 재상 자리를 두지 않고 내각을 조정의 중추로 삼았기 때문에 실제상 내각이 재상의 권한을 행사했고, 이 때문에 내각의 수보(首補)가 바로 수상(재상)

이나 마찬가지였다. 위충현은 자신에게 충성을 다하는 고자당 당원을 수보로 만들기로 결심하고, 한 발 한 발 내각 구성원들을 자기 측근들로 교체함으로써 내각은 물론 조정 전체를 움켜쥐기로 했다.

두루두루 인선을 거친 결과 위충현은 고병겸(顧秉謙, 1565~?)이란 자를 찍었다. 이자는 원래 예부상서로 있었는데, 고자당에 들어오려고 직접 자식들까지 데리고 위충현 발아래에 무릎을 꿇었다. 그리고는 후안무치하게 "이 몸이 원래는 어르신의 양아들이 되고 싶었는데 어르신께서 허옇게 수염 난 아들을 싫어하실까 봐 제 아들을 손자로 삼으셨으면 합니다!"라며 소름 끼치는 아양을 떨었다. 이 정도 충실한 노예라면 데려다 써도 문제가 없겠다 싶어 위충현은 고병겸에게 눈도장을 찍었고, 아니나 다를까 고병겸은 1623년 입각하여 수보가 되었다. 위충현의 충직한 앞잡이가 되어 나발을 불고 다닌 것은 말할 것도 없었다. 기록에 따르면 고병겸이 위충현을 대리하여 충직한 대신들을 해치고, 황제의 명령을 앞세워 천하의 입에다 재갈을 물렸으며, 조정의 동정을 낱낱이 위충현에게 보고하니 위충현의 입에서 칭찬이 마를 날이 없었다고 한다.

수보를 확실하게 심었으니 다른 내각 구성원들은 문제 될 것이 없었다. 고자당에 들어오지 않거나 반대하는 자들은 각종 죄명을 날조하여 내각에서 내쫓으니 내각은 완전히 위충현의 사람들로 채워졌다. 위충현에게 잘 보이려고 알랑거리는 자들이 오물에 구더기 꼬이듯 몰려들기 시작했다. 그중에서도 가장 볼만한 자라면 먼저 자신을 위충현의 '사촌 동생'이라고 했다가 다시 항렬을 하나 내려 '조카'로 자임한 위광미(魏廣微, 1576~1627)란 작자였다. 이자는 진사에 급제한 당당한 지식인이었지만, 기꺼이 위충현의 개가 되어 내각에 잠입한 다음 위충현의 충실한 간첩 노릇을 맡았다. 내각의 모든 일은 위광미가 친필로 작성하는 '내각가보(內閣家報)'라는 보고서를 통해 일일이 위충현에게 보고되었다.

또 한 사람 '소년 재상'으로 불리던 풍전(馮銓, 1596~1672)이란 자가 있었는데, 이자는 동림당과 사이가 좋지 않은 데다가 위충현의 처와 같은 집안이라 어렵지 않게 위충현의 고자당 골수 당원이 되었다. 그리고는 동림당 사람들을 해치는 주요 인사가 되었다. 실세 위충현에 빌붙어 일신의 부귀영화를 누리려는 자들이 떼로 몰려와 줄을 서기에 이르렀다.

뿐만 아니었다. 내각이 '위씨 집안의 충복'들로 채워지자 6부의 관리들 중 간신배와 염치를 모르는 자들이 앞을 다투어 위충현에게 몸을 맡기겠다고 달려왔다. 이자들은 위충현을 아버지로 부르며 비굴한 웃음을 흘렸다. 위충현은 자신의 세력을 확대하기 위해 자신을 찾아오는 자들을 모조리 받아들여 조정 곳곳에 배치한 다음 자신의 충실한 개로 이용했다. 위충현은 이들을 좀 더 효율적으로 그리고 확실하게 지배하기 위해 이들에게 냄새나는 더러운 별명을 붙여 주었는데, '오호(五虎)', '오표(五彪)', '십구(十狗)' 등과 같은 동물 명칭을 비롯하여, '십해아(十孩兒, 열 명의 자식)', '사십손(四十孫, 40명의 손자)' 따위와 같은 정상적 인간관계와 인륜을 벗어난 명칭도 거리낌 없이 갖다 붙였다. 자신의 영혼을 서슴없이 팔아버린 이런 자들을 앞장세워 위충현은 이른바 특무(特務) 통치를 자행했다. 이 때문에 충직하고 선량한 신하들이 수도 없이 죽어 나갔고, 백성과 나라는 이들 개백정만도 못한 자들의 손에 의해 가차 없이 유린당했다.

위충현이 이렇듯 고자당을 만들어 자신과 졸개들의 탐욕을 채워가는 과정을 가만히 살펴보면 특별한 점이 눈에 띈다. 즉, 위충현이 유별나게 조정의 특정 부문을 심혈을 기울여 통제하려 했다는 사실이다. 국가의 실무를 담당하는 6부 중에서도 이부는 관리의 진퇴와 승진 등을 담당하는 중요한 기관으로, 오늘날로 보자면 국가조직의 인사를 담당하는 부서에 해당한다고 할 수 있다. 위충현은 자신의 심복인 왕소휘(王紹徽, 생몰 미상)를 이부상서, 즉 이부의 장관으로 앉혔다.

이 왕소휘란 자는 관리의 임명과 승진 등 인사와 관련된 일은 하나 빠짐없이 위충현에게 보고한 것은 물론, 이른바 '살생부'쯤에 해당하는 '점장록(點將錄)'이란 것을 만들어 동림당을 수시로 모함했다. 위충현은 이런 왕소휘를 '우리 집안의 진짜 보배'라며 칭찬을 아끼지 않았다고 한다.

위충현은 군사를 책임진 병부, 법률과 형벌과 담당한 형부, 토목건축을 담당하는 공부 등 국가의 중추 기관의 요직도 모조리 자신의 심복들로 채워 넣었다. 병부의 책임자로 앉힌 최정수(崔呈秀, 1584~1627)란 놈은 위충현의 양아들이자 '오호'의 하나로 위세를 떨었는데, 위충현의 가장 충실한 주구로 죽는 순간까지도 위충현의 이름을 부르며 과거의 영화에 미련을 버리지 못했던 천박한 지식인의 전형이었다.

위충현이 권력을 휘두른 기간은 길다면 길고 짧다면 짧은 7년이었다. 어느 쪽이 되었건 위충현은 이 기간에 놀라울 정도로 방대한

'고자당'을 결성했는데, 어느 정도였는가 하면 그 일당들을 전국 각
지로 보내 국가의 각 부문과 지방 행정까지 장악하게 만들었다. 정
말이지 조정의 대권은 물론 천하를 오로지 하겠다는 위충현의 야심
이 거짓이 아니었음을 입증하고 있다.

특무 조직을 이용하여
숱한 사람을 해치다

위충현은 자신의 권력과 고자당을 확고하게 유지하기 위해 또 다
른 구상을 했다. 조정 내의 기존 기구들만 장악해서는 불안하다고
판단한 것이다. '위씨 천하'를 지켜줄 든든한 바람막이이자 언제든
지 정적들을 제거할 수 있는 막강한 힘을 가진 특별 기구가 필요했
다. 위충현은 자신이 장악하고 있는 환관 기구인 동창(東廠)을 특무
기구로 개편하여 궁중과 조정은 물론 전국을 대상으로 특무통치(特
務統治)에 들어갔다. 살벌하고 완벽한 '공안정국(公安政局)'을 조성하
자는 의도였다. 공안정국을 조성한 위충현은 공안기구에 해당하는
동창 등 특무기구의 충복들을 이용하여 반대파를 무자비하게 탄압
하고 제거해나갔다.

명 왕조에는 동창 외에 지독하기로 이름난 특무기구가 둘이나 더
있었는데, 동창과 짝을 이루는 서창과 금의위(錦衣衛)가 그것들이었
다. 이 특무기구들은 그 권력이 막강했을 뿐만 아니라 거의 전국 각
지의 거점들에 하위 기구를 설치하여 감시자들을 두고 있었다. 누구

든 이 특무기구들을 장악하기만 하면 온갖 정보 수집은 물론 사람을 잡아들이고 죽일 수 있었다. 없는 죄도 날조하여 원하는 사람을 잡아들여 옥에 가두고 고문하고 죽이는 일은 누워 식은 죽 먹기였다.

동창을 장악한 위충현은 지독한 특무통치를 실시하는 한편, 자신의 패거리와 충복들로 서창과 금의위의 요직을 채워 특무통치를 더욱 강화했다. '오호'와 '십해아' 등은 위충현이 특무조직에 배치한 살인을 밥 먹듯 하는 마귀와 같은 존재들이었다. 억울한 옥사를 일으키고, 잔혹한 고문을 가하고, 사람을 닥치는 대로 잡아들여 죽이는 일이 이들의 전문이었다. 당시 사람들은 동창이란 말만 들어도 몸을 움츠리고 부들부들 떨었다고 한다.

위충현이 조성한 특무통치에 따른 두 차례 큰 사건을 예로 들어 보자. 이 사건들은 위충현의 극악무도함이 어느 정도인가를 잘 보여주는데, 그 대상은 동림당 사람들이었다. 1차 때 피해를 입은 사람이 여섯이었는데, 이 때문에 이들을 '전육군자(前六君子)'라 부른다. 2차 때는 일곱이 해를 당했기 때문에 '후칠군자(後七君子)'라 부른다. 이들은 모두 동림당의 영수이자 중견급 인재들로 고자당의 전횡과 횡포에 강력하게 반대한, 말하자면 조정에서 어느 정도 영향력을 가진 사람들이었다. 이들은 황제에게 수시로 글을 올려 위충현을 탄핵하면서 위충현을 같은 하늘 밑에서 공존할 수 없는 정적으로 취급했다.

모든 사물에 이면이 있듯, 인간관계도 상대적이다. 동림당이 위충현을 원수처럼 여긴 것과 마찬가지로 위충현도 동림당 사람들을 눈에 박힌 못처럼 여겼다. 문제는 동림당 사람들이 위충현만큼 독하지도 교활하지도 못했다는 사실이다. 교활하고 사악한 위충현은 백방으로 꾀를 내어 그들을 모조리 없애기로 작정하고, 이들에게 어떤 방법으로 독수를 쓸 것인지 수시로 모여 모의했다. 막강한 고 자당이 창당되어 조정 곳곳을 장악한 위에 언제 어디서든 누구를 막론하고 잡아들일 수 있는 특무기구까지 손에 넣자 위충현이 즉 각 동림당에 대해 손을 쓰기 시작했다.

1625년 위충현의 충실한 개이자 고자당의 주요 멤버인 최정수와 서대화가 칼을 뽑아 들었다. 이들은 우선 있지도 않은 죄명을 날조 하는 비열한 수단으로 동림당의 영수 양련과 좌광두(左光斗) 등 6인 을 잡아들였다. 그리고는 상대가 미처 대비책을 세우기도 전에 뇌물 죄를 자백하도록 고문을 가했다. 그러나 일은 뜻대로 진행되지 않았 다. 여섯 사람은 하나 같이 허위 자백을 거부한 채 잔혹한 고문을 당 해 옥에서 산 채로 죽어갔다. 그 처참한 광경은 사람이라면 차마 눈 뜨고 못 볼 지경이었다. 이것이 역사에서 말하는 '6군자 사건'이다. 위충현은 이왕 뽑은 칼, 이듬해 똑같은 수법으로 동림당의 주계원(周 啓元), 주순창(周順昌) 등 7인을 체포하여 고문을 가해 죽였다. 그 지독 한 고문은 6군자 때보다 훨씬 더 했다. 이를 '7군자 사건'이라 부른다.

이 두 사건은 대표적인 사례에 지나지 않는다. 수백에 이르는 선 량하고 충실한 관료들과 서민 백성들이 위충현의 특무와 조작된 사 건으로 인해 죽어나갔다. 그중에서도 동림당의 양련(楊漣), 위대중(魏 大中) 등과 동북 지방 변경을 지키던 명장 웅정필(熊廷弼, 1569~1625)과 손승종(孫承宗, 1563~1638)을 뇌물로 연계시켜 모함한 다음 이들을 모 조리 죽인 사건은 결국 국경 수비에 치명적 손실을 초래하여 만주족

후금(後金, 청淸)에게 왕조 전체가 멸망
당하는 망국의 원인으로 작용했다.

위충현은 정적을 철저하게 제거하
기 위해 무고한 사람 천 명을 죽일지
라도 정적 하나는 놓치지 않겠다는
식의 잔인무도한 수단을 동원했다.
앞잡이들에게 임의로 블랙리스트를
작성하게 한 다음 자신을 따르지 않
는 사람은 모조리 동림당으로 지목

위충현에게 처참하게 살해당한 동
림당의 지도자 양련.

하여 제거해나갔다. 최정수의 《동림동지록》이나 왕소징의 《동림점
장록》, 완대월의 《백관도》 등과 같은 블랙리스트가 만들어졌다. 그
것도 모자라 위충현은 황제의 명의로 《동림당인방》이란 무려 309
명에 이르는 자기만의 블랙리스트를 따로 작성하여 반포했다. 이
명단에 따라 산 사람이면 관직을 박탈하고, 죽은 사람은 소급하여
관작을 박탈했다. 또 이미 관작을 박탈당한 사람은 다시는 벼슬에
나오지 못하게 만들었다. 정말이지 위충현이 조성한 특무 정치는
더할 수 없을 정도까지 극을 치달았다.

객사에서 목을 맨 '구천세(九千歲)'

위충현을 졸졸 따르는 주구들은 위충현을 '구천세'라는 별명으로
불렀다. 황제의 별칭이 '만세(萬歲)'인 것을 감안하여 '구천세'라 부

른 것인데, 기록에 따라서는 '구천구백세'라 부르기도 했던 모양이다. 황태자를 '천세(千歲)'라 부른 것과 비교할 때 위충현의 위세가 어느 정도였는지 충분히 짐작이 가는 대목이다. 구더기와 같은 고자당 충복들은 또 위충현을 위해 사당까지 건립하는 소동을 피웠다. 살아 있는 사람을 위한 '생사(生祠)' 건립은 그 유례가 없는 해괴망측한 일이 아닐 수 없는데, 위충현의 앞잡이들은 위충현의 공덕이 너무나 크기 때문에 살아 있는 지금부터라도 사당을 지어 그 공덕에 감사 드려야 한다고 게거품을 물었다. 전국적으로 위충현의 생사를 짓는다고 온 나라가 법석을 떨었다. 어떤 것은 그 규모가 황궁을 방불케 했다고 한다. 위충현의 '십구' 중 하나였던 형부상서 설정이란 자는 "이런 세상에 태어났으면 자신의 앞날과 공명을 위해 생각해야지 다른 사람의 살고 죽은 일이 나와 무슨 상관이란 말인가?"라며 '십구'보다 한 단계 위인 '오표'가 되기 위해 위충현에게 개처럼 헐떡거렸다.

위충현을 추켜세우는 이른바 '위충현 띄우기'는 전국적으로 무슨 열병처럼 확대되었다. 물론 이런 공작에는 그의 충견, 특히 많이 배운 자들이 전면적으로 나서 위충현을 위해 찬양의 노래를 부르며 사당을 짓고, 공적을 외치며 비를 세우며, 전기를 썼다. 위충현에 대한 숭배는 갈수록 극에 달해, 심지어 그를 '창신(廠臣)'이라 부르며 성도 이름도 부르지 못하게 할 정도로까지 발광했다.

이런 일도 있었다. 산동의 순무 이정백(李精白)이란 자가 자기가 다스리는 지역에서 기린이 발견되었다는 보고를 올렸다. 그러자 황입극(黃立極)이란 자는 황제가 내리는 유지(諭旨)에다 '창신(위충현)

께서 덕을 닦았기에 어진 짐승이 나타났다'는 글을 썼다. 천자는 이미 안중에도 없었다. 국자감생 육만령(陸萬齡)이란 자는 위충현을 공자와 비교하기도 했다. 공자는 《춘추》를 지었고, 창신은 《요전(要典)》을 지었으며, 공자는 소정묘(少正卯)를 죽였고, 창신은 동림당(東林黨)을 없앴다며 호들갑을 떨었다.

위충현의 권력은 하늘을 찌르고도 남았다. 그러나 위충현의 이런 권력은 치명적 한계를 갖고 있었으니, 황제라는 절대 권력자가 없이는 아무 쓸모가 없다는 것이었다. 그 산이 일단 무너지면 천하를 호령하던 그 위세도, 산천초목도 떨게 하던 그 권력도 다 물거품이 된다.

1627년 8월, 17세 한창나이로 황제 자리에 올랐던 희종이 겨우 스물셋의 나이로 어이없이 죽었다. 황당한 죽음이었지만 실은 어릴 적부터 온갖 음탕한 놀이와 약물 따위에 중독되었던 터라 어찌 보면 오래 버틴 셈이었다. 결과적으로 황제를 꼭두각시처럼 조종하기 위해 세상에 존재하는 놀이란 놀이는 죄다 가르치고, 음탕하고 방종한 생활을 부추겼던 위충현의 자업자득이었다.

황제가 죽자 위충현은 눈이 퉁퉁 붓도록 울었다고 기록은 전한다. 위충현의 통곡은 과연 어떤 의미일까? 군신들의 곡이 끝나자 위충현은 급히 병부상서 최정수를 불러 밀담을 나누었다. 무슨 이야기를 나누었을까? 일부 기록에 따르면, 위충현이 황제 자리를 찬탈할 뜻을 내비치자 최정수가 때가 아니라며 막았다고 한다. 이 기록의 정확성 여부는 그만두고라도 위충현이 자신의 앞날을 어느 정도 예감한 것만은 틀림없는 것 같다.

희종은 후계자를 남기지 않았다. 다만 유서를 통해 다섯째 동생

몇 군데 남아 있는 위충현 생사 유지 중 하나이다.

주유검(朱由檢)을 후계자로 지목했다. 이가 바로 명 왕조의 마지막 황제 사종(思宗)이다. 역사에서는 대개 연호인 숭정(崇禎)을 따서 숭정제라 부른다. 임종을 앞두고 희종은 후계자 주유검에게 위충현을 잘 부탁한다는 당부를 잊지 않았으나 뜻밖에도 주유검은 위충현을 몹시 증오하고 있었다. 위충현의 앞날에 먹구름이 몰려오는 순간이었다. 위충현도 어느 정도 먹구름을 예상했다. 그러나 그 먹구름이 엄청난 비바람을 동반한 무시무시한 먹구름일 줄은 미처 예상하지 못하고 있었다.

황제 자리에 오른 숭정제는 위충현에게 바로 손을 쓰지는 않았다. 상당 기간 인내하면서 심지어 동창의 직무에서 물러나려는 위충현을 말릴 정도였다. 객씨는 바로 궁에서 내쫓았고, 각지에 세워지고 있던 위충현의 생사 건립을 중단시켰다. 이는 하나의 신호탄이었다. 그러자 육징원, 전원각, 사궁성 등이 대담하게 위충현을 탄핵하고 나섰고, 동시에 고자당 내부에서도 내홍이 일어났다. 가흥 지역의 공생 전가징(錢嘉徵)은 위충현의 10대 죄상을 열거하며 피를 토하는 상소를 올려 많은 사람의 공분을 자아냈다.

때가 되었다고 판단한 숭정제는 위충현을 불러 내시로 하여금 전가징의 상소를 읽어주게 했다. 내시가 상소문을 다 읽기도 전에 위충현은 사시나무 떨듯 온몸을 떨었다. 드디어 올 것이 왔다는 것을 알았기 때문이다. 숭정제는 위충현을 안휘성 봉양(鳳陽) 지방으로 내쳤다(봉양은 공교롭게도 명나라를 건국한 주원장의 고향이었다).

자신의 최후를 직감했음에도 불구하고 위충현은 포기하지 않았다. 만년의 부귀를 꿈꾸며 좋은 말 1천 필과 장사 700명을 동원하여 자신이 긁어모은 재물을 자신의 귀양지로 함께 호송하게 했다. 이 소식을 접한 숭정제는 급히 사람을 보내 그를 경성으로 압송하여 심문하게 했다. 부성이란 곳에서 이 소식을 들은 위충현은 더 이상 가망이 없다는 것을 알고는 객사 대들보에 목을 매어 자살했다. 숭정제는 그 시체를 토막을 내고 자른 목을 널리 효시하도록 했다. 아울러 가산을 몽땅 몰수했다.

살아서 황제에 버금가는 권세를 누리며 '구천세'로 불린 희대의 간신 위충현, 그 위대한 공덕을 살아 있을 때부터 영원히 기려야 한다며 전국 각지에 자신의 '생사'를 건립하게 하여 황제를 능가하는 권력을 누린 고자당의 괴수 위충현, 역대 간신들 중 패거리 짓기 등 이런저런 당과 조직 건설에 타의 추종을 불허하는 솜씨를 보여준 창당 전문가 위충현……. 그가 이렇게 생을 마감했다.

백성의 피와
나라의 기를 빠는 흡혈충

위충현의 죽음은 곧 고자당의 와해를 의미하는 것이었다. 객씨는 맞아서 죽었다. 얼마 뒤 '흠정역안(欽定逆案)'이 반포되어 고자당에 의해 억울하게 죽은 사건에 대한 진상 규명이 이루어져 죽은 사람은 명예가 회복되었다. 옥에 갇혀 있던 사람은 석방되어 복직되었다.

위충현은 죽었지만 그가 어지럽힌 7년 동안의 정치는 회복 불능에 빠졌고, 명 왕조는 내우외환에 시달리지 않으면 안 되었다. 불과 7년이었지만 명 왕조의 뿌리를 송두리째 흔들어 놓기에 충분한 시간이었다. 이것이 간신의 무서움이다. 백성들은 더 이상 이 정권을 신뢰하지 않았다. 농민봉기가 곳곳에서 터졌다. 숭정제는 국력 회복을 위해 그 나름 무던 애를 썼지만 여전히 태감들을 중용했고, 특무통치도 예전 그대로를 답습하는 한계를 보였다. 그리고 17년 뒤인 1644년 명 왕조는 맥없이 고꾸라졌다.

우리는 위충현의 간행을 분석하면서 이 점을 똑똑히 알아야 한다. 간신 위충현이 이렇듯 짧은 기간에 나라를 망국으로 몰아넣을 수 있었던 그 엄청난 화근은 썩을 대로 썩은 명 왕조와 환관 제도에 있으며, 위충현 본인은 마지막 가장 뛰어난 연기자에 지나지 않았다는 것을.

위충현의 간행을 세부적으로 파고들면 몇 가지 특징과 앞으로 거울삼아야 할 교훈을 확인할 수 있다. 우선, 위충현은 자신의 권력 기반을 뒷받침하는 특무기구 등과 같은 조직 설립과 패거리 짓기의 명수였다. 그는 이를 이용하여 철저하게 자기에게 충성하는 주구들만 요직에 앉히는 인사 스타일을 보여주었다. 위충현이 이렇게 할 수 있었던 것은 거대 권력이 흘리는 빵 부스러기에 환장한 구더기와 같은 인간들이 그만큼 많았기 때문이다. 이들은 마치 백성의 피와 나라의 기를 빨아대는 거대 흡혈충 위충현을 거드는 거머리와 같은 존재들이었다.

그리고 또 한 번 여실히 입증되었듯이, 간신의 권력 기반은 못난 지도자라는 사실도 분명히 지적해둔다. 못나고 어리석고 무능한 지도자는 간신이 저지르는 온갖 간행의 근원이기도 하다. 따라서 그 근원을 제거하면 간신은 발붙일 곳이 없어진다. 당 태종의 말대로 근원이 맑으면 무엇을 걱정하겠는가만은!

정파 진영의 자기분열과 내부모순, 그리고 갈등은 간신들이 파고들어 성장하는 또 다른 토양이란 점도 통렬한 교훈으로 다가온다. 동림당은 방대한 조직과 유능한 인재를 기라성 같이 거느리고도 내부 분열로 자멸했다. 아무리 단단한 조직이라도 그 조직에 반대하거나 어울리지 않는 자는 있기 마련이다. 이런 자들이 잠재적 이탈자이고 나아가서는 배신자로 변신할 가능성이 크다. 따라서 이런저런 분열적 요소와 위험 요소를 방지하기 위해서는 정확한 정치적 노선과 철학을 확립한 다음, 늘 유연한 자세로 정치를 주도하고 정책을 제시하는 성숙함이 갖추어져야 한다. 동림당은 이 점에서 적지 않은 결점을 드러냈고, 그 틈 사이로 위충현을 비롯한 간당들이 사정없이 파고들어 동림당을 초토화시켰던 것이다.

동림당의 양련과 위대중이 모진 고문을 당해 죽었을 당시의 모습을 보면 이랬다. 양련의 시체가 가족에게 넘겨졌을 때 양련의 시신은 전신이 썩고 가슴팍에는 그를 눌러 죽게 만든 흙주머니가 아직 남아 있었고, 귓속에는 머리를 뚫고 들어간 거대한 쇠못까지 남아 있었다. 위대중의 시체는 구더기가 끓고 나서야 비로소 끌고 나

간신현상은 그 어느 것보다 심각한 역사현상이자 사회현상이다. 뿌리째 뽑지 않으면 그 폐단이 막심하다. 이의 척결을 위해서는 전문적인 연구와는 따로 문학, 영화, 드라마 등 문화 방면에서 계속 이 문제를 주제로 대중적인 작품을 만들어 널리 알리는 일도 필요하다. 중국의 경우 간신과 관련된 영화와 사극이 끊임없이 만들어지고 있다. 사진은 드라마 속의 위충현이다.

갔다. 이 얼마나 비참한 광경인가? 이것이 누구의 소행이며, 대체 누가 무엇을 잘못하여 이런 결과가 초래되었는가?

간신은 역사현상이자 사회현상인 동시에 정치현상이기도 하다. 간신과의 투쟁은 곧 정치투쟁이다. 상대에 대한 정확한 분석과 빈틈없는 대비책으로 맞서지 않으면 비열하고 간사한 이들을 이길 수 없다. 이들은 자신의 이익을 지키기 위해 수단과 방법을 가리지 않는다. 막연한 슬로건과 이념으로 막아낼 수 있는 상대가 아니다. 철저한 역사의식과 결연한 투쟁 정신, 그리고 나라와 백성을 위하는 멸사봉공의 자세만이 간신들을 박멸할 수 있는 힘이 된다.

간신은 오랜 역사적 경험을 먹고 자란 존재다. 그 어떤 것보다 강인한 해충과 같은 존재라 웬만한 해충약에는 끄떡없는 면역력을 가지고 있다. 이를 박멸할 수 있는 강력한 해충약 역시 풍부한 역사적 경험과 치열한 자성을 통해 만들어낼 수밖에 없다. 누구든 한번은 실수할 수 있지만 똑같은 실수를 두 번 이상 반복한다면 정말 어리석고 수치스럽지 않은가? 역사에 부끄럽지 않을 선택과 결단이 어느 때보다 아쉬운 때이다.

환관으로서 역대급 간신 반열에 올라 있는 명나라 때의 위충현과 그 패거리들의 간신 짓거리 '간행'을 보면 지금 우리 상황이 절로 떠오른다. 환관 위충현에 빌붙어 영혼을 팔았던 거시기 멀쩡한 지식인들의 간행을 따로 소개한다. 이런 간신들을 굳이 부르자면 '학간(學奸)'이라 할 수 있다. 언론 쪽의 간신들은 '언간(言奸)'으로 부를 수 있겠다(《간신론 – 이론편》의 간신 부류 부분 참고).

최근 우리 상황을 보면 '학간'들과 '언간'들이 권력자에 꼬리쳐서 한 자리를 차지한 채 정말 낯 뜨거운 간행을 아무렇지 않게 저지르고 있다. 나라를 망치고 사회의 물을 흐리고 있는 '학간'들과 '언간'들을 제대로 가려내고 퇴출시키는 일이 매우 시급하다. 위충현과 그 패거리의 간행을 통해 지금 우리 상황의 심각성을 경고하고자 한다(위충현 자리에다 '누군가'를 대입시켜 읽으면 한결 실감날 것이다).

당시 위충현이 조성한 공안통치 가운데 정말 기가 막힌 것은 수도권에 사는 사람들로 위충현의 성씨인 '魏'자를 거론하는 자가 있으면 누가 되었건 잡아들여 '한 자씩 줄인다'는 엄포를 놓은 일이었다. 이 해괴망측한 명령은 대체 무슨 말일까? '한 자씩 줄인다'는 말은 신체의 일부 중 한 자를 없앤다는 뜻으로, 요컨대 목을 자른다는 의미였다. 태산과도 같은 위 태감의 이런 살벌한 위세에 눌려 사람들은 감히 '위'자를 입에 올리지 못했다고 한다.

이뿐만 아니었다. 관부에서 올리는 문서는 위충현의 손을 거쳐야만 했는데, 여기에 '위' 자가 하나라도 들어가 있으면 황제의 성지를 빙자하여 즉시 잡아들여 죽였다. 모두들 그 앞에 무릎을 꿇고 아들, 손자를 자처하며 몸보신에 급급했는데, 불과 1, 2년 사이에 위충현을 아버지로 모시겠다는 자가 백수십 명에 이르렀다.

이렇게 벌레처럼 꼬인 환관 위충현의 앞잡이들은 조정 내 모든 기구에 침투하여 나라를 순식간에 박살을 냈다. 나라의 정책을 세우고 집행하는 조정의 공식기구도 다 위충현의 졸개들이 장악했다. 더 큰 문제는 이 졸개들이 당당히 과거에 급제한 지식인들이었다는 사실이다.

먼저 내각을 장악하는 자리인 내각수보였던 고병겸(顧秉謙, 1550~1626)이란 자를 보자. 고병겸은 위충현의 최측근 그룹이라 할 수 있는 '오호(五虎)'의 하나였는데, 위충현에게 달라붙은 다음 내각수보(총리)로서 위충현의 간행을 조정 차원에서 거들다가 급기야 아예 대놓고 간행을 공공연하게 저질렀던 자다. 그는 언급한 대로 당당하게 진사에 급제한 지식인이었다. 그러나 노비처럼 위충현에게 달라붙어 각종 공안사건을 날조하여 충신들을 많이 해쳤다. 고병겸은 남다른 학식의 소유자였지만 부끄러움을 모르는 저열한 인성을 가진 자였다. 이자는 실세 위충현이 자신을 찾지 않자 자신이 직접 이 고자를 찾아가서 인사를 드렸는데, 당시 그의 직무는 예부상서(교육부 장관)에 나이가 71세였다. 권력을 탐하는 욕망은 학식도, 명예도, 나이도 삼킨다. 위충현이 실각하자 백성들은 이자의 집으로 쳐들어가 불을 지르고 그동안 축재한 부정한 재물들을 빼앗았다. 신변의 위험을 느낀 고병겸은 도망쳐 배 안에 숨어 목숨을 건졌다.

당시 이자가 위충현을 찾아왔을 때 자식들까지 데리고 와서 위충현 발아래에 무릎을 꿇고 인사를 올렸다. 그리고는 후안무치하게 "이 몸이 원래는 어르신의 양아들이 되고 싶었는데 어르신께서 허옇게 수염 난 아들을 싫어하실까 봐 제 아들을 손자로 삼으셨으면 합니다"라며 소름 끼치는 아양을 떨었다. 기록에 따르면 고병겸이 위충현을 대리하여 충직한 대신들을 해치고, 황제의 명령을 앞세워 천하의 입에다 재갈을 물렸으며, 조정의 동정을 낱낱이 위충현에게 보고하니 위충현의 입에서 칭찬이 마를 날이 없었다고 한다.

다음, 위광미(魏廣微, ?~1627)라는 자는 위충현이 내각에 심은 첩자와 같은 졸개 간신이었다. 그는 '내각가보(內閣家報)'라는 보고서를 수시로 작성하여 위충현에게 보고했다. 이자 역시 1604년 진사에 급제한 지식인이었다. 이자는 위충현과 같은 위씨 성이라는 점을 이용하여 위충현에게 접근하여 더러운 명예와 부귀를 누렸다. 지조라고는 손톱만치도 없는 교활한 자로 내각의 모든 상황을 밀고하여 '바깥의 위충현'이란 뜻의 '외위공(外魏公)'이란 별명까지 얻었지만 위충현의 실각 이후 얼마 되지 않아 죽었다.

풍전(馮銓, 1595~1672) 역시 진사에 급제한 지식인 간신이었다. 그는 아첨으로 위충현을 한껏 섬겼는데 이런 일화가 전해온다. 1624년 위충현이 풍전이 있던 탁주(涿州) 지역의 한 절에 향을 피우러 행차했다. 이때 풍전은 길에 꿇어앉아 울면서 동림당(東林黨)에게 탄핵당한 아비의 억울함을 호소했다. 동림당에 이를 갈고 있는 위충현은 이런 풍전을 전격 기용했고, 풍전은 1년 사이에 수많은 사람을 해침으로써 위충현에게 보답했다. 이자는 뇌물을 너무 많이 받아 챙기는 바람에 같은 편에게도 욕을 먹고 파면당했다. 이자는 파면당하면서도 위충현의 장수를 비는 시를 써서 바쳤다고 한다.

지식인으로서 위충현에게 가장 충성을 다한 우두머리는 최정수가 단연 으뜸이었다. 최정수는 진사에 급제하여 조정에 들어와 어사 등의 자리를 거쳤는데, 뇌물수수로 면직된 이력도 있었다. 최정수는 위충현에게 달려가 울며불며 양자를 자청했다. 위충현은 이런 최정수를 애지중지하여 '오호'의 우두머리로 삼았다. 이후 최정수는 병부상서(법무장관) 자리를 꿰차고 위충현의 공안정국을 주도했다. 이 과정에서 최정수는 숙청 대상 블랙리스트《동림동지록》을 작성하는 등 위충현의 간행을 앞장서서 도왔다.

최정수와 관련하여 이런 일화가 전한다. 하루는 글줄깨나 읽을 줄 아는 태감(환관)들을 좀 모으라는 위충현의 명령이 떨어졌다. 이 명령을 받은 최정수는 태감들 중에서 글을 아는 자들을 모으려고 하지 않고 엉뚱하게 국자감으로 달려가 생원들을 잡아 불알을 까게 하는 소동을 벌였다. 혼비백산한 생원들 절반은 그날 밤으로 도망쳤고, 재수 없이 잡힌 20명은 실제로 불알을 까였는데, 열에 둘은 그 과정에서 죽고 나머지만 살아 위충현에 보내졌다. 글줄깨나 하는 태감을 모아 오랬더니 멀쩡하게 공부 잘하고 있는 예비 학자들의 생식기를 절단하여 고자를 만들어 버린 것이다. 기가 차서 말도 안 나올 지경이다.

최정수는 위충현이 쫓겨났다는 소식을 듣고는 목숨을 부지하기 어렵다는 것을 직감했다. 그는 첩들과 기생들을 모조리 불러 모으고 진기한 보물들을 깡그리 펼쳐놓은 다음 미친 듯 퍼마시고는 스

간신의 특성이자 공통점 중 하나가 패거리 짓기이다. 거물급 간신 밑으로 새끼 간신들이 줄줄이 늘어선다. 위충현은 간신 패거리를 하나의 정당처럼 만들어 이용하는데 남다른 기술을 선보였다. 위충현의 많은 새끼 간신들을 대표하는 인물은 진사(고시) 출신으로 법무부 장관을 지낸 최정수였다. 사진은 드라마 속의 최정수다.

스로 목숨을 끊었다. 죽음도 엽기적이었다.

간신들의 언행은 이렇게 기발하다 못해 엽기적이고 끔찍하다. 우두머리 말 한마디면 못 할 일이 없다. 하기야 특정 동물에 통치자를 비유한다고 신경질적인 반응을 보이다 못해 법적 대응까지 불사하는 우리 통치자의 작태를 보면 남 이야기할 것도 아니다. 어쨌거나 과잉 충성, 이것도 간신의 특징 가운데 하나임이 틀림없다. 어쨌거나 지금 우리 간신들의 최후가 머지않아 보인다.

원시사회	약 60만 년 전~기원전 약 21세기	삼황오제(三皇五帝) 포함
하(夏)	기원전 약 21세기~기원전 약 16세기	노예제 사회. 상은 후기 은(殷)으로 천도, 상은이라 부름.
상(商)	기원전 약 16세기~기원전 약 11세기	
서주(西周)	기원전 약 11세기~기원전 771년	
춘추(春秋)	기원전 770년~기원전 476년	
전국(戰國)	기원전 475년~기원전 221년	봉건사회 개시
진(秦)	기원전 221년~기원전 206년	시황-호해-자영 3대.
서한(西漢)	기원전 206년~8년	서한과 동한 사이에 왕망(王莽)의 신(新) 9년~23년. 유현(劉玄) 23~25년.
동한(東漢)	25년~220년	
삼국(三國)	220년~280년	위·촉·오
위(魏)	220년~265년	조조-조비-조예
촉(蜀)	221년~263년	유비-유선
오(吳)	222년~280년	손권
서진(西晉)	265년~316년	무제 사마염(司馬炎)
동진(東晉)	317년~420년	원제 사마예(司馬睿)
오호(五胡) 십육국	304년~439년	흉노, 선비, 갈, 저, 강
남북조 (南北朝)	420년~589년	
남조(南朝)	420년~589년	
송(宋)	420년~479년	무제 유유(劉裕)
제(齊)	479년~502년	고제 소도성(蕭道成)
양(梁)	502년~557년	무제 소연(蕭衍)
진(陳)	557년~589년	무제 진패선(陳覇先)
북조(北朝)	386년~581년	
북위(北魏)	386년~534년	도무제 탁발규(拓跋珪)
동위(東魏)	534년~550년	효정제 원선견(元善見)

서위(西魏)	535년~557년	문제 원보거(元寶炬)
북제(北齊)	550년~577년	문선제 고양(高洋)
북주(北周)	557년~581년	효민제 우문각(宇文覺)
수(隋)	581년~618년	문제 양견(楊堅)
당(唐)	618년~907년	고조 이연(李淵)
오대십국 (五代十國)	907년~979년	5대 : 후량, 후당, 후진, 후한, 후주/10국 : 오, 남당, 민, 초, 오월, 전촉, 후촉, 남한, 형남, 북한
북송(北宋)	960년~1127년	태조 조광윤(趙匡胤)
남송(南宋)	1127년~1279년	고종 조구(趙構)
요(遼)	907년~1125년	태조 야율아보기
서하(西夏)	1032년~1227년	경제(景帝) 원호(元昊)
금(金)	1115년~1234년	태조 완안민(完顔旻) 아골타
몽(蒙), 원(元)	1206년~1368년	태조 징기스칸. 1271년 원(元)으로 국호 개명. 북원(1370~1388).
명(明)	**1368년~1644년**	**태조 주원장(朱元璋)**
청(淸)	1616년~1911년	태조 애신각라(愛新覺羅). 1616년 누루하치 후금 건국. 1636년 황태극 청으로 개명.

심기心機가 뼛속까지 스민 간신
온체인 溫體仁

‘심기(心機)’란 ‘마음의 움직임’, 즉 ‘마음 씀씀이’를 말한다. ‘마음으로 느끼는 기분’의 ‘심기(心氣)’와는 다르다. 이제 소개할 온체인(?~1638년)이란 자는 '마음 씀씀이'의 ‘심기’가 뼛속까지 깊이 스며들어 있었다는 평가를 듣는 간신이다. 그런 만큼 그 꿍꿍이를 헤아리기 힘들고, 그 마음은 비할 데 없이 독했다는 뜻이다. 사람들은 온

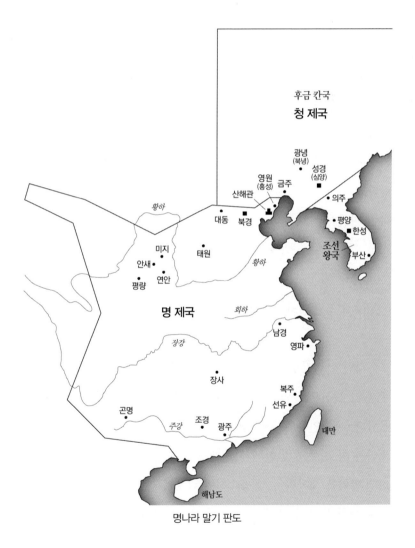

명나라 말기 판도

체인이 이끄는 내각은 오로지 온체인에게 알랑방구 뀌는 자들로만 구성된 기생집이나 다름없고, 이 일당이 하는 짓거리는 역병보다 더 지독하다는 뜻을 담은 노래를 지어 유행시킬 정도였다.

이 몇 소절 안 되는 노래 속에는 온체인과 그 패거리의 본질을 적나라하게 폭로하는 백성들의 울분에 찬 안타까운 원성이 가득 넘쳐흐르고 있다. 당시 온체인 일당의 간행을 통탄했던 문병(文秉, 1609~1669)은 이자들이 하나 같이 "빛나는 부귀영화를 누리고 살았음에도 불구하고 세상 사람들로부터 이렇게 천시당한 것을 보니 생전에 어떻게 살았는지 안 봐도 뻔하구나!"며 한숨을 내쉬었다.

그런데 온체인이 집권 8년 동안 숱한 악행을 저질렀음에도 그를 기용한 숭정제는 죽는 순간까지 온체인이 무슨 잘못을 했는지 몰랐다고 하니, 이 간신의 간행이 얼마나 교묘하고 무서운지 절로 소름이 끼친다.

세상을 혼탁하게 만드는 기술자

온체인은 절강성 오흥(吳興, 지금의 절강성 호주시湖州市 오흥구)의 지주 집안 출신으로 만력 26년인 1599년에 진사에 급제하여 벼슬길에 올랐다. 온체인은 누구에게나 아주 공경스러운 태도로 세심하게 배려하는 등 아주 원만한 인간관계를 유지했다고 한다. 또 인간사의 진행 방향을 헤아리는 데 능숙하여 관운이 형통했는데, 30년 가까운 관료 생활을 통해 별 탈 없이 승승장구한 끝에 신하로서는 가장 높은 자리인 내각 수보(재상) 자리에까지 올랐다. 화려해 보이는 온체인의 이런 삶을 들여다보면 정말이지 인간으로서는 도저히 상상할 수 없는 온갖 추악한 모습으로 가득 차 있어 절로 한숨이 나온다.

모든 간신이 그렇듯 온체인 역시 교활하고 음험하고 악독한 것은 말할 것 없고, 특히 심기가 뼛속까지 스며 있어 사람의 안색, 특히 권력자의 마음을 헤아리는 데 귀신같은 능력을 발휘했다. 보다 높은 자리로 오르기 위해 부끄러움을 내팽개친 것은 기본이고, 누구든 자기에게 힘이 된다면 수단과 방법을 다 동원해 그를 발판으로 삼아 높은 곳에 오른 다음 사다리를 치우고 심지어 그 사람을 우물에 빠뜨리고 돌을 던지는 일도 서슴지 않았다. 세상을 혼탁하게 만드는 기술자, 이들이 바로 간신이고 온체인은 그중에서도 대표적인 간신이었다.

명 왕조는 천계제 희종 연간(1621~1627년)에 환관 위충현의 발호로 조정과 전국이 큰 곤경에 처했다. 백성의 삶이 엉망이 되었다. 불과 7년 남짓 세상은 '위씨 천하'를 방불케 할 정도로 혼란에 빠졌다. 중국 역사상 가장 암울한 암흑시대라는 평가를 받고 있는 명 왕조는 위충현의 간행과 그 여파로 더 이상 갈 데 없는 깊고 깊은 심연에서 헤어나지 못한 채 멸망의 길로 접어들었다.

이런 추악한 정치판에서 온체인은 특유의 장점을 살려 사방팔방 자신의 이익만을 위해 뛰어다녔다. 무엇보다 위충현에게 잘 보이려고 간도 쓸개도 다 빼놓고 달려들었다. 항주에 위충현의 생사가 완공되자 이를 축하하는 아부의 시를 바쳤다고 하는데, 만약을 대비해 글자로 남기지 않는 교활함을 유감없이 보여주었다. 정치적으로는 명색이 당당한 진사 출신인지라 정파를 대표하는 동림당을 적대시할 수 없었다. 그래서 표면적으로는 동림당과 개인적으로 왕래하며 친분을 유지했지만, 적당히 거리를 두어 위충현 고자당의 의심으로부터 벗어났다. 이 때문에 동림당을 대대적으로 제거하기 위해 만든 블랙리스트에 온체인의 이름이 빠질 수 있었다.

하늘조차 압도할 것처럼 기세등등하던 위충현과 고자당의 권세가 절대 권력자인 희종의 죽음과 함께 하루아침에 어이없이 무너졌다. 위충현에 대해 극도의 반감을 품고 있던 숭정제는 즉위하자마자 지난 정권 때 세도를 부렸던 위충현과 그 고자당을 역당으로 규정하여 대대적인 숙청을 가했다. 숭정제는 위충현에게 달라붙어 호가호위하던 졸개들을 무려 100명이 넘게 색출해서 처벌했다. 위충현의 생사 낙성식을 축하하는 낯 뜨거운 아부의 시까지 바친 온

간신은 필요하면 적은 물론 누구와도 손을 잡는다. 오죽했으면 악마와도 손잡을 자들이라 했겠는가? 온체인은 그런 것에 아주 능숙한 전형적인 간신이었다. 사진은 온체인이 손잡았던 동림당의 본거지인 동림서원의 입구이다.

체인의 이름은 이번에도 빠져 있었다. 온체인의 교활함이 참으로 남달랐음을 잘 보여주는 대목이 아닐 수 없다. 그 교활함이란 세상을 혼탁하게 만들어 무엇이 진실이고 어느 것이 진짜인지 모르게 만드는 바로 그것이었고, 온체인이란 간신의 특기이기도 했다.

내각 인선을 어지럽히다

1628년 막 즉위한 숭정제는 위충현과 그 일당들에 대한 숙청을 단행했고, 이 때문에 내각에서 일할 사람이 모자라게 되었다. 결원을 보충하기 위해 숭정제는 교지를 내렸다. 명 왕조의 규정에 따라 내각의 신료들은 9경이 공동으로 서명하는 '회추(會推)'에 의해 인선되었다. 이 경우 정원보다 좀 더 뽑아서 명단을 황제에게 올리는데, 황제는 명단을 검토하여 정원수만큼 원으로 표시한 다음 관련 부처로 내려보내면 되는 것이었다.

말했다시피 이 무렵 명 왕조는 극도의 부패와 비리가 조정 내에 만연하여 누구도 바로 잡을 수 없을 지경이 되어 있었다. 관리들은 너나 할 것 없이 패를 지어 서로 자신들이 좋은 자리를 차지하기 위해 으르렁대며 싸웠다. 온갖 음모와 상호비방이 판을 쳤고, 검은 뒷거래가 일상사가 되었다. 젊은 숭정제가 엄격한 법 집행을 표방하며 탐관오리들을 제재하기 위해 나섰지만 명 왕조는 자정 능력을 잃은 지 오래였다. 부정부패의 근원이 바로 황제 자신이었기 때문이다. 문관으로는 재상, 무관으로는 군부 총사령관을 포함한 모든 문무 관원치고 환관의 지원을 받지 못하면 승진 기회는 물론 자리와 목숨까지 보장받을 수 없었다. 환관의 후원은 돈 없이는 불가능했다.[환관의 폐단을 엄단한다면서 위충현과 고자당을 숙청한 숭정제는 얼마 가지 않아 환관들이 가장 충성스러운 존재라는 사실을 제 스스로 인정(?)하고 이들을 대거 중용했다.]

이렇게 해서 빚을 잔뜩 짊어진 관리들이 권력을 손에 넣으면 다음 수순은 자연스럽게 본전을 찾기 위한 부정과 비리의 악순환이 반복되는 것이다. 쉽게 말해 황제가 숙청한 탐관오리들의 숫자가 늘어날수록 부패와 비리도 더욱 치열해졌다. 관리들끼리의 상호 견제와 알력은 비리를 막자는 것이 아니라 서로 들키지 말자는 것이었다. 지난 16세기부터 민간에서는 지방의 상황을 두고 '도적(굶주린 인민)은 얼레빗 같고, 군관은 참빗 같고, 병사들은 면도칼 같다'는 노래가 유행했는데, 조정의 탐관오리들은 이들보다 훨씬 더 심했다. 명 왕조의 총체적 폐단은 이미 치유할 수 없는 암 덩이가 되어 왕조의 전신을 갉아먹고 있었다.

아무튼 새로운 내각 인선이 단행되었고, 그런대로 연줄이 있고 지위가 있는 관료들은 모두가 명단 발표만을 학수고대했다. 온체인 역시 마찬가지였다. 막상 명단이 발표되고 보니 실망스럽게 온체인의 이름은 빠져 있었다. 지금까지와는 달리 이번 내각 인선 명단에는 꼭 들어가 있길 바랐는데……. 이유인 즉은 온체인의 자질이 떨어진다는 것이었고, 이는 당연한 결격 사유였다. 그러나 온체인은 그렇게 생각하지 않았다는 것이 문제였다.

잔뜩 불만을 품은 채 온체인은 이번 인선과 관련된 주변 인물들

을 면밀히 살폈다. 그 결과 충분히
자격이 있는 데도 명단에서 빠져 잔
뜩 불평을 늘어놓고 있는 주연유(周
延儒, 1589~1644)를 발견할 수 있었
다. 그는 즉각 주연유를 찾아가 내
각 인선에 문제가 있다며 주연유의
염장을 질렀다. 이런 것도 동병상련
이라고 두 사람은 그 자리에서 의기
투합하여 은밀히 대책을 논의한 결
과 기습적인 반격을 가하는 음모를
획책하기에 이르렀다.

간신은 집요하다. 먹잇감을 찍으면
죽을 때까지 물고 놓아주지 않는다.
전겸익(그림)은 온체인에게는 가장
좋은 먹잇감이었다.

이들은 먼저 이번 인선에 불만을
품고 있는 자들을 규합하여 인선에
문제가 있다는 식으로 유언비어를
퍼뜨리게 하는 한편, 은자 8만 냥을 만들어 환관들을 매수하여 황
제 앞에서 자신들에게 유리한 말을 늘어놓도록 했다. 가닥이 잡히
자 온체인이 먼저 황제에게 '간신들이 당파를 짓는다'는 상소를 올
려 전겸익(錢謙益, 1582~1664)을 집중 공격하는 것을 돌파구로 삼아
이번 '회추'의 인선을 철저하게 부정하고 나섰다. 온체인 일당이 전
겸익을 공격 대상으로 삼은 것은 다 이유가 있었다.

우선 전겸익은 이번 인선의 명단에 맨 처음으로 올라 있었다. 기
왕에 공격하려면 서열 1위를 공격하는 것이 효과적이었기 때문이
다. 전겸익에게는 약점이 있었다. 이는 물론 온체인 일당이 보기에

약점이었을 뿐 다른 대신들에게는 문제가 되지 않는 약점이었다. 온체인이 들고나온 전겸익의 약점이란 지난 희종 연간에 전겸익이 다른 정파를 두고 '뇌물을 받고 간신들이 당파를 짓는다'고 무고하는 바람에 억울한 사건이 크게 벌어진 것을 말한다.

이제 막 즉위한 젊은 숭정제는 그 나름대로 뭔가 큰일을 해서 침체된 조정의 국면을 만회하려고 애를 쓰고 있었다. 이 때문에 조야의 당파와 탐관오리들의 비리에 대해 극도로 예민한 반응을 보였다. 그러나 아직 젊고 경험이 부족한데다 너무 서둘렀다. 서두르다 보니 걸핏하면 신경질을 내고 버럭버럭 화를 잘 냈다. 당연히 어떤 일에 대해 차분하게 생각하거나 두루두루 살피지 않고 멋대로 판단하고 결정하기 일쑤였다.

교활한 온체인은 이런 숭정제의 기질을 절묘하게 이용하여 황제를 자극하고 화를 내게 만든 것이다. 아니나 다를까? 온체인의 상소를 본 숭정제는 벼락같이 화를 내며 다음 날 당장 새로 뽑힌 내각 대신들을 모두 소집하라는 명령을 내렸다.

다음 날, 내각 각료에 인선된 대신들은 인선이 최종적으로 마무리될 것으로 예상하고 기분 좋게 입조했다. 전겸익 역시 대학사께서 납신다는 듯 의기양양한 태도로 입조했다. 그런데 이게 웬일인가? 숭정제는 입조한 전겸익을 보더니 온체인을 불러 대전에서 대질케 하는 것이 아닌가? 이 갑작스러운 습격에 전겸익은 당황해 어쩔 줄 몰랐다. 예상치 못한 공격에 내내 수세에 몰려 뭐라 반격하지 못하고 우물쭈물거렸다. 반면 일찌감치 모든 공격 준비를 마친 온체인의 구변은 말 그대로 청산유수였다. 기록에 따르면 마치 샘

이 솟듯 말문이 콸콸 쏟아졌다고 한다.

조정 대신들이 온체인의 갑작스러운 문제 제기에 불만을 품고 전겸익을 위해 변호에 나섰다. 지난 일을 다시 꺼내는 것은 온체인에게 무슨 다른 꿍꿍이가 있는 것 아니냐는 날카로운 추궁도 따랐다. 온체인은 대신들의 역공에 눈 하나 깜짝 않고 반격을 가했다. 대신들이 전겸익을 위해 변호하는 것 자체가 사사로이 당파를 짓고 있다는 증거라고 몰아붙였다. 가뜩이나 당파에 극도의 혐오감을 갖고 있던 숭정제의 아픈 곳을 바로 찌르는 것이었다. 화가 난 숭정제는 똥인지 된장인지 가려 볼 생각도 않고 전겸익을 변호하던 장원유(章元儒)를 감옥에 처넣게 했다.

상황이 이렇게 되고 보니 감히 나설 사람이 없었다. 모두들 입을 다물었고, 숭정제는 의기양양 온체인이야말로 훌륭한 신하라며 한바탕 칭찬을 늘어놓기까지 했다. 숭정제의 심리적 약점을 절묘하게 이용한 온체인의 기습 공격은 상당한 성과를 거두었다. 온체인은 보다 높은 곳으로 오르기 위한 발판 하나를 깔았다.

비리 폭로를 역이용하다

온체인의 비열한 언행에 대해 조정 대신들은 하나 같이 혐오감을 가지며 격분했다. 어사 모구화(毛九華)가 나서 온체인의 비리를 폭로하기 시작했다. 과거 온체인이 목재 상인을 윽박지른 불법 행위와 고자당의 핵심 최정수와 결탁한 사실, 심지어 위충현을 위해 아

숭정제는 온체인의 또 다른 먹잇감이었다. 간신은 이 먹잇감이 죽는 순간까지도 자신이 먹잇감이었다는 사실을 모르게 만든다. 간신이란 존재가 얼마나 무서운가! 초상화는 숭정제다.

부의 시를 지은 일까지 들고나왔다. 어사 임찬화(任贊化)도 온체인이 기녀를 첩으로 맞아들인 일, 금품을 수수한 일, 남의 부동산을 불법으로 빼앗은 일 등을 들고나왔다. 조정은 순식간에 온체인을 탄핵하는 분위기로 돌변했다.

사태가 심상치 않음을 직감한 온체인은 서둘러 한발 물러섰다. 2보 전진을 위한 1보 후퇴 작전을 쓰기로 한 것이다. 그는 자신에게 호감을 갖고 있는 숭정제의 심리를 다시 이용하기로 하고는 거짓으로 사직서를 제출하면서 자신은 종묘사직을 위해서 한다고 한 일이 백관들의 마음에 들지 않았는지 자신을 배척한다며 궤변을 늘어놓았다. 그리고는 숭정제의 동정심을 유발하기 위해 아무도 자신의 편이 되어 변호하지 않는 고립무원의 처지가 되었다며 울먹였다.

의심이 많으면서도 자신의 판단에 확신을 갖고 있는 숭정제는 또 한 번 온체인의 수에 걸려들었다. 즉각 내각과 9경을 소집하여 온체인 문제를 추궁하는 한편, 온체인과 온체인을 탄핵한 모구화, 임찬화 등을 대질시켜 변론을 벌이게 했다. 온체인은 작심한 듯 이를 악물고 모구화와 임찬화 역시 전겸익과 한패거리라고 몰아붙였다. 숭정제는 대신들이 나라와 백성은 생각도 않고 사리사욕을 위해 패거리를 지어 서로를 공격한다며 나무랐다. 숭정제가 자기 편을 들고 있다는 것을 확인한 온체인은 한술 더 떠 다시 한 번 사퇴하여 고향으로 돌아가게 해달라고 읍소했다. 못난 숭정제는 온체인이 더 가여워져 청심환까지 내려주며 온체인을 위로했다. 정말이지 기도 안 찰 노릇이었다.

자신의 입지가 튼튼해졌다고 생각한 온체인은 한 걸음 더 위로 올라가야겠다고 결심하고는 다음 수를 던졌다. 그는 당초 지목한 전겸익이란 먹잇감을 절대 놓지 않은 채 숭정제에게 전겸익을 처분해야 한다고 끈질기게 졸랐다. 사실 전겸익 문제에 대해 조정 대신은 대부분 온체인의 심보가 문제지 전겸익이 문제 될 것은 없다는 입장이었다. 그런데 조정 대신들의 반응이 이럴수록 온체인에 대한 숭정제의 동정은 더 깊어만 갔다. 온체인이야말로 정말 어떤 당파도 없는 외로운 충신이라고 여긴 것이다.

얼마 뒤, 온체인은 마침내 숭정제로부터 보상을 받았다. 같은 패거리 주연유가 내각의 수보가 된 이듬해 온체인도 내각으로 진입하여 국가 대사에 참여하게 된 것이다.

나라의 간성(干城)
원숭환을 해치다

간신의 전형적인 특징은 음흉한 야심을 숨긴 채 권력을 위해 물불 가리지 않고 달려들지만 나라의 안위, 민족의 이익, 백성의 질곡에는 강 건너 불구경하듯 아랑곳하지 않는다는 것이다. 개인의 영달을 위해 간신은 자신에게 걸림돌이 된다고 생각하면 누구든 모함하여 해친다. 그래서 간신이 득세하면 천하가 재앙을 만난다고 하는 것이다. 온체인도 그랬다. 그가 숭정제에게 은밀히 상소를 올려 명장 원숭환(袁崇煥, 1584~1630)을 해친 사건은 중국 역사상 가장 억울한 사건의 하나로 기록되어 있다. 정말이지 천벌을 받아도 시원찮은 짓이었다!

원숭환은 변경 요동에 주둔하면서 후금(後金, 훗날의 청)의 공격을 막아내고 있었다. 민심을 잘 추스르며 뛰어난 전략과 전술로 누르하치를 여러 차례 물리치더니 결국은 그에게 중상을 입혀 사망하게 만든 명장이었다. 누르하치의 뒤를 이은 황태극(皇太極)은 이런 원숭환에게 극도의 원한을 품고 있었다. 누르하치는 정공법으로는 원숭환을 제거할 수 없다고 판단하여 명 왕조 내부의 부패를 이용하기로 했다. 황태극이 사용한 방법은 물어볼 것도 없이 간첩을 이용한 반간계(反間計)였다.

1629년 황태극은 원숭환과의 정면 대결을 피하면서 몽고를 돌아 희봉구(喜峰口)를 통해 산해관(山海關)으로 들어와 경성을 압박했다. 원숭환은 서둘러 회군하여 경성의 좌안문에 주둔하며 황성과 황제를 지켰다. 첫 단계 전략이 순조롭게 성공하자 황태극은 다음 단계의 작전을 펼쳤다.

당시 황태극의 군영에는 명나라 환관 두 명이 포로로 잡혀 있었다. 황태극은 이들을 지키는 병사들에게 원숭환이 황태극과 결탁하여 딴짓을 꾀하고 있는 것 같다는 거짓 정보를 흘리게 했다. 그리고는 경비를 일부러 소홀하게 하여 환관 둘을 탈출하게 만들었다. 이보다 앞서서는 간첩을 명의 조정으로 침투시켜 원숭환이 황태극과 은밀히 편지를 주고받고 있다는 가짜 정보 등을 흘리게 하는 이중 플레이를 구사했다.

의심은 많고 경험은 부족한 젊은 숭정제는 황태극의 이간책이 아닌가 따져보지도 않고 무작정 원숭환을 의심하기 시작했다. 하지만 그간 원숭환이 세운 공이나 그의 위치 등을

간신은 충직한 사람을 극도로 증오한다. 그 증오의 바탕에는 강렬한 시기와 질투가 깔려 있다. 이 변태적 심리 때문에 외부 세력에게 이용당하고 심지어 나라를 위기에 빠뜨린다. 청의 황태극이 이를 이용하여 원숭환을 제거한 사건은 두고두고 역사의 통한으로 남아 있다. 원숭환의 초상화이다.

생각하지 않을 수 없어서인지 확신을 내리지 못했다. 이 순간, 교활하고 음험한 온체인은 마침내 때가 왔다고 무릎을 치고는 두 번씩이나 은밀히 숭정제에 글을 올려 원숭환을 체포하라고 부추겼다.

자기 판단에 절대 오류란 있을 수 없다는 정말 말도 안 되는 소신을 가진 숭정제는 원숭환에 대한 의심에 확신을 보탰고, 이렇게 해서 또 한 번 온체인의 독수에 걸려들었다. 들끓는 여론 속에 원숭환은 온몸이 찢기는 극형을 받고 구천을 떠도는 원혼이 되었다. 원숭환을 지지하던 재보 전용석(錢龍錫), 병부상서 왕급(王給) 등도 죽음을 면치 못했다. 못난 명나라 관리들은 역적의 음모가 탄로 났기 때문에 도성은 안전할 것이라며 손에 손을 잡고 환호성을 울렸다.

이로써 온체인의 야심은 또 한 차례 탄력을 받게 되었다. 그러나

국가의 안위와 직결된 국가의 간성과 간신의 야심이 맞교환되었으니 그 결과가 어떠했을지는 불을 보듯 뻔했다(그로부터 16년 뒤, 청은 명의 도성을 점령한 다음 이 사건의 내막을 공개하여 천하에 못난 명의 황제와 관리들의 멍청함을 한껏 비웃었다).

용도폐기

온체인은 주연유와 일찌감치 손에 손을 맞잡고 한통속이 되어 서로를 이용해가며 간행을 저질렀다. 이런 간신들은 단 하나의 예외 없이 개인의 욕망만을 목적으로 삼기 때문에 필요하면 언제든 손을 잡지만 이익이 충돌하면 언제 그랬냐는 듯 서로 으르렁거리며 싸운다. 간신들은 서로의 이익을 위해 상대가 필요하면 등을 돌린 채 손을 잡고, 필요가 없어지면 잡았던 손을 뿌리치고 돌아서서 사정없이 공격한다. 간신의 속성이다.

전겸익을 공격하여 내각 인선을 어지럽히고, 나아가 나라의 간성인 원숭환마저 해치는 데 성공한 온체인은 자신의 앞길을 가로막은 사람이나 세력들을 가차 없이 제거해나가기 시작했다. 그리고 주연유의 도움을 받아 마침내 숭정 3년인 1630년 동각대학사를 겸임하게 됨으로써 수보 자리에 바짝 다가섰다. 온체인과 주연유는 일단 서로 손을 잡고 환광과 성기명 두 내각 수보를 모함하여 내쫓고는 주연유가 먼저 수보 자리에 올랐다. 이제 수보 자리가 눈앞에 바짝 다가왔다.

온체인은 일단 황제의 마음을 보다 확실하게 사로잡는 쪽으로 가닥을 잡았다. 내각의 신분으로 황제를 자주 만날 수 있는 기회를 한껏 이용하여 숭정제의 심기를 정확하게 읽고 철저하게 그에 맞추어 처신했다. 이와 함께 6부 곳곳에 자신의 심복들을 심기 시작하여 관리들의 심사를 관장하는 대권

간신은 갈 데까지 간다. 탐욕이 끝을 모르기 때문이다. 그리고 그 끝 모를 탐욕이 결국 발목을 잡는다. 역사의 법칙과도 같다. 간신을 방비하기 위해서는 한 인간의 드러나는 성격은 물론 그 내면까지 꿰뚫는 힘이 필요하다. 온체인의 초상화이다.

을 가진 이부상서에 같은 고향 출신인 민홍학(閔洪學)을 앉히는 데 성공했다. 사실상 관리들의 생사여탈권을 장악했다.

자신을 따르는 패거리가 많아지자 온체인은 자신이 수보 자리에 앉는 것이 당연하다고 생각했다. 자신의 목적을 위해서라면 부모형제도 몰라보는 비열한 소인배 온체인이 지금까지 손을 잡고 함께 일해 온 사이라 해서 봐줄 리 만무했다. 그는 자신의 오랜 동료이자 자신을 적극 밀어준 주연유에게 칼을 들이대기 시작했다. 그러나 칼날을 곧이곧대로 드러낼 수는 없었다. 겉으로는 늘 그랬던 것처럼 주연유의 비위를 한껏 맞추며 아부를 떨면서 돌아서서는 패거리를 시켜 주연유를 비방하는 등 주연유의 발목을 비틀기 시작했다.

숭정 6년인 1633년, 농민봉기가 들불처럼 번지기 시작했다. 원숭환을 제거한 후금의 군대도 뻔질나게 동북을 통해 산해관을 넘어

와 도성을 위협했다. 명 왕조는 극심한 내우외환에 빠져 허우적댔다. 내각 수보 자리에 있던 주연유는 본래부터가 탐욕스럽고 무능한 인간이라 그저 자리만 채우는 수보에 지나지 않았다. 조정의 위기를 해결할 방법을 못 찾는 것은 당연했다. 사악한 온체인은 이런 주연유의 모습을 지켜보다가 서서히 그러나 단호하게 칼을 뽑아 들었다.

온체인은 주연유의 3대 비리를 문장으로 만들어 졸개인 언관들을 사주하여 탄핵하게 했다. 온체인은 우선 주연유의 자식을 비롯한 친인척들이 자기 고장에서 행패를 부리며 백성들을 격노하게 만들었다는 점을 지적했다. 일단 그물을 넓게 치자는 속셈이었다. 다음으로는 주연유가 추천한 산동순무 손원화가 등주성을 빼앗긴 일을 거론하며 무능한 자를 추천한 잘못을 추궁하게 했다. 마지막으로 주연유의 개인 비리를 들추는 수순으로 주연유가 거액의 뇌물을 받아 챙기고 있다는 소문을 퍼뜨리게 했다.

이와 동시에 급사중 진찬화를 시켜 주연유와 측근들의 은밀한 비리까지 들추어내게 했다. 탄핵 상소를 받아든 숭정제는 크게 진노하여 일단 주연유의 측근들을 잡아들여 심문하게 했다. 뜻하지 않은 공격에 주연유는 어쩔 줄 몰라 급한 대로 다른 사람도 아닌 온체인에게 구원을 요청했다. 이 얼마나 못난 인간인가? 온체인은 별로 힘들이지 않고 평생 동지(?) 주연유를 밀어낸 다음 수보 자리에 올랐다. 황제를 제외한 신하로서 오를 수 있는 최고봉이었다.

더 이상 갈 곳 없는 길

'일인지하, 만인지상'이라는 수보 자리에 오른 온체인, 하지만 그도 대세를 돌이킬 수는 없었다. 절벽으로 떨어지고 있는 수레에 함께 탄 처지나 마찬가지였으니 말이다. 그럼에도 이자는 뭐 먹을 것이 있다고 파리 떼처럼 달려들어 황제를 기만하고 백성을 괴롭혔다. 오죽했으면 온체인이 집권한 8년 동안 "나라에 이로운 일이라곤 단 한 가지도 하지 않았고, 나라에 해로운 일도 단 하나 제거하지 못 했다"는 평가를 얻었겠는가?

당시 대신들이 올린 온체인에 대한 탄핵 상소를 보면 "허구한 날 은혜와 원수만 찾고, 누가 곁눈질로 째려보기만 해도 기어코 보복했다"고 했다. 수백에 이르는 문무대신이 죽거나 감옥에 갇히는 신세가 되었고, 온체인은 황제의 총애만 믿고 시체처럼 염치없이 자리나 지키면서 국록을 축냈다. 온체인이 하는 일이라고는 오로지 음모가의 못된 놀이 밖에는 없었다.

측근 누군가를 기용하고 싶으면 자기가 나서 황제에게 거론하지 않고 은밀히 다른 사람을 시켜 그 사람에 관한 이야기를 흘리게 한 다음, 황제가 그 사람에 관해 묻거나 하면 마치 자신은 그 사람과 무관하다는 듯 천연덕스럽게 그에 관한 칭찬을 늘어놓음으로써 황제를 기만했다.

자신의 마음에 들지 않거나 반대하는 사람에 대해서도 마찬가지 방법으로 모함하여 자신은 손대지 않고 황제의 손을 빌려 제거했다. 그 사람을 옹호하는 발언을 하며 숭정제의 심기를 더욱 건드려 사지로 몰아넣기까지 했다. '연한 칼(혓바닥)이 사람을 죽인다'고 정말 악독하기 짝이 없는 인간이었다. 기록에는 온체인이 말 한마디로 사람을 바로 죄인 만든다고 했다.

원숭이도 나무에서 떨어진다고 했던가? 황제의 총애만 믿고 안하무인 설치던 온체인이 그 총명함 때문에 결국은 거꾸로 당했기 때문이다. 잔머리도 적당히 써야지 끝장을 보려고 무리수를 두면 역공을 당할 수밖에. 사건의 경위는 이랬다.

지독한 온체인은 이미 두 차례나 공격한 바 있는 전겸익을 내버려두지 않고 기어이 세 번째 공격을 가했다. 전겸익이 온체인에게 당해 고향으로 내려간 지 벌써 10년이 지난 시점이었다. 전겸익은 고향에서 책이나 보며 그런대로 지내는 편이었다. 그런데 숭정 10년인 1637년 봄, 상숙 지방의 건달인 장한유란 자가 개인적으로 전겸익에게 청탁을 넣었다가 혼이 나는 일이 있었다. 장한유는 이 일로 전겸익에게 원한을 품고 경성으로 올라와 전겸익이 강남에서 과거 권세를 믿고 뇌물을 받고는 사람을 살렸다 죽였다 하는 등 무도한 짓을 저지르는가 하면, 조정을 비방하고 사직을 위험에 빠뜨리고 있다는 등 말도 안 되는 모함을 했다.

장한유의 말은 정말 놀라운 것이었지만 조정에서 물러난 지 10년이 넘은 전겸익이 무슨 힘이 있어 이토록 어마어마한 일을 저지를 수 있단 말인가? 조금만 생각해보면 얼마나 황당무계한 헛소리인지 상식선에서 알 수 있는 일이었다. 그런데도 온체인은 지난날의 개인적 감정만을 앞세워 전겸익과 구식사(瞿式耜) 두 사람을 잡아들였고, 예의 숭정제의 심기를 건드려 엄하게 다스리라는 명령을 받아냈다.

억울함을 하소연할 길 없어 막막해하던 전겸익은 환관 조순화(曹淳化)에게 청탁을 넣었다. 황제의 총애를 철석같이 믿고 있던 온체인은 환관 조순화가 끼어들자 조순화도 함께 옭아 넣으려 했다. 과거에 써먹었던 수법대로 이렇게 엮어서 전겸익과 조순화를 동시에 제거하려는 속셈이었다. 그렇게만 된다면 자신의 입지는 더욱 튼튼해질 수 있기 때문이었다.

그러나…, 역사는 입증한다. 아무리 사악하고 간사한 간신이라도 허점이 있고 실수가 있기 마련이라는 사실을. 그것을 놓쳐서는 절대 간신에 맞서 이길 수 없다. 아무튼 조순화가 누군가? 그는 사례감 태감으로 황제의 신변에서 황제를 돌보는 핵심적인 위치에 있던 인물이었다. 명 왕조의 전권을 휘둘렀던 거물급 환관 대부분이 이 기관에서 배출되지 않았던가? 원래 내각과 대권을 놓고 경쟁하던 막강한 기관이었다.

온체인은 사실 이 기회를 이용하여 조순화를 비롯한 사례감 전체를 납작하게 누를 생각이었다. 그런데 정말 뜻하지 않게 숭정제가 온체인이 은밀히 올린 상소를 조순화에게 보여준 것이다. 화가 머리끝까지 뻗친 조순화는 이 사건의 심리를 자신이 맡겠다고 숭정제에게 자청했다. 조순화는 환관 최고 기구인 동창에 사건 조사를 맡겼고, 그 결과 장한유란 작자가 온체인과 몰래 꾸민 일임이 드러났다. 상세한 보고서가 숭정제에게 전달되었고, 숭정제는 그제야 온체인도 사사로이 패거리를 지어가며 자신을 기만해왔다는 사실을 알게 되었다. 전겸익과 구식사는 풀려났고, 장한유 등은 곧장

100대에 처해 졌지만 매질을 견디지 못하고 며칠 뒤 죽었다.

사태가 불리하게 돌아가자 온체인은 병을 핑계로 집에 처박혀 나오지 않았다. 언관들이 줄줄이 들고일어나 온체인을 탄핵하기 시작했다. 온체인은 전혀 개의치 않았다. 지금까지 온체인을 탄핵한 사람들은 전부 황제에게 견책을 당했기 때문이다. 황제의 총애를 하늘 같이 믿고 있는 온체인인지라 이렇게 배짱을 부릴 수 있었다. 하지만 이번에는 달랐다. 온체인의 말이라면 팥으로 메주를 쏜다 해도 믿던 숭정제가 온체인에게 낙향을 명령한 것이다.

숭정제의 성지가 온체인에게 전달될 당시 온체인은 산해진미를 차려 놓고 보란 듯 먹고 있었다. 그런데 '고향으로 돌아가라'는 말을 듣고는 얼마나 놀랐던지 들고 있던 젓가락을 땅바닥에 떨어뜨렸다. 고향으로 돌아간 온체인은 해가 바뀌고 얼마 지나지 않아 죽고 말았다.

역사의 전율

1644년 농민 봉기군의 수령 이자성(李自成, 1606~1645)이 북경의 자금성을 점령하고, 명 왕조는 멸망했다. 숭정제는 황제 자리에 오른 지 17년 만에 아무도 돌보지 않는 고립무원의 상태에서 홀로 매산(煤山, 지금의 북경 경산 공원)에 올라가 한 나무에 목을 매어 자살했다. 자살하면서 숭정제는 유서를 남겼는데, 그 내용이 참으로 구차했다. 특히, 나라가 망한 책임의 대부분을 신하들이 자신을 잘못

이끈 탓으로 돌리면서도 유독 온체인에 대해서만은 나쁘다고 여기지 않았다. 정말이지 역사의 비극이 아닐 수 없다.

숭정제는 집권 17년 동안 무려 50명의 재상을 갈아치웠다. 재상 한 사람이 평균 4개월 남짓 자리를 지킨 셈이다. 온체인은 무려 8년 가까이 집권했다. 의심 많기로 말하자면 약 600명에 이르는 중국의 역대 제왕들 중 몇 손가락 안에 꼽힐 정도였던 숭정제가 어떻게 온체인을 8년 동안이나 재상 자리에 앉혀 두었을까? 정말 의문이 아닐 수 없지만, 이는 그만큼 간신 온체인이 숭정제를 철저하게 완벽하게 속였다는 반증이 아니겠는가? 간신은 이렇게 무서운 존재다.

생각해보라! 나라 경제가 파탄이 나고, 적군이 도성을 압박해오며, 사방에서 민중 봉기가 일어나는 총체적 위기 상황에 몰린 상황에서도 사리사욕을 채우는 데 혈안이 되어 있던 온체인을 재상 자리에 그대로 둔 숭정제를, 자신에게 귀향을 명령하는 숭정제의 성지가 전달된 상황에서도 산해진미를 차려 넣고 천연덕스럽게 젓가락질을 하고 있었던 온체인을, 목을 매어 죽으면서도 온체인의 잘못이 무엇인지 깨닫지 못했던 숭정제를, 재상으로 있으면서 나라에 이익이 되는 일이라곤 단 한 가지도 하지 않았고, 나라에 해가 되는 일도 단 하나 없애지 못했던 온체인을……. 도대체 어떻게 이런 일이 벌어질 수 있단 말인가?

권력을 사유화하여 그것을 마치 누군가에게 은혜를 베풀 듯이 사용할 때 권력과 권력자는 타락한다. 나라와 백성이 아닌 자신에게 충성하는 자, 즉 간신을 키우는 필연적 수순이 바로 권력의 사유화다. 자신에게 충성하는 자를 원한 이상, 자신에 대한 충성이 변하거나 의심되지 않는 한 그자가 아무리 무능해도 아무리 잘못해도 내치지 않고 곁에 둔다. 나라를 발전시키는 데는 유능한 인재 100명도 모자라지만, 나라를 망치는 데는 이런 권력자와 간신 단둘이면 충분하다. 못난 권력자와 교활한 간신이 조합을 이루면 정말이지 못 할 일이 없다. 이럴 때 역사는 심하게 전율한다.

간신의 온상은 권력자 자신이다. 특히 권력에 대한 깊이 있는 의식과 심각한 통찰 없이 그저 내 손에 쥐어진 힘 있고 잘 드는 칼 정도로만 생각하는 천박한 권력자야말로 간신이 무럭무럭 자랄 수 있는 절대 온상이 된다. 문제는 이런 현상이 군주체제에서만 일어난 일이 아니라는 사실이다. 지금 우리 눈앞에서 버젓이 벌어지고 있고, 세상 곳곳에서 벌어지고 있다. 간신이란 역사현상을 경계하고 통찰해야 하는 절박한 까닭이 바로 여기에 있다.

앞서 말한 대로 숭정제는 나라가 망하고 자신이 죽는 순간까지
자신이 무엇을 잘못했는지 깨닫지 못했다. 아니면 그 사실 자체를
인정할 수 없었을지도 모른다. 온체인을 비롯한 간신들에게 휘둘
리고 급기야 명장 원숭환을 죽이는 등 멸망을 재촉한 숭정제의 최
후를 간단하게 복원해본다.

농민봉기군의 우두머리 이자성이 북경에 이른 것은 1644년 3월
17일이었다. 명의 군대가 부랴부랴 수도를 지키기 위해 나섰지만
지난 다섯 달 동안 봉급을 받지 못한 10만에 이르는 수도 방위부대
가 눈 깜짝할 사이에 쿠데타를 일으켰다. 선부(宣府, 하북성 선화)에서
투항한 감시환관 두훈(杜勛)이란 자는 성 위의 환관 동료들에게 "우
리들의 부귀는 다른 곳에서도 찾을 수 있으니 너무 고지식하게 버
티지 말라!"고 회유했다. 다음 날인 18일 밤, 성의 방어를 감시하는
환관의 거두 조순화가 대문을 활짝 열고 이자성의 군대를 맞아들
였다. 철옹성처럼 견고해 보이던 북경성이 전투 한 번 없이 함락되
는 순간이었다.

이 소식을 접한 황제 주유검은 어둠을 틈타 도망을 시도했다. 처
자식은 버리고 손에는 당시로서는 최신식 무기인 삼안창(三眼槍)을
쥔 채 아직은 자신의 명령을 따르는 십수 명의 환관을 이끌고 있었
다. 환관들도 모두 손에 날카로운 도끼(왜 모두에게 삼안창을 주지 않았
는지 알 길이 없다. 또 지고무상한 황제가 어떻게 자신을 따르는 장수 하나 없을
정도로 사람들로부터 외면을 당했는지도 알 길이 없다)를 들고 있었다.

황제가 자금성 동화문(東華門)으로 뛰어오자 문을 지키던 환관이 화살을 쏘아 황제의 도주를 막았다. 황제는 다시 제북문(齊北門)으로 도망쳤다. 제북문을 지키는 수문장은 황제가 가장 신임하던 주순신(朱純臣)이었다. 황제는 주순신의 집을 찾았다. 황제의 어가가 당도했다는 말에 평소 같으면 이런 영광이 어디 있냐며 버선발로 뛰어나와 맞이했을 주순신이 문조차 열지 못 하게 하는 것이 아닌가?

황제는 다시 안정문(安定門)으로 뛰어갔다. 안정문을 지키던 군대는 벌써 궤멸되고 아무도 없었다. 성문은 굳게 닫혀 있었다. 황제를 따르던 환관들이 도끼로 문을 부수려 했으나 어림도 없었다. 이때가 19일 새벽이었다. 사방에서 불길이 솟고 이곳저곳을 수색하는 이자성 군대의 고함 소리가 점점 가까워지고 있었다. 황제는 황궁으로 돌아가는 수밖에 없었다. 그는 매산(煤山, 지금의 자금성 뒤쪽의 경산景山)으로 불리는 인공 산에서 목을 매어 스스로 목숨을 끊었다. 목을 매기 전에 그는 다음과 같은 유서를 남겼다고 한다.

"역적이 수도까지 밀어닥친 것은 참으로 나의 덕이 모자라기 때문이다. 하늘이 벌을 내리시는 것이다. 하지만 신하들이 나를 잘못 이끈 탓도 있다. 지하에 계신 조종께 면목이 없으니 내 모자와 옷을 벗겨 머리부터 얼굴까지 덮어라. 역적들이 내 시체를 찢게는 할지언정 한 사람의 인민도 죽이지 않도록 하라."

이 유서는 나중 사람이 조작했을 가능성도 있지만, 진짜일 가능성도 배제할 수는 없어 보인다. 평소 숭정제의 행태로 보아 이 순간까지도 얄팍한 수로 사람들의 눈과 귀를 가리려는 솜씨가 충분히 드러나 있기 때문이다. 신하들이 자신을 잘못 이끌었다는 대목에서는 한숨이 절로 나온다. 어리석은 권력자 한 사람이 역사에 얼마나 큰 짐과 한을 남기는지, 그리고 그 뒤에 웅크리고 있는 간신이란 존재가 얼마나 심각하고 무서운지 살 떨리게 실감한다.

숭정제의 최후는 비교적 평온(?)했다. 그의 곁을 지키는 사람이 아무도 없었기 때문이다. 지고무상한 권력자의 최후는 간신에게 놀아난 만큼 쓸쓸하고 씁쓸했다. 사진은 자금성의 뒷산인 경산 한 귀퉁이의 숭정제가 목을 맨 나무이다.

원시사회	약 60만 년 전~기원전 약 21세기	삼황오제(三皇五帝) 포함
하(夏)	기원전 약 21세기~기원전 약 16세기	노예제 사회. 상은 후기 은(殷)으로 천도, 상은이라 부름.
상(商)	기원전 약 16세기~기원전 약 11세기	
서주(西周)	기원전 약 11세기~기원전 771년	
춘추(春秋)	기원전 770년~기원전 476년	
전국(戰國)	기원전 475년~기원전 221년	봉건사회 개시
진(秦)	기원전 221년~기원전 206년	시황 – 호해 – 자영 3대.
서한(西漢)	기원전 206년~8년	서한과 동한 사이에 왕망(王莽)의 신(新) 9년~23년. 유현(劉玄) 23~25년.
동한(東漢)	25년~220년	
삼국(三國)	220년~280년	위 · 촉 · 오
위(魏)	220년~265년	조조 – 조비 – 조예
촉(蜀)	221년~263년	유비 – 유선
오(吳)	222년~280년	손권
서진(西晉)	265년~316년	무제 사마염(司馬炎)
동진(東晉)	317년~420년	원제 사마예(司馬睿)
오호(五胡) 십육국	304년~439년	흉노, 선비, 갈, 저, 강
남북조 (南北朝)	420년~589년	
남조(南朝)	420년~589년	
송(宋)	420년~479년	무제 유유(劉裕)
제(齊)	479년~502년	고제 소도성(蕭道成)
양(梁)	502년~557년	무제 소연(蕭衍)
진(陳)	557년~589년	무제 진패선(陳覇先)
북조(北朝)	386년~581년	
북위(北魏)	386년~534년	도무제 탁발규(拓跋珪)
동위(東魏)	534년~550년	효정제 원선견(元善見)

서위(西魏)	535년~557년	문제 원보거(元寶炬)
북제(北齊)	550년~577년	문선제 고양(高洋)
북주(北周)	557년~581년	효민제 우문각(宇文覺)
수(隋)	581년~618년	문제 양견(楊堅)
당(唐)	618년~907년	고조 이연(李淵)
오대십국 (五代十國)	907년~979년	5대 : 후량, 후당, 후진, 후한, 후주/10국 : 오, 남당, 민, 초, 오월, 전촉, 후촉, 남한, 형남, 북한
북송(北宋)	960년~1127년	태조 조광윤(趙光胤)
남송(南宋)	1127년~1279년	고종 조구(趙構)
요(遼)	907년~1125년	태조 야율아보기
서하(西夏)	1032년~1227년	경제(景帝) 원호(元昊)
금(金)	1115년~1234년	태조 완안민(完顔旻) 아골타
몽(蒙), 원(元)	1206년~1368년	태조 징기스칸. 1271년 원(元)으로 국호 개명. 북원(1370~1388).
명(明)	**1368년~1644년**	**태조 주원장(朱元璋)**
청(淸)	1616년~1911년	태조 애신각라(愛新覺羅). 1616년 누루하치 후금 건국. 1636년 황태극 청으로 개명.

역대 최고의 탐관오리 간신
화신 和珅

큰 탐관오리 가증스러우면서 가련하기도 하지

평생 돈만을 위해 수고했으니.

어느 날 빙산이 무너지니

눈앞에서 사람과 재물이 사라졌구나!

중국의 역사 연구가 사식(史式) 선생은 《청관탐관각행기도(清官貪
官各行其道)》라는 저서에서 청 왕조의 탐관오리 화신(1750~1799) 편을

청 왕조 판도

마무리하면서 위와 같은 시를 남겼다.

《간신론 - 이론편》에서 간신의 공통점이자 특징으로 탐욕(貪慾)이라는 본성을 바탕으로 권력을 탐하는 탐권(貪權), 자리를 탐하는 탐위(貪位), 재물을 탐하는 탐재(貪財), 여색을 탐하는 탐색(貪色)이라는 '사탐(四貪)'을 지적한 바 있다. 그렇다면 역사상 최대의 탐관오리 간신은 누구일까? 이 문제에 대한 답은 그리 어려워 보이지 않는다. 충분한 통계를 근거로 청 왕조 건륭제 후기의 간신 화신이라 말할 수 있기 때문이다.

청 왕조는 역대 왕조들 중 간신이 상대적으로 아주 적었다고 할 수 있다. 모두 12명의 황제들 대부분이 부지런하고 능력이 뛰어났다. 특히 강희 - 옹정 - 건륭 3대에 이르는 약 140년은 중국 역사상 최고의 황금기라 불러도 손색이 없었다. 그럼에도 간신은 어김없이 출현했다. 그것도 건륭제라는 치세에 거물급 간신이 나타났으니 간신이란 존재가 하나의 현상이라는 사실을 새삼 확인하게 된다. 이하 건륭 시기(1735~1795)를 풍미했던 탐관오리의 전형이었던 간신 화신의 행적을 주로 축재 상황을 중심으로 상세히 알아본다(축재 부분은 사식 선생의 위 책의 내용을 참고하여 엮었다).

탄탄대로의 벼슬길과
축재의 길

청 고종(高宗) 홍력(弘曆)은 1736년부터 1796년까지 60년 동안 재위했고 연호를 건륭(乾隆)이라 했다. 25세에 즉위했다. 건륭제라 많이 부른다. 85세가 되자 너무 오래 황제 자리에 앉기가 귀찮았던지 할아버지 강희제가 재위한 햇수인 60년을 넘길 수 없다는 이유로 열다섯 번째 아들 옹염(顒琰)에게 황제 자리를 넘겨주고 자신은 태상황으로 물러났다. 새 황제는 연호를 가경(嘉慶)이라 했다. 태상황으로 물러나긴 했지만 국가의 중요한 사무는 여전히 관여했다. 1799년 건륭제가 병으로 죽고 나서야 가경제는 비로소 명실상부한 황제가 되었다(가경제는 1760년에 태어나 1820년 사망했다).

화신은 만주족의 주력인 팔기(八旗) 중 정홍기(正紅旗) 출신으로 어렸을 때는 관학에서 사서오경을 배우는 등 먹물 냄새가 어느 정도 나는 인물이다. 성인이 된 다음 건륭제의 난의위(鑾儀衛)가 되었는데, 3등급 호위에 해당했다.

한번은 건륭이 가마를 타려는데 창졸지간에 가마 위에 꽂는 양산을 찾지 못해 호위들이 허둥대는 일이 발생했다. 건륭은 "이게 누구 잘못이냐?"며 역정을 냈다. 시위들은 눈알만 굴리면서 누구 하나 대답하지 못하고 있었는데, 이때 화신이 나서 큰 소리로 가마를 관리하는 책임자의 직책을 거론하며 "책임을 면키 어려울 줄로 압니다!"라고 답했다. 건륭은 이목구비가 뚜렷하고 낭랑한 목소리로 시원스럽게 대답하는 화신의 모습이 인상적이었다. 그래서 가마를 타고 가면서 사서오경에 관해 이것저것을 물었더니 총명하게 대답을 잘했다. 건륭은 "시위 중에 이런 인재가 있다니!"라는 감탄사를 연발하면서 흡족해했다. 그리고는 그 자리에서 화신을 3등급 시위에서 의장대를 총괄하는 어전 시위로 승진시켰다.

탐관형 간신 화신을 발탁한 건륭제.

화신은 잘생긴 데다 말도 잘했다. 늘 웃은 얼굴로 사람을 대했다. 그 일이 있은 이후로 늘 건륭 신변을 지키면서 황제의 호감을 살 기회를 놓치지 않았다. 그는 또 많이 보고 들으면서 상대의 비위를 잘 맞추는 기술을 익혀 평소 황제의 일거수일투족을 빼놓지 않고 자세히 관찰했다. 이렇게 황제의 심리와 취향 등을 잘 헤아려 오래지 않아 황제의 기질과 습성 등을 정확하게 파악할 수 있게 되었다. 무슨 일이 생기면 황제의 명령이 떨어지지 않아도 열에 아홉은 정확하게 추측하여 즉시 처리함으로써 황제의 마음을 만족시켰다. 짧은 기간에 시위에서 부도통, 시랑, 상서, 대학사에 이르기까지 수직 상승을 거듭했다. 건륭은 화신의 아들 풍신은덕을 화효 공주의 남편으로 삼아 부마에 봉하기까지 했다. 화효 공주는 건륭이 가장 애지중지하는 딸이었으니 화신에 대한 그의 신임은 그 이전 어떤 사람보다 컸음을 알 수 있다.

화신은 1776년부터 총애를 받으며 권력에 다가선 이후 1799년 가경제에 의해 사사되고, 가산을 몰수당하기까지 전후 20년 넘게 건륭의 총애와 신임을 충분히 이용하여 대권을 독점했는데, 재정권과 인사권이 모두 그에게 집중됨으로써 황제 아래 만인의 위에 군림하는 특별한 인물이 되었다.

그는 평생 단 한 사람, 건륭만을 따라다녔다. 그가 평소 생각하고 하는 일 역시 단 하나, 건륭의 비위를 맞추고 아부하는 것뿐이었다. 그리고 그렇게 한 목적도 단 하나, 권력을 이용하여 뇌물을 받고 재물을 긁어모으는 것 그것뿐이었다. 권력을 쥐고 사용할 때 형식상으로는 다른 일도 많이 했지만 그런 것들은 목적이 아니라 수단에 지나지 않았다. 필생의 노력 끝에 차린 그의 '비리 사업'은 정말이지 볼만했다. 부정 축재의 수량으로만 따져도 그는 중국 역대 탐관오리들 중 단연 으뜸이었다.

역대로 생활수준이 다르고 사용한 화폐의 가치도 같지 않았기 때문에 탐관들의 부정 축재의 양을 단순 비교한다는 것은 쉽지 않지만, 역대 거물급 탐관오리들이 부정 축재한 수량을 그 당시 국가 세입(국가 1년 재정수입)을 비교하여 그 비율이 어느 정도였는가를 보면 나름대로 가늠할 수 있지 않을까?

먼저 동한시대의 거물급 탐관이자 외척으로 대장군까지 오른 양기(梁冀)는 천하를 움직일 권력을 휘두르며 온갖 비리와 뇌물을 받아 어마어마한 거부가 되었다. 그가 몰락하여 가산을 압수당할 당시 그의 가산을 계산해 보니 당시 조정 세입의 절반가량이었다고 한다.

위진남북조시대에서 명나라 때까지 가산을 압수당한 탐관의 수는 100명이 넘을 정도로 적지 않았지만, 부정 축재의 수량이 조정의 세입에 상당하는 자는 몇 되지 않았다. 그런데 가산 압류 당시 화신이 부정 축재한 재산은 놀랍게도 조정 세입의 100배 이상이었다(화신의 부정 축재에 대해서는 부록에서 상세히 살펴보았다).

탐관오리 화신 출현의
역사적 배경

　2천 년이 넘는 전제왕조시대에 중국의 역사는 늘 평화와 난리가 반복되는 '일치일란(一治一亂)'의 연속이었다. 대란의 시대에는 큰 탐관오리가 나올 수 없다. 한번 생각해보자. 농경지가 황폐해지고 가족은 흩어져 백성들은 하루 끼니 때울 양식조차 없이 간신히 숨만 쉬고 있는 상황에서 탐관오리 노릇을 하고 싶어도 어디 가서 그 짓을 한단 말인가? 물론 간신은 예외였다.

　탐관오리는 대개 치세, 적어도 천하가 어느 정도 안정된 다음 나타난다. 이때는 사회질서가 어느 정도 안정을 찾는다. 법률 및 민간풍속, 윤리도덕이 작동을 하기 때문에 아무나 함부로 혼란을 부추기기 힘들다. 중국은 진·한 이래 군주 전제제도를 실행하여 천하의 재부를 황제 한 사람의 사유재산처럼 생각하고 천하 인민을 모두 황제의 노복으로 여겨왔다. 그러나 황제도 '하늘로부터 명을 받아' 천하의 백성을 관리하는 대리인일 뿐 백성의 재산을 전부 자기 허리춤에 두르려 해도 할 수 없었다.

　역대 왕조에서 군주의 권력, 즉 군권은 지고무상이었다. 하지만 재상에게도 '상권(相權)'이란 것이 있어 군권에 대해 나름대로 제약을 가하는 역할을 했다. 황제가 지나치게 멋대로 비리를 자행하거나 민간의 재물을 갈취할 경우 재상과 언관들이 나서 이른바 '진간(進諫)'을 통해 황제를 말렸다. 명나라 이전까지는 탐관은 말할 것 없고 황제조차 멋대로 굴고 싶어도 그렇게 할 수 없었다.

그런데 명을 건국한 태조 주원장(朱元璋)이 재상 제도를 폐지하고 6부 상서들로 하여금 직접 황제에 대해 책임을 지게 한 이래 황제의 독단적 행위는 한결 수월해졌다. 명·청시대는 대학사를 상국이라 부르기는 했지만 그것은 그냥 듣기 좋으라고 붙인 호칭이었고, 실은 황제의 비서실장에 지나지 않았다. 황제의 명령에 따라 일을 처리할 뿐 그 전처럼 규정에 따라 행사할 수 있는 재상권은 전혀 주어지지 않았다. 대학사는 황제 앞에서 그저 '예예'라는 말만 할 수 있을 뿐이었다.

　이런 상황에서 황제가 다소 능력이 있고 책임감이 강해 중요한 일들을 직접 처리한다면 권력은 딴 곳으로 새지 않았고, 국가는 어느 정도 안정을 유지할 수 있었다. 반면 황제가 게으르고 어리석어 자신의 일을 타인에게 넘겨 대신 처리하게 한다면 대권은 순식간에 옆으로 새어 나간다. 그나마 대권이 어느 정도 식견 있는 지식인 수중에 들어가면 큰일은 해내지 못하더라도 자리는 지키고 큰 혼란은 없었다. 문제는 소인의 손에 들어가면 큰일이었다. 소인, 특히 간신이 일을 처리할 때는 근본적으로 대국을 돌아보지 않고 오로지 눈앞의 사사로운 사욕만 꾀하기 때문에 결국 국가의 대사를 어지럽힐 수밖에 없다. 건륭 후기 화신에게 권력이 넘어간 상황이 바로 이런 상황이었다.

　명나라 때도 탐관오리가 적지 않았지만 그 숫자는 상대적으로 많은 편이 아니었다. 여기서 말하는 탐관오리는 간신과는 별도다. 간신은 100% 탐관오리지만, 탐관오리는 100% 간신은 아니다. 아무튼 명 왕조에서 탐관오리가 상대적으로 적었던 이유는 대체로 두 가지다.

첫째, 명대는 탐관에 대한 징벌이 시종 엄중했다. 주원장은 빈민 출신으로 탐관에 대한 증오심이 대단했다. 탐관오리와 비리에 대한 반감이 심할 수밖에 없었다. 60냥 이상을 부정하게 착복한 탐관은 목을 잘라 대중에게 전시하는 것은 물론 가죽을 벗기고, 내장을 긁어낸 다음 풀을 채워 넣었다. 관리들의 의자 옆에는 왕왕 박제가 된 탐관들의 표본들이 놓여 있어 보는 이의 간담을 서늘하게 만들곤 했다. 이런 공포스러운 방법은 확실히 관리들을 사전에 단속하는 작용을 했다. 관리가 부정을 하고 싶어도 이런 두려움 때문에 감히 실행에 옮기지 못한 것이다. 크게 저지른 탐관들은 그저 무지한 환관들 몇몇에 지나지 않았다. 과거 시험 출신의 탐관오리를 대표하는 엄숭은 부정과 비리를 저지르면서도 끊임없이 앞뒤를 돌아보며 조심했다. 부정과 비리 때문에 끝내 패가망신을 초래한 자는 엄숭이 아니라 무지한 그 아들 엄세번이었다.

둘째, 명대에는 내우외환이 끊이질 않아 국가재정이 들쭉날쭉 한 번도 안정된 적이 없었다. 소인배가 권력을 잡고 간 크게 비리를 저지르고 싶어도 국고가 비어 있고 밑천이 형편없었으니 해 먹어 봤자 얼마나 해 먹을 수 있겠는가?

그러나 청대의 경제 상태는 아주 많이 좋아졌다. 강희·옹정·건륭 3대 약 140여 년은 청 왕조 전체를 통해 가장 안정된 시기였다. '삼번(三藩)의 난'이 마무리되고 대만을 수복한 뒤로는 대내외적으로 큰 전쟁이나 별다른 사건이 없었기 때문에 생산이 회복세에 들고 경제가 번영하기 시작하면서 국고도 든든해졌다.

건륭 34년인 1769년 이후 국가재정은 해마다 흑자를 기록하여 국고의 은 보유량은 매년 7천만 냥 이상을 유지할 수 있었다. 바로 이 시기에 화신이 권력 무대에서 두각을 나타내기 시작했다. 화신이 정권을 잡은 시기는 달리 말해 경제 상황이 비교적 느긋한 시기였고, 이 때문에 화신은 천문학적 숫자의 재부를 긁어모아 천하제일의 거물 탐관오리가 될 수 있었던 것이다.

수 양제의 판박이 건륭

건륭 후기가 태평성세로 나라에 적지 않은 재부가 쌓여 있었다고는 하나 청대 역시 명대와 마찬가지로 권력은 군주 한 사람에게 고도로 집중되어 있었다. 황제 자신이나 총애를 받는 신하가 멋대로 부정과 비리를 저지를 가능성은 얼마든지 있었다. 하지만 든든한 배경을 찾지 못했다면 화신이란 자가 제아무리 솜씨가 좋고 능력이 뛰어났다 해도 그렇듯 천문학적 규모의 재물을 횡령하지 못했을 것이다.

화신은 아부에 능숙했고, 또 동시에 그것을 좋아하는 대상을 찾았다. 자신의 공과 업적을 과시하길 좋아하고 이익과 명예를 동시에 탐냈던 건륭은 그런 점에서 나무할 데 없는 표적이었다. 건륭의 입장에서 볼 때도 화신의 절묘한 비위 맞추기와 아첨은 자신의 구미에 딱 맞았다. 게다가 재물을 긁어모으는 화신의 솜씨도 건륭의 필요성과 맞아떨어졌다. 손바닥이 마주치니 요란한 소리가 났고, 화신에 대한 건륭의 총애는 갈수록 더했던 것이다. 둘 사이는 실제로는 '공생(共生)' 관계였다. 간신과 권력자가 기생충과 숙주의 관계라는 사실을 또 확인하게 된다. 우리가 화신이란 이 간신을 이해하려 할 때 가장 좋은 방법은 먼저 건륭이란 인물을 알아보는 것이다.

표면적으로 건륭과 수 양제는 완전히 달라 보이지만 실은 여러 가지 면에서 두 사람은 서로 빼닮았다. 물론 이런 견해에 찬성하지 않는 사람도 적지 않을 것이다. 관 뚜껑을 덮고 난 다음 내려진 평가들에 따르면 수 양제는 폭군에다 망국 군주였다. 건륭제는 초기는 분발하여 일을 잘해 냈지만, 후기는 교만하고 사치 방탕했던 전후가 완전히 다른 인물이었다. 전체적으로 보아 어용 사가들이 오랫동안 노래를 불러온 '건륭성세'의 창건자 중 한 사람으로서 어느 정도는 한 황제라는 평가다. 따라서 두 사람을 같이 놓고 이야기할 수 없다는 논리다. 여기서 시비 장단에 대해 논쟁하고 이러쿵저러쿵 길게 얘기할 것 없이 그들의 평생 경력을 진지하게 한번 비교하여 그들 사이에 닮은 점이 얼마나 있는지 한번 보도록 하자.

첫째, 그들은 마침 성세를 만난 행운아들이었다. 역사상 일부 제왕은 억세게 재수 없는 시대를 만난 탓에 아무리 노력하고 애를 써도 대세를 만회하지 못했다. 예를 들어 서한 헌제는 즉위 당시 대권이 이미 딴 곳으로 넘어갔기 때문에 근본적으로 아무 일을 할 수 없었다. 또 명 숭정제는 즉위 무렵 내우외환이 봇물처럼 밀려들어 무던히 노력했음에도 불구하고 멸망이란 운명의 시계를 되돌리지 못했다. 물론 평가의 차이는 있을 수 있다. 수 양제는 북주의 귀족 가문에서 태어나 성년이 된 다음 때마침 아버지 문제가 일궈 놓은 대업을 물려받아 천하에 남 부러울 것 없이 살았다. 건륭은 25세에 즉위했는데, 강희·옹정 두 황제가 키워놓은 국력을 이어받아 잔뜩 쌓여 있는 재부로 자기 하고 싶은 대로 할 수 있었다. 이 둘은 모두 황제들 중 행운아이자 부잣집 도련님이었다.

둘째, 두 사람 모두 공 세우길 좋아하고, 또 그것을 여기저기 자랑하길 즐겼다. 밑천이 없으면 공을 세우고 군대를 동원하고 싶어도 못 한다. 수 양제는 애당초 병권을 쥐고 진을 평정하는 전쟁에서 큰 공을 세웠다. 고구려를 원정하면서 좌절을 겪었음에도 분에 못 이겨 대가를 따져보지도 않고 기어코 고구려를 멸망시키려 했다. 건륭은 군사에 대해 알지도 못하면서 경제력과 기분만 갖고 체면 때문에 일쑤 군대를 동원했다. 싸움에 나서 승리하지 않으면 포기할 줄 몰랐다. 이 때문에 60년 황제 노릇을 하는 동안 무려 열 차례나 전쟁을 일으켰는데, 어용 사관들은 이를 두고 열 번 싸워 열 번 다 대승하여 공을 세웠다며 '십전무공(十全武功)'이라고 찬양했다.

이 때문에 건륭은 만년에 자신을 '완벽한 늙은이'란 뜻의 '십전노인(十全老人)'으로 자처하면서 호기를 부렸다. 사실 말이지 열 차례 전쟁에서 전승을 거둔 것이 결코 아니었다. 일부 전쟁은 완전히 침소봉대한 것으로 애당초 군대를 일으킬 필요조차 없는 경우였다. 그러나 그는 자신의 좋은 명성을 위해 여러 차례 거리낌 없이 전쟁을 도발하여 많은 군사와 백성, 변방 소수민족의 생명을 희생시켰다. 그에게 전쟁은 놀음이나 마찬가지였다.

셋째, 두 사람 모두 우아한 척 풍류 넘치는 재주꾼으로 자처했다. 또 과대망상에 사로잡혀 스스로를 지략이 뛰어나고 동시에 문학적 재능도 대단하다고 생각했다. 수 양제는 애정시 몇 편을 남겼는데,

그 자신은 "시를 써서 해도 나는 황제가 될 수 있다!"며 큰소리를 뻥뻥 쳤다. 그 당시 설도형(薛道衡)의 시는 지식인뿐만 아니라 일반인들 사이에서도 널리 애송될 정도로 인기가 높았는데, 특히 "어둑한 창문엔 거미줄이 드리우고, 빈 대들보 위엔 제비가 집을 짓네"라는 구절은 아주 많은 사람들이 즐겨 인용했다. 수 양제는 이런 설도형을 시기하고 질투하여 그를 죽인 다음 "아직도 그 구절을 지을 수 있겠느냐?"며 의기양양해했다. 건륭도 시나 문장을 애호했다. 천하를 두루 돌면서 가는 곳마다 시나 문장을 남겨 우쭐거리며 자신의 글솜씨를 뽐냈다. 동시에 늘 자신이 뛰어나다는 망상에 사로잡혀 한족 지식인의 문장에서 잘못을 찾아내서는 대대적인 '문자옥(文字獄)'을 일으켰다.

넷째, 이 두 사람은 모두 여기저기 놀러 다니기를 좋아했으며, 특히 풍요로운 강남을 좋아했다. 수 양제는 세 번 강도(양주)를 찾았고(그는 결국 여기서 최후를 마쳤다), 건륭은 여섯 차례나 강남을 순시하면서 엄청난 인력과 재력을 낭비했다. 그들이 지나는 길목의 백성들이 당한 고통이란 측면에서도 두 사람은 너무 닮은꼴이었다.

다섯째, 더욱 닮은 점은 두 사람 모두 남의 말을 듣지 않고 제멋대로였으며, 또 죽어도 잘못을 인정하지 않았다는 사실이다. 수 양제는 쿠데타가 터져 자신이 이미 반군의 손아귀에 들어갔는 데도 억지를 부리며 결코 패배를 인정하지 않았다. 목 졸려 죽는 순간까지도. 건륭은 그래도 수 양제에 비해 운이 많이 따랐다. 집안에 밑천이 두둑하여 여러 차례 강남을 순시하며 백성을 괴롭히고 재정을 축내 원성이 들끓었지만 황제 자리에서 물러날 때까지 완전 바

닦은 면해 큰 난리는 없었다.

　백련교가 각지에서 크게 일어난 것은 그 아들 가경제 때의 일이었다. 건륭은 그의 강남 놀이를 말리는 의견에 대해서는 전혀 귀를 기울이지 않았고, 누구든 말리면 곤욕을 치루기 일쑤였다. 4차 강남 놀이 때는 항주로 행차했는데 체면 불구하고 심야에 변복을 하고 화류계를 찾아 나서려 했다. 황후가 울면서 말리자 화가 난 건륭은 황후를 북경으로 돌려보냈고, 그녀는 끝내 우울증에 시달리다 죽었다.

　가장 말이 안 되는 것은 6차 놀이 이후였다. 윤회일(尹會一)이 글을 올려 강남 일대 백성들이 고통 때문에 원망의 목소리가 거리를 가득 메우고 있다고 바른 소리를 했다. 건륭은 버럭 화를 내며 "민간이 고통을 받았다고 했는데 대체 누가 고통을 받았는지 지적해

자기과시가 심했던 건륭제의 욕구는 간신이 채워 줄 수밖에 없었다. 또 강남행차 등 놀이에는 엄청난 비용이 필요했고, 그런 점에서 화신은 안성맞춤이었다. 그림은 강희제의 〈강남행차도〉이다.

보라! 또 원성의 목소리가 거리를 가득 메웠다고 했는데 대체 누가 원망을 했는지 지목해보라!"며 어거지를 부렸다. 건륭은 이런 말도 안 되는 논리로 대신들의 입을 틀어막았으니 정말이지 무뢰의 극치다. 이런 억지 질문에 답을 하지 못한 윤회일은 군대로 쫓겨났다.

임기응변에 능했던 기효람(紀曉嵐)은 조야의 존경을 받고 있는, 건륭이 아끼던 대신이었다. 그런 그가 건륭의 유람을 말리면서 했던 "동남의 재력이 바닥났다"는 말 한마디 때문에 호되게 홍역을 치렀다. 6차 강남유람에서 돌아왔을 당시 건륭의 나이는 벌써 74세였다. 대체로 정력이 예전만 못했던지 그 뒤로는 강남유람은 더 이상 없었다. 자기 스스로 그만두지 않았더라면 누구도 말릴 수 없었을 것이다.

건륭과 양제의 일생을 보면 그들의 성격, 생활, 일 처리 방식 등이 대체로 비슷했다고 말할 수 있다. 다른 점이 있다면 최후뿐이었다. 두 사람은 모두 패가망신했으며, 또 모두 자기 멋대로 선조가 쌓아 놓은 재부(실제로는 백성들의 피와 땀)를 아낌없이 바닥냈다. 양제는 완전히 바닥을 내서 모순이 격화되고, 큰 난리가 터져 결국 자신도 목숨을 잃었던 반면, 건륭은 집안의 밑천이 든든하여 모순이 발화점까지 이르지 않고 가경제가 사태를 임시 수습하여 국면이 잠시 누그러졌을 뿐이다.

탐관오리에 반대했다는 건륭, 사람을 보고 말하라

역사 기록에 따르면 탐관에 대한 건륭의 처리는 강희나 옹정보다 더 엄격했다고 한다. 건륭 14년인 1749년, 재위 39년을 맞이한 황제는 탐관오리의 수가 아주 많다는 사실을 보고받고는 벼락같이 화를 내면서 "이런 탐관들을 하루라도 더 자리에 있게 하면 그만큼 백성들이 하루 더 고통 받고 나라도 하루 더 병이 들 것이며", "도끼를 하루 사용하지 않으면 탐관의 침탈도 하루 더 연장될 것이다"면서 많이 그리고 빨리 잡아 죽일 것을 강조했다. 건륭시대에는 2품 이상 거물 탐관으로 목이 잘린 자만 30명이 넘었다.

건륭 46년인 1781년은 화신이 권력을 휘두르고 있을 때였는데, 이때에도 탐관들의 비리 사건에 대한 처벌은 매우 엄중했다. 당시 감숙성 관리들이 모조리 서로 내통하면서 사사로이 공금을 횡령하여 "깨끗하게 공무에 임하는 사람이 단 한 사람도 없었고", "이런 사실을 보고하는 사람도 전혀 없었다." 이 일로 건륭은 노발대발하여 "관리들이 서로를 지켜주는 기풍이 조정 전체에 만연하고", "외지 관리들의 이런 행태는 도저히 분쇄할 길이 없구나!"라며 한탄을 했다. 대대적인 숙청 바람이 불었다. 도지사 겸 군사령관에 해당하는 총독 하나가 처형되고, 그 나머지 탐관들도 목이 잘리거나 교수형에 처해진 자가 47명에 이르렀다.

건륭은 백성들의 숱한 반발이 탐관 때문이라고 생각한 것 같다. 건륭 53년인 1788년 대만의 임상문(林爽文)이 일으킨 봉기가 진압

되었다. 당시 민절총독이 전사한 관리 5명을 구제해줄 것을 요청했다. 건륭은 허락하기는커녕 이렇게 꾸짖기까지 했다.

"평소 부정과 비리로 횡령하고 착취하는 바람에 백성들의 원성이 들끓고 이에 자극을 받아 변이 일어났다. 이런 못된 관리들은 살아 있다면 분명 목이 잘렸을 터인데 해를 당했다고 구제해 달라니, 이 어찌 지나친 요구가 아니냐?"

그 뒤 건륭은 명령을 내려 이들의 가산마저 몰수해버렸다.

건륭이 진심으로 탐관에 대해 반대했는가? 결코 그렇지가 않다. 화신이나 일부 자신이 총애하는 고관들에 대해서는 온갖 방법으로 비호했다. 건륭은 여러 차례 화신에게 중대한 비리 사건에 대한 처리를 맡긴 적이 있다.

한번은 어사 전풍이 산동순무 국태의 비리와 횡령을 탄핵한 적이 있었다. 건륭은 화신과 어사 유당에게 함께 이 사건을 조사하게 하는 한편 전풍도 조사단에 동행시켰다. 화신은 평소 국태로부터 여러 차례 뇌물을 받아먹은 터라 수시로 정보를 알리는 등 국태를 은밀히 비호했다. 정작 국태의 금고를 조사할 무렵 국태의 금고 속에서는 국태가 미리 준비해둔 약간의 은냥만 발견했을 뿐이다. 사건은 이런 식으로 대충 마무리에 들어갔다. 그런데 전풍이 극구 반대하는 바람에 잠시 금고를 봉쇄한 다음 다시 철저하게 조사하여 조작된 증거들을 적지 않게 찾아낼 수 있었다. 국태는 죄상이 드러나 처벌을 받았지만, 그를 비호한 화신에게는 아무 일도 없었을 뿐만 아니라 승진에다 상까지 받았다. 화신은 여전히 호부를 관리하며 국가재정을 장악했다.

또 한번은 내각학사 윤장도가 글을 올려 각 성의 창고가 모두 텅 비었다고 지적하자, 화신은 교활한 말솜씨로 그럴 리가 없다고 반박한 다음 자신의 수족인 시랑 경성을 윤장도에 딸려 보내 정보를 흘

건륭제는 지식인으로 자처했다. 그림은 한족 문인 복장을 한 건륭제의 모습인데 이 역시 자기과시의 한 단면이었다.

린 다음 상대가 준비를 갖추기를 기다렸다가 조사에 들어갔다. 늘 이런 식이었으니 문제를 찾아내지 못한 것은 당연했다. 윤장도는 없는 사실을 보고했다는 죄명으로 처벌을 받았다.

이후로는 화신이 무슨 짓을 해도 문무백관은 'NO'의 'N'자도 꺼내지 못했다. 마음으로야 다 생각이 있었지만 황제가 화신을 철석같이 믿고 아끼는 한 누구도 그를 쓰러뜨릴 수 없다는 것을 알게 된 것이다. 어사의 탄핵도 씨가 먹히지 않는다는 사실을 눈으로 똑똑히 목격하지 않았던가? 이것이 바로 군주 전제시대의 특징이자, 법치가 아닌 인치의 결과였다. 탐관오리와 간신 징벌은 황제가 자기 마음에 들지 않는 사람을 공격하는 일종의 수단으로 변질되었다. 반대로 자기 맘에 드는 자는 아무리 탐욕을 부리고 간신 짓을 해도 끝까지 아낌없이 보호했다.

화신의 집은
황제의 작은 금고

건륭이 믿고 좋아한 신료가 화신 한 사람은 아니었지만 화신을 특별히 총애한 것만은 사실이다. 화신이 패거리를 지어 자신을 위해 영리를 도모한 일들이 속속 드러났음에도 건륭은 화신을 추궁하지 않고 두루뭉술 구렁이 담 넘어가듯 넘어간 것은 왜인가? 거기에는 차마 말 못할 아주 큰 비밀이 숨어 있으니, 한마디로 폭로하자면 다름 아닌 화신의 집이 황제의 비자금을 위한 '작은 금고'였기 때문이다.

본래 군주 전제제도 밑에서 전국의 재부는 모두 황제 한 사람의 사유재산이나 마찬가지다. 어디다 어떻게 쓰겠다고만 하고 그렇게 쓰면 그만이었다. 간섭할 사람은 아무도 없었다. 그러나 현실은 그렇게 녹록하지가 않았다. 황제가 전국을 효율적으로 통치하려면 황제의 친족이나 문무백관에게 의존해야 하며, 때로는 각 방면의 의견에 일일이 대응해야 하니 혼자 독단적으로 일을 처리하기란 대단히 어려운 구조였다.

청 왕조에서도 앞서서 녹봉만 챙기는 만주족 신료와 실권을 쥔 한족 신료들이 적지 않았다. 황제가 어떤 일을 하나 처리하려 할 때 만주족 신료들은 우선 이 일이 조상의 법도에 맞는지를 따져서 합당치 않다고 생각하면 벌떼같이 달려들어 황제를 말린다. 또 충성심에 불타는 일부 한족 신료들은 이 일이 종묘사직에 유익한 지 여부를 의논하여 불리하다면 위험을 무릅쓰고 바른말을 해댄다.

이렇게 너도 한 마디 나도 한 마디, 논의는 분분해지고 황제의 귓전은 조용할 날이 없다. 게다가 깊은 궁궐 속에서 오랫동안 생활해온 황제의 행동 하나하나는 모두 '예의'란 것에 의해 제약을 당하니 자유가 조금도 없어 번민에서 벗어날 길이 없다. 역대 황제들이 매번 환관 아첨꾼들을 신뢰하여 심복으로 끌어들인 것도 알고 보면 이들이 자신을 대신해서 눈과 귀가 되고 이런 일 저런 일에 맞는 대책을 강구하길 바랐기 때문이다. 또 공개할 수 없는 일들, 예컨대 미복을 하고 궁궐 밖으로 나가는 일 따위를 처리해줄 사람이 필요했기 때문이다.

여러 차례에 걸친 건륭의 '강남유람'도 그 본인으로 보자면 잠시 궁의 속박에서 벗어나 바깥세상을 구경하는 것은 물론 한바탕 마음껏 놀아보자는 것이었으니 좀처럼 갖기 힘든 아주 좋은 일이 아닐 수 없었다. 하지만 비용이 너무 많이 들 경우 적지 않은 논란을 초래할 것이 뻔했고, 또 누군가 나서 강력하게 항의할 수도 있는 일이니 생각하자면 여간 귀찮은 일이 아니었다. 이렇게 해서 편한 방법을 강구할 때 가장 좋은 것은 호부 밖에다 '작은 금고' 하나를 따로 두어 어떤 수속이나 절차 없이도 언제든지 꺼내 쓰고 싶을 때 꺼내 쓰는 것이다.

물론 '작은 금고'니, 세출세입 라인을 거치지 않는 '체외순환'이니 하는 용어는 모두 현대 용어로 옛날에는 없었다. 하지만 세계적으로 볼 때 많은 일들이 옛날에도 있었고, 지금도 있다. 방법만 다를 뿐 그 실질은 매한가지다. 예를 들어 옛날 사람들이 '치사(致仕)'라고 표현하던 것을 오늘날에는 '퇴직'이라 하고, '흥송(興訟)'이라 하던 것은 '기소'라 부르는 차이 밖에는 없다. 이런 상황에서 현대적 용어를 빌려 옛사람의 일을 설명하면 한결 실감 나게 이해할 수 있다.

건륭이 폭군이란 오명도 두려워 않고, 욕먹는 것도 아랑곳하지 않고, 결과도 무시하고 무조건 밀어붙이는 무식한 군주였다면 호부를 압박해서 자기 하고 싶은 대로 흥청망청 써댔을 것이다. 하지만 그는 한족 문화에 푹 빠져 있었던 만주족 황제였고, 글재주도 어느 정도 있는 편이라 '성군'이 되려고 무던 애를 썼다. 무슨 일을 하든 늘 두 가지 측면을 함께 고려했다. 하나는 그 당시의 실질적인 혜택을 누리려 했고, 또 하나는 후대의 명예를 얻으려 했다. 물론 최선은 명분과 이익을 동시에 챙기는 것이었다. 그래서 점점 '작은 금고' '체외순환' 등과 같은 잔꾀에 눈을 돌리게 된 것이다.

무슨 일이 되었건 필요 때문에 생긴다. 생겨난 다음에는 다시 여러 차례의 조작을 거쳐 차츰 성숙해간다. 건륭은 만년에 '작은 금고'에 의존하여 '체외순환'을 즐겼을 따름이다. 청대 관리들은 조정에 돈을 바치는 오랜 관행이 있었다. 이를 듣기 좋은 말로 '공헌(貢獻)'이라 하기도 하고, '보효(報效)'라고도 했다. 기본적으로 두 유형이 있었는데, 하나는 벌금 같은 성질의 것으로 관리가 잘못을 저지르고 처벌을 면제받기 위해 자발적으로 돈을 내서 메꾸는 것이었다. 잘못이 작으면 '벌봉(罰俸)'이라 하여 일정 기간 정기적으로 지급되는 수당이나 상금을 지급하지 않는다. 감봉과 비슷했다. 잘못이 클 경우는 상당한 양의 돈을 내야 속죄가 가능했다. 듣기에는 좀 그렇겠지만 이것도 일종의 뇌물 행위라 할 수 있다. 뇌물의 대상이 개인이 아닌 조정이란 점이 다를 뿐이었다. 이렇게 발생하는 수입은 당연히 국가재정에 편입된다.

또 하나는 헌금 성격을 띤 것으로 관리 자신에게 잘못이 있어서가 아니라 국가에 경조사가 있거나 무슨 큰 사업을 시작할 때 자발적으로 어느 정도 돈을 내서 성의를 표시하는 것이다. 이런 식의 '보효'는 수시로 있었다. 평상시라면 일률적으로 국가재정에 편입되기 때문에

화신은 축재의 귀신이었다. '늙은 여우'라는 별명이 괜히 붙은 것이 아니다. 화신의 초상화이다.

'작은 금고'의 문제는 있을 수 없다. 그런데 건륭이 강남으로 나들이를 나갈 때 관리들이 달려와 헌금을 바치는데, 이 돈을 모두 국가재정에 편입시키느냐 마느냐는 신축성이 있을 수 있다. 처음에는 모두 나라 금고에 넣었겠지만 갈수록 되는대로 꺼내서 쓰다 보니 그쪽이 훨씬 편해졌을 것이다.

여우같이 교활한 화신이 이 기회를 놓칠 리 없었다. 호부를 거치지 않는 돈의 액수는 갈수록 커졌고, 이 불법 '작은 금고' 제도도 차츰 모습을 갖추었다. 국가의 통상적 재정 지출 라인(이를 제1라인이라 부를 수 있겠다)을 거치는 돈은 뻔하기 때문에 조사만 하면 다 밝혀진다. 그러나 황제의 총애가 남다른 화신의 손을 거친 경비(이를 제2라인이라 부를 수 있겠다)는 출처가 철저하게 가려져 있어 누구도 확실하게 말할 수 없는 돈이었다.

화신은 이부를 관장하며 인사권을 쥐고 있었고, 또 호부를 관리하며 돈줄을 쥐고 있었으니, 이런 권력을 휘둘러 뇌물을 챙기고 매

관매직을 일삼았다. 돈줄은 무궁무진했다. 제2라인을 통한 비용은 불법적 경로를 통한 것이었기 때문에 조사를 해도 밝히기가 어려웠다. 시간만 끌면 흐지부지되기 마련이었다. 이런저런 소문이 떠돌아도 황제가 한쪽 눈을 질끈 감으면 그만이었다.

황제의 용돈을 '작은 금고'에서 꺼내는 방법은 건륭에게 대단히 유리하고 편리했다. 모든 뇌물, 모든 공헌을 화신이 취급했다. 돈이 필요하면 모두 화신이 지불했고, 수입도 모두 화신의 손에서 조종되었기 때문에 황제는 앉아서 누리기만 하면 만사 O.K였다. 구멍이 생겨도 조사해도 그만 안 해도 그만이다. 조사가 필요하다고 생각되면 문제를 조사하게 하여 영명하신 황제라는 소리를 들었고, 조사하기 싫으면 못 본 척 못 들은 척 시간을 끌었다. 진짜 덮어 둘 수 없는 일이 터지면 화신과 그 일당들에게 맡기고 황제는 그저 '잘 살피지 못했다'거나 '자신도 몰랐다'고 둘러대면 그만이었다.

화신도 이 작은 금고(사실은 결코 작지 않았다. 국가의 큰 금고보다 크면 컸지)의 '대총관' 노릇을 기꺼이 자청했다. 그래야만 그 자신도 '중간 착복'할 기회를 가질 수 있기 때문이다. 화신은 문무에 별다른 능력이나 공이 없었음에도 군기대신에 문화전 대학사 자리까지 올랐다. 대체 무엇으로 이렇게 최고 자리까지 오를 수 있었을까? 그는 아부, 아첨, 비위 맞추기, 변치 않는 충성으로 건륭의 힘을 샀다. 그의 평생 사업을 대변하는 가장 중요한 글자는 오로지 '탐(貪)' 하나였다. 이 '탐'에 의지하여 그는 건륭을 시종 편안하게 살 수 있게 했고, 동시에 자신의 재산도 끊임없이 불려 나갔다.

화신의 등 뒤에는 사실 엄청나게 탐욕스러운 존재가 하나 더 있었다. 다름 아닌 건륭제 그였다. 화신은 이익만 탐했지 명예는 탐하지 않았다. 오직 이익만을 도모했지 명성에는 관심이 없었다. 건륭의 탐욕은 그보다 한 등급 위였다. 이익을 탐했을 뿐만 아니라 명성까지 탐했다. 당시 누리고 있고 누리고 싶은 것을 다 얻기 위해 이익을 탐했고, 거짓으로 후대에 '성군'이란 명성을 얻기 위해 명성까지 탐했다. 건륭이 죽는 순간까지 화신을 감싼 진짜 이유였다. 이는 또 건륭이 죽자마자 가경이 그 즉시 화신에게 손을 쓴 진짜 이유이기도 했다.

'화신이 쓰러지자 가경이 배불리 먹었다'

건륭 만년에 화신은 건륭의 묵인 아래 장장 20년에 걸쳐 북경을 중심으로 전국에 걸친 부패·비리 네트워크를 조직하고, 사사로이 패거리를 지어 전권을 휘두르며 나라를 망쳤다. 이 부패망은 아무도 건드리지 못했다. 황제의 아들들조차 감히 뭐라 할 수 없었다. 화신이 황제의 각별한 총애를 받고 있어 황제 자리에 눈독을 들이고 있는 황자라면 누구나 화신이 아버지 건륭 앞에서 자신에 대해 좋은 소리를 해주길 희망했기 때문이다. 화신에게 잘못 보인다는 것은 자신의 앞길을 망치는 것이나 다름없었다.

1796년 건륭은 황제 자리를 가경에게 넘기고 태상황으로 물러났다. 하지만 이 태상황은 결코 권력을 놓지 않았다. 화신 역시 군기

대신, 대학사로서 여전히 권력을 휘둘렀다. 가경은 화신의 죄악이 하늘을 덮고도 남는다는 사실을 너무 잘 알고 있었지만, 그를 건드리지 않으려고 무던 애를 썼다. 자칫 섣불리 건드렸다간 예기치 못한 변수가 발생할 수도 있기 때문이었다.

가경 4년인 1799년 정월 초사흘 89세의 건륭이 마침내 자리에서 일어나지 못하고 눈을 감았다. 가경은 그날로 애도의 조서를 발표했는데, 거기서도 별다른 기색을 드러내지 않은 채 화신의 이름을 백관의 맨 위에 올리고 국상을 주관하게 했다. 그리고는 바로 다음 날 화신의 직위를 해제하고 조사에 착수하더니 지체 없이 화신에게 자살을 명령하고 가산을 몰수한 다음 20개 항목에 달하는 화신의 죄목을 공개적으로 밝혔다. 정말이지 전광석화와 같은 조치였다. 그 아들이자 부마인 풍신은덕에 대해서는 작위를 박탈하고, 화신의 최측근인 호부상서 복장안 등의 목을 베었다. 그런데 가경이 공개한 화신의 죄목을 보면 중요한 것은 다 피해 가고 가벼운 것만 나열되어 있어 무엇인가 문제가 있음을 감지케 한다.

무려 20개 조항에 달하는 화신의 죄상을 쭉 훑어보면 쓴웃음이 절로 난다. 화신은 명실상부 거물급 탐관오리였다. 그의 죄상을 공개 발표하려면 대체 얼마나 많은 비리를 저질렀는지에 대한 지적이 빠질 수 없지 않은가? 좀 더 구체적으로는 그 비리와 부정에 따른 수치를 가지고 단죄의 근거로 삼아야 마땅했다. 화신의 비리는 너무 많아 열거하기조차 힘들지만 몇 가지 큰 건만 예로 들어도 충분히 설명이 될 수 있었다. 그의 배후인 건륭을 굳이 들먹이지 않더라도 최소한 그의 패거리들은 지목해야 마땅하며, 또 비리와 부정에 동원된 수단과 방법, 그리고 결과에 대한 최소한의 설명은 있어야만 했다. 그러나 죄상에는 관건이 되는 문제는 일절 거론되지 않고 표면적인 현상만 언급하고 있을 뿐이다.

우선 화신이 얼마나 제멋대로였으며 얼마나 불경스러웠는가를 지적했고, 또 몰수한 화신의 가산에서 금은보화가 어느 정도였는데 그중 일부는 궁중보다 많았다고 지적했다. 이는 마치 화신이란 인간이 조금만 더 겸손하고 근신했더라면 그렇게 큰 불경죄를 범하지 않았을 것이고, 금은보화도 궁궐보다 많이 소유하지 않았을 터이니, 그랬더라면 패가망신하지 않고 잘 넘어갔을 것이라는 말처럼 들린다. 이와는 대조적으로 이 탐관오리의 비리와 부패 행위에 대해서는 중시하지도 않았고, 추궁하지도 않은 채 그저 가볍게 담담하게 묘사하는 정도로 그쳤다.

일반적으로 말해 큰 부정이나 비리 사건을 파헤칠 경우 대개는 조사를 거쳐 결과를 과장하기 마련이다. 그런데 참으로 이해할 수 없는 괴이한 사실은 가경이 화신을 죽이고 가산을 몰수한 다음 서둘러 칼을 거두어들이고는 더 이상 조사하지 않았을 뿐만 아니라, 즉시 조서를 내려 공개적으로 이 사건의 종결을 선언해버린 것이다. 이후 더 이상 이 사건에 대한 조사나 추궁은 없었다. 그저 미래를 위한 경계로 삼으라는 상투적이고 입바른 소리가 있었을 뿐.

이 조서가 발표되자 절대다수의 관리들은 가경이 서둘러 사건을 종결한 데는 말 못할 사정이 있음을 알아채고는 더 이상 이 문제를 꺼내지 않았다. 이런 상황에서도 눈치 없는 아둔한 몇몇은 분위기 파악도 못한 채 재조사를 건의하고 나섰다. 부도통 살빈도 같은 인

가경제는 화신을 제거하고 가산을 몰수했지만 국가재정에 편입시키지 않았다. 그 역시 '작은(큰) 금고'가 필요했기 때문이다. 가경제의 초상화이다.

물이 대표적이었는데, 그는 화신의 재산이 얼마나 되는지 모르니 계속 조사하면 틀림없이 숨겨둔 것이 드러날 것이라고 주장했다. 그러면서 대신을 은밀히 보내 신속하고 엄격하게 조사할 것을 건의했다. 가경은 그의 이런 충성심에 찬성하기는커녕 쓸데없는 일에 신경을 쓴다며 면박을 주었다. 이런 핀잔을 듣고도 살빈도는 계속 눈치 없이 문제를 제기하며 심지어는 자신이 직접 조사에 참가하고 싶다고 했다. 가경은 화를 내며 즉각 조서를 내려 살빈도에게 엄중 경고하는 한편, 신하들에게도 이후 다시 화신과 관련된 일을 거론하지 말라고 경고했다.

정말 천하에 기이한 일이 아닐 수 없다. 전무후무한 탐관오리 간신을 제거해놓고 조사를 하지 못하게 하고, 조사를 건의한 사람에게는 엄중 경고를 내리고 있으니 도대체 무슨 이런 경우가 있는가? 또 그 이유는 무엇일까?

이야기가 좀 멀어졌다. 대개 부패와 비리 현상이 심각할 때는 많은 재부가 개인의 허리춤으로 흘러들어가 국가재정은 곤욕을 치를 수밖에 없다. 들어가면 나오질 않기 때문이다. 착취가 지나치기 때문에 백성들의 생활은 궁핍해지고 원성이 높아질 수밖에 없다. 대

규모 민란이 일촉즉발의 형세를 이룬다.

건륭이 죽던 날 밤이 바로 이런 상황이었다. 끓어오르는 원성을 해결하기 위해 가경은 한두 명의 거물급 탐관오리를 제거함으로써 백성들의 불만을 누그러뜨리려 했다. 중국의 백성들은 너무 선량했다. 아무리 고통스럽고 억압을 당해도 탐관이 제거되는 것을 보면 바로 마음을 편히 먹고는 마치 무슨 큰 이치라도 깨달은 듯 "나쁜 것은 탐관이지 황제가 아니야"라고 중얼거리고 만다. 이 때문에 황제는 평소 아무런 방해도 받지 않고 하고 싶은 대로 하다가 모순이 격화되어 큰 난리가 터질 것 같으면 탐관오리 한둘을 제거하여 백성의 시선을 다른 곳으로 돌림으로써 부패가 만연한 왕조를 계속 연장시켰다.

실상이 이러했는데 가경이 어떻게 화신을 계속 조사할 수 있었겠는가? 조사를 거쳐 더 많은 치부가 드러나면 좋지 않냐는 반문도 가능하다. 하지만 이 점에 대해서는 머리를 좀 더 써서 그 안에 잠재된 묘한 문제를 밝혀내야 할 필요가 있다. 소일산(蕭一山)은《청대통사(清代通史)》에서 이 문제와 관련하여 다음과 같이 설파한 바 있다.

"이때 관으로 들어간 화신의 재산(국자 재정으로 편입되었다는 뜻)은 그 규모가 아주 미미했다. 신하들에게 상으로 내린 액수도 보잘것없었다. 세상에는 나머지 재물이 모두 궁금(宮禁)으로 들어갔다는 소문이 파다했다(가경 자신의 비밀 금고로 들어갔다는 뜻). 그래서 민간에서는 '화신이 쓰러지자 가경이 배불리 먹었다'는 말이 떠돌았다."

백성들도 유머 감각이 대단했다. '배불리 먹었다'는 표현으로 가경의 탐욕을 비꼬고 있으니 정말이지 생생하다. 화신의 재산을 몰수할 때 가경은 수확이 적지 않음을 알아차렸다. 이것으로 부족한 국가재정을 보충하려 한다면 얼마든지 할 수 있었다. 공개적인 조사와 몰수는 언제든지 적당할 때 멈추면 그만이다. 그 정도로 해서 국가재정으로 넘기면 된다. 일단 공개 조사와 몰수가 끝나고 사건이 종결되고 난 뒤 남은 대량의 재물은 이런저런 방법을 통해 가경의 '작은 금고'로 들어갈 수 있게 된다.

황제는 천하에 둘도 없는 부유한 존재지만 국가재정은 관리하는 사람이 따로 있어 돈이 필요하면 수속을 밟아야 했고, 지나치게 낭비가 심하면 강직한 신하들이 나서 따지고 들기 때문에 돈의 흐름이 막히기 일쑤였기 때문이다. 따라서 비밀스러운 '작은 금고'의 돈을 사용하는 쪽이 훨씬 편했던 것이다.

건륭이 죽자마자 가경이 즉각 손을 써서 화신을 죽이고 재산을 몰수함으로써 두 가지 목적을 달성할 수 있었다. 하나는 탐관을 제거하여 민심을 수습하는 것이었다. 또 하나는 화신의 재산을 몰수하여 재정 위기를 해소하는 것이었다. 이 두 가지 목적은 완전히 공개적인 것이었다.

하지만 서둘러 조사를 끝내고 재조사를 엄격하게 금지시킨 것은 아무래도 뭔가 석연치 않다. 적어도 차마 밝힐 수 없는 한두 가지 목적이 있었던 것으로 판단된다. 하나는 자신의 비밀스러운 '작은 금고'에 금은보화를 적지 않게 남긴 것은 민간에서 풍자적으로 비유한 대로 자신이 배불리 먹기 위한 것이었고, 또 하나는 이 사건을 계속 추궁하지 않고 화신을 '작은 금고'로 삼았던 건륭의 비밀을 드러내지 않음으로써 '성군'이란 건륭의 명예를 오래 유지시키려 한 것이다. 관료판에서는 흔히 끼리끼리 보호한다. 마찬가지로 조정에서는 황제끼리 이익과 명예 둘 다를 지켜주려 한다.

재물을 위해 죽은 탐관오리 간신

화신은 재물을 잘 거두어들여 건륭의 눈에 들었다. 황제가 말만 하면 하얀 백설 같은 은이 끊임없이 쏟아져 나왔다. 화신은 마술사가 아니었다. 돌을 금으로 바꾸는 솜씨가 있는 것도 아니었다. 그렇다면 그 많은 돈들이 다 어디에서 나왔단 말인가?

우선은 훔치는 것이다. 그는 재정권을 독점하고 있었다. 국고의 수입과 지출이 모두 그의 손을 거쳐 결정되었다. 원래 국고로 들어와야 할 항목이 그의 교묘한 조작을 거쳐 마치 '변장술'을 부린 것처럼 모습을 바꾸어 자신이 관장하고 있는 비자금 금고로 흘러 들어갔다.

다음은 뇌물이다. 인사권을 쥐고 있었기 때문에 좋은 자리는 모두 그의 도장 밑에서 나와 해결되었다. 그에게는 매관매직할 수 있는 밑천이 두둑했다. 조정의 경조사가 발생하면 그는 지방 관리들을 부추겨 자진(?)해서 '공헌'을 하도록 했다. 이로써 필요한 비용을 얼마든지 조달할 수 있었다. 권세를 뒤쫓는 관리들은 승진하면 재물을 긁어모을 수 있었기 때문에 기꺼이 이런 요구에 응했다. 양털은 양 몸뚱이에서 나오기 마련이다. 그들이 자기 자리를 보전하기 위해 필요로 하는 돈은 예외 없이 백성들에게 갈취할 수밖에 없다. 기이한 보물을 올릴 때마다 모두 화신의 손을 거쳐야만 했다. 황궁의 보물치고 화신의 집에 없는 것이 없었고, 황궁에 없는 것도 그의 집에는 있었다. 국가가 궁핍할수록 화신은 더 배가 불렀다.

탐관오리 때문에 민란이 일어난 경우가 많았다. 이때마다 청 조정은 군대를 보내 진압했는데, 이것도 화신에게는 돈을 긁어모으는 절호의 기회로 이용되었다. 그가 파견한 장수들은 군사에 관해서는 모르고 그저 뇌물만 써서 임명된 경우가 많았다. 평상시 군비를 많이 신청하여 착복하고, 전시에는 전투를 피하면서 허위로 전공을 보고한다. 전투가 길어질수록 승리보다 패배가 많아지고 전투는 끝이 보이지 않게 된다. 전투가 길어질수록 화신이 얻는 것도 많았다. 군비를 그만큼 더 요청하고 중간에서 이를 착복했기 때문이다.

건륭 연간에 대대적으로 터진 백련교 기의를 진압하기 위해 청 조정이 투입한 군비는 백은 1억 냥 이상이었지만 실제 전선에서는 몇 차례 싸우지 않았다. 화신이 죽은 뒤 가경은 이 폐단을 통렬하게 지적하면서 허위보고 때문에 군비가 공중에서 증발한 상황을 거론하고 있다. 또 많은 장수를 동원했지만 직접 전투를 독려하지 않은 것은 물론 심지어는 술자리를 벌이고 놀았다는 지적도 있었다. 하지만 이런 어처구니없는 상황은 화신의 비호 아래 유야무야 넘어갔고 대세는 이미 썩을 대로 썩었다.

그다음으로는 개인영업이다. 화신은 청대의 많은 탐관들 중에서도 돈을 긁어모으는 재주에 관한한 타의 추종을 불허했다. 돈에 대한 욕심은 끝 간 데를 모를 만큼 흉악무도했을 뿐만 아니라 수단과 방법을 가리지 않았다. 대량의 절도, 뇌물 외에도 그는 다음과 같은 통로를 이용하여 손을 긁어모았다.

경성 부근에다 대량의 토지를 침탈하여 고액의 사용료를 챙겼다.
경성 안팎에다 대량의 주택을 매입하여 고액의 임대료를 챙겼다.
고리대금을 통해 비싼 이자를 챙겼다.
전당포, 은행, 식량 저장 창고, 술집을 운영했다.

이 밖에 약재상, 도자기, 골동품, 무기류까지 취급했으며, 80량의 대형 마차를 가지고 장거리 운송사업에도 손을 댔다. 또 문두구 일대에 탄광을 파서 석탄업도 겸업했다. 막말로 돈 되는 일이라면 지옥이라도 갈 판이었다. 250년 전 이 화씨 그룹은 대단한 위세, 엄청난 자금, 문어발식 경영, 뻗치지 않은 곳이 없는 관계망 등에서 전례를 찾아보기 힘든 경우였다. '정경유착'은 말할 것도 없고 '정경일체'였다. 정치권을 통해 사업을 하고, 사업을 통해 정치권의 자리를 차지하는 등 자유자재였고, 이익이 있는 곳이면 못 갈 곳이 없었다.

그러나 이 방대한 화씨 그룹은 경영방식이란 면에서는 대단히 원시적이어서 그룹 총수인 화신이 모든 일을 하나하나 다 챙겼다. 회계 등 일부 사무와 관계된 인원 몇몇을 제외하고 모든 경영을 자신이 직접 결정하고 절대 남에게 넘기지 않았다. 그는 물건과 장부를 따로 보관하면서 장부는 글자를 전혀 모르는 시녀에게 맡기고서야

화신이 얼마나 재물을 탐했는지는 훗날 영화, 드라마, 책 등을 통해 끊임없이 복기하고 있다. 그림은 그의 권세를 풍자한 만화의 한 컷이다.

마음을 놓았다. 그 자신은 대단히 '수고'로운 몸이어서 낮에는 조정에 나가 황제를 보필하면서 황제의 비위를 맞추고, 동시에 자신의 비위를 맞추려는 자들을 만나느라 바빴다. 이렇게 왔다 갔다 하는 동안에도 온갖 잔머리는 다 굴려야 했고, 또 서로서로를 속이느라 여념이 없었다. 정신적 부담이 이만저만이 아니었을 것이다.

저녁에는 집으로 돌아와 주판알을 퉁기며 장부를 맞추는 등 사업을 챙겼다. 이익이 남든 손해가 나든 정신적 스트레스는 피할 수 없었지만, 단 하루도 편히 지낼 수 없었다. 그의 평생 사업은 마치 개미가 집을 옮기듯 국가재정, 인민의 피땀을 한 방울 한 방울 자기 집으로 옮겼다. 20년 세월을 하루같이. 옮겼다가 다시 옮기고 장소를 바꿔 보존한 것뿐이다. 그 당시는 재산을 해외로 빼돌릴 수도 없었고, 사람도 도피할 수 없었다. 이렇게 경영에 몰두하길 수십 년, 하지만 그를 기다리고 있는 것은 한마디의 명령에 따른 죽음과 가산 몰수였다. 사람과 재물 모두 허망하게 끝장났다.

화신 최후의 몇 년은 결코 편치 않았을 것이다. 20년 동안 미친 듯 탐욕을 부린 결과 이미 천하 사람들 모두가 그를 증오하기에 이르렀다. 자신을 증오하는 사람들 중에는 신임 황제 가경제도 포함되어 있었다. 사방에 위기가 잠복해 있던 나날이었다. 그를 지탱해준 유일한 버팀목 태상황 건륭은 90을 바라보는 늙은이였고, 이제 그를 얼마나 더 감싸 줄 수 있을지 불안했다. 화신 최후의 나날은 마치 사형집행을 기다리는 사형수처럼 하루가 1년 같았을 것이다. 이 거물 탐관오리의 일생을 돌이켜보면 전전긍긍 쉴 새 없이 바쁘게 뛰어다닌 삶이었다. 그것은 단 하나 돈을 위해서였고, 결과는 나라와 백성을 재앙으로 몰고 자신까지도 망쳤다.

간신이 파고들지
못할 곳은 없다

간신은 틈을 노리고, 틈을 발견하고, 틈을 파고드는 데 귀신이다. 조직이나 나라가 발전하고 있든, 번영기를 누리든, 쇠퇴하든 언제 어디서나 파고들 틈을 찾는 존재가 바로 간신이다. 간신이 찾아내는 이 틈은 아무리 미미해도 파고드는 순간 엄청난 해악을 끼치는 넓고 깊은 웅덩이가 된다.

간신은 파고든 이 틈을 순식간에 웅덩이로 넓힌다. 그 틈은 권력자의 단순한 호기심일 수도 있고, 권력자의 취향일 수도 있으며, 우리의 안일함일 수도 있다. 간신은 우리의 방심과 안일함을 파고드는 존재이기 때문이다. 한순간도 틈을 주어서는 안 되는 까닭이다.

화신은 탐욕의 대명사로 탐관형 간신의 전형이었다. 여러 차례 말했듯이 모든 간신은 탐관오리다. 모든 탐관오리가 간신은 아니지만, 탐관오리가 간신일 확률은 90% 이상이다. 무엇인가를 불법적으로 나쁜 의도로 '탐'하려면 그 '탐'의 근원을 찾아야 하기 때문이다.

즉, '탐'을 채울 수 있게 해주는 권력자와 권력자의 틈을 찾아야 한다. 그러려면 아부하고 속이고 모함해야 한다. 모든 간신의 공통된 간행이다. 탐관이 간신일 확률이 높은 까닭이다. 다만 탐관들 중 일부는 권력과 명성, 여색을 탐하지 않았다. 화신이 그 대표적인 경우다. 물론 권력을 행사하여 축재할 할 수 있는 자리까지는 당연히 탐했지만, 그 자리를 이용하여 패거리를 짓고 온갖 악행을 다 저지르는 지경에는 이르지 않았을 뿐이다.

그렇다고 화신이 간신이 아니라는 말은 결코 아니다. 간신의 전형에서 약간 벗어나는 점이 있을 뿐이다. 여기서 강조하고 싶은 점은 간신은 언제 어디서나 틈, 즉 허점을 찾고 찾아서 파고드는 존재라는 사실이다. 이 점을 제대로 인식해야만 철저한 방비책을 강구할 수 있다. 간신은 아예 싹트지 않게 잘라야 하고 사정없이 밟아야 한다.

화신이 보잘것없었을 때 그의 집안은 가난했다. 권력을 잡고 20년이 지난 뒤 그는 천하의 갑부가 되어 있었다. 도대체 무엇을 어떻게 얼마나 해 먹었길래? 그가 죽은 뒤 압류한 그의 재산과 관련된 기록(서류)에 열거된 그의 재산 목록과 수량은 아래와 같았다. 다소 장황하지만 어느 정도였는지 훑어보기만 해도 입을 떡 벌어질 것이다.

주택 본채 한 동(정면 72칸, 측면 13칸) / 동쪽 별채 한 동(정면 38칸, 측면 7칸) / 서쪽 별채 한 동(정면 33칸, 측면 7칸) / 안휘성 스타일 가옥 한 동(62칸) / 화원 한 곳(누대 42좌) / 동쪽 별채 측실 한 채(52칸) / 황제가 하사한 화원 한 곳(누대 64좌, 사각루 12좌, 인부 120명) / 잡방 120여 칸 / 동으로 만든 옛날 세발솥(22좌) / 한나라 세발솥(11좌) / 벼루(700여 개) / 옥으로 만든 세발솥(18좌) / 송나라 벼루(11개) / 옥으로 만든 악기 경(28세트) / 옛 검(10자루) / 큰 자명종(19좌) / 작은 자명종(19좌) / 서양 시계(100여 개) / 큰 구슬(10량짜리 60여 세트) / 18알 진주 팔찌(총 226개) / 진주 염주(18개) / 큰 홍보석(180여 개) / 작은 홍보석(980여 개) / 푸른 홍보석(총 4,070개) / 보석 염주(1,008개) / 산호 염주(373개) / 밀랍 염주(13개) / 보석 산호 모자장식(236개) / 옥으로 만든 말(2필, 높이 1자 2치, 길이 4자) / 산호수 102그루(높이 3자 8치) / 옥 관음상 1좌, 한옥 나한상 18좌(길이 1자 2치) / 금 나한상 18좌(길이 1자 8치) / 백옥 구여의주(387개) / 큰 진주 접시(99개) / 백옥 국그릇(154개) / 백옥 술잔(120개) / 금 접시 32세트(총 4,288건) / 상감 옥여의주(1,601개) / 상감 옥구여의주(1,018개) / 수정 술잔(123개) / 금상감 옥비녀(500세트) / 통옥 여의주(120여 개) / 금상감 상아 젓가락(500세트) / 백옥 큰 얼음접시(25개) / 진주 큰 얼음접시(18개) / 백옥 담배통(800여 개) / 한옥 담배통

(100여 개) / 마노 담배통(100여 개) / 진주 담배통(300여 개) / 백옥 타구(200여 개) / 금 타구(120개) / 은 타구(600여 개) / 금 세숫대야(117개) / 은 세숫대야(233개) / 상감 팔보 온돌방용 병풍(40개) / 상감 팔보 큰 병풍(24개) / 상감 온돌방용 병풍(24개) / 상감 온돌방용 탁자(20개) / 사계절 면사 커튼 / 금실 탁자보(6장) / 금 상감 팔보 온돌방용 탁자(120개) / 금 상감 유리 온돌방용 탁자(32개) / 금 구슬 비취 머리장식(총 2,800건) / 금원보 1천 개(하나당 무게 100냥, 은 150만냥에 상당) / 은원 1천 개(하나당 무게 100냥) / 적금 580만냥(은 1,700만냥에 상당) / 원보은 940만냥, 서양돈 58,000원 / 동전 재료 1,055 꾸러미(은 1,500냥에 상당) / 전당포 75군데(자본 은 3,000만냥) / 은행 42군데(자본 은 4,000만냥) / 골동품 가게 13군데(자본 은 20만냥) / 옥기 창고 2칸(은 70만냥에 상당) / 비단 창고 2칸(은 80만냥에 상당) / 서양 물품 창고 2칸(두꺼운 오색비단 800필, 원앙 170판, 오색우단 600여 판, 오색 베이지 200여 판) / 가죽 창고 1칸(여우 가죽 12장, 각종 여우 가죽 1,500장, 담비 가죽 8,000여 장, 잡피 5,600장) / 자기 창고 1칸(은 1만냥에 상당) / 주석 창고 1칸(총 은 64,137냥에 상당) / 귀한 음식 창고 16칸, 자단기 창고 6칸(8,600여 건) / 약재방 1칸(은 5,000냥 상당) / 담비 가죽 여성복(610건) / 담비 가죽 남성복(806건) / 잡피 남성복(806건) / 잡피 여성복(437건) / 면사 남성복(3,208건) / 면사 여성복(2,108건) / 담비 모자(54개) / 담비 두루마기(37건) / 담비 적삼(48건) / 담비 신발(120켤레) / 전답 8천여 경(은 800만냥에 상당).

이 목록에는 화신과 결탁하여 부정 축재한 인물들로부터 압수한 재산 목록은 빠져 있다. 이 재산을 모두 은으로 환산한 계산 수치가 소일산(蕭一山)의《청대통사(淸代通史)》에 비교적 상세히 실려 있는데 이를 소개하면 다음과 같다.

"화신의 가산은 모두 109항목인데 그중 83항목은 계산에 넣지 않았고, 26항목만 계산해도 합계 2억2천3백89만5,160냥에 이르는데……. 이 명세서가 몰수한 가산 전부를 말하는지 그 확실성 여부는 단정하기 어렵다. 요컨대 개인 기록이라면 새는 곳이 없을 수 없고, 관청의 문서 역시 슬그머니 빼돌리는 폐단이 없을 수 없으니……. 국가재정으로 명확하게 들어온 수치가 이 정도고 나머지는 대내(大內, 가경제의 비자금 금고)로 흘러 들어가거나 신하들에게 상으로 내렸을 것이다. 화신의 가산을 이런저런 것 고려해서 추산해볼 때 적어도 16억 냥은 넘을 것이다. 갑오년(1894년 중일전쟁)과 경자년(8국연합군)의 두 차례 배상금 총액을 화신의 가산으로 충당할 수 있다는 말이 된다. 정부의 세입이 7천만 냥인데, 화신이 20년 각료를 지내면서 축재한 것이 한 나라 20년 세입의 반(14억)을 넘으니 어찌 놀랄 일이 아닌가? 어허! 수억의 자본을 생산도 없는 곳에다 쌓아 두었으니 백성의 생활이 어찌 고달프지 않았겠는가!"

화신이란 이 거물 탐관오리가 20년 동안 권력을 쥐고 흔들면서 20년 넘는 정부 세금을 모조리 자기 뱃속에다 처넣었으니 그 부정 축재의 규모는 전무후무하다 하겠다. 이런 일이 다른 시대도 아닌 건륭시대에 발생했다는 것은 어느 때를 막론하고 간신은 아주 작은 틈만 보이면 파고들어 조직과 나라를 좀먹을 수 있다는 사실을 잘 보여준다.

'세계 제1의 대탐관'이란 부제목이 달린 화신의 전기 《화신전》 표지다.

사치향락의 아이콘 자희(慈禧)태후

우리에게는 서태후로 잘 알려진 자희태후(1835~1908)는 함풍제(咸豐帝, 1831~1861)의 비로 궁에 들어가 아들 동치제(同治帝, 1856~1875)가 6세의 어린 나이로 즉위하면서 수렴청정에 들어가 조카 광서제(光緒帝, 1871~1908)까지 40년 가까이 권력을 휘둘렀던 철완의 여성이다. 그 사이 청 왕조는 몰락의 길을 걸었는데 이 과정에 자희태후가 큰 영향을 미쳤다. 그녀의 권력 농단과 국정 문란은 청 왕조 구석구석 안 미친 곳이 없었다. 국고를 마치 자기 개인 금고처럼 여기며 탕진했는데, 쓸 돈이 모자라면 매관매직은 기본으로 온갖 수단과 방법으로 백성을 수탈했다. 특히 사치와 향락에 대한 탐닉은 역사상 따를 자가 없었다.

그녀의 사치와 향락이 어느 정도였는지 몇 가지 사례를 들어보자. 자희태후는 자신의 복장에 매우 집착했는데, 의복, 머리 장식, 신발 따위를 전문적으로 담당하는 환관만 6명이었다. 이들 환관의 일은 오로지 자희태후의 복장만 관리하는 것이었다.

복장을 장만하는 데 드는 비용은 천문학적이었다. 광서 20년 한 해에 135벌의 의복을 장만하는데 백은 3만8,000냥을 썼다(당시 청 왕조의 1년 예산이 1억 냥 정도). 당시 생일 때 입을 옷 한 벌을 만드는데 400~500명의 공인이 동원되었고, 옷값은 백은 360냥이 들었다.

먹는 것도 가관이었다. 식사 때마다 100여 종의 요리가 올랐는데, 광서 20년 당시 영수궁(寧壽宮)의 자희태후 전용 식당에는 금, 은, 옥으로 만든 그릇이 1,500종 이상이었다. 이 중 금제 그릇의 무게가 5,800냥, 은제 그릇의 무게는 1만 냥 이상이었다.

건강에 대한 관심 또한 타의 추종을 불허할 정도였다. 자희태후는 매일 각종 보약을 복용했는데, 전용 약방(의무실)에는 산삼, 녹용, 진주, 웅담 등 귀한 약재가 산더미처럼 쌓여 있었다.

오락에 대한 관심도 이만저만이 아니었다. 50세 생일 때는 보름 동안 하루도 쉬지 않고 연속 공연을 관람하기도 했는데 공연을 위해 밝히는 등잔을 장만하는 데만 11만 냥이 들었다. 취미 활동도 다양했다. 정신적 공허함을 달래기 위해서였는지 미국 여화가 칼을 궁으로 불러들여 초상화를 그리게 한 것은 물론 도박, 애완용 개를 데리고 놀기 등 온갖 잡기를 즐겼다.

자기 머리카락을 애지중지했던지 머리카락을 빗다가 머리카락 한 올을 빠지게 한 환관에게 곤장을 쳤다. 감정의 기복도 심하여 수시로 화를 내고 아무것도 아닌 일로 사람을 죽이기까지 했다. 일설에는 한 번 목욕하는 데 수건을 100장 이상을 쓰고 버렸다 하니 그 사치가 어느 정도였는지 짐작조차 어렵다. 하기야 유럽 열강의 군대에 패하여 해군을 확충하기 위한 군비를 횡령하여 역대 최대 규모의 황가 원림인 이화원(頤和園)을 조성했으니 더 무슨 말을 하겠는가?

권력자의 개인적 취향은 어느 정도 용납되고 또 때로는 존중받을 수도 있다. 그것이 백성에게 해가 되지 않고, 국고를 축내지 않고, 공무에 방해가 되지 않는 한. 그래서 통치를 잘하기면 하면 후궁의 수가 많아도 흠 잡히지 않았고, 술이나 사냥 따위도 별문제가 되지 않았다(우리 역사상 최고의 명군의 일컫는 세종대왕은 여섯 명의 부인에게서 자식이 18남 4녀였다). 문제는 늘 그렇듯 정도(定度)에 있다. 도를 넘으면 그것을 통제하거나 멈추기가 힘들어진다. 통치자에게 늘 자기 수양을 엄격하게 요구하는 것도 다 그 때문이다. 자희태후는 사사로운 욕망을 충족시키려고 사치와 향락에 탐닉했다. 이를 위해 공금 횡령을 비롯하여 국고를 물 쓰듯 했고, 그것도 모자라면 매관매직은 물론 각종 명목을 붙여 세금을 긁어 들였다.

자희태후의 사치 향락의 기풍은 서양 열강의 침략으로 북경이 함락당해 서안(西安)으로 도망을 가서도 전혀 달라지지 않았다. 그런데 서안 지방은 풍족하지가 않아 입맛 까다롭고 진수성찬을 고집하는 자희태후를 만족시킬 수 없었다. 관리들은 백성들을 쥐어짰고, 그 결과 지금 서안의 명물로 남아 있는 수십 종류의 만두 정식이 탄생했다. 자희태후의 입맛에 맞추려고 만들어낸 고육책의 결과였다. 권력자의 사치와 향락은 단 하나의 예외 없이 백성과 나라를 피 멍들게 한다.

간신 이야기 관련 어록

간신배와 소인배들은 군주의 주위를 맴돌며 군주의 환심을 사기 위해 아첨하고 군주가 자기 멋대로 하고 싶은 것들을 하도록 부추긴다. 군주와 충신 사이를 이간질해 충신을 배척한다. 군주의 뜻을 아주 잘 헤아려 거기에 맞추기 때문에 출세와 부귀영화로 오르는 사다리를 찾게 된다.

간신 이야기 관련 어록

"형벌은 잘못을 응징하기 위한 것이고, 상은 공에 대한 보답이라는 것은 고금의 당연한 이치입니다. 따라서 형벌과 상은 천하의 것이지 폐하 혼자만의 것이 아닙니다. 어찌 좋고 싫음에 따라 처리할 수 있단 말입니까?"(송나라의 개국 공신 조보趙普가 부당한 인사를 고집하는 황제 태조 조광윤趙匡胤에게 한 직언)

원시사회	약 60만 년 전~기원전 약 21세기	삼황오제(三皇五帝) 포함
하(夏)	기원전 약 21세기~기원전 약 16세기	노예제 사회. 상은 후기 은(殷)으로 천도, 상은이라 부름.
상(商)	기원전 약 16세기~기원전 약 11세기	
서주(西周)	기원전 약 11세기~기원전 771년	
춘추(春秋)	기원전 770년~기원전 476년	
전국(戰國)	기원전 475년~기원전 221년	봉건사회 개시
진(秦)	기원전 221년~기원전 206년	시황 – 호해 – 자영 3대.
서한(西漢)	기원전 206년~8년	서한과 동한 사이에 왕망(王莽)의 신(新) 9년~23년. 유현(劉玄) 23~25년.
동한(東漢)	25년~220년	
삼국(三國)	220년~280년	위 · 촉 · 오
위(魏)	220년~265년	조조 – 조비 – 조예
촉(蜀)	221년~263년	유비 – 유선
오(吳)	222년~280년	손권
서진(西晉)	265년~316년	무제 사마염(司馬炎)
동진(東晉)	317년~420년	원제 사마예(司馬睿)
오호(五胡) 십육국	304년~439년	흉노, 선비, 갈, 저, 강
남북조 (南北朝)	420년~589년	
남조(南朝)	420년~589년	
송(宋)	420년~479년	무제 유유(劉裕)
제(齊)	479년~502년	고제 소도성(蕭道成)
양(梁)	502년~557년	무제 소연(蕭衍)
진(陳)	557년~589년	무제 진패선(陳覇先)
북조(北朝)	386년~581년	
북위(北魏)	386년~534년	도무제 탁발규(拓跋珪)
동위(東魏)	534년~550년	효정제 원선견(元善見)

서위(西魏)	535년~557년	문제 원보거(元寶炬)
북제(北齊)	550년~577년	문선제 고양(高洋)
북주(北周)	557년~581년	효민제 우문각(宇文覺)
수(隋)	581년~618년	문제 양견(楊堅)
당(唐)	618년~907년	고조 이연(李淵)
오대십국 (五代十國)	907년~979년	5대 : 후량, 후당, 후진, 후한, 후주/10국 : 오, 남당, 민, 초, 오월, 전촉, 후촉, 남한, 형남, 북한
북송(北宋)	960년~1127년	태조 조광윤(趙光胤)
남송(南宋)	1127년~1279년	고종 조구(趙構)
요(遼)	907년~1125년	태조 야율아보기
서하(西夏)	1032년~1227년	경제(景帝) 원호(元昊)
금(金)	1115년~1234년	태조 완안민(完顔旻) 아골타
몽(蒙), 원(元)	1206년~1368년	태조 징기스칸. 1271년 원(元)으로 국호 개명. 북원(1370~1388).
명(明)	1368년~1644년	태조 주원장(朱元璋)
청(淸)	1616년~1911년	태조 애신각라(愛新覺羅). 1616년 누루하치 후금 건국. 1636년 황태극 청으로 개명.

마지막 싸움이 되길 간절히 바라면서

2023년 8월 20일 일요일 오후 5시 15분, 200자 원고지로 약 5천 장에 달하는 간신 3부작 대장정이 막을 내렸다. 약 2년에 걸친 간신들과의 싸움을 여기서 끝내고자 한다. 또 싸울 일이 없기를 간절히 간절히 바라면서. 지금부터 책이나 글이 아닌 우리 안의 간신들과의 진짜 싸움이 시작될 것이다.

이 2년 동안 나는 우리 사회 곳곳에서 악취를 풍기며 나라를 망치고 있는 간신들을 새삼 확인하면서 역사가 참으로 무섭다며 몸서리를 쳤다. 무엇보다 적당히 타협하고자 하는 비겁함, 이쯤에서 다 포기하고 싶은 나약함과 싸우는 일이 가장 힘들었다. 내 안의 간성(奸性)과 싸우는 일이었다. 가장 화가 나는 일은 우리 안의 간신, 즉 내간(內間)이란 존재였다. 간신과 치열하게 싸워도 힘이 부치고 시간이 모자랄 판인데 우리 내부를 찢고 서로를 헐뜯는 이 내간들은 결코 깨어 있는 우리와 역사의 편이 아니라는 점을 분명히 해둔다. 어쩌면 이들이 첫 청산 대상일지 모른다. 다만, 지금은 다른 간신들과의 싸움이 더 중요하니 잠시 유보해둘 뿐이다.

역사는 그 자체로 뒤끝이다. 청산하지 못한 역사가 지금껏 우리

민족의 발목을 세게 붙들고 있다. 친일, 종일, 부일의 역사는 매국과 매국노의 역사이고, 매국노의 역사는 곧 간신의 역사이다.

간신은 하나의 역사현상이다. 간신현상이다. 간신현상은 역사적으로 가깝게는 친일 매국노의 역사와 물려 있고, 더 가깝게는 지금 우리 현재사와 붙어 있다. 역사는 무섭고 역사의 평가는 매섭다. 역사의 심판은 인정사정없다. 역사의 평가와 심판은 잠시 유보하는 경우는 있어도 건너뛰는 법은 결코 없다. 역사는 그 자체로 뒤끝이다. 지금 준동하고 있는 간신 떼거리와 간신현상에 대한 청산은 식민잔재, 친일청산과 그 맥을 같이한다. 이참에 한꺼번에 씻어내자.

역사의 시곗바늘은 때로 멈춰 있거나 뒤로 가는 것 같아 보이기도 하지만 그 째깍거림에는 엄청난 동력과 추진력이 내재되어 있다. 때가 되면 그 째깍거림은 거대하고 엄청난 굉음과 함께 우리의 역사를 힘차게 앞으로 밀어 올린다. 이제 그때가 다 되었다.

끝으로 앞에서도 잠깐 언급했지만 다시 한 번 강조한다. 시민들이 간신 집단과 간신 카르텔을 박멸하겠다는 확실한 의지를 보여준다면 가장 먼저 이 '간신 카르텔 정권'을 확실하게 단죄하는 특별법 제정이 반드시 이루어져야 한다. 엄정하게 선발된 특별재판소 수사관에게는 수사, 체포, 기소권을 부여하고, 재판관은 국민의 동의를 얻어 정의로운 사람들로 임명해야 한다. 단죄된 자들의 사면, 복권은 불가능해야 한다.

거듭 말하지만 간신은 용서의 대상도, 타협의 대상도, 무시의 대상도 아니다. 간신은 처리해야 하고, 처단해야 하고, 처벌해야 하는 악의 근원이기 때문이다. 간신현상의 대물림을 끊기 위해서라도 철저하게 처절하게 단죄해야 한다.

2023년 8월 18일 처음 쓰고 10월 20일 마무리하다.

이 연표는 중국 역사연표에 맞추어 주요 간신들의 간행을 간략하게 하나의 표로 정리한 것이다. 본문에 나오는 간신들 모두를 포함시키려 했으나 빠진 인물도 있을 것이다. 행적 칸의 끝부분 괄호는 간신의 최후를 나타낸다. 굵은 글씨는 18대 간신에 해당한다. 참고로 이 표에 나오는 약 140명의 간신들의 죽음을 보면 약 65%가 처형, 사사, 자살이었다. (미확인을 고려하면 비율은 훨씬 높아진다.)

시대/왕조			시기	주요 간신 행적
원시사회			약 60만 년 전~ 기원전 약 21세기	• 기록의 미비로 확인할 수 없음.
하			기원전 약 21세기 ~ 기원전 약 16세기	• 한착이 아부와 뇌물 그리고 권모술수로 하 왕조 6대 국왕 후예를 죽이고 권력을 찬탈함.(피살)
상			기원전 약 16세기 ~ 기원전 약 11세기	• 마지막 국왕 주는 숭후호, 비중, 오래 등과 같은 남을 헐뜯고, 아첨 잘 하고, 사리사욕만 채우는 간신을 중용하다 나라를 멸망으로 이끔.(피살)
주	서주		기원전 약 11세기 ~ 기원전 771년	• 유왕이 간신배 유구, 괵석보, 제공이 등의 아부만 믿고, 포사를 위해 봉화 놀이를 하다가 견융의 침입을 받아 피살되고 서주가 망함.(피살)
	동주	춘추	기원전 770년 ~ 기원전 403년	• 제(齊) : 기원전 7세기. 3귀로 불리던 간신 역아, 개방, 수조가 춘추 5패의 첫 패주 환공을 홀려 굶어죽게 하고, 정변을 일으킴.(처형, 행방불명) • 진(晉) : 기원전 7세기. 간신 도안고가 영공을 음탕한 길로 이끌고 충신 조돈 등을 모함해 죽임.(피살) • 초(楚) : 기원전 6세기. 간신 비무극(비무기)이 평왕을 부추겨 태자의 아내감을 탈취하게 하고 태자를 내쫓게 했다. 태자의 스승 오사와 오사의 큰아들 오상을 모함해 죽이는 등 초나라 조정을 크게 어지럽혔다. 이 와중에 오사의 작은아들 오자서는 초를 빠져나가 오나라로 하여금 초를 공격하게 하여 초를 거의 멸망시킬 뻔함.(피살)

주	동주	전국	기원전 403년 ~ 기원전 221년	• 오(吳) : 기원전 5세기. 간신 백비가 친구이자 충신 오자서를 모함하여 죽이고, 결국 오나라를 멸망으로 이끔.(처형) • 초(楚) : 기원전 4세기. 간신 근상이 애국시인 굴원을 모함하고, 적국 진과 결탁하여 초나라를 멸망으로 이끔.(피살) • 진(秦) : 기원전 238년. 간신 노애가 남다른 정력으로 진시황의 생모 조씨와 간통하며 권력을 남용하다가 결국 반란을 일으킴.(처형)
진			기원전 221년 ~ 기원전 206년	• 간신 **조고**(?~기원전 207)가 진시황의 유언을 조작하여 못난 호해를 황제에 앉히고 권력을 찬탈함으로써 진의 멸망을 초래함.(피살)
서한			기원전 206년 ~ 기원후 8년	• 간신 심이기(?~기원전 177)가 여태후의 총애를 믿고 공신을 살육하는 등 간행을 일삼다 회남왕 유장에게 살해당함.(피살) • 한 무제 때의 혹리 장탕(?~기원전 155)은 황제의 환심을 사기 위해 가혹한 법집행으로 백성들을 공포에 떨게 한 혹리형 간신의 원조였다.(자살) • 원제 때의 석현(?~기원전 32)은 황제의 눈과 귀를 가리고 충직하고 선량한 대신들을 해친 환관 간신의 시대를 열었다.(유배 중 아사)
신			9년~23년	• 왕망(기원전 45~23)은 성인군자의 탈을 쓰고 민심을 농락하여 끝내 황제 자리를 찬탈한 위선과 거짓의 화신이었다.(난자당해 피살)
동한			25년~220년	• 염현(?~125)은 안제 때 외척의 신분으로 황제 옹립에 간여하는 등 약 5년에 걸쳐 간행을 일삼음.(피살) • **양기**(?~159)는 황후가 된 두 누이의 치맛자락을 타고 순제 때 대장군이 되어 온갖 간행을 저지르고 충제, 질제, 환제 세 황제를 갈아치운 본격적인 외척 간신의 원조다. 아내 손수와 함께 경쟁적으로 재산을 긁어모아 사치의 극을 달렸다.(피살) • 단초(?~160)는 외척 양기를 몰아낸 다섯 환관, 즉 '오후(五侯)'의 하나로 양기보다 더 포악하게 백성들을 괴롭힌 간신이었다.(병사) • 후람(?~172)은 양기를 죽인 공으로 출세가도를 달리며 백성들의 재산을 빼앗고 뇌물을 닥치는 대로 받아 황궁에 버금가는 호화로운 생활을 한 부정축재형 간신의 대명사다.(자살) • 장양(?~189)은 환관으로 황제의 총애를 믿고 과중한 세금을 걷고 매관매직으로 축재하는 등 국가 정치와 경제를 파탄시켰다.(자살)

동한	25년~220년	• 조충(?~189)은 장양 등과 더불어 동한 말 '10상시'로 악명을 떨친 환관 간신으로, 못난 영제는 '장양은 내 아버지요, 조충은 내 어머니다'라고 할 정도로 이들 간신에게 농락당했다.(피살) • **동탁(?~192)**은 군대를 동원한 무자비한 살육과 약탈, 정치 독단, 축재 등으로 대변되는 무간의 원조로 동한을 멸망으로 이끌었다.(피살)
삼국	220년~280년	• 촉 : 환관 황호(?~?)는 후주 유선을 모시며 총애를 받다가 제갈량과 동윤이 죽자 본격적으로 간행을 저지르며 촉을 멸망으로 이끌었다.(피살)
위·진 남북조	265년~589년	• 서진 : 외척 왕준(?~291)은 두 동생과 함께 '삼양'이란 별칭으로 불리며 음탕한 가 황후와 함께 조정을 어지럽힌 간신이다.(피살) • 왕연(256~311)은 군자의 탈을 쓰고 일신의 영달만 추구한 추악한 지식인 간신의 전형이었다.(피살) • 동진 : 유뇌지(?~402)는 무인으로 난세에 사욕을 위해 권력의 눈치만 보았던 간신이다.(자살) • 송 : 완전부(?~477)는 말단 관리로 시작하여 유욱을 황제로 옹립한 공으로 부귀영화를 누린 간신으로, 자신의 마부까지도 고관대작에 임명하는 등 뇌물과 횡포로 악명을 떨친 간신이었다.(피살) • 제 : 여법량(?~?)은 난세를 피해 도사 노릇을 하다가 완전부에 달라붙어 갖은 아첨으로 간행을 일삼았다. 뇌물과 대대적인 토목공사로 경제를 망쳤다.(64세로 병사) • 유계종과 여문현, 여문도 형제는 여법량과 마찬가지로 고관이 아님에도 오로지 권력자의 총애만 믿고 마구 설친 조무래기 간신들이었지만 그 피해는 엄청났다. • 양 : 후경(503년~552)은 남북조 혼란기에 여러 나라를 전전하다 양 무제를 굶겨 죽이고 권력을 찬탈하여 잔인한 통치로 백성들에게 큰 고통과 재앙을 가져다주었다.(피살) • 진 : 사마신(?~586)은 좋은 풍채와 잡기로 권력자에 아부하여 출세한 간신으로 잔인한 성격으로 정직한 사람을 많이 해쳤다. • 총명하고 뛰어난 기억력으로 진 후주의 귀여움을 받았던 시문경(?~589)은 세상 사람들이 증오할 정도로 부정축재에 열을 올렸던 간신이었다.(피살) • 풍채 좋고 박학다식했던 심객경(?~589)은 시문경의 추천으로 권력의 핵심에 진입하여 후주를 위해 엄청난 세금을 거두어들여 귀여움을 받았던 간신이었다.(피살)

위 · 진 남북조	265년~589년	• 공범(?~?)은 학식을 팔아 후주의 총애를 받은 간신으로 적을 끌어들여 나라를 멸망으로 이끌었다.(유배사) • 북위 : 원차(486~526)는 북위의 종실로 호태후를 끼고 간행을 일삼으며 조정의 크고 작은 모든 일을 독단한 간신이었다.(사사) • 이주영(493~530)은 개인의 영달을 위해 북위 조정에 수십 년 동안 피바람을 일으켰다. 왕공대신 2천여 명을 죽인 희대의 살인마 간신이었다. • 북제 : 화사개(524~571)는 '단 하루에 천 년의 쾌락을 누릴 것'이라며 황제를 꼬드긴 망국 간신으로 조정의 모든 벼슬을 자기 손으로 처리했다.(피살) • 목간파(?~577)는 나라가 망하는 순간까지도 황제에게 쾌락을 권유했던 간신이었다.(피살) • 호태후의 총애로 여성 시중이 되어 간행을 일삼은 육영훤(?~576)은 간신 목제파의 어미로 역사상 희귀한 모자 간신의 선례를 남겼다. 수많은 대신들을 모함으로 죽였다.(자살) • 고아나굉(?~580)은 오로지 화사개에게 꼬리를 쳐서 출세와 영달을 누린 전형적인 주구형 간신이었다.(피살) • 북주 : **우문호(515~572)**는 시기와 질투의 화신으로 20년 가까이 권력을 좌우하며 자기보다 낫거나 자기에게 반대하는 사람을 해친 간신이었다.(피살)
수	581년~618년	• **양소(?~606)**는 희대의 간군 수 양제와 결탁하여 권력을 탈취하고 결국은 나라를 거덜 낸 간신이었다.(우울증으로 사망) • 우문화급(?~619)은 난리 통에 권력욕으로 정변을 일으켜 수 양제를 죽이고 정권을 탈취한 무간이었다.(피살) • 우세기(?~618)는 오로지 폭군 양제의 비위만 맞추어 출세하여 매관매직으로 배를 불린 간신이었다.(피살) • 배온(?~618)은 교묘한 말재주와 음험하고 교활한 성격으로 고관이 되어 오로지 일신의 이익만 추구했던 간신이었다.(피살)
당	618년~907년	• '소리장도'라는 별명으로 유명한 간신 **이의부(614~666)**는 별명대로 음험하고 간악한 간신의 대명사였다.(추방 병사) • 허경종(592~672)은 교묘한 언변과 박학다식으로 황제 고종을 홀려 일신의 영달을 추구한 음탕하고 사치스러운 간신이었다. • 주흥(?~685)은 밀고로 무측천의 총애를 얻어 모함과 혹형으로 수천 명을 해쳤다.(내준신에게 피살)

당	618년~907년	• 색원례(?~691) 역시 밀고로 무측천의 신임을 얻어 잔인한 수단으로 수천 명의 신하와 무고한 사람을 해친 간신이었다.(피살) • 잔인함의 대명사 내준신(?~697)은 수많은 사람을 모함과 고문으로 해쳤던 혹리형 간신의 전형이었다.(피살 후 기시) • 장역지(?~705), 장창종(?~705)은 무측천의 남총으로 그 총애를 믿고 조정의 기강을 어지럽혔던 색간(色奸)의 전형이었다.(모두 피살) • '재상 자리 10년 동안 자기주장 한 번 내세워 본 적 없고, 황제의 뜻 한 번 거슬러 본 적 없었다'는 몸보신형 간신의 전형이 양재사(?~709)였다. • 무삼사(?~707)는 무측천의 조카로 당파를 지어 대신을 해치고, 위후 등과 간통하는 등 중종 때 당의 조정을 문란하게 만든 간신이었다.(피살) • **이임보(?~752)**는 '구밀복검'의 간신으로 19년 동안 황제의 비위를 맞추는 재주로 정직한 신하를 해치고 일신의 영달을 누렸다. • **양국충(?~756)**은 양귀비의 치맛자락을 타고 현종의 총애를 얻은 다음 조정의 기강을 문란하게 만들고 안록산의 난을 자극하여 당을 멸망 직전까지 몰아넣었다.(피살) • 이보국(704~762)은 염주를 굴리며 육식을 피하는 등 고상한 척했지만 실제로는 황제를 끼고 온갖 악행을 다 저지른 다중인격형 간신이었다.(피살) • 정원진(?~764)은 이보국과 대종 옹립에 공을 세워 교만방자하게 횡포를 부리며 천하 사람들의 치를 떨게 한 간신이었다.(추방) • 어조은(722~770)은 대종 황제의 비위를 맞추기 위해 대대적인 토목공사를 일으켜 백성을 도탄에 빠뜨린 간신이었다.(피살) • 원재(?~777)는 황제의 심기를 잘 헤아려 처신하여 출세한 뒤 뇌물 수수 등 부정과 사치 생활을 하며 조정의 기풍을 더럽힌 간신이었다.(피살) • **노기(?~785?)**는 추악한 외모와는 달리 자신의 간행을 철저하게 숨겼던 완벽형 간신의 전형이었다. • 왕수징(?~835)은 문종 즉위에 공을 세워 권력을 독단하며 황제를 멸시하는 등 환관 득세의 길을 연 간신이었다. • 구사량(781~843)은 20년 넘게 군권을 장악하고 폭정을 일삼아 당의 몰락을 촉진했던 간신이다. • 전영유(?~893)는 환관 출신 간신으로 매관매직과 과중한 세금 수탈로 백성들의 원성을 샀던 간신이었다.(피살)

오대 10국		907년~979년	• 네 왕조 아홉 군주를 모신 희대의 지식인 간신 풍도 (882~954)는 영혼을 일신의 영달에 판 전형적인 간신이 었다.
송	북송	960년 ~ 1127년	• 왕흠약(962~1025)은 북송 초기 악명을 떨친 간신배 '오귀'의 하나로 남다른 꾀와 비상한 기억력으로 황제 를 농락한 간신이었다. • 정위(966~1037) 역시 '오귀'의 하나로 기가 막힌 아부 로 권세에 접근한 간신이었다. • 채확(?~1093)은 진사 출신의 지식인으로 황제의 심기 를 잘 헤아리고 남을 모함하여 해치는 데 뛰어난 재주 를 가졌던 간신이었다.(사사) • 등관(1028~1086)은 여혜경에게 빌붙어 개혁 정치를 좌절시킨 간신이었다. • 여혜경(1032~1111)은 왕안석의 개혁 정치를 물거품으 로 만든 변신의 귀재였던 간신이었다. • **채경(1047~1126)은 북송 최고의 간신으로 비리와 부 정, 호화와 사치, 쾌락과 낭비의 종합 세트와도 같았 다.(유배사)** • 동관(1054~1126)은 음흉한 꾀로 공은 가로채고 잘못을 남에게 떠넘기는 재주를 가졌던 간신으로 망국의 화근 이 되었다.(귀양중 피살) • 왕보(1079~1126)는 '북송 6적'의 하나로 배알 없는 간 신의 전형으로 황제의 기분을 맞추는 일이라면 여장도 마다하지 않았다.(피살) • 주면(1075~1126)은 백성의 땀과 피를 뽑아다 개인의 사욕과 권력자의 비위를 맞춘 탐욕형 간신이었다.(피살) • 양사성(?~1126)은 진사 출신의 지식인 간신으로 권력 이 커지면서 황제의 조서까지 위조하여 사욕을 채운 인물이었다.(사사) • 이언(?~1126)은 환관 출신으로 민간의 토지를 모조리 공전이나 황무지로 조작하여 탈취하는 등 많은 백성들 을 죽음으로 내몬 '북송 6적'의 하나였던 간신이다.(사사) • 장방창(?~1127)은 외적 금에게 잘 보여 꼭두각시 황제 로 세워진 간신이었다.(자살)
	남송	1127년 ~ 1279년	• **황잠선(?~1129)은 국가 위기상황에서도 사욕을 위 해 외적이 나라를 유린하게 방치한 매국노형 간신이었 다.(유배사)** • 왕백언(?~1141)은 적국의 침입 때 항전을 저지하여 수 도를 함락시키는 등 사욕을 위해 나라를 위기에 빠뜨 린 간신이었다.

송	남송	1127년 ~ 1279년	• **진회(1090~1155)**는 중국 역사상 최악의 간신으로 꼽힌다. 명장 악비 등 충신을 모함으로 해친 간신의 전형으로 악취를 풍겼다. • 만사설(1083~1157)은 진회와 더불어 악비를 모함하여 죽이고, 진회가 죽은 뒤에도 적국에 투항하자는 주장을 펼친 매국노형 간신이었다. • 한탁주(?~1207)는 영종의 옹립에 공을 세워 권력에 진입한 뒤 당파를 지어 충직한 신하들을 해치는 등 간행을 일삼은 간신이었다.(피살 후 머리를 금에 보냄) • 정대전(?~1263)은 진사 출신으로 환관과 결탁하여 일신의 출세를 추구하며 비리를 저지르다 군신들의 탄핵을 받아 귀양 가다 익사한 간신이었다. • **가사도(1213~1275)**는 재물욕이 남달랐고 간신의 모든 요소를 한 몸에 다 갖춘 인물로 평가받는다.(유배중 피살) • 요형중(?~1275)은 가사도에 빌붙어 영달한 지식인 간신의 전형이었다.(자살)
요		907년 ~ 1127년	• 야율을신(?~1081)은 권력으로 태자와 황후 등 황손들을 해친 오만방자한 간신의 전형이었다.(피살) • 장효걸(?~?)은 진사 출신으로 탐욕스럽고 간사한 성품으로 야율을신과 한 패가 되어 황후 등을 해친 간신이었다.(사후 부관참시) • 야율연가(?~?)는 교활하고 총명한 자로 야율을신에게 기생하여 많은 사람을 해친 간신이었다. • 소십삼(?~?) 역시 야율을신의 앞잡이로 태자를 살해하는 계책을 내어 출세했던 간신이다.(사후 부관참시)
서하		1032년 ~1227년	
금		1115년 ~ 1234년	• 소이(?~?)는 금나라 희종의 총애를 업고 조정을 문란케 한 간신이었다. • 양유(?~1161)는 노예 출신으로 원비를 따라 입궁하여 해릉왕을 섬기면서 아부와 말솜씨로 득세한 다음 국력을 낭비한 간신이었다.(피살) • 이통(?~1161)은 해릉왕을 꼬드겨 강남 정벌에 나서게 하는 등 국력을 낭비하고 백성을 고통스럽게 한 간신이었다. • 소유(?~?)는 완안량을 부추겨 왕을 죽이고 기어코 반란을 꾀하다 피살된 권력에 목을 맨 간신이었다. • 서지국(?~1197)은 여러 요직을 거치면서 아부와 간교 그리고 방중술로 장종의 신임을 얻어 정치를 엉망으로 만든 간신이었다.

원	1206년 ~ 1368년	• 아합마(?~1282)는 재무관리로 쿠빌라이의 신임을 받아 정적을 해치고 축재한 모리배형 간신의 전형이다.(철퇴에 맞아 죽음) • 노세영(?~1285)은 간신 아합마에게 뇌물을 주고 관리가 되고, 이후 재정을 담당하면서 온갖 비리를 다 저질러 백성들의 원성을 크게 샀던 간신이었다.(처형 후 시체를 짐승에게 줌) • 상가(?~1291)는 여러 민족의 말을 잘 했던 통역사로 재무 능력을 인정받아 화폐 발행을 책임지면서 엄청난 뇌물 수수와 세금 부과로 원성을 산 간신이었다.(피살) • 철목질아(?~1322)는 태후의 세력을 업고 당파를 지어 조정을 문란케 했으며 자식들과 함께 부정축재 등 온갖 간행을 다 저질렀다. • 형제였던 합마(?~1356)와 설설(?~1356)은 중상모략으로 탈탈 등 조정 대신들을 모함하여 죽인 간신들로 원을 멸망으로 몰아넣었다.(맞아 죽음) • 삭사감(?~1364)은 국가의 경제가 파탄이 난 상황에서도 공공연히 뇌물을 받는 등 탐욕스럽게 사욕을 추구한 간신이었다.(피살) • 박불화(?~1364)는 같은 고려 출신의 기황후의 권세를 업고 자정원을 중심으로 정치와 재정을 문란케 한 간신이었다.(피살)
명	1368년 ~ 1644년	• 호유용(?~1380)은 명 왕조의 개국공신으로 권력이 커지자 사당을 지어 몽고, 일본과 결탁하여 반란을 꾀한 간신이었다.(피살) • 진영(?~1411)은 잔인한 성격으로 성조 영락제의 정적 탄압의 앞잡이가 되어 많은 사람을 해친 간신이었다.(처형) • 왕진(?~1449)은 고문과 살인 기구의 대명사 동창과 서창을 만들어 수많은 사람을 살육하는 등 명의 통치를 암흑으로 이끈 간신이었다.(능지처참 후 기시) • 마순(?~?)은 왕진에게 꼬리 쳐서 자질구레한 권세를 마구 휘둘렀던 주구형 간신이었다. • 조길상(?~1459)과 석형(?~1459)은 간신 왕진에 의탁하여 권력에 접근한 다음 석형과 더불어 백성들의 재산을 빼앗는 등 갖은 간행을 일삼다 끝내는 모반을 꾀한 간신들이었다. • **유근(?~1510)**은 강빈 등과 더불어 자질이 괜찮았던 무종 황제를 주색 등 음탕한 생활로 이끌고 동창과 서창을 통해 무수히 많은 사람을 해친 거물급 간신으로 '서 있는 유씨 황제'로 불리기도 했다.(맞아 죽음)

명	1368년 ~ 1644년	• 강빈(?~1521)은 유근과 함께 황제를 온갖 오락에 탐닉하게 만든 저질 간신이었다.(피살) • 왕직(?~1560)은 명 왕조 폭력기구의 대명사였던 동창과 서창을 통해 무수한 사람을 해친 간신이었다. • 이유성(?~1487)은 방사 출신으로 방술에 심취한 헌종의 총애를 받고 조정의 기풍을 더럽힌 간신이었다.(옥사) • 초방(?~1517)은 진사 출신으로 환관 세력에 빌붙어 일신의 영달과 권력을 추구한 추악한 지식인 간신이었다. • 전녕(?~1521)은 환관 집의 노비 출신으로 환관 유근을 모시다 무종의 총애를 받아 무종을 쾌락으로 이끌며 부정과 비리를 일삼은 간신이었다.(기시) • 조문화(?~1557)는 명대 최대 간신 엄숭의 의붓아비로 거듭된 정치적 좌절을 딛고 권력을 휘두른 입지전적 간신의 전형이었다. • **엄숭(1480~1569)**은 지식인 간신의 전형으로 60이 넘은 나이에 조정 대권을 쥐고 닥치는 대로 간행을 저지른 명 왕조 최고의 간신이었다. • **엄세번(?~1565)**은 아버지 엄숭과 함께 국정을 농단하며 수십 명의 첩을 거느리는 등 초호화판 생활을 하다가 처형당했다. • 곡대용(?~?)은 명 왕조 간신배 '8호'의 하나로 무종을 방탕하게 이끌다 끝내 젊은 나이에 죽게 만든 간신이었다. • 마영성(?~?) 역시 곡대용과 함께 '기표방'을 만들어 황제가 짐승과 싸우게 하는 등 온갖 기괴한 놀이에 빠지게 만든 간신이었다. • **위충현(?~1627)**은 명 왕조 최악 간신의 하나로 어린 황제의 기호를 이용하여 권력을 독단하고 결국은 황제를 약물 중독으로 죽게 했다.(자살) • 최정수(?~1627)는 위충현에 기생하여 악행을 저지른 새끼 간신의 전형이다.(자살) • 전이경(?~1629) 역시 최정수처럼 위충현의 손발이 되어 나쁜 짓을 일삼은 간신이었다.(피살) • **온체인(?~1638)**은 주연유와 함께 온갖 악행을 다 저지르다 결국은 서로를 해친 간신이었다. • 주연유(1594~1644)는 온체인과 짝을 이루어 악행을 일삼은 간신으로 간신에게는 의리란 있을 수 없다는 것을 잘 보여주었다.(자살) • 마사영(?~1646?)은 진사 출신으로 원대성과 결탁하여 간행을 일삼았고, 명이 망하자 복왕을 옹립하여 망명정부를 이끌면서도 매관매직 등 부정과 비리를 일삼았던 간신이었다.(청에 포로로 잡혀 처형)

명	1368년 ~ 1644년	• 원대성(?~1646)은 위충현에 기생하여 동림당을 잔인하게 박해한 간신으로 60이 넘은 나이에 복직에 성공하는 등 끈질 생명력을 보여주었다.(피살)
청	1616년 ~ 1911년	• 오배(?~1669)는 자신과 의견이 다른 대신들은 무자비하게 죽인 흉악한 간신이었다.(옥사) • **화신(1750~1799)**은 역사상 최고의 부정축재형 간신으로 청 왕조 10년 세금 수입보다 많은 재산을 긁어모았다.(사사) • 기선(1790~1854)은 충신 임칙서의 아편금지 활동을 온갖 방법으로 훼방하고 모함한 간신이었다. • 목창아(1782~1856)는 기선과 함께 아편무역으로 부당한 이익을 취하고 서양인과 결탁하여 국가와 민족을 배신한 간신이었다. • 위창휘(1826~1856)는 지주계급 출신으로 비굴한 태도와 아부로 태평천국 지도자 홍수전에게 접근하여 무자비한 숙청과 살상으로 농민의 희망을 물거품으로 만든 간신이었다.(처형) • 영록(1834~1903)은 유신변법의 주동자를 서 태후에게 밀고하여 지사들의 피로 자신의 부귀영화를 바꾼 간신이었다. • 원세개(1859~1916)는 유신변법을 무자비하게 탄압하는 등 많은 지사를 죽음으로 몰았던 청 말기의 거물급 간신이었다.

아래는 역대 주요 간신들 68명을 하나의 표로 정리한 일람표이다. 시대 순서로 정리하고 이들의 주요 간행들을 함께 정리했다. 비고 칸에는 간신들의 최후를 나타냈다. 본문에 등장하는 간신이 모두 포함되지는 못했음을 미리 밝히며 양해를 구한다. 《간신학 – 수법편》의 '간신의 엽기(獵奇)와 변태(變態) 천태만상(千態萬象)'을 함께 참고하면 좋겠다. (굵은 글씨는 18대 간신)

번호	이름	생몰	시대	주요 간행	비고
1	개방 (開方)	기원전 7세기	춘추	자기 나라도 버린 채 제 환공을 따라와 기꺼이 환공의 노예가 되고자 했으며 심지어 자신의 누이동생을 둘씩이나 환공의 첩으로 바쳤다.	처형
2	수조 (竪기)	기원전 7세기	춘추	환공의 습관과 기호를 기막히게 알아내어 늘 먼저 생각하고 행동했다. 환공은 하루라도 이 자가 없으면 살지 못할 정도였다. 하지만 끝내 이 자와 개방, 역아의 무리에게 화를 당해 굶어 죽었다.	처형
3	역아 (易牙)	기원전 7세기	춘추	사람 고기를 먹어 보지 못했다는 환공에게 자식을 죽여 요리를 해서 갖다 바친 희대의 간신이다. 끝내는 환공을 죽음으로 내몰았다.	처형
4	도안고 (屠岸賈)	기원전 7세기	춘추	어리석은 영공을 음탕하게 만들어 국사를 그르치게 하고, 충신 조돈 등을 모함해서 죽였다.	참수
5	백비 (伯嚭)	기원전 5세기	춘추	은인이자 충신 오자서를 모함하여 죽음으로 몰고, 월왕 구천에게 뇌물을 받고 살려줌으로써 끝내는 오나라를 멸망으로 이끌었다.	참수, 가족 몰살
6	**조고** (趙高)	?~ 기원전 207	진(秦)	진시황의 유언을 조작하여 못난 아들 호해를 황제에 앉히고, 승상 이사를 협박 회유하여 대권을 장악한 다음, 자신의 뜻에 맞지 않는 사람들을 '지록위마(指鹿爲馬)'라는 궤변으로 숙청하고, 끝내는 진을 멸망으로 이끌었다.	피살

7	장탕 (張湯)	?~ 기원전 155	서한 (西漢)	황제(무제)의 환심을 사기 위해 수단과 방법을 가리지 않는 가혹한 정치를 일삼은 대표적인 혹리로 백성들을 공포에 떨게 했다.	자살
8	석현 (石顯)	?~ 기원전 32	서한	자신에게 쏟아지는 비난을 무마하기 위해 황제를 교묘하게 속여 동정심을 끌어내어 자리를 지키고, 이간질로 조정의 기강을 어지럽게 만들었다.	
9	왕망 (王莽)	기원전 45 ~ 기원후 23	서한, 신(新) 건국	성인군자의 탈을 쓰고 민심을 농락한 다음 끝내는 황제 자리를 찬탈한 이 세상 누구도 따를 수 없는 위선과 거짓의 화신이었다.	피살
10	왕연 (王衍)	256 ~ 311	서진 (西晉)	군자의 가면을 쓴 채 자신의 집안과 목숨을 챙기기에 급급했던 위선적 간신의 대명사이자 추악한 지식인의 전형이었다.	석륵에 의해 담 장에 깔 려 죽음
11	유뇌지 (劉牢之)	?~ 402	동진 (東晉)	혼란한 시기에 자신의 힘을 이용하여 이곳저곳 자신에게 유리한 쪽으로만 몸을 맡겼던 무인 출신의 간신이었다.	목매어 자살
12	이주영 (爾朱榮)	493 ~ 530	북위 (北魏)	자신의 출세와 영달을 위하여 조정을 수십 년 동안 피바람으로 몰아넣었다. 재상 유옹을 포함하여 무려 2천 명이 넘는 왕공과 대신들을 무자비하게 죽인 희대의 살인마 간신이다.	피살
13	화사개 (和士開)	524 ~ 571	북제 (北齊)	'단 하루에 천 년의 쾌락을 누리실 것입니다.' 무정제 고담을 이렇게 꼬드겨 쾌락에 탐닉하게 만들고 끝내는 망국으로 몰아넣었다. '안팎의 모든 벼슬이 화사개 손을 거쳐 임명되었다'고 할 만큼 권력을 혼자 좌우했다.	피살
14	목제파 (穆提婆)	?~ 577	북제	'인생이란 본디 의지가없는 것인데 제 때에 즐기면 그만이지 무슨 걱정이십니까?' 나라가 망해가는 데도 이렇게 후주를 얼렸다.	
15	**우문호 (宇文護)**	515 ~ 572	북주 (北周)	시기와 질투의 화신으로 19년 동안 권력을 멋대로 쥐고 흔들면서 자기보다 나은 사람들을 수도 없이 해쳤다.	피살
16	고아 나굉 (高阿那肱)	?~ 580	북제	점쟁이 유덕선, 아첨배 풍자종 등과 함께 권신이자 간신 화사개에게 죽자 살자 꼬리를 쳐서 고관에 올랐다. 무슨 일이든 화사개의 비위만 맞추었던 간신의 새끼였다.	피살

17	양소 (楊素)	?~ 606	수(隋)	역사상 유례가 없는 폭군의 대명사 수 양제와 결탁하여 궁정의 거의 모든 음모에 앞장서 양제의 형인 태자 양용을 폐위시킨 다음 죽게 하고, 수 문제도 해쳤다. 속임수로 자립인 인물이었다.	
18	이의부 (李義府)	614 ~ 666	당(唐)	웃음 속에 칼을 감춘 '소리장도(笑里藏刀)'라는 별명의 소유자로 음험하고 교활한 성품에 시기와 질투에 사로잡혀 자신의 뜻과 맞지 않는 사람들은 가릴 것 없이 잔인하게 해친 인간 살쾡이였다.	
19	허경종 (許敬宗)	592 ~ 672	당	교묘한 말솜씨와 박학다식한 재주로 황제를 홀렸던 간신이다. 정사 〈간신전〉에 오른 최초의 간신이기도 하다.	
20	장역지 (張易之)	?~ 705	당	무측천의 총애를 믿고 조정의 기강을 어지럽히고 악독한 짓을 일삼았던 형제 간신들이다.	피살
21	장창종 (張昌宗)	?~ 705	당		피살
22	양재사 (楊再思)	?~ 709	당	재상 자리 10여 년 동안 자신의 주장 한 번 내세운 적 없고, 황제의 뜻 한 번 거스른 적 없는 전형적인 보신형 간신의 전형이다. 두 발 달린 여우라는 별명으로 불렸다.	
23	이임보 (李林甫)	?~ 752	당	'입으로는 달콤한 말을 술술 내뱉지만 속에다가는 칼을 품고 있는' 대간으로, 남다른 눈치와 따를 수 없는 아첨으로 황제의 비위를 맞추어 장장 19년 동안 재상 자리를 지키면서 정직하고 유능한 대신들을 해쳤다. 이로써 당 제국은 사양길로 접어들었다.	
24	양국충 (楊國忠)	?~ 756	당	이임보의 후임 재상으로 사사로운 은원관계로 사람을 쓰고 일을 처리하는데 능숙했다. 정적 안록산을 제거하기 위해 그를 궁지로 몰아 결국은 반란을 일으키게 만들고, 당 제국은 암흑으로 빠졌다.	피살
25	이보국 (李輔國)	704 ~ 762	당	염주를 들고 다니며 구운 고기와 귀한 음식을 일절 입에 대지 않는 등 정말로 고상한 척 처신했지만 실은 황제를 끼고 온갖 악행을 다 저지른 다중 인격자형 간신이었다.	피살

26	어조은 (魚朝恩)	722 ~ 770	당	황제 대종의 비위를 맞추기 위해 대대적인 토목공사를 벌여 백성과 국가에 막대한 피해를 입히고, 잘못은 남에게 씌우고 공은 자신이 가로챘던 간신이었다.	피살
27	**노기** **(盧杞)**	?~ 약 785	당	간사한 짓을 저지르고도 그것을 모르게 만들었던 간신 중의 대간으로, 자신을 무시하는 재상 양염을 갖은 수단으로 모함하여 끝내는 죽였다. 위대한 서예가 안진경도 그의 독수에 걸려 죽임을 당했다.	
28	왕수징 (王守澄)	?~ 835	당	경종이 살해되자 문종을 즉위시키는데 공을 세워 천하의 권력을 독단하며 황제를 억누르고 신하들을 짓밟았다. 환관들이 득세하는데 결정적인 역할을 한 간신이기도 했다.	
29	구사량 (仇士良)	781 ~ 843	당	20년 넘게 금군을 장악하고 포악하게 권력을 휘둘렀다. 모든 일을 개인적인 감정에 따라 처리하여 당의 몰락을 촉진했던 간신이다.	
30	풍도 (馮道)	882 ~ 954	오대 (五代)	나라가 망하고 민족이 수난을 겪는 순간에도 끊임없이 자신의 영혼을 내다 판 추악한 지식인의 전형이다. 거란 왕조를 제외하고도 무려 네 왕조 아홉 군주를 섬긴 희대의 간신이었다.	
31	왕흠약 (王欽若)	962 ~ 1025	북송 (北宋)	정위, 임특, 진팽년, 유승규 등과 함께 '오귀(五鬼)'의 하나로 꼽힌 간신이다. 꾀가 남다르고 유달리 민첩하며, 비상한 기억력의 소유자로 그 재주를 미끼로 황제를 농락했다.	
32	정위 (丁謂)	966 ~ 1037	북송	간신의 가장 큰 특징은 간사한 '아부'다. 당시 '오귀'의 하나로 불리던 이 자는 국 국물이 묻은 재상 구준의 수염을 닦아 줄 정도였다.	
33	야율 을신 (耶律乙辛)	?~ 1081	요(遼)	오만방자한 자세와 사고방식을 소유한 자로 태자와 황후 등 황손들을 해치고 권력을 움켜쥔 간신이었다.	피살
34	등관 (鄧綰)	1028 ~ 1086	북송	왕안석의 개혁정치인 변법 정치를 지지하다가 간신 여혜경에게 붙어 변법 개혁을 좌절시켰다.	

35	여혜경 (呂惠卿)	1032 ~ 1111	북송	왕안석의 개혁정치를 수포로 돌아가게 만든 '간사한 말솜씨와 사악한 심성을 갖춘' 간신이었다. 이로써 북송은 회생의 기회를 완전히 잃어버렸다.	
36	동관 (童貫)	1054 ~ 1126	북송	음흉하고 꾀가 많았으며 남의 공을 빼앗고 자신의 잘못을 남에게 떠넘기는 수법으로 출세한 자의 본보기로 망국의 화근이 되었던 간신이다.	귀양 도중 참수
37	왕보 (王黼)	1079 ~ 1126	북송	'북송 6적'의 하나로 은혜와 의리를 헌신짝 버리듯 버렸으며, 실력자에게 빌붙어 온갖 악행을 다 저지른 간신이었다. 휘종의 기분을 맞추기 위해 '짧고 좁은 적삼을 입고 얼굴에는 푸르고 붉은 분을 바른 채 거리의 음담패설로 황제를 기쁘게 만든' 배알도 없는 엽기적 인간이었다.	피살
38	**채경** (蔡京)	1047 ~ 1126	북송	'세월이 얼마 남았다고 사서 고생이십니까?'라며 휘종을 꼬드겨 엄청난 토목공사를 일으키고, 기이한 물건이면 다 사들이게 하고, 쾌락에만 몸을 맡기게 만들어 결국은 북송을 끝장나게 만든 간신이었다. 땅 1억 평, 생일잔치 때 메추리탕 한 그릇을 위해 메추리 수 백 마리를 희생시켜 백성을 허무주의에 빠지게 만들었다.	유배사
39	주면 (朱勔)	1075 ~ 1126	북송	기이한 돌인 화석을 대대적으로 캐게 한 이른바 '화석강' 사건을 주도하여 민중의 사활은 내팽개친 채 막대한 노동력을 징발하여 백성을 도탄에 몰았던 탐욕형 간신이다.	피살
40	**황잠선** (黃潛善)	?~ 1129	남송	나라가 위기에 처한 상황에서도 일신의 편안함만 추구하여 외적이 나라를 유린하도록 방치하고, 권력을 제멋대로 휘둘러 재상으로 있는 동안 선량하고 유능한 충신들을 많이 죽였다.	유배사
41	**진회** (秦檜)	1090 ~ 1155	남송	자신의 이익을 위해 이민족에게 나라와 백성을 팔고, '막수유(莫須有)'라는 있지도 않은 죄명으로 명장 악비 등 수많은 충신들을 모함하여 죽음으로 몰아넣은 간신 중의 간신이다.	

42	만사설 (萬俟卨)	1083 ~ 1157	남송	진회와 더불어 만고의 충신이자 명장 악비 장군을 모함하여 죽이는 등 수 많은 사람들을 억울하게 죽였다. 진회가 죽은 다음에도 민족투항 정책을 밀고 나갔다.	
43	소유 (蕭裕)	?	금(金)	완안량을 부추겨 왕을 죽이고 끝까지 반란을 시도하다 피살된 간신이다. 뜻이 다른 사람을 배척하고 측근들을 긁어모아 온갖 악행을 저질렀다.	피살
44	**가사도** (賈似道)	1213 ~ 1275	남송	뇌물수수, 소인배 등용, 재물욕, 정적 모함, 음탕함, 적과 내통 등등 간신의 온갖 나쁜 특징을 한 몸에 지녔던 간신의 대표로 꼽히는 인물이다.	유배 도중 살해
45	요형중 (廖瑩中)	?~ 1275	남송	권신이자 간신의 대명사 가사도에게 빌붙어 부귀영화를 누리며 가사도를 '주공(周公)'이라 찬양하는 등 썩은 지식을 팔았던 간신이다. "내가 재상을 20년간 따랐지만 하루 아침에 무너질 줄 어찌 알았겠는가!"	음독 자살
46	아합마 (阿合馬)	?~ 1282	원(元)	재무관리에 재주를 보여 쿠빌라이의 신임을 받은 것을 기회로 간악한 무리를 끌어 모아 자기와 뜻을 달리 하는 사람을 해치고 사사로운 장사로 돈을 긁어모은 모리배형 간신이다.	철퇴에 맞아 죽음
47	설설 (雪雪)	?~ 1356	원	설설(동생)과 합마(형)는 형제로 온갖 중상모략으로 원나라의 중신 탈탈 등 조정의 대신들을 모함하여 죽음으로 내몰았다. 원은 이로써 멸망의 나락으로 떨어지기 시작했다.	맞아 죽음
48	합마 (哈麻)	?~ 1356			맞아 죽음
49	왕진 (王振)	?~ 1449	명(明)	고문과 살인을 일삼았던 폭력기구의 대명사 동창과 서창을 만들어 사람을 수도 없이 죽인 초 거물급 간신이다. 설선이란 자가 예를 갖추지 않았다고 사형에 처하려 한 인간이자, 개인의 명예를 위해 50만 대군을 몰살시킨 자다.	능지 처참 기시
50	마순 (馬順)	?	명	모귀, 왕장수 등과 함께 권신 왕진에게 빌붙어 나쁜 짓만 일삼았던 새끼 간신이다.	
51	**유근** (劉瑾)	?~ 1510	명	자질이 괜찮았던 황제 무종을 노는 곳으로만 이끌어 나라 일을 장난쯤으로 여기게 만들었다. 동·서창을 만들어 정적들을 무자비하게 해쳤다. '서 있는 황제 유씨 황제'라는 별명으로 불릴 정도로 권력을 마구 휘둘렀다.	백성 에게 맞아 죽음

52	강빈 (江彬)	?~ 1521	명	유근 등과 함께 황제 무종을 꼬드겨 술과 노래 등 온갖 오락에만 빠지게 만들었으며, 심지어는 민간 부녀자들을 겁탈하게 만들기도 한 저질의 간신이었다.	피살
53	왕직 (汪直)	?~ 1560	명	명나라 시대 폭력기구의 대명사였던 동창과 서창을 만든 인물로 헌종의 총애를 믿고 권력을 휘둘렀던 간신이다.	
54	**엄숭** **(嚴嵩)**	1480 ~ 1569	명	인공 호수에 진귀한 짐승, 화려하기 그지없는 별장을 여러 채 소유했던, 그래서 뇌물을 닥치는 대로 삼키지 않으면 안 되었던 간신의 대명사다. 60이 넘은 나이에 내각에 참여하여 권력을 휘둘렀다.	
55	**엄세번** **(嚴世蕃)**	?~ 1565	명	간신 엄숭의 아들로 아비와 함께 국정을 독단한 부자 간신의 전형이다. 첩을 무려 27명이나 거느리는 등 사치와 방탕의 극을 달렸던 놈이기도 하다. 처형 뒤 집을 뒤지니 황금 약 3만 냥, 백금 약 200만 냥, 기타 진귀한 보물들이 헤아릴 수 없이 많이 나왔다고 한다.	피살
56	곡대용 (谷大用)	?	명	'팔호(八虎)'로 불리던 유근, 마영성 등과 함께 무종을 방탕하게 이끌어 끝내는 젊은 나이에 죽게 만든 간신이다.	
57	마영성 (馬永成)	?	명	'팔호'로 불리던 당시 간신배들의 대표격인 유근, 곡대용 등과 함께 무종을 노는 곳으로만 이끈 간신으로, '표방'이란 것을 만들어 무종으로 하여금 호랑이나 표범 등 사나운 짐승과 싸우게 했다.	
58	**위충현** **(魏忠賢)**	?~ 1627	명	어린 천계 황제의 기호와 취미 등을 이용하여 조정의 모든 권한을 독단했으며, 결국은 황제를 약물중독에 빠져 스물 셋 젊은 나이에 죽게 만들었다. 패거리 짓기의 명수이기도 했다.	자살
59	최정수 (崔呈秀)	?~ 1627	명	위충현의 충견으로 그의 위세만 믿고 갖은 나쁜 짓을 다 저질렀던 새끼 간신의 전형이다.	폭음사
60	전이경 (田爾耕)	?~ 1629	명	최정수와 마찬가지로 대간 위충현의 손발이 되어 공갈, 협박, 암살을 전문으로 담당했던 '오표'의 하나로 악행의 대명사다.	피살

61	온체인 (溫体仁)	?~ 1638	명	서로 짝짜꿍이 맞아 함께 나쁜 짓이란 모조리 저지르다 끝내는 서로를 해쳤다. 간신들에게 의리란 없다는 것을 잘 보여준 간신배들이다. 주연유는 스무 살 약관에 과거에 급제한 수재였다.	
62	주연유 (周延儒)	1594 ~ 1644	명		자살
63	원대성 (阮大鋮)	?~ 1646	명	위충현에게 빌붙어 동림당 사람들을 잔인하게 박해한 간신이다. 숙청 때 간신히 목숨을 부지하고 '역적' 명단에 올라 평생 관직에 오를 수 없는 처지였으나 불굴의 의지로 60이 넘은 나이에 복직에 성공했다.	피살
64	오배 (鰲拜)	?~ 1669	청(淸)	자신과 의견이 다르다고 보정대신 소극살합 및 그 맏아들 내대신 사극사와 세 아들, 손자 하나, 형제 둘을 죽인 흉악무도한 간신이다.	옥사
65	화신 (和珅)	1750 ~ 1799	청	집 2천 여 채, 논밭 1억 6천만 평, 개인금고 열 군데, 전당포 열 군데, 20년간 80억 냥 갈취.(청나라 10년 세금 수입) '화신이 죽자 가경황제가 배부르게 먹고 살았다'고 할 정도로 재물을 닥치는 대로 긁어모은 탐관형 간신의 전형이다.	사사
66	기선 (琦善)	약 1790 ~ 1854	청	아편무역으로 부당한 이익을 챙겼을 뿐만 아니라 서양인에게 뇌물을 받는 등 국가와 민족을 배신하고 내팽개쳤다. 충신 임칙서의 아편금지를 온갖 수단과 방법으로 훼방놓고 모함하여 끝내 죽음으로 몰았다.	
67	목창아 (穆彰阿)	1782 ~ 1856	청		
68	위창휘 (韋昌輝)	1826 ~ 1856	태평 천국 (太平 天國)	지주계급 출신으로 비굴한 태도와 아첨으로 지도자의 환심을 사서는 끝내는 태평천국 농민혁명을 무자비한 숙청과 살상으로 몰아넣은 간신으로, 자신의 친형을 다섯 갈래로 찢어 죽이는 '오마분시(五馬分尸)'의 형벌로 죽인 잔혹한 놈이기도 하다.	처형

- 《시경(詩經)》
- 《역경(易經)》
- 《논어(論語)》
- 《좌전(左傳)》
- 《춘추(春秋)》
- 《육도(六韜)》
- 《전국책(戰國策)》
- 《국어(國語)》
- 《삼략(三略)》
- 《관자(管子)》
- 《맹자(孟子)》
- 《순자(荀子)》
- 《장자(莊子)》
- 《한비자(韓非子)》
- 《여씨춘추(呂氏春秋)》
- 《회남자(淮南子)》
- 《사기(史記)》
- 《설원(說苑)》
- 《오월춘추(吳越春秋)》
- 《논형(論衡)》
- 《인물지(人物志)》
- 《편의십육책(便宜十六策)》
- 《정관정요(貞觀政要)》
- 《사기(史記)》〈영행열전(佞幸列傳)〉
- 《한서(漢書)》〈영행전(佞幸傳)〉
- 《송서(宋書)》〈은행전(恩倖傳)〉
- 《남제서(南齊書)》〈행신전(倖臣傳)〉
- 《위서(魏書)》〈은행전〉
- 《북제서(北齊書)》〈은행전〉

- 《남사(南史)》〈은행전〉

- 《북사(北史)》〈은행전〉

- 《신당서(新唐書)》〈간신열전(奸臣列傳)〉(상·하)

- 《송사(宋史)》〈영행열전〉, 〈간신열전〉(4권)

- 《요사(遼史)》〈간신열전〉(2권)

- 《원사(元史)》〈간신열전〉

- 《명사(明史)》〈간신열전〉〈영행열전〉

- 《역대명신주의(歷代名臣奏議)》(明, 楊士奇)

- 《中國人史綱》, 柏楊, 星光出版社, 1979.

- 《論衡注釋)》, 中華書局, 1979.

- 《中國歷代昏君》, 朱紹侯主編, 河南人民出版社, 1988.

- 《中國大太監外傳》, 黃德馨, 湖北人民出版社, 1988.

- 《廉吏傳》, 周懷宇主編, 河南人民出版社, 1988.

- 《奸臣傳》(上·下), 高敏主編, 河南人民出版社, 1989.

- 《歷史的頓挫:古中國的悲劇-事變卷》, 范炯責任編輯, 中州古籍出版出版社, 1989.

- 《辨奸臣論》, 景志遠·黃靜林, 中國人民大學出版社, 1991.

- 《中國十奸臣外傳》, 張星久·楊果, 湖北人民出版社, 1992.

- 《奸謀, 奸行, 奸禍 – 中國古代十八大奸臣》, 畢寶魁, 春風文藝出版社, 1992.

- 《中國歷代貪官》, 周懷宇主編, 河南人民出版社, 1992.

- 《謀略家》, 〈奸佞謀略家〉, 柴宇球主編, 廣西人民出版社, 1993.

- 《中國奸臣要錄》, 鄒元初編著, 海潮出版社, 1993.

- 《否泰錄》, 劉定之, 北京大學出版社, 1993.

- 《大人物的變態心理》, 戚本禹, 時代文藝出版出版社, 1993.

- 《貪官之禍》, 吳文光·吳光宇, 廣西民族出版社, 1995.

- 《清朝懲處的高官大吏》, 朱創平, 中國工人出版社, 1997.

- 《中國倡廉反貪史鑑事典》, 黃惠賢·金成禮, 四川辭書出版社, 1997.

- 《國史》, 易學金, 長江文藝出版社, 2001.

- 《간신은 비를 세워 영원히 기억하게 하라》, 김영수 편저, 아이필드, 2001.

- 《간신론》, 김영수 편역, 아이필드, 2002.

- 《清官貪官各行其道》, 史式著, 重慶出版社, 2004.

- 《추악한 중국인》, 보양 지음, 김영수 옮김, 창해, 2005.

- 《관자》, 김필수 외 옮김, 소나무, 2006.

- 《中國廉吏傳》, 彭勃主編, 中國方正出版社, 2006.
- 《中國貪官畫像》, 夏日新主編, 湖北人民出版社, 2007.
- 《這樣讀史更有趣》, 漁樵耕讀編著, 中國城市出版社, 2007.
- 《中國歷史上的奸與詐》, 潘慧生編著, 中國檔案出版社, 2007.
- 《中國廉政制度史論》, 余華靑主編, 人民出版社, 2007.
- 《청렴과 탐욕의 중국사》, 史式 지음, 김영수 옮김, 돌베개, 2007.
- 《제왕지사》, 보양 지음, 김영수 옮김, 창해, 2007.
- 《다시 쓰는 간신전》, 최용범·함규진, 페이퍼로드, 2007.
- 《中國奸臣的末路》, 齊濤主編, 齊魯書社, 2008.
- 《순자》, 김학주 옮김, 을유문화사, 2008.
- 《치명적인 내부의 적 간신》, 김영수 지음, 추수밭, 2009.
- 《간신론, 인간의 부조리를 묻다》, 김영수 편역, 왕의서재, 2011.
- 《백양중국사》(전3권), 柏楊 지음, 김영수 옮김, 역사의아침, 2014.
- 《정관정요》, 오긍 지음, 김원중 옮김, 휴머니스트, 2016.
- 《역사의 경고-우리 안의 간신현상》, 김영수 지음, 위즈덤하우스, 2017.

간신론 奸臣論

이론편

간신의 개념 정의부터 부류, 특성, 역사,
해악과 방비책, 역대 기록 등을 살핀 '이론편!'

간신의 출현 배경은 사유제와 국가, 그리고 권력이다. 여기에 개인의 열악한
인성이 결합됨으로써 하나의 역사현상으로서 간신이 전격 출현했다. 간신은
인성이란 면에서 부끄러움을 모르는 저열하고 비열한 자로서, 사리사욕을
위해 권력을 탈취하는 것을 목적으로 삼는다.

차례

奸臣

간신학 奸臣學 개정증보판

수법편

역대 간신 100여 명의 엽기 변태적인 간행(奸行)과
기발한 수법만을 따로 모은 '간신 3부작'의 '수법편!'

우리는 저 앞에서 간신의 실로 다양한 간행 수법의 종류를 나열해 보았다. 이제 그 수법의 구체적 사례를 소개하고자 한다. 기본적으로 이 사례들을 필자 나름대로 분석하고 그 의미를 짚어 보았다. 목적은 이런 수법에 당하지 않는 데 있다. 나아가 이런 수법이 시행되기 전에 방비하고, 시행되었더라도 초기에 간파하기 위한 강력한 무기 하나를 장착하기 위해서이다. 사례 하나하나를 살펴보면 알 수 있듯이 간신의 수법은 다음과 같은 몇 가지 특징과 공통점을 보여준다.

첫째, 간신의 수법은 치밀하다. 간신은 단순히 나쁜 자가 아니다. 간신은 사악할 뿐만 아니라 영악하다. 대부분의 간신이 두뇌가 남다르고 심기는 헤아리기 힘들 정도로 음흉하다. 따라서 간신이 구사하는 수법은 그 어떤 것보다 치밀하다. 철저하게 분석하지 않으면 간파하기 어렵다.

둘째, 간신의 수법은 악랄하다. 간신은 봐주지 않는다. 동정심이 없고, 심지어 공감력도 없다. 사이코패스와 소시오패스를 합친 자다. 그러다 보니 그 수법은 악독하다. 상대를 완전히 철저하게 제거할 때까지 물고 놓아주지 않는다. 간신은 봐주면 안 되는 자다.

셋째, 간신의 수법은 끈질기다. 간신은 권력과 이익을 위해서라면 포기하지 않는다. 아니 포기할 줄 모른다. 수법이 끈질길 수밖에 없다. 우리 역시 끈질기게 그 수법의 허점을 찾아내고, 물고 늘어져야 한다.

넷째, 간신의 수법은 하나에 그치지 않는다. 간신의 수법은 여러 개의 수법이 함께 구사되어 복합적이고 입체적이다. 그 수법의 진짜 모습을 파악하기란 여간 힘들지 않다. 잘 살피고 낱낱이 분석할 수 있어야 한다.

다섯째, 간신의 수법은 패거리들이 한데 달라붙어 전 방위적으로 구사되기 일쑤다. 이 때문에 처음에는 막기가 힘들다. 섣불리 대응하지 말고 차분히 그 의도, 관련된 자 등을 잘 살핀 다음 대처해야 한다.

여섯째, 간신은 누구와도 손잡을 수 있는 자다. 원수는 물론 필요하다면 외적과도 손을 잡는다. 동시에 잡은 손을 언제든지 뿌리치고 배신할 수 있는 자이기도 하다. 일신의 영달과 권력만이 목적일 뿐이다. 간신이 손을 내민다고 잡아서는 안 된다. 그 손을 잘라야 한다.

이제 간신이 구사하는 수법의 이런 특징들을 사례를 통해 확실하게 인식하여 이 수법에 대처하고 나아가 간신을 제거할 수 있는 사상적으로나 학문적으로 확고한 무기로 장착하고자 한다. 그에 앞서 간신의 수법인 간사모략의 의미에 대해 알아보고 넘어간다.

차례

간질은 간신의 본질 / 46. 족제비가 닭에게 절하다 / 47. 간신은 속죄양(贖罪羊)을 찾는데 주저함이 없다 / 48. 간신은 인심을 농락하는 술수에 능하다 / 49. 은밀히 영합하여 구차하게 자리를 구한다 / 50. 작은 실수와 잘못을 바로 시인할 때 다시 살펴라 51. 위는 속이고 아래는 누른다 / 52. 간신에게 은혜와 의리는 이용 수단에 지나지 않는다 / 53. 간신은 관료판의 속성을 철저히 이용한다 / 54. 가짜를 진짜로, 불량품을 우량품으로 속인다 / 55. 사탕발린 포탄 / 56. 간신은 '피뢰침(避雷針)', 즉 속죄양(贖罪羊)을 늘 준비한다 / 57. 언제든 제거할 수 있는 꼭두각시를 잘 세운다 / 58. 악어의 눈물에 속지 말라 / 59. 간신은 서로를 속인다 / 60. 간신은 미리 알아서 대령하는데 귀신이다

61. 간신은 어디다 숟가락을 얹어야 하는지를 기가 막히게 안다 / 62. 간신은 꼭두각시를 세울 뿐만 아니라 만들어낸다 / 63. 간신은 함정을 파서 해치는데 귀신같다 / 64. 간신은 아무리 작은 끈이라도 이용한다 / 65. 돈은 간신의 육신이자 영혼이다 / 66. 부추기는 자가 간신일 가능성이 크다 / 67. 간신은 위장을 위해 모든 것을 이용한다 / 68. 간신은 속죄양(贖罪羊)을 만들어내는 고수다 / 69. 간신은 자신에게 위협이 되면 상대의 자식까지 해친다 / 70. 요지경 간신의 아부술

제2부 | 간신의 엽기(獵奇)와 변태(變態) 천태만상(千態萬象)

간신의 엽기적 변태심리
간신들의 엽기와 변태 천태만상

에필로그 : 마지막 싸움이 되길 간절히 바라면서

새우와 고래가 함께 숨 쉬는 바다

간신 – 간신전 奸臣傳 개정증보판

편저자 | 김영수
펴낸이 | 황인원
펴낸곳 | 도서출판 창해

신고번호 | 제2019-000317호

초판 1쇄 발행 | 2023년 12월 29일
개정증보판 1쇄 발행 | 2024년 11월 12일

우편번호 | 04037
주소 | 서울특별시 마포구 양화로 59, 601호(서교동)
전화 | (02)322-3333(代)
팩스 | (02)333-5678
E-mail | dachawon@daum.net

ISBN 979-11-7174-012-3 (03910)

값 · 30,000원

Publishing Club Dachawon(多次元)
창해·다차원북스·나마스테